国家出版基金项目
NATIONAL PUBLICATION FOUNDATION

国家出版基金资助项目

青藏铁路

科学技术卷 · 卫生保障篇

《青藏铁路》编写委员会

中 国 铁 道 出 版 社

2016年 · 北京

编写委员会

主　任　盛光祖　傅志寰

副主任　孙永福

成　员

彭开宙　胡亚东　陆东福　卢春房　王志国　安立敏　何玉华
蔡庆华

余邦利　何华武　耿志修　郑　健　安国栋　吴利民　宋　刚
杨建兴　杨忠民　蒋　勇　史跃梅　张　群　季学胜　吴克俭
张志农　韩树荣　苏全利　陈觉民　吴　强　刘朝英　孙增友
刘　刚　李　军　刘志江　韩江平　马维驹　覃武凌　朱振升
铁春林　刘新科　胡书凯　朱国键　王德芳　谷晓明　黄弟福
李文新　朱明瑞　王志坚　拉有玉　张克敬　吴维洲　赵世运
才　凡　包楚雄　王忠玉　王新文　张建波　高　文　周庆柱
张　梅　施德良　秦家铭　李长进　刘　辉　罗育桂　王振侯
孟凤朝　林兰生　彭江鸿　王争鸣　李　宁　冉　理　李金城
田京芬

青藏铁路格拉段地理位置图

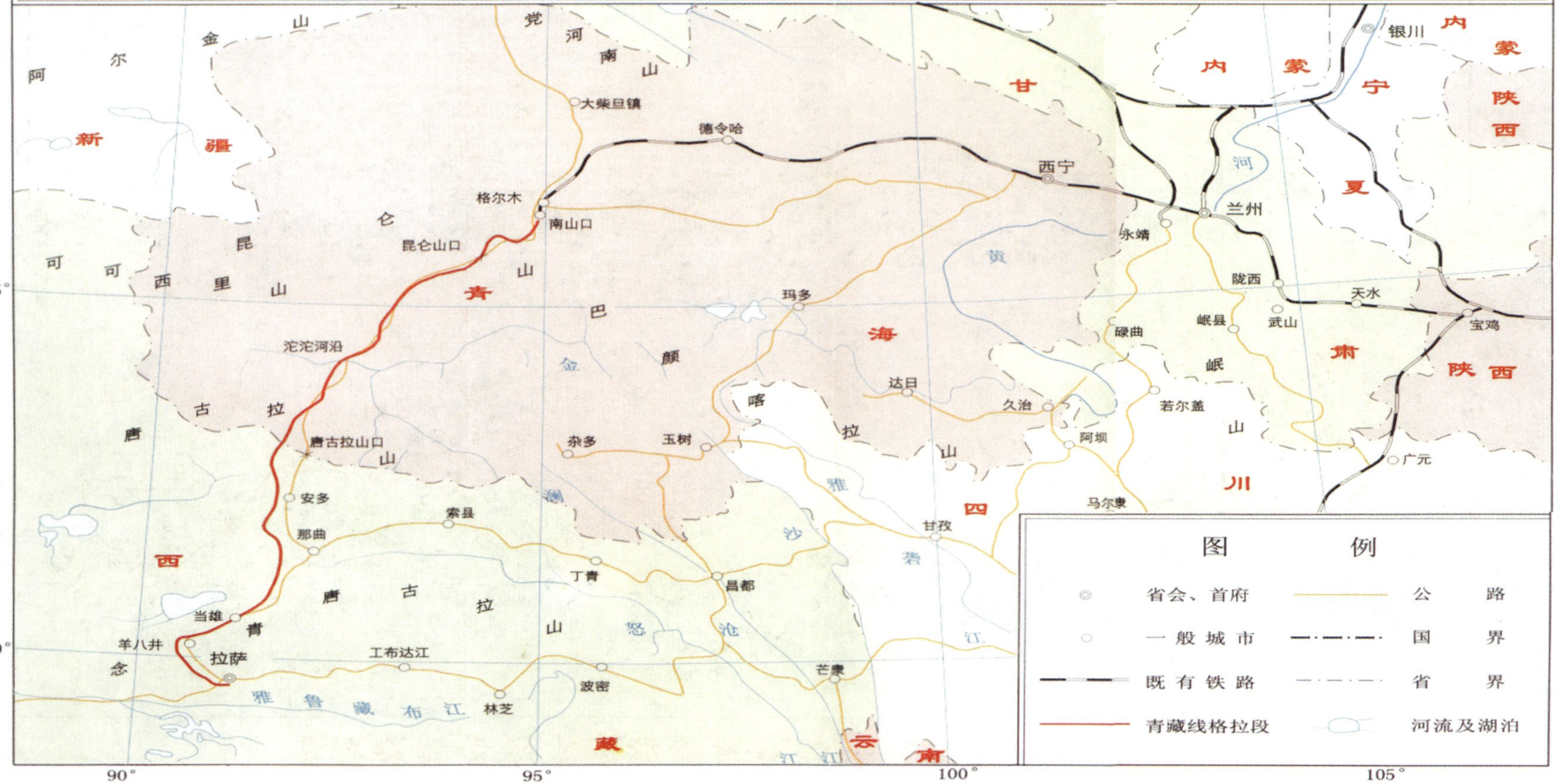

青藏铁路格尔木至拉萨段线路平纵断面示意图

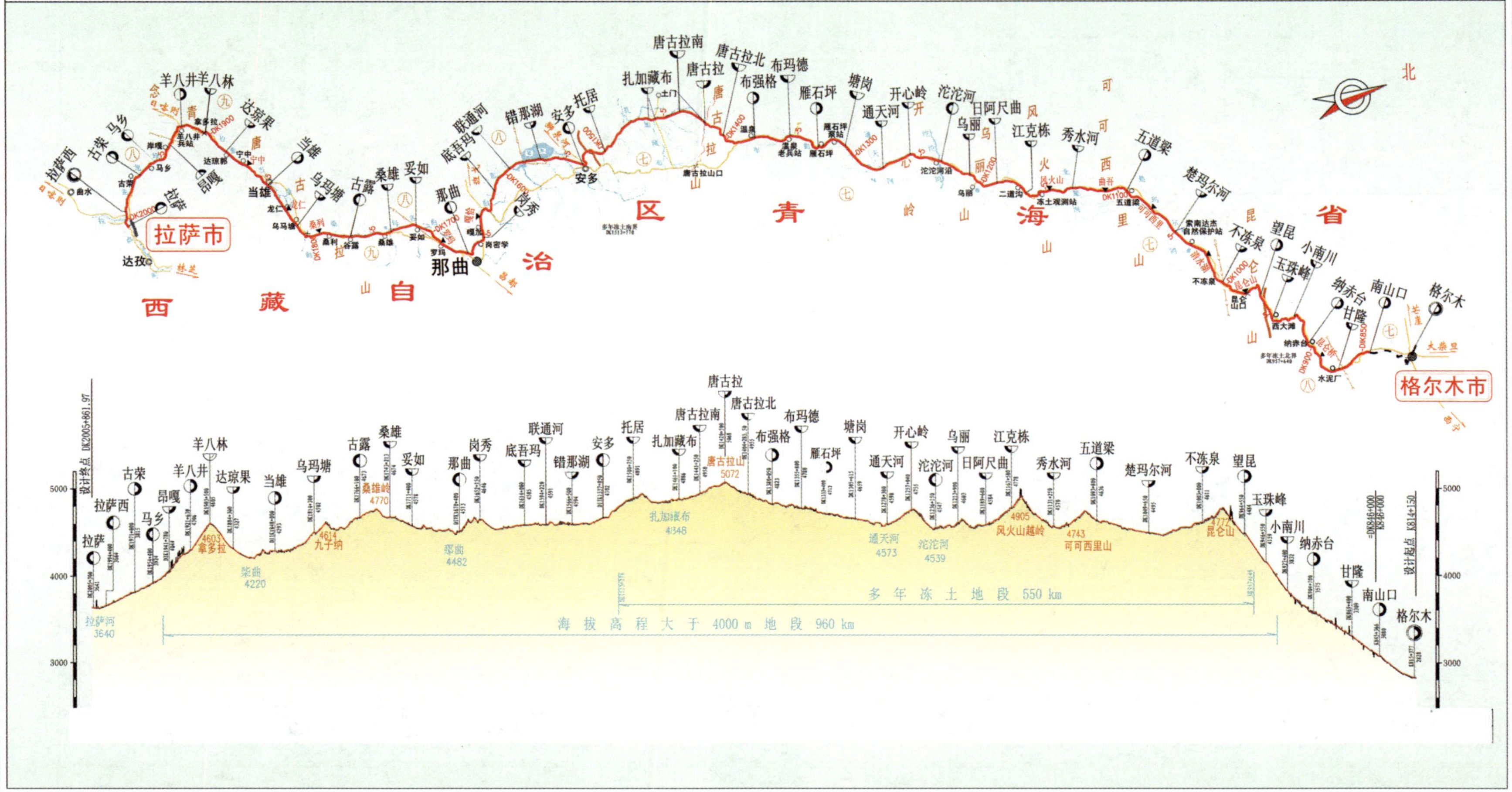

胡锦涛同志在青藏铁路通车庆祝大会上的讲话

（2006 年 7 月 1 日）

同志们：

今天，我们在格尔木和拉萨两地同时集会，热烈庆祝青藏铁路全线建成通车，号召全党全国各族人民学习和弘扬挑战极限、勇创一流的青藏铁路精神，为全面建设小康社会、把中国特色社会主义伟大事业继续推向前进而团结奋斗。

青藏铁路建成通车，是我国社会主义现代化建设取得的又一个伟大成就。在这里，我代表党中央、国务院，向青藏铁路建成通车，表示热烈的祝贺！向为青藏铁路建设作出突出贡献的全体建设者，表示崇高的敬意！向关心和支持青藏铁路建设的沿线各级党委、政府和各族干部群众、各有关方面人士、国际友人，表示衷心的感谢！

建设青藏铁路是几代中国人梦寐以求的愿望，党和政府始终高度重视。1958 年，党中央决定建设青藏铁路西宁至格尔木段，1984 年 5 月这段铁路建成通车。进入新世纪，党中央从推进西部大开发、实现各民族共同发展繁荣的大局出发，作出了修建青藏铁路格尔木至拉萨段的重大决策，提出了建设世界一流高原铁路的目标。现在，经过全体建设者和各方面的顽强拼搏、艰苦奋斗，几代中国人特别是沿线各族干部群众的心愿终于实现了。

青藏铁路是世界上海拔最高、线路最长的高原铁路，沿线高寒缺氧，地质复杂，冻土广布，工程十分艰巨。修建这样一条铁路，不仅是对我国综合实力和科技实力的检验，也是对人类自身极限的挑战。铁道部和各参建单位坚持以邓小平理论和"三个代表"重要思想为指导，全面贯彻落实科学发展观，周密部署，严格管理，确保了青藏铁路建设高起点、高标准、高质量地向前推进。在 5 年的建设过程中，全体参建人员始终牢记党和人民的重托，以国家需要为最高需要，以人民利益为最高利益，奋战在条件异常艰苦的雪域高原上，以惊人的毅力和勇气战胜了各种难以想象的困难，用自己的心血和汗水谱写了人类铁路建设史上的辉煌篇章。这不仅是中国铁路建设史上的伟大壮举，也是世界铁路建设史上的一大奇迹。这一成功实践再次向世人昭示，勤劳智慧的中国人民有志气、有信心、有能力不断创造非凡的业绩，有志气、有信心、有能力屹立于世界先进民族之林。建成青藏铁路这一壮举将永载共和国的史册。

从青藏铁路建设的伟大实践中，我们得到许多重要启示。

第一，必须紧紧抓住发展这个党执政兴国的第一要务，不断增强我国的综合国力。这次建成的青藏铁路格尔木至拉萨段，施工难度之大、设备可靠性和安全性要求之高在世界铁路建设史上是前所未有的。在特殊的地理和气候条件下，我们仅用5年时间就建成了这条1 100多公里的高原铁路。这一巨大成就的取得，是改革开放20多年来我国综合国力不断增强的重要体现。这一事实再一次充分说明，只要我们紧紧抓住发展这个党执政兴国的第一要务，不断增强我国的综合国力，我们就一定能够不断夺取社会主义现代化建设的新胜利。

第二，必须加快科技进步和创新，大力提高我国的自主创新能力。青藏铁路建设面临多年冻土、高寒缺氧、生态脆弱三大世界性工程难题。解决这些难题，世界上没有现成的经验。广大科技工作者和全体建设人员在充分借鉴世界铁路先进技术的同时，发扬自力更生精神，大力推进科技创新，开展大量科学试验，取得一系列重大成果，为进行多年冻土施工、发展高原医学事业、保护生态环境积累了宝贵经验。这一事实再一次充分说明，中华民族是富有创造精神的民族，只要我们坚持不懈地提高自主创新能力，不断增强科技实力、攀登世界科技高峰，我们就一定能够为世界科技进步作出更大贡献。

第三，必须发挥社会主义制度的政治优势，形成万众一心共创伟业的生动局面。在建设青藏铁路的过程中，从中央到地方上百个单位、十几万建设大军同舟共济、团结协作，自觉服从大局，全力保证大局，形成了青藏铁路建设的强大合力。这一事实再一次充分说明，只要我们坚持发挥社会主义制度能够集中力量办大事的政治优势，并善于把这一优势与市场经济体制的优势有机结合起来，我们就一定能够推动关系国计民生的重大建设项目更快更好地完成。

第四，必须大力弘扬艰苦奋斗、自强不息的精神，坚韧不拔地创造历史伟业。艰苦奋斗、自强不息的精神，是几千年来中华民族生生不息、发展壮大的重要精神支撑。青藏铁路建设者表现出来的挑战极限、勇创一流的精神，就是这种伟大精神的生动体现。这一事实再一次充分说明，只要我们大力发扬艰苦奋斗、自强不息的精神，我们就一定能够战胜前进道路上的任何艰难险阻，不断开创中国特色社会主义事业新局面。

青藏铁路建成通车，这对于青藏两省区加快经济社会发展、改善各族群众生活，对于增进民族团结和巩固祖国边防，都具有十分重大的意义。铁路部门要切实管好、用好青藏铁路，牢固树立以人为本和安全发展的理念，确保广大职工劳动安全，确保广大乘客身体健康，确保青藏铁路运输安全。要充分认识搞好青藏高原环境保护的极端重要性，严格落实各项环保措施，教育广大干部职工和乘客增强环保意识，自觉爱护青藏高原的山山水水、一草一木，切实保护好沿线生态环境。

青藏铁路建成通车，为青藏两省区经济社会发展带来了历史性机遇。青藏两省区要抓住有利时机，全面贯彻落实科学发展观，进一步完善发展思路，科学规划产业布局，促进资源优化配置，推动经济结构调整，加快形成具有地区优势和民族特色的经济发展格局。要科学规划和开发铁路沿线旅游资源，创建高原特色旅游品牌，加快旅游产业发展。要适应青藏铁路通车的新情况，积极开发利用优势资源，千方百计增加就业岗位，促进农牧民增收致富，提高沿线各族群众生活水平。国家有关部门要加强指导和协调，同铁路部门和青藏两省区一道努力，把青藏铁路沿线逐步建设成经济发展、社会和谐、环境优美的地区。

铁路作为国民经济的大动脉、国家重要基础设施和大众化交通工具，在我国经济社会发展中具有重要作用。希望铁路系统广大干部职工认清使命，抓住机遇，再接再厉，开拓进取，为加快我国铁路发展步伐，全面建设小康社会、加快推进社会主义现代化作出新的更大的贡献。

建好管好和用好世界一流高原铁路的伟大功绩永载史册

——《青藏铁路》总序

原铁道部党组书记、部长　　　　　傅志寰
中国铁路总公司党组书记、总经理　盛光祖

建设青藏铁路是几代中国人梦寐以求的愿望。1958 年,党中央决定建设青藏铁路西宁至格尔木段,1984 年 5 月建成通车。进入新世纪,党中央决定修建青藏铁路格尔木至拉萨段,提出了建设世界一流高原铁路的目标。青藏铁路格尔木至拉萨段于 2001 年 6 月 29 日开工建设,线路全长 1 142 公里,其中海拔 4 000 米以上地段 960 公里,连续多年冻土地段 550 公里。沿线地质复杂、高寒缺氧、生态脆弱,气候之恶劣、工程之艰难在人类铁路建设史上前所未有。经过广大建设者 5 年的艰苦奋战,于 2006 年 7 月 1 日建成了这条世界上海拔最高、线路最长的高原铁路,谱写了中国铁路建设的新篇章,创造了世界铁路建设史上的奇迹。

青藏铁路通车运营十年来,铁路部门努力最大限度地挖掘青藏铁路的巨大发展潜力,最大限度地发挥青藏铁路的强大辐射作用,全面加强青藏铁路运营管理工作,实现了安全持续稳定,运输畅通无阻,服务优质高效,环保全面达标,有力促进了青藏两省区的经济社会发展。

青藏铁路建成和通车运营是党中央正确决策和坚强领导的结果。新中国成立后,党和国家高度重视和关怀民族地区经济发展和人民群众生活,把修建进藏铁路摆上重要日程。1956 年,毛泽东主席发出了修建青藏铁路的号召,要求尽快建设。1958 年,国家在十分困难的情况下,决定开工建设青藏铁路。在毛泽东、周恩来、邓小平等老一辈领导人的亲切关怀下,青藏铁路西宁至格尔木段于 1984 年 5 月建成通车。经过 20 多年的改革开放,国家综合实力显著增强,科学技术水平显著提高,为继续修建青藏铁路奠定了强大物质基础。进入新世纪,以江泽民同志为核心的党的第三代领导集体,从推进西部大开发、实现各民族共同繁荣的大局出发,作出了修建青藏铁路格尔木至拉萨段的重大决策。2001 年开工以来,胡锦涛、朱镕基、吴邦国、温家宝、贾庆林、黄菊、李长春、贺国强、曾培炎等中央领导同志亲临青藏铁路建设工地,检查指导工作,作出一系列重要指示。国务院成立了青藏铁路建设领导小组,先后十一次召开会议,协调解决建设中的重大问题,保证了青藏铁路建设高标准、高质量、高效率推进。2006 年 7 月 1 日,时任中共中央总书记、国家主席、中央军委主席胡锦涛同志亲临格尔木,出席青藏铁路通车庆祝大会,发表重要讲话,并考察青藏铁路,为我们管好用好世界一流高原铁路指明了方向,提供了强大动力。

党的十八大以来,以习近平同志为总书记的党中央立足实际,着眼长远,作出一系列重大决策部署,为雪域高原绘就了面向未来的宏伟蓝图。随着青藏铁路重要延伸线拉日铁路于 2014 年 8 月 16 日通车运营,拉萨至林芝等铁路建设的顺利进行,一个由铁路、公路、航空等多种运输方式组成的现代综合交通运输体系,正以崭新的面貌呈现在世界屋脊上。

青藏铁路建成和通车运营是铁路部门全面贯彻党中央决策部署的伟大实践。在青藏铁路建设中,铁路部门和各参建单位认真贯彻中央关于青藏铁路建设的一系列决策和部署,把以人为本和全面协调可持续发展的各项要求,落实到工程建设的各个方面。制定了“拼搏奉献,依靠科技,保障健康,爱护环境,争创一流”的青藏铁路建设方针,提出了列车快速通过高原、设备高可靠少维护、减少沿线运营管理人员的原则,把建设世界一流高原铁路的要求体现到工程建设全过程。在工程实施中,建立工程质量、环境保护、健康安全、工期、投资控制体系,实施质量—环境—职业健康安全一体化管理,全面强化工程建设的环境保护和卫生安全工作,取得了我国铁路建设管理的新突破,实现了人与自然相和谐,铁路建设与生态、环境、资源相协调,物质文明和精神文明双丰收,向党和人民交上了一份合格答卷。青藏铁路格拉段投入运营后,铁路部门借鉴青藏铁路建设时期的成功做法,采取有力措施保护高原生态环境,青藏铁路沿线绿化长度达到 808.5 公里,占可绿化地段的 80% 。同时,不断完善和改进节能减排措施,保证了三江源“中华水塔”不受污染;列车运行实现了污物“零排放”,列车污水、生活垃圾等,由车站流动吸污车和垃圾清运车集中进行无害化处理,实现了铁路发展与生态环境的和谐统一。

青藏铁路建成和通车运营是我国铁路科技创新的成功典范。青藏铁路建设面临多年冻土、高寒缺氧、生态脆弱三大世界性工程技术难题。各参建单位依靠科学,尊重规律,积极探索,勇于创新,攻克了一个又一个工程建设难题,创造了一项又一项具有自主知识产权的先进技术,为青藏铁路建设提供了有力技术保障。针对多年冻土难题,在长期进行科技攻关的基础上,制定了多年冻土区勘察、设计、施工技术标准和规范,确立了“主动降温、冷却地基、保护冻土”的设计思想,实现了对冻土环境分析由静态转变为动态,对冻土保护由被动保温转变为主动降温,对冻土治理由单一措施转变为综合施治的“三大转变”,形成了冻土工程成套技术,在冻土工程理论与实践的有机结合上取得重大突破,冻土区列车运行速度达到每小时 100 公里,是世界高原铁路的最高运营速度。针对高寒缺氧难题,坚持以人为本、卫生保障先行的指导思想,提出预防为主、防治结合的总体思路,制定完善适应高原环境的卫生保障机制,创造性地推广应用高压氧舱和防治高原病新技术,加强高原劳动保护和食品卫生安全检查,有效防范鼠疫疫情,取得了“高原病零死亡、鼠疫疫情零传播”的优异成绩，确保了全体建设者的身体健康和生命安全。针对生态脆弱难题，严格执行环保法规，进行环境影响评价，创新环保管理模式，实行环保设施与主体工程同步设计、同步施工、同步投产；建立“四位一体”环保管理体系，在中国铁路建设史上首次实施环保监理制度；开展路基边坡植被保护科技攻关，开创了在高原、高寒地区进行人工植草、植被恢复、植被再造和草皮移植的成功先例；首次设置多种形式的野生动物通道，有效保护了沿线珍稀野生动物、水源水质和自然景观。为确保运营设备高可靠、少维修，按照“先进、成熟、经济、适用、可靠”的原则，自主研发高原供氧旅客列车，采用先进的牵引动力、通信、信号、供电和远程调度指挥技术，建立冻土工程长期观测、大风监测、视频监控等系统，全线技术装备达到了世界领先水平。青藏铁路建成通车以来，全线基础工程和技术装备安全稳定可靠。2009 年 1 月，青藏铁路工程荣获 2008 年度国家科学技术进步奖特等奖。

随着兰青和西格二线电气化铁路的开通，青藏高原铁路技术装备更新升级进一步加快，区域内干线实现了 CTC 运输调度集中指挥系统全覆盖，运输调度指挥和管理的远程化、信息化、智能化水平大幅提升；大功率电力机车相继投入使用，有效提升了运输生产能力。同时，现代化维修大机、先进线路检测监测设备、接触网检测作业车、无缝线路和可动心提速道岔等技术装备的投入使用，为加快青藏铁路现代化建设提供了有力保障。

青藏铁路建成和通车运营是各方面大力支持、密切协作的时代颂歌。在青藏铁路建设中，从中央到地方及上百家企事业单位，瞄准建设世界一流高原铁路的目标，各负其责，团结协作，形成了攻坚克难的强大合力。国家有关部门自觉服从青藏铁路建设大局，认真履行职责，在科技攻关、资金拨付、卫生保障、环境保护、电力供应、应急救援、舆论宣传、安全运输、抗震救灾等方面给予大力支持和帮助，做了大量富有成效的工作。青藏两省区各级党委和政府把青藏铁路建设当作自己的事，急事先办、难事特办，在征地拆迁、建材供应、生活保障、卫生防疫、生态保护、劳务用工、安全运输、反恐防暴等方面提供了有力保障。沿线广大人民群众热切期盼、积极投身铁路建设，在爱路护路、提供劳务等方面发挥了重要作用。青藏铁路建设和运营的成功实践，奏响了一曲社会各界大协作的胜利凯歌，充分展现了社会主义制度集中力量办大事的政治优势。

青藏铁路建成和通车运营是全体建设者挑战极限、勇创一流的历史丰碑。青藏铁路平均海拔 4 000 米以上，大部分路段穿越人迹罕至的“生命禁区”，条件异常艰苦，环境十分恶劣。在 5 年的建设实践中，全体参建人员始终牢记党和人民的重托，以国家需要为最高需要，以人民利益为最高利益，大力弘扬“挑战极限、勇创一流”的青藏铁路精神，以惊人的毅力和勇气战胜了各种难以想象的困难，攻克了多年冻土、高寒缺氧、生态脆弱等一个又一个世界性工程建设难题，高标准、高质量地完成了建设任务，提前一年建成这条世界一流水平的高原铁路。在青藏铁路通车后，铁路部门积极探索高原铁路运营管理规律，全面推行安全风险管理，持续开展安全标准化建设，10 年来没有发生任何行车事故和旅客伤亡事故，确保了青藏铁路运输安全持续稳定。他们用自己的心血、汗水和智慧谱写了中国铁路现代化建设的新篇章。这一成功实践再次向世人昭示，勤劳智慧的中国人民有志气、有信心、有能力屹立于世界先进民族之林，有志气、有信心、有能力不断创造非凡的业绩。

青藏铁路建成和通车运营为促进经济社会发展提供了可靠的运力支撑。青藏铁路建成通车，结束了西藏没有铁路的历史，大大改善了青藏两省区的交通条件，对于扩大青藏两省区对外交流，改善沿线各族群众生活，增进民族团结和巩固祖国边防，促进区域经济社会持续健康发展，都具有十分重大的意义。青藏铁路开通以来，共运送出藏货物344.7万吨、进藏货物2771.0万吨，出藏旅客873.3万人、进藏旅客909.0万人；进出西藏旅客列车由2006年的3.5对增至现在的7对，旅客运输平稳上升。2014年12月，兰新高铁建成通车，标志着青藏高原进入高铁时代。此外，敦煌至格尔木铁路建成通车，库尔勒至格尔木、拉萨至林芝铁路项目正有序推进，青藏两省区路网将形成“东接成昆、南连西藏、西达新疆、北上敦煌”的枢纽型结构。

当前，我国经济社会发展已进入全面建成小康社会决胜阶段。我们要在习近平同志为总书记的党中央领导下，坚持“四个全面”战略布局，牢固树立创新、协调、绿色、开放、共享五大发展理念，大力弘扬新时期铁路精神和青藏铁路精神，在建设和完善国内国际通道联通、区域城乡覆盖广泛、枢纽节点功能完善、运输服务一体高效的综合交通运输体系中，进一步管理好、运营好青藏铁路，建设好“十三五”川藏铁路重点工程，为落实“一带一路”发展战略，实现国家富强、民族振兴、人民幸福的伟大“中国梦”的宏伟目标而奋斗！

为全面做好《青藏铁路》的总结工作，原铁道部、中国铁路总公司、各有关部门和单位本着对历史、对国家、对人民高度负责的态度，力求客观再现青藏铁路建设和运营全过程的曲折历程和宏伟画卷，生动记载取得的巨大成就，深入挖掘和提炼形成的宝贵经验。在各方面的大力支持下，经过编撰人员的辛勤劳动，《青藏铁路》已经呈现在广大读者面前，为社会各界深入了解青藏铁路全过程提供了一部珍贵史料，也为我国铁路现代化建设提供了有益借鉴。值此《青藏铁路》付梓出版之际，特向青藏铁路广大建设者和运营管理人员致以崇高的敬意！

2016年6月

自主创新筑天路　顽强拼搏铸辉煌

——青藏铁路建设的基本经验

孙永福

（2006年12月）

中国铁路建设大军经过连续五年艰苦奋战，在世界屋脊上建成了被誉为“天路”的青藏铁路，实现了几代中国人特别是西藏各族人民百年来梦寐以求的愿望，令国人为之振奋，让世界为之称赞，极大地增强了中华民族的自豪感、自信心和凝聚力。青藏铁路格（尔木）拉（萨）段全长1 142公里，线路位于海拔4 000米以上地段960公里，经过连续多年冻土区550公里，海拔最高点为5 072米，是世界上海拔最高、线路最长的高原铁路。青藏铁路建设面临多年冻土、高寒缺氧、生态脆弱等工程难题，是当今世界高原极具挑战性、最富创造性的宏伟工程项目。在建设过程中，全体建设者始终牢记党和人民的重托，以邓小平理论和“三个代表”重要思想为指导，全面贯彻落实科学发展观，以自强不息的精神战胜重重困难，以自主创新的勇气攻克道道难关，以自立于民族之林的气概勇攀科技高峰，取得了丰硕的工程技术和建设管理创新成果，荣获了国家科学技术进步奖特等奖。青藏铁路建设的伟大实践，谱写了人类铁路建设史上的辉煌篇章，展示了中国铁路建设者的伟大创造精神和崭新时代风貌，积累了自主创新筑天路、顽强拼搏铸辉煌的宝贵经验。认真总结青藏铁路建设经验，对于提高我国重大工程建设水平具有重要意义。

一、坚持高起点、高标准，建设世界一流高原铁路

建设青藏铁路，是党中央、国务院在新世纪之初作出的一项重大战略决策。“把青藏铁路建成世界一流高原铁路”，就是中央领导同志为我们确定的建设总目标。在充分研究借鉴国内外多年冻土工程、高海拔大型工程的科研成果和实践经验基础上，青藏铁路建设立足高起点、高标准，与时俱进迎挑战，瞄准一流攀高峰。

全线开工伊始，铁道部就制定了“拼搏奉献，依靠科技，保障健康，爱护环境，争创一流”的青藏铁路建设方针。明确提出搞好青藏铁路建设，必须把勇于拼搏奉献作为思想基础，把依靠科技进步作为强大动力，把保障人员健康作为根本前提，把爱护生态环境作为神圣职责，把争创世界一流高原工程作为奋斗目标。要求各参建单位坚持以人为本，尊重客观规律，紧密结合工程建设特点，着力体现时代进步要求，正确处理大规模高原铁路建设与联合开展科技攻关、保障职工身体健康和安全、保护沿线生态环境、保证工程建设质量等重大关系问题。各参建单位认真贯彻青藏铁路建设方针，以建设世界一流高原铁路的光荣感、责任感、使命感，激励参建人员，统一思想行动，凝聚智慧力量。坚持依靠科技创新，全力攻克多年冻土工程技术难题，研究试验和总结运用多种冻土工程措施，确保路基桥隧工程稳定可靠、列车运行安全；全力攻克高寒缺氧高原医学难题，努力提高参建人员身体健康水平，确保建设队伍能够上得去、站得稳、干得好；全力攻克高原生态环境保护难题，千方百计保护高原野生动物、植被景观和江河水源，把铁路建设对沿线生态环境的影响降到最低程度。整合优化资源配置，努

力做到设计质量优良，施工质量过硬，设备选型合理，运营管理高效，建设水平一流。

建设世界一流高原铁路必须更新建设理念，强化系统管理，体现科学发展。建设理念具有先导性、基础性、全局性作用，是实现工程目标和建设方针的关键所在。铁道部在项目实施过程中，提出了列车快速通过高原、设备高可靠少维修、减少沿线运营管理人员的原则，使建设世界一流高原铁路的总目标内涵更为鲜明、重点更加突出。强调树立铁路建设新理念，修订勘测设计、施工运营的有关规定，适当加大线路最小曲线半径，运用综合措施处理多年冻土路基，提高桥梁隧道工程耐久性，采用先进运营设备等。这对于确保工程稳定可靠和列车运行安全舒适，具有十分重要的作用。青藏铁路是一项巨型复杂的系统工程，必须统筹安排、科学组织、精心指挥、强化管理。铁道部在项目实施过程中，坚持由北向南分段施工，试验先行，突出重点，密切协调，使全线建设呈现出高效有序推进的良好局面。2001 年开局之年首战告捷，2002 年重点攻坚取得突破，2003 年全面攻坚创出佳绩，2004 年整体推进喜获全胜，2005 年决战决胜高奏凯歌，2006 年 7 月 1 日开通运营，列车以设计速度安全运行。青藏铁路举世瞩目，社会各界对多年冻土工程、高原卫生保障、生态环境保护和运营技术装备等非常关注，必须在项目实施过程中充分体现以人为本和全面、协调、可持续发展的具体要求。铁道部在项目实施过程中，正确处理好局部利益和整体利益、当前利益和长远利益的关系，稳妥解决好保障科研试验、保证人员健康、保护沿线环境和确保质量安全、建设工期、投资控制等影响大局的重点难点问题，做到了建设、设计、科研、施工、监理等各个环节相协调，施工建设与卫生保障、环境保护等各项工作相促进，资源节约、健康安全、环境友好、速度和质量效益相统一，人与自然相和谐，使青藏铁路建设达到了世界一流水平。

二、坚持集中力量办大事，形成团结协作共创伟业的生动局面

青藏铁路是西部大开发的标志性工程，任务十分艰巨，条件十分艰苦，技术十分复杂。建设这项史无前例的宏伟工程，必须建立坚强有力的领导体制和运转高效的工作机制，做到决策高效、组织有力、协作密切，充分发挥社会主义制度能够集中力量办大事的优势。党中央、国务院作出了修建青藏铁路的重大战略决策，作为西部大开发的标志性工程，自始至终都给予了亲切关怀。中共中央总书记江泽民作了重要批示并题词“建设青藏铁路，造福各族人民”。国务院总理朱镕基、副总理吴邦国等分别在格尔木、拉萨主持了全线开工典礼。中共中央总书记胡锦涛在格尔木主持了全线通车典礼。在青藏铁路建设中，有 30 多位党和国家领导人亲临现场考察，听取建设汇报，慰问参建人员，接见劳动模范，发表重要讲话，提出明确要求，使全体建设者深受鼓舞和激励。国务院成立了青藏铁路建设领导小组，每年都召开领导小组会议，总体部署全线工程进展和各年度、各阶段的工作重点，及时研究决策“三大难题”攻关、建设投资调整、先进装备运用、工程治安保卫和重要活动开展等重大问题，组织、协调、动员国家各部门和青藏两省区整合优势资源，集中人力、财力、物力建设青藏铁路。青藏铁路建设领导小组办公室全面履行信息中心、协调中心、服务中心的工作职责，认真负责地督促检查领导小组各项决定落实情况，加强信息沟通，及时交流经验，强化协作配合。

铁道部充分履行行业管理职能，统筹部署、协调推进各项工作，优先保证建设中的人力、物力、财力。在选线、设计、征地、拆迁、施工、运营中，既充分考虑技术上可行、经济上合理，又兼顾地方经济发展需要。铁道部主要领导深入现场，坚持现场办公，提出严格要求，及时解决建设中的重要问题。铁道部机关各有关部门齐心协力，勇挑重担，主动做好各项工作。中央和国家各有关部门，以及上百个科研院所、高等院校的科技工作者，牢固树立全国一盘棋思想，自觉服从大局，全力保证大局，密切配合青藏铁路建设。统筹安排重大事项，深入现场检查指导，及时协调解决资金调拨、建设用地、公路改

造、电力供应、科研攻关、卫生保障、环境保护、审计监督、舆论宣传、表彰先进、治安保卫、重要设施守护等一系列重大问题，积极参与多年冻土、高原病预防和救治、野生动物保护、水土保持、抗震防震、高原供电等技术难题的科研攻关，有力推动了这一重大项目又好又快地完成。青藏两省区党委、政府和沿线各族人民群众，把建设青藏铁路当作自己的事情来办，给予全力支持。两省区主要领导亲自负责支铁工作，设立支铁机构，列为重中之重。两省区各部门制定优惠政策，调集一切可用资源，动员一切可用力量提供有力支持，做到急事先办，难事特办，专题专办，快速高效。沿线地方政府和各族群众自觉讲大局、讲团结、讲奉献，积极配合施工，营造了良好建设环境。新闻工作者宣传报道建设进展和感人事迹，文艺工作者创作演出文艺节目，热情讴歌伟大的青藏铁路精神，为工程建设提供了有力的精神鼓舞。

在整个青藏铁路建设过程中，从中央到地方，从路内到路外，从内地省（区）市到青藏两省区，都把"建设青藏铁路，造福各族人民"作为共同的事业，广泛开展大协作，汇聚智慧攻难关，充分彰显了中国特色社会主义的体制优势和中华民族的强大凝聚力。

三、坚持依靠科技创新，攻克高原冻土铁路工程难题

我国青藏高原处于中低纬度、高海拔地带，其突出特征是：多年冻土分布较广，地震、滑坡、泥石流、风沙、雷电等自然灾害严重。与处于高纬度、低海拔地带的北欧、俄罗斯、北美的多年冻土相比，青藏高原多年冻土更为复杂，筑路技术难度更大，对工程设计和施工提出了很高要求。解决多年冻土路基因冻胀融沉引起的变形病害，是工程建设成败的关键，是世界性的工程技术难题。铁道部瞄准世界冻土科技前沿，依靠科技进步，开展科学试验，坚持自主创新，奋力攻克多年冻土等工程难题，创造出具有自主知识产权的成套多年冻土筑路关键技术，在冻土工程理论与冻土工程实践方面取得了重大突破。

在建设前期工作中，我们充分借鉴国外多年冻土工程的经验教训，结合我国高原冻土科研成果，编制青藏铁路多年冻土区勘察、设计、施工等暂行规定，为工程建设提供技术规范性依据，填补了我国冻土区铁路建设规范的空白。加深地质勘察工作，在铁路建设中首次实行地质勘察监理制度。查明铁路沿线多年冻土分布和特点，提出多年冻土的上限深度和设计参数，建立评价多年冻土稳定性的地温分区和工程分类，确定尽量绕避不良冻土地段的选线原则。在开工之初，我们按照试验先行原则，选取了五处具有代表性的路基、桥梁、隧道冻土工程，先行建设试验段。组织中国科学院寒旱所、中铁西北研究院、中铁第一勘察设计院（简称"铁一院"）及有关院校科研技术人员，对各项冻土工程措施进行高原环境试验，应用联合攻关取得的阶段性成果指导设计和施工，有效避免了工程建设走弯路。突破传统冻土工程的设计理念，确立了"主动降温、冷却地基、保护冻土"的设计思想，实现了对冻土环境分析由静态转变为动态，对冻土保护由被动保温转变为主动降温，对冻土治理由单一措施转变为多管齐下、综合施治的"三大转变"。以调控热传导、辐射、对流为理论基础，以降低地基冻土温度、保持冻土热稳定性为根本前提，系统总结出片石气冷路基、通风管路基、碎石（片石）护坡或护道、热管、铺设保温材料，桥梁采用旋挖钻机干法成孔灌注桩基础，隧道设置防水保温层等成套冻土工程措施。应用多种工程措施综合整治复杂地段冻土路基，对于特别复杂的冻土地段采取"以桥代路"措施用桥梁通过，有效确保了冻土工程的稳定可靠。此外，在综合解决桥梁、隧道混凝土结构耐久性问题、创新成套高原铺架技术、自主创新高原客车制造技术和防风沙、雷电、地震等方面，也取得了可喜成果。

根据多年冻土工程科研需要，我们建立了多年冻土长期观测系统。经过建设期几个冻融循环观测，冻土路基基底地温降低、冷储量增加、冻土上限抬升，路基工后沉降速率小于设计允许值，列车在

冻土区运行速度达到100公里/小时,在非冻土区运行速度达到120公里/小时,创造了世界高原冻土区铁路运行时速最高纪录。参加第六次世界冻土工程会议和亚洲冻土工程会议的中外冻土专家现场考察一致认为,青藏铁路建设成功解决了高原多年冻土区筑路关键技术难题,采取的主要工程措施可靠,能够保证安全稳定,体现了当今世界冻土技术的最好水平,代表了国际冻土工程的最新进展。

四、坚持以人为本思想,确保参建人员身体健康和生命安全

青藏铁路沿线气压低,空气含氧量只有海平面的50%～60%,属于"生命禁区"。沿线地区高寒、干燥、风大,有强紫外线辐射,处于鼠疫自然疫源地,不少地段缺乏可饮用水。这样严酷的工作环境对建设者的身体健康和生命安全构成很大威胁。铁道部和各参建单位坚持以人为本,始终把保障参建人员的健康安全作为全部工作出发点和落脚点,全面构建卫生保障工作体系。

在借鉴国内外高原医学研究成果的基础上,铁道部、卫生部提出了贯彻执行"预防为主、卫生保障先行"的工作方针,联合制定了《青藏铁路卫生保障若干规定》和《青藏铁路卫生保障措施》,以及公共卫生事件应急预案。青藏铁路建设总指挥部和各参建单位结合现场实际,制定了《青藏铁路建设卫生保障实施办法》、《青藏铁路建设站后和零散人员卫生保障管理办法》等具体规定,使全线卫生保障工作规范有序运行。对建设人员开展卫生知识宣传教育,印发《高原卫生知识手册》,实行体检准入和"三检"(即工前体检、工中体检、工后体检)等制度。上场人员先在海拔较低的生活基地习服适应,再到高海拔地区施工现场。医务人员坚持夜间巡诊查铺,防止突发疾病。组织高原医学专家成立"高原生理咨询组",现场培训医务人员,提高诊断和急救水平,做到高原病早预防、早发现、早治疗、早后送。建立覆盖全线的三级医疗保障网络,工地医院配备3 900多台(套)先进适用的常规医疗设备,现场医务人员与职工比例为1.5%～2.0%,使危重病人及时得到有效救治。在海拔4 500米至5 000米的建设工地配置应用25台高压氧舱,使患者能在高压氧舱内迅速缓解高原反应症状。在海拔4 700米以上地区首次研制出每小时生产24立方米氧气的高原制氧设备,实现了海拔4 905米的风火山隧道掌子面弥漫供氧,隧道内空气含氧量相当于降低海拔1 200米,有效改善了作业环境。这一成果得到广泛采用,在全线设置17个大型制氧站,使过去用于急救的氧气成为参建人员的劳保用品,提高了施工队伍的生产效率。积极推广运用解放军部队"一氧化氮"、"高压氧液"等新技术,探索防治高原病的新途径。加强饮食营养和防寒防晒等劳动保护措施,免费提供医疗、抗缺氧药品和劳保用品,为包括农民工在内的全体建设人员创造了良好的劳动生活环境。青藏铁路沿线动物间鼠疫疫情多有发生,最近的鼠疫发生地距施工现场只有500米左右。在当地政府统一领导下开展路地联防,切实加强宣传教育,严格执行"三不"(不私自捕猎疫源动物、不剥食疫源动物、不私自携带疫源动物及其产品出疫区)、"三报"(报告病死鼠獭,报告疑似鼠疫病人,报告不明原因高热病人和急死病人)制度,建立鼠疫监测系统,及时掌握疫情信息,采取有效预控措施,设立工地医院鼠疫隔离病房,配备相应医疗、防护、消毒等设备,杜绝了建设工地发生人间鼠疫。

青藏铁路建设,每年都有2万至3万多人员在高海拔工地作业。建设期间,全线接诊病人53万余人次,其中470例高原性脑水肿、931例肺水肿患者全部得到有效救治,创造了高原病"零死亡"、鼠疫疫情"零传播"的奇迹。在第六届国际高原医学大会上,中外高原医学专家称赞青藏铁路建设医疗设施配置先进,防治救护卓有成效,人员健康保障科学,创造了高海拔、大群体、长时间作业的卫生保障工作成功经验,为世界高原医学事业作出了重要贡献。

五、坚持人与自然相和谐,建设具有高原特色的生态环保型铁路

青藏高原素有"世界屋脊"、"地球第三极"之称,是我国和南亚地区的"江河源",是世界山地生

物物种一个重要的起源和分化中心，生态系统十分独特，珍稀特有物种丰富，自然景观多彩多样。但由于海拔高、气温低，生态环境十分脆弱，植被一旦受到扰动破坏，短期内极难恢复，甚至无法恢复，具有不可逆转性。铁道部和各参建单位全面落实保护生态环境这一基本国策，以对子孙后代高度负责为己任，十分珍爱一山一水，努力保护每寸绿地，精心呵护野生动物，依法环保、科技环保、全员环保，把项目实施对生态环境的影响降到最低程度。

在项目实施中，铁道部瞄准“建设具有高原特色的生态环保型铁路”的目标，认真执行国家环保法规，贯彻落实“预防为主、保护优先、开发与保护并重”的原则和“三同时”（环保设施与主体工程同时设计、同时施工、同时投产）制度。编制环境影响评价大纲、环境影响报告书（含水土保持），经国家环保总局和水利部正式批复后组织实施，以环评结论指导设计、施工和环境管理。首次在铁路建设中实行环保监理制度，委托第三方对全线环保工作进行全程监控。建立由青藏铁路公司（总指挥部）统一领导、施工单位具体落实并承担责任、工程监理单位负责施工环保工作日常监理、专职环保监理实施全面监控的“四位一体”环保管理体系。对重要工点做出专项环保工程设计。组织中科院、铁一院等单位的专家开展高原地表植被保护、野生动物通道设置等专题研究。在海拔 4 300 米至 4 700 米的高寒草原、草甸地段，选择抗寒效果良好的草种，采用人工播种，辅以喷播、覆膜等培育技术，开展种草试验获得成功，开创了高海拔人工植草先例。总结形成人工种草和移植草皮工法，在全线有条件区段大力推广，路基边坡和水沟采用草皮防护，唐古拉山以南安多至拉萨间形成 300 多公里的“绿色长廊”。在深入调查野生动物分布习性和迁徙规律的基础上，设计了桥下、隧顶和路基缓坡平交等三种形式共 33 处野生动物通道，这在我国重大工程项目中尚属首例。经长期观测和研究，最终绝大部分采用桥梁下部通道（取消了路基缓坡平交通道）和全封闭措施，既保障了野生动物自由迁徙，也保证了列车运行安全。铁路穿越长达 65 公里的湿地时，建造了总长 10.56 公里的 20 座桥梁，保持了湿地的连通性。沿线省区环保部门与各参建单位签订环境保护责任书，设立青藏铁路环保行政监察办公室，深入检查并纠正违规现象，保证了铁路工程、设备安装和施工营地符合环保要求。在参建人员中大力普及环保知识，通过 40 多次专题办班，共培训环保骨干人员 4 300 多名。把环保工作纳入“建功立业劳动竞赛”和“优质工程”评定范围，实行环保一票否决制。印发《环保手册》，设置环保标牌，采取多种方式深入宣传生态文明观，形成人人关心环保、人人参与环保的良好氛围。每年 6 月至 8 月藏羚羊迁徙季节，在可可西里地段的施工队伍主动停工让道，使藏羚羊安然通过施工地段。铁路通过错那湖自然保护区路段，施工队伍用 13 万条沙石袋垒成 20 多公里护堤，有效防止了湖水污染。沱沱河站污水处理达到国家规定的生活用水标准，其他车站污水处理达标后用于车站范围内的绿化，有效保护了地表水体。青藏铁路各项环保工程均通过了国家环保验收。

青藏两省区环保部门长期监测结果表明，青藏铁路建设对河流水质无明显影响，区域冻土环境未出现明显改变，沿线野生动物迁徙条件和铁路两侧自然景观未受破坏，沼泽湿地环境得到有效保护。全国人大环资委专题调研认为，青藏铁路建设是落实科学发展观的具体体现，是构建人和自然和谐的重要范例，是依法环保的先进典型。国家环保总局、水利部、林业局等部门多次检查认为，青藏铁路环保管理经验居国内重点工程建设项目领先水平，具有示范意义。

六、坚持质量第一思想，全面创建高原铁路精品工程

工程质量是建设世界一流高原铁路的生命和灵魂，是青藏铁路项目管理的首要任务和核心内容。铁道部和各参建单位始终坚持“百年大计，质量第一”思想，以对国家、对人民高度负责的精神，精心设计，精心施工，加强管理，严格监督，正确处理加快进度、控制投资与保证质量等关系，不断强化安全

质量保证、质量监控和质量评价体系，及时发现和解决质量问题，努力创建全面达标的优质精品工程。

在项目实施中，建设单位认真履行业主职责，构建了以业主负责、企业自控、全面监理、政府监督的“四位一体”工程质量管理体系。严格实行全员、全过程、全方位质量管理，特别重视开工审批、工程试点、质量信誉评价、现场检查观摩、优质工程评选和工程初步验收等项工作，以及隧道衬砌保温防水、桥梁基础和预制混凝土梁、路基填料、防排水系统等关键部位。一般不安排冬季施工，对冬季必须连续生产的轨枕、桥梁及个别工点，都制定了加强保暖防冻、反复检查落实、确保工程质量的施工方案。强化检测监控，实行了委托第三方采用两种以上方法对工程实体进行质量检测和进行线下工程铺轨前质量评估制；采用核子密度仪和 K30 对路基加大检测密度，确保路基密实度达到设计要求。为提高桥梁桩基施工质量，推广采用了钻速快、质量高的旋挖钻机施工工艺；对河边路基防冲刷、路堑边坡防塌滑等防护工程等，也都有效采取强化措施。在格尔木建立耐久性混凝土检测中心，研制和推广使用耐久性混凝土掺加剂，确保了高寒、强辐射恶劣条件下冻土区混凝土工程质量。对 GSM-R、ITCS、CTC、电力和房建给排水、机客车装等站后工程，均全部进行高原现场试验，并及时审查阶段性试验成果，用以指导、完善设计和施工。本着安全、可靠、先进的原则，对关系运输质量的关键设施和设备等增加投入，建立冻土区工程长期监测系统，及时发现问题采取措施，确保线路平顺、运行安全。同时，尽量减少沿线设站、减少运营管理人员，严格控制非生产性支出，做到资金使用向保证工程质量倾斜。设计单位实行项目总体负责制、项目专册负责制和主体工程结构设计负责制等，强化设计图技术咨询、施工图审核，坚持开展寒季和暖季冻胀融沉情况工程调查，完善工程措施，搞好技术交底和施工配合。施工单位建立质量保证体系，健全组织管理，严格管理制度。实行项目经理质量负责制，技术主管质量包保责任制。施工作业队坚持先核对优化再开工、先试点树样板再展开，成立 QC 小组，实施 PDCA 循环，对施工工序和分项、分部、单位工程实施全程质量自检自控，发现问题及时自查自纠。严把原材料进场、机械设备、操作工艺和人员培训各道关口，积极采用新技术，不断提高工程质量。监理单位强化监理责任，实行监理人员持证上岗制，责任监理和专职巡视监理工程师制，施工关键部位、关键工序、隐蔽工程都严格实行旁站监理和监理工程师签证制，对发现的质量问题或不符合施工规范的质量行为，及时发出监理通知，果断责成施工单位限期整改。青藏铁路工程质量监督站依法履行职责，严格检查各单位的质量责任行为和工程实体质量，责令整改存在问题。铁道部行业主管部门每年开展执法监察，强化质量监督，确保工程质量全面达标。

青藏铁路全线各专业的分项分部工程全部合格，工程优良率达到 95% 以上，共创优质样板工程 385 项，冻土区工程质量达到国际领先水平，非冻土区工程质量达到国内先进水平，经受住了通车运营的各种考验。设计建造的拉萨火车站和拉萨河特大桥与布达拉宫交相辉映，成为现代科学技术与藏族传统文化有机结合的标志性工程。

七、坚持项目管理创新，实现我国铁路建设管理新突破

青藏铁路所处环境特殊，工程投资较多，客货运量较少，运营成本较高，虽然项目本身经济效益欠佳，但建成后具有良好社会效益和环境效益，是典型的公益性项目。按照分类建设原则，鉴于青藏铁路的外部正效应特别突出，全部投资由国家安排（其中 75% 为国债，25% 为铁路建设基金），工程建设实行优惠政策，运营给予适当财政补偿。

对于公益性的青藏铁路工程，铁道部没有采用传统的由政府成立指挥部的管理模式，而是积极探索实行公司制管理模式。经报请国务院批准，于 2002 年 9 月 3 日成立了实行项目法人责任制的国有大型企业——青藏铁路公司（此前成立青藏铁路公司筹备组），既管工程项目建设，又管投产运营。

为了便于现场指挥，青藏铁路公司在格尔木设立派出机构——青藏铁路建设总指挥部，由公司主要领导担任指挥长，全面负责现场建设工作的组织实施；在拉萨设立青藏总指拉萨指挥部，具体负责西藏境内安多至拉萨段工程建设。2004 年 6 月 19 日，铁道部将管理青藏铁路西宁至格尔木段运营的兰州铁路局西宁铁路分局并入青藏铁路公司，使建设和运营管理形成一个有机整体，为建好、管好、用好青藏铁路提供了组织保障。围绕实现建设世界一流高原铁路的总目标，建立了以工程质量、环境保护、职业健康安全、工期、投资为主要内容的“五大控制”目标管理体系。按施工年度、工程类别、施工单位进行目标分解、责任分解，自上而下层层展开，自下而上层层保证，实现全员化参与、全方位落实、全过程控制。同时，加强了工程项目合同管理、资源管理、协作管理、技术创新管理等，为实现总体目标提供了强大支撑。青藏铁路工程项目管理体现了时代发展和科技进步的要求，突出了以人为本、可持续发展的思想。这一管理创新成果，已在全国铁路建设系统推广，对提高铁路工程项目管理水平发挥了重要作用。实施质量—环境—职业健康安全一体化综合管理体系，科学协调工程质量（攻克多年冻土难题）、环境保护（攻克生态脆弱难题）和职业健康安全（攻克高寒缺氧难题及施工、交通安全）之间的相互关系，整合质量、环境、职业健康安全各个要素，量化各项指标要求，纳入工程合同实行一体化管理。建设单位把质量、环境、职业健康安全作为一个整体，同部署、同落实、同检查、同考核。施工单位将质量—环境—职业健康安全一体化管理的目标、任务和要求，层层分解到各个工点和岗位。监理单位不仅对工程质量认真把关，而且对环境保护和施工安全进行严格监督。从而避免了一部分管理工作的交叉重复，提高了管理效率和水平。

针对铁路施工企业已与铁道部“脱钩”，不再具有行政隶属关系的重大变化，经铁道部党组批准，在青藏总指建立党的工作委员会，吸纳主要施工企业主管领导为党工委成员。由党工委对施工企业实行党建思想工作的统一领导，做到了对政治工作与工程建设同部署、同落实、同考核，逐步形成了以思想教育为主，辅之以必要的经济、行政手段，既管工程建设、施工队伍，又管党建思想工作的队伍管理新模式。各参建单位全面落实国务院和铁道部关于加强农民工管理的各项要求，把农民工纳入职工队伍管理，实行“三统一”（统一居住条件、统一饮食标准、统一医疗保障）、“两一同”（农民工中的党员与职工党员一同参加党组织活动、农民工同职工一同参加评先表彰）。设置农民工维权举报箱，公布举报电话，建立指挥长“农民工接待日”制度，按时足额发放农民工工资，积极受理农民工投诉，妥善解决处理涉及农民工利益等方面的问题。这些做法充分调动了农民工参建青藏铁路的积极性，创造了高原恶劣环境下保障农民工政治、经济权益的新经验。

八、坚持建路育人宗旨，培育和弘扬青藏铁路精神

面对极其恶劣的施工和生活环境，面对极为艰巨的建设和运营任务，铁道部和各参建单位始终坚持用中国特色社会主义理论和科学发展观武装职工头脑，教育干部群众，指导建设实践。加强项目文化管理，坚持建路育人，锤炼过硬队伍，培育时代精神，培养优秀人才，为建设世界一流高原铁路提供了思想保证和动力支持。

青藏铁路建设充分发挥党工委的政治核心作用、党支部的战斗堡垒作用和党员队伍的先锋模范作用，使广大党员干部在急难险重任务面前率先垂范，在危急关键时刻挺身而出。坚持不懈进行形势任务教育，广泛开展建功立业劳动竞赛，充分尊重参建人员的首创精神，及时总结推广参建人员在实践中创造的新工艺、新技术，引导参建人员在本职工作中创新、创业、创优。把参建人员作为最宝贵资源加以爱护，想方设法多做得人心、暖人心、稳人心的工作。在开工之初高原铁路通信体系尚未建成时，施工单位开展“温馨通话三分钟”活动，免费让职工在节假日用海事卫星电话与亲人通话报平安。

动员职工家属写“家中有我”亲情寄语等活动，解决广大职工最关心、最挂念的问题。组织创作丰富多彩的文艺节目，举办全部属于原创的“高原彩虹”大型文艺晚会，开展“青藏铁路杯”征歌活动（唱响了《天路》等优秀歌曲），举办专题讲座、知识竞赛、对联创作等富有特色的工地文化活动，丰富了广大建设者的精神文化生活。大张旗鼓地表彰奖励模范典型，组织先进事迹报告团巡回演讲，有效增强了参建人员学帮赶超、团结前进的光荣感。来自全国四面八方的铁路建设大军，在雪域高原顽强拼搏、吃苦奉献、建功立业。他们历经高寒考验而斗志更强，饱尝缺氧之苦而信念愈坚，以艰苦不怕吃苦、缺氧不缺精神的勇气，冒严寒、顶风雪、战缺氧、斗冻土；以海拔高追求更高的意志，在“生命禁区”挑战生存极限、体力极限、心理极限。青藏铁路开工之前，有人担心高原环境恶劣，不一定能上得去。但工程招标时，大家踊跃请战，有的单位上百名职工写血书、表决心，坚决要求上高原。开工后，父子同时上高原、妻送丈夫赴青藏、夫妻双双战冰雪的动人事迹和感人场景比比皆是，充分表现出敢于战胜前进道路上各种风险挑战的英雄气概。广大参建人员用远大理想凝聚力量，用崇高信念铸就坚强，用以人为本凝结关爱，用科技创新实现一流，用自己的心血和汗水铸就了“挑战极限，勇创一流”的青藏铁路精神。这是以艰苦奋斗、自强不息为核心的民族精神的生动体现，是以与时俱进、自主创新为核心的时代精神的生动体现，是伟大的中华民族精神在当代中国的生动体现，极大地丰富和升华了新时期的“火车头精神”，成为推动建设世界一流高原铁路的强大精神动力。2006 年 7 月 1 日，胡锦涛总书记在青藏铁路通车庆祝大会上发表重要讲话，号召全党全国各族人民学习和弘扬“挑战极限，勇创一流”的青藏铁路精神，为全面建设小康社会、把中国特色社会主义伟大事业继续推向前进而团结奋斗。这是党中央和全国人民对参建人员的最高褒奖。

伟大的事业孕育伟大的精神，伟大的精神推动伟大的事业。在青藏铁路精神的激励下，不仅全面建成了世界一流高原铁路，而且还涌现出一大批先进集体和模范人物。一批有理想、讲政治、懂技术、会管理的优秀中青年干部接受了考验、经受了锻炼、积累了经验、挑起了大梁，走上了各级领导岗位，为又好又快实施大规模铁路建设提供了可靠的队伍保障和人才支撑。

青藏铁路通车运营后，铁道部认真贯彻落实胡锦涛总书记关于“青藏铁路运营管理创世界一流水平”的重要指示精神，进一步提出了“安全持续稳定、运输畅通无阻、服务优质高效、环保全面达标”的运营管理目标，采取一系列强化措施，完善多年冻土长期观测系统，健全运营安全、环保、人员健康和应急救援等保障体系，加强运输组织和调度指挥，确保列车运行安全，为挖掘青藏铁路发展潜力、强化青藏铁路辐射功能作出了积极贡献。青藏铁路通车运营以来，全线主体工程质量可靠，冻土区路基和桥隧工程基本稳定，各项技术装备运转正常，设备、人员和管理经受住了季节变化考验，没有发生责任行车安全事故，没有对沿线生态环境造成明显影响。青藏铁路已成为雪域高原通往祖国各地的一条现代化陆路大通道，对青藏两省区提升区位优势，扩大对外开放，开发旅游资源，发展特色产业，增强民族团结和经济社会的全面、协调、可持续发展，发挥了重要促进作用，被沿线各族人民群众誉为团结线、致富线、幸福线。高寒缺氧何所惧，奉献青藏写春秋。面对青藏铁路运营的新挑战，我们要高举中国特色社会主义的伟大旗帜，全面深入落实科学发展观，珍惜荣誉，再接再厉，努力实现青藏铁路运营管理创世界一流先进水平的目标，为中国铁路建设事业作出更大贡献！

目　录

导　言

修建青藏铁路是党中央、国务院本世纪初做出的重大战略决策。青藏铁路穿越青藏高原腹地，全长1 142 km，其中海拔4 000 m以上地段有960 km，占全线的84%，翻越唐古拉山的铁路段达到海拔5 072 m，成为世界铁路最高点。格尔木至拉萨段于2001年6月29日正式开工，2006年7月1日建成通车。铁路沿线低气压、低氧分压环境引起人体发生高原缺氧反应，严重者发生高原肺水肿、脑水肿等高原病，抢救不及时极易造成死亡。建设工地处于鼠疫自然疫源地，通过旱獭传播的鼠疫毒性强，感染后发病重，传染性强，病死率高。高原严寒、干燥、强紫外线辐射环境，以及安全饮用水缺乏，这些都对人体健康有很大威胁。青藏铁路格拉段每年上场人数达到数万人，主要在海拔4 000 m以上地区进行较强体力劳动，因此有效防治高原病和控制鼠疫流行，关系到建设队伍稳定，关系到工程建设顺利施工。建国初期，为修建青藏和川藏公路，以及后来的青藏铁路西格段，都曾因高原病造成重大人员伤亡。因此，在世界屋脊上修筑海拔最高、线路最长的高原铁路，必须面对高寒低氧的严峻挑战，全力解决好参建人员的身体健康和生命安全保障问题，确保参建人员能够上得去、站得稳、干得好。

在青藏铁路建设领导小组领导下，在卫生部、青藏两省区政府等部门的支持下，铁道部组织专业人员深入现场调查研究，认真学习国内外高原医学研究成果，总结以往青藏高原工程建设劳动卫生和卫生保障实践经验，确立了"以人为本、保障先行"的卫生保障工作方针。从科学决策、综合预防、医疗救治、鼠疫防控四个方面研究卫生保障工作，突出高原病、鼠疫病两大防治重点，着重解决低压低氧、鼠疫疫源、恶劣气候、饮水供应、生活保障、卫生资源匮乏六个主要问题，提出了卫生保障规划和工作目标。研究制定了《青藏铁路卫生保障若干规定》、《青藏铁路卫生保障措施》、《青藏铁路建设鼠疫防治技术方案》。五年施工期间，构建了三级医疗保障体系和鼠疫预防监控体系，研制并应用了高原适应人群健康筛检技术，职业性高原病健康监护网络技术，施工隧道制氧供氧技术，高原体力劳动强度分级监控技术，高原施工环境饮水洁治技术和高原病综合急救技术，通过实施健康体检、习服措施、健康教育、劳动卫生、劳动保护、饮食卫生、鼠疫监控、生活区管理、医疗救治等9项措施，降低了急性高原病发病率，实现了建设期间"高原病零死亡、人间鼠疫零感染"的工作目标，为建设世界一流高原铁路提供了有力保障。

青藏铁路建设创新了高原卫生保障模式，首次将职业健康安全作为工程建设"五大控制目标"之一，全面系统地部署卫生保障工作，并将卫生保障作为建设世界一流高原铁路的重要内容，纳入目标管理范畴，明确领导责任，严格管理考核制度，从而构建了完善的卫生保障体系，形成了科学有效的工作机制，创造了特大群体、特高海拔、长期作业高原病零死亡的奇迹，对高原医学进步做出了重大贡献，也为今后高原工程建设的卫生保障起到了示范作用。

为了系统全面地总结青藏铁路建设卫生保障工作的实践经验，保存青藏铁路建设期间在高原病预防、治疗、卫生管理和鼠疫防控方面的科技创新成果和珍贵原始资料，铁道部组织编写了《青藏铁路·科学技术卷·卫生保障篇》，本篇重点介绍了青藏铁路建设期间卫生保障方面的成就经验，分为概述、卫生保障管理、职业卫生与劳动保护、高原病预防救治、卫生防疫工作、生活后勤保障、运营时期卫生保障、卫生保障文件汇编等 8 个部分，并附有案例介绍，集中反映了卫生保障决策管理、体系构建、科技创新、技术实施的主要历程，展示了青藏铁路参建单位，特别是广大医务人员、科技人员和卫生管理人员的辉煌业绩和精神风貌，从卫生保障的实践中进一步提炼了他们的真知灼见和丰硕成果。在本书编著过程中，得到了青藏铁路建设领导小组、青藏两省区、铁道部、各参建单位、青藏铁路公司、军事医学科学院、北京世纪坛医院、格尔木人民医院的大力支持和帮助。在此，谨向为青藏铁路建设卫生保障工作作出贡献的各界人士表示衷心感谢，向参与编纂出版的同志表示崇高的敬意！相信本书的出版，必将对于各方了解青藏铁路建设卫生保障工作成果，更新高原大型工程高原病的防治理念和防治手段，解决高原新线建设和青藏铁路运营期面临的卫生保障难题，提供具有重要科学实用价值的参考资料。

第一章　概　　述

青藏铁路格尔木—拉萨段（以下简称“格拉段”）是世界上海拔最高、线路最长的高原铁路，全长1 142 km，穿越青藏高原腹地，在海拔4 000 m以上地段有960 km，约占全线的84%。青藏高原自然环境恶劣，低气压（简称“低压”）、低氧分压（简称“低氧”），高寒、干燥、大风、强紫外线辐射，可饮用水缺乏，处于鼠疫自然疫源地，施工环境异常艰苦，对建设队伍的劳动能力带来较大影响，对参建人员的身体健康构成极大威胁。因此，在世界上尚无高原铁路卫生保障工作经验可以借鉴的情况下，面对严酷的自然环境，参建人员能否上得去、站得稳、干得好，保证身体健康，保证工程顺利进行，是工程建设必须面对和解决的首要问题。

党中央、国务院对参建人员的健康非常重视，胡锦涛同志视察青藏铁路建设工地时强调：“要认真研究和解决好在高寒缺氧条件下进行施工的问题，使广大建设者始终保持强健的体魄和旺盛的战斗力。”胡锦涛同志的讲话一方面向各级领导指出了卫生保障工作的艰巨性和重要性，另一方面也是对全体参建医务人员提出的要求和殷切期望。

铁道部把卫生保障工作摆在重要议事日程。2001年初，在工程立项的准备阶段，铁道部及时确定了青藏铁路建设“以人为本，卫生保障先行”的原则；组织开展了一系列青藏铁路建设卫生调研，借鉴国际和国内高原医学既有的研究成果，以全新的理念、创新的思路、科学的决策、系统的管理、先进的技术，努力探索和解决卫生保障工作遇到的各类问题和难题；研究制订了科学有效的劳动卫生和医疗卫生保障措施，发布了《青藏铁路卫生保障若干规定》和《青藏铁路卫生保障措施》等一系列文件。建设期间，进一步强化组织领导，狠抓措施落实；将保障建设者健康纳入工程建设管理目标；建立了系统完善的卫生保障体系，并随着工程的进展进行相应的调整；积极组织科技攻关，采取高原病和鼠疫综合防治技术，确保了建设者身体健康，确保了青藏铁路建设任务的顺利完成，实现了“高原病零死亡、鼠疫零传播”的防治目标；创造了“特高海拔、特大人群、长期作业高原病零死亡的世界奇迹”。青藏铁路高海拔、特大群体工程建设卫生保障所取得的成果，丰富了世界高原医学研究的内容，提升了世界高原医学研究的水平，推动了世界高原医学的发展，为青藏铁路建设作出了重要贡献，达到了国际领先水平。

第一节　青藏高原自然环境对人体健康的影响

海拔4 000 m以上高原最主要的问题是低氧环境对人体生理机能的影响，高原低氧环境对心血管、微循环、呼吸与氧传递、中枢神经、血液、内分泌、消化、肾功能、营养与代谢、感觉器官、水电解质和酸碱平衡等方面均有较大影响。严重高原低氧反应引发的高原肺水肿和脑水肿，以及长期低氧环境引发的高原红细胞增多症和心脏病会对参建人员身体健康、生命安全构成严重威胁，也会大大降低参建人员的劳动能力和施工效率。2002年卫生部发布实施的GBZ 92—2002《职业性高原病诊断标准》，将上述四种疾病列为法定职业病。另一方面，参建人员在作业中接触毒物，由于高原低压、低氧的影响，以及体内一系列特殊生理变化，使毒物的吸收、分布、排泄和代谢转化发生改变，从而导致人体对毒物敏感性增强，耐受力降低。因此，在高原低氧环境下接触生产性有害因素，更易引发尘肺、中毒、噪声性耳聋等职业病。

一、高原自然环境的特点

高原自然环境最重要的特点是低压低氧，其次为寒冷和强紫外线。高原地区由于海拔增高，大气压下降，氧分压随之下降，形成低压低氧环境，导致人体肺泡气氧分压和动脉血氧饱和度也随之下降。随着海拔增高，气温也呈递减性下降，形成气候寒冷的高寒地带，如表1-1所示。青藏铁路格拉段沿线大气氧分压比平原减少38%~47%，年平均气温-2~6℃，空气中相对湿度为20%~40%。

表1-1　海拔高度与氧分压及血氧饱和度关系[1]

海拔高度(m)	大气压(kPa)	大气氧分压(kPa)	气温(℃)	肺泡气氧分压(kPa)	动脉血氧饱和度(%)
0	101.3	21.2	15	14.0	96
1000	90.7	18.7	8.5	12.0	94
2000	80.0	16.5	2.0	9.60	92
3000	70.7	15.5	-4.5	8.26	90
4000	61.3	13.1	-11.0	6.67	85
5000	54.0	11.3	-17.5	6.00	75
6000	47.3	9.86	-24.0	5.33	66
7000	41.3	8.66	-30.5	4.67	60
8000	36.0	7.47	-37.0	4.00	50
9000	30.7	6.40	-43.5	3.33	<50
10000	26.7	5.47	-50.0		

青藏高原空气干燥、稀薄、净化，水蒸气含量少，日光透过率增强，因而紫外线辐射强烈。2002年10月，在海拔4200 m的青藏铁路铺轨工地，测定了紫外线辐射强度，并与同一纬度不同海拔地区的紫外线强度进行比较，青藏铁路铺轨工地紫外线辐射强度较之平原地区增加2倍，参看图1-1、表1-2。

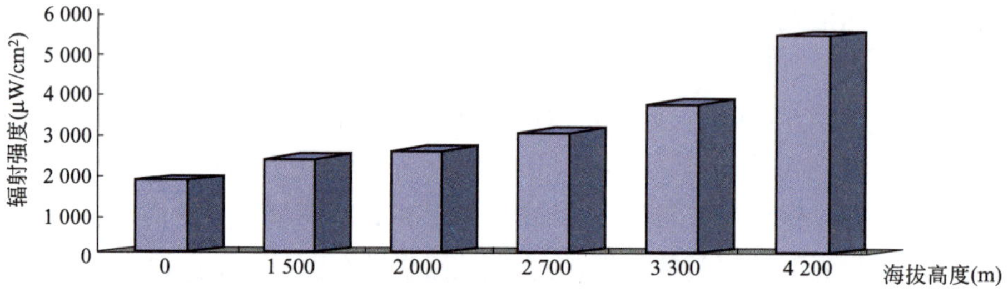

图1-1　不同海拔地区紫外线辐射强度*

表1-2　我国在北纬36°线各地紫外线辐射强度[2]

地　区	海拔高度(m)	辐射强度(μW/cm²)
山东省青岛市	0	1800
甘肃省兰州市	1500	2317
青海省循化县	2000	2517
青海省龙羊峡	2700	2967
青海省河卡乡	3300	3683
青藏铁路铺轨工地*	4200	5372

* 中国铁道科学研究院环控劳卫研究所（以下简称“铁科院劳卫所”）实测数据。

青藏铁路施工段环境气象因素，是实行卫生保障所应掌握的重要参数，2001—2002 年间对昆仑山隧道施工点进行了实测（表 1-3）。从表 1-3 实测数据可以看出，海拔 4 000 m 以上的铁路沿线，较之海拔 2 828 m 的格尔木市，冬季气温可下降 16 ~ 17 ℃，氧分压平均下降 25.5%。与平原相比，气温可下降 26 ~ 32 ℃，氧分压平均下降达 44%。

表 1-3 青藏铁路海拔 4 650 m 昆仑山隧道与格尔木市大气环境对比

日 期	大气压（kPa）		氧分压（kPa）		气温（℃）		气湿（%）	
	昆仑山	格尔木	昆仑山	格尔木	昆仑山	格尔木	昆仑山	格尔木
2001 年 12 月	57.8	73.0	10.9	14.4	-11.6	4.0	35.9	18.7
2002 年 1 月	56.4	71.1	11.0	15.1	-4.1	12.9	18.9	11.3
2002 年 2 月	57.4	71.8	11.5	15.5	5.3	9.4	13.5	9.0
2002 年 3 月	57.6	72.3	11.6	15.4	3.5	8.0	17.6	14.1
2002 年 4 月	58.0		11.7		7.0		58.3	
2002 年 5 月	58.0		11.7		6.7		48.7	
2002 年 6 月	58.5		11.2		9.4		42.3	

二、高原自然环境因素对人体生理的影响

高原低氧环境影响人体呼吸、循环、血液、消化、泌尿、神经等系统生理机能，表现为一类适应高原低氧环境的代偿性改变和另一类不适应高原低氧环境的失代偿性改变。主要表现在以下几个方面。

1. 呼吸系统：缺氧使动脉血氧分压降低，兴奋呼吸中枢，使呼吸加深加快，肺通气量增大，把原来未参与换气的肺泡调动起来，增大肺部呼吸面积，提高氧的弥散，提高肺泡气的氧分压，使动脉血氧饱和度增加。因此，凡患有感冒、上呼吸道感染、发热、支气管扩张、支气管哮喘、活动性肺结核及尘肺等呼吸系统疾病和肺功能障碍者，均不宜从事高原作业。

2. 循环系统：进入高原，心率随海拔高度的增加而加快，心排出量、肺循环、冠状动脉循环、脑循环、肾循环以及全身的微循环等均发生不同程度的相应改变，主要是各脏器循环血量大大增加，动脉血氧饱和度低下，严重影响心、肺、脑、肾等全身组织系统的正常生理功能，从而产生一系列相应症状和体征，主要表现为心肌缺血、心率改变和心律失常、心电轴偏移、右室负荷过重、血压异常等，严重者可发生肺水肿、脑水肿。因此，凡患有器质性心脏病，显著心率失常或静息心率在 100 次/min 以上，曾患过高原肺水肿和高原脑水肿、症状明显的高原血压异常者，应避免在高原地区工作。

3. 血液及造血系统：进入高原初期，红细胞和血红蛋白增加。进入海拔高度越高，停留高海拔地区时间越长，红细胞数、血红蛋白量、全血比黏度、血浆比黏度、血细胞比容等增加越明显。红细胞的过度增生和血液黏滞性增加，导致血流阻力增大，血流速度减慢，组织血流量减少，反而进一步加重组织缺氧。此外，循环阻力增加，加重心脏负荷，促成心室肥大，形成高原心脏病，所有这一切，也增加了血栓形成的危险性。缺氧还导致氧离曲线右移，减少了肺部血液与血红蛋白的结合，使组织进一步缺氧，损坏脏器组织结构和生理功能。因此，红细胞增多症和各种血液病患者，均为高原作业的禁忌对象。

4. 中枢神经系统：高原低氧使组织的 ATP 合成减少，神经细胞膜钠泵运转障碍，细胞内钠离子不能移向细胞外，渗透压升高，引起脑细胞水肿，血管壁通透性增高，重者引起脑间质水肿，从而导致脑昏迷。脑缺氧还可引起一系列体征和症状，使人体对数字记忆能力下降，降低嗅觉的兴奋性，不同程

度地改变人的味觉,降低人的视力和听力,改变脑电图相关波形。因此,患有严重神经衰弱、癔病、癫痫及对高原具有严重恐惧等神经心理障碍患者,不宜从事高原作业。

5. 消化系统:高原低氧对消化系统有着较大的影响,慢性低氧对消化功能的影响大于急性缺氧的影响。主要表现为抑制唾液、胃液、胰液、肠液和肝脏腺体的分泌,抑制胃肠运动和功能,严重者可发生高原应激性溃疡和黏膜出血,可并发胃肠出血和穿孔。缺氧对肝脏可造成损伤,影响代谢功能,主要表现为转氨酶、血清胆红素和血脂的升高。为此,凡患有消化道溃疡及肝脏疾患者应避免高原作业。

6. 肾脏:轻度缺氧可引起多尿,严重缺氧则引起少尿。在高原低氧应激状态下,机体能量代谢失衡将导致蛋白质分解代谢增强,致使血尿素氮水平升高。缺氧对肾脏的损伤主要是影响肾小球基底膜,使之通透性增加,导致出现蛋白尿和血尿,长期作用将会造成对肾小球和肾小管的不可逆损害。所以,严重肾脏疾患者,不宜从事高原作业。

7. 内分泌系统:高原低氧可导致肾上腺、甲状腺、性腺等内分泌功能紊乱,故严重内分泌疾患者不应从事高原作业。

高原寒冷是仅次于低氧对人体有较大影响的因素,低温使机体代谢率增强,耗氧量增加,毛细血管收缩,血流量减少,同时高原低氧造成的血黏度升高使血液呈现高凝倾向,致使皮肤顺应能力降低,加之高原风速大,增加人体的对流散热,散失的热量比平原更多,上述诸多因素更易促发冻伤、疲劳和衰竭。寒冷还容易引起感冒、呼吸道疾病,诱发高原肺水肿和高原脑水肿。

高原强紫外线主要是对人体眼部的伤害,其中,短波紫外线(275～180 nm)的穿透能力低,绝大部分被角膜吸收;长波紫外线(400～320 nm)的穿透能力强,能达到眼的深部,刺激人的角膜和结膜而产生急性角膜炎症;雪地对紫外线反射率高,易引起雪盲。2002 年 10 月,在青藏铁路西大滩(海拔 4 200 m)铺轨施工现场实测紫外线辐射强度,结果显示在 230～290 nm 波段未检出,在 290～475 nm 波段范围,紫外线强度随波段延长而增强(表 1-4)。白内障的发病与紫外线的辐射强度和总蓄积量有关,我国白内障发病率最高的地区是青藏高原。强烈的紫外线辐射还易导致日光性皮炎和多形日光疹。

表 1-4　青藏铁路西大滩(海拔 4 200 m)铺轨施工现场不同波段紫外线辐射强度变化

波段(nm)	辐射强度(μW/cm²)
230～290	0
250～350	144.4 ±0.947
320～400	1 852 ±10.242
375～475	3 376 ±5.149

高原气候干燥,大气中的水分随海拔增高而减少。海拔 3 000 m 地区大气中水分只相当平原的 34%,海拔 6 000 m 时仅为平原的 5%。这种因素使人体体表散失水分明显增加,尤其剧烈活动和劳动量增加,致使呼吸道黏膜和全身皮肤干燥,导致咽炎、干咳等,促发各种高原相关性疾病。

三、高原自然环境因素对心理的影响

青藏铁路施工现场海拔高,气压低,氧含量远低于平原,参建人员进入高原后均有呼吸急促、口唇紫绀、烦闷、厌恶、头昏、恶心、气力不足、不愿运动等一系列高原反应,使得心理、生理负荷加重,加之对高原环境缺乏认识,极易出现紧张、焦虑和恐惧,甚至担忧生命安全,引起机体的应激反应,导致神经系统调节失常,进而氧耗增加,高原反应加重。

其次,参建人员远离自己熟悉的平原家乡和亲人,面对荒凉的地貌以及单调的生活,缺少熟悉的环境和必要的人际交流,极易出现少言寡语、行动迟缓、抑郁、焦虑等心理症状,可继发一系列行为改变,出现情绪低落,学习、工作能力减退等症状。

在不同的人群中可引起不同程度的心理障碍及精神症状,研究表明心理障碍的发生与社会支持、文化素质、应对方式、个性特征等因素有关。

调查发现[3][4]，行为变化以焦虑、惧怕、烦恼脾气大、对批评敏感、被动服从、睡眠障碍等症状最多。心理影响在海拔3 000 m以下不十分明显，进入海拔4 000 m以上地区就逐渐显现，且随海拔升高而加重，导致部分人员的认知、情感、思维与行为等心理活动异常，从而出现严重的精神行为改变。

四、高原环境对劳动能力的影响

在高海拔地区从事体力劳动，由于受低氧环境的影响，加重了人体的生理负荷。海拔愈高，生理负荷愈重，劳动能力下降愈明显，且认知功能、记忆力亦有减退现象。海拔1 500 m以上，每升高1 000 m，劳动能力约下降10%；海拔3 000 m，劳动能力下降约21%；海拔4 300 m以上，劳动能力下降约36%。

血氧饱和度是反映机体供氧程度的重要指标。体力劳动时，需氧量显著增加，劳动强度越大需氧量越多。在高原低氧环境从事劳动，可增加机体的缺氧程度和生理负荷强度，如图1-2所示。在海拔4 100 m从事轻度体力劳动时，动脉血氧饱和度下降到82.7%，比平原相同状态多下降14.5%，从事重度体力劳动时，动脉血氧饱和度下降到71.8%，比平原多下降23.0%。因此，在高原从事重度体力劳动可加重机体缺氧程度，诱发重症高原反应，导致高原肺水肿和高原脑水肿。心肌对缺氧反应很敏感，除心率增加外，心电图也出现缺氧性改变和右心负荷加重的改变，在海拔2 800～4 500 m地区居留劳动3～6个月，心电轴右偏和右室肥厚检出率增加。高原体力劳动期间心电图的变化见表1-5。

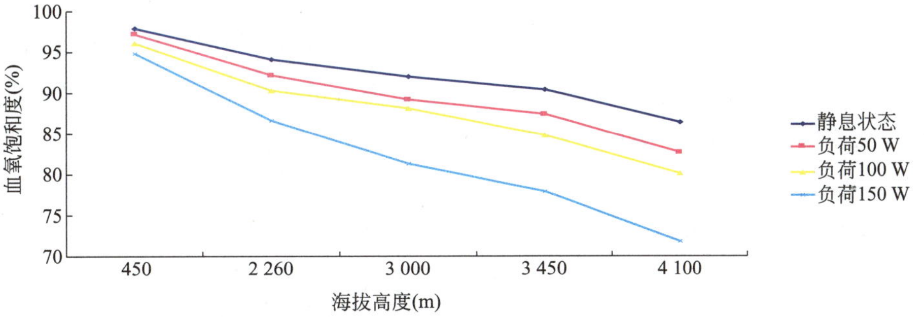

图1-2 负荷前后不同海拔高度动脉血氧饱和度变化[5]

表1-5 高原体力劳动心电图指标的变化[1]

组别 海拔高度(m)	心电轴		右室肥厚检出率(%)
	右偏检出率(%)	左偏检出率(%)	
80(平原对照)	2.9	2.9	4.3
2 800(轻劳动)	16.9	6.2	3.3
2 800(重劳动)	18.5	7.4	5.5
4 500(轻劳动)	42.5	4.6	11.4
4 500(重劳动)	44.2	9.3	26.7

2002年6月至10月，在全面了解岗位劳动情况的基础上，卫生人员对青藏铁路建设现场的线路、桥梁、隧道、铺轨四个工程专业38个重点岗位进行体力劳动强度测定，测定方法依据国家标准GB 3869—83。体力劳动强度指数和体力劳动强度级别，根据GB 3869—83标准和铁道部规定的高原劳动强度指数校正公式进行计算和判定。显示38个岗位中有20个岗位劳动强度达到Ⅳ级以上，其中达到Ⅴ级的有13个，这些岗位的工人是引发高原心脏病的高危人群，需要实施重点监护。高原校正劳动强度与内地平原铁路施工相应岗位劳动强度进行比较，发现高原铁路施工岗位劳动强度主要

表现为Ⅲ~Ⅴ级,没有Ⅰ级;平原则主要表现为Ⅰ~Ⅳ级,没有Ⅴ级,高原铁路建设岗位相对劳动强度较之平原明显加重,如图1-3所示。

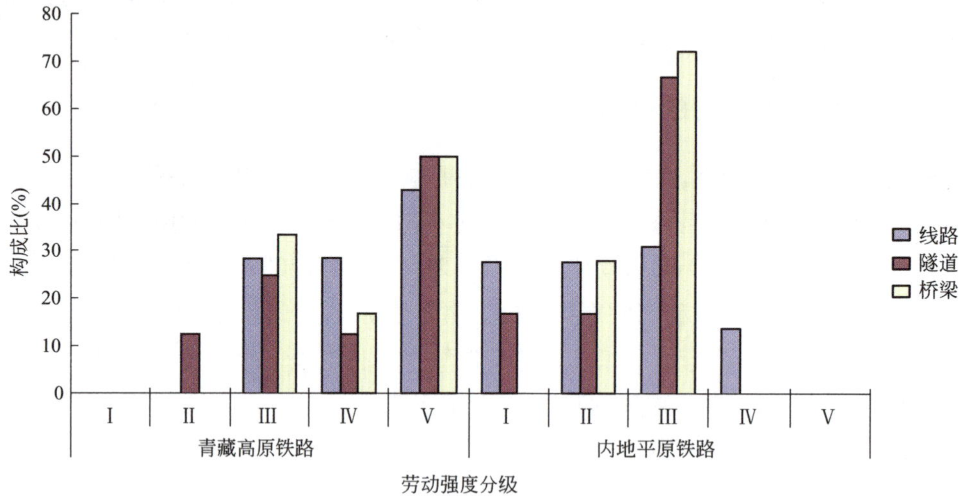

图1-3　高原铁路与平原铁路施工劳动强度构成比较

五、高原职业危害因素对人体的影响

1. 高原粉尘作业:高原低氧环境下肺通气量较平原明显增加,使粉尘沉积在肺部的机会增加。建设期间对青藏铁路昆仑山隧道施工环境有毒有害因素进行了实测,结果显示较为突出的是粉尘污染。研究表明[2],青海高原煤矿工人的尘肺平均发病工龄较平原提前约5年,尘肺Ⅰ期晋升Ⅱ期年限平均缩短4年,尘肺死亡率较平原高1倍以上。

2. 高原毒物作业:在高原低氧环境下,人体呼吸加深加快,肺通气量增加,体力劳动时更加明显;在毒物存在的情况下,毒物经呼吸道吸收的量,随着肺通气量增加也会相应增加。同时心率和心输出量较平原地区明显增加,加速了毒物在体内的吸收和分布。肝脏是毒物代谢转化的主要器官,高原低氧对肝脏代谢有较大的影响,特别是蛋白质和酶的代谢,多涉及氧化作用。在缺氧、蛋白质缺乏以及各种体力下降的因素作用下,肝微粒体酶活性降低,影响毒物在体内的解毒过程,从而使人体对毒物的敏感性增强。动物实验表明,许多毒物的毒性与缺氧有协同作用,随海拔升高毒性增大。

表1-6　海拔高度与毒性的关系

海拔高度(m)	苯		一氧化碳($\times10^{-10}$)	
	LC_{50}(mg/m^3)	毒性增加倍数	LC_{50}	毒性增加倍数
平原	51.0	0	5718.0	0
2200	33.8	0.51	3492.0	0.64
3400	25.6	0.99	3076.8	0.86
4700	15.7	2.24	2254.4	1.54

表1-6显示,海拔愈高,苯和一氧化碳的毒性愈大,如苯的毒性在海拔2200 m时较平原地区增强0.51倍,在海拔3400 m时增强0.99倍,在海拔4700 m时增强2.24倍。一氧化碳毒性亦呈类似变化。

3. 高原低氧环境与毒物联合作用:由于高原低压、低氧的影响,人体呼吸加快加深,肺通气量加大,毒物经呼吸道吸收的量相应增加,粉尘在肺部的沉积机会也相应增加;同时,高原人的心率和心输出量较平原明显增高，加速了毒物在体内的吸收和分布。低氧条件对人体肝脏代谢也有较大影响，造成毒物在人体内的解毒过程发生变化。高原人体红细胞增多、血黏度增加、肾血管收缩和肾血流减少等因素，可影响肾脏的过滤功能，导致毒物的排泄发生改变。作业人员在高原低氧环境下接触毒物，受外环境和体内一系列特殊生理变化的影响，使毒物在体内的吸收、分布、排泄和代谢转化发生改变，从而导致人体对毒物敏感性增强，耐受力降低。因此，人体在高原低氧环境下接触生产性有害因素，更易引发尘肺、中毒、噪声性耳聋等职业病。

第二节 高原医学和铁路卫生保障先期研究

一、高原医学形成过程

18 世纪以来，高原低氧环境对人体影响及高原疾病防治研究得到较快发展，高原医学逐渐形成一门独立的学科。许多国家都很重视高原医学的研究工作，这是因为高原医学研究对人类的进步与发展有重要意义。

1. 据统计，全世界居住和经常往返于高原、高山地区的人口约 5 亿，其中海拔 3 000 m 以上的人口约 4 千万。因此，研究对高原环境的适应及高原疾病不仅对保障高原地区人群的身体健康有重要意义，而且对探讨及提高高原人群劳动能力，发展高原地区的经济均有重要意义。

2. 登山运动、高原地区旅游及高原特殊环境的军事行动均存在着不同程度的缺氧及对高原医学知识的需要问题。

3. 在平原某些心肺疾病，如慢性支气管炎、肺气肿、肺心病以及先天性心脏病等，也经常发生慢性缺氧和低氧血症。因此，研究人体对高原环境的适应及探讨高原疾病的发病机制，对这些疾病的发生、发展也有相当大的帮助。高原地区生理和病理的研究成果对于临床上如何克服因循环、呼吸系统疾病引起的缺氧性损害有重要意义。

4. 近年来，高原医学的研究与普通医学、航空航天医学、潜海医学、运动医学等形成交叉，研究范围不断扩延，如何克服高空和空间缺少人类生存所必需的压力和低氧的危害，是相关领域的重要课题。此外，航空航天环境控制与生命保障工程专业，也涉及到缺氧与供氧的问题。所以，在高原环境下了解机体如何适应低氧，对于指导人体适应外层空间和深海有重要意义。

鉴于以上原因，世界上许多国家都很重视高原医学的研究，如美国、英国、意大利、日本、秘鲁、印度、俄罗斯及我国等均设有高原病的研究机构及研究组织。

高原医学是一门新兴的综合性学科，是环境医学的一个主要部分，同时它又与基础医学、医学心理学及社会科学等有着一定的联系。高原医学研究是涉及多学科、多层次的系统工程。我国高原医学研究的基本目的在于加强人群的高原适应能力，做好高原各民族人民的卫生保健，防治各型高原病，保护高原人群的劳动能力，促进高原地区经济建设和社会发展。国外高原生理研究的目的主要在于如何选拔合格的登山运动员，研究低氧适应性，急、慢性高原病发病机制与防治措施。

由于发达国家如美国、英国等本土高原地区和高山分布少，没有高原施工，因此，海拔 4 000 m 以上大型工程建设如何防治施工人员高原病、如何进行劳动保护等尚未见报道。

世界上地处高原的国家已修建的高原铁路，一般距离较短、且少有旅客运输任务。其中，南美的秘鲁、智利、阿根廷等国家的高原铁路主要是为运输矿产资源而修建的专线，这些国家具有像秘鲁圣马尔科斯大学安第斯生物研究所这样一流的研究机构,有良好的试验设备及试验条件,并涌现出了像Monge、Hurtade 等国际知名的高原医学专家,在人类对高原低氧的顺应与适应及慢性高山病的发病机制等方面的研究取得了巨大的成就;但是在高原铁路建设过程中的卫生保障研究资料,尚未见记载和报道。

二、我国高原医学研究进展

我国是一个多山的国家,高原、高山地区辽阔,海拔 3 000 m 以上的高原约占全国总面积的六分之一,其中青藏高原是世界上海拔最高、面积最大、人口最多的高原。这里地处边陲,位居前沿,民族众多,资源丰富,战略地位十分重要。

新中国成立以来,军队在作战、训练、筑路、输油管线建设、生产和应对突发事件中,进出高原的人源源不断;地方在支援西藏建设中进出高原的人也络绎不绝,因此,青藏高原的流动人口均居世界各国之首。为了保障进出高原人员顺利完成各项工作任务,国内几十年来在高原生理学和高原病防治科研实践中,从整体水平、器官水平、组织水平、细胞水平和分子水平上,都进行了大量卓有成效的工作,积累了较为丰富的经验成果,基本掌握了青藏高原自然环境因素及其对人体的主要影响,取得了高原人体生理学和医学的系列常数,为高原医学研究、高原疾病的诊治提供了科学的量化指标。从不同的侧面重点研究人对高原生理适应和高原病的发生机理及其防治,通过对青藏高原药类植物的筛选,发现了几种可以提高动物低氧耐力的药物,为探索和研制人类适应高原的制剂开辟了前景。军事医学科学院、上海生理研究所、青海省职防院等科研部门先后对一氧化碳(CO)、粉尘的高原卫生标准,高原体力劳动强度分级标准进行了探索性研究,提出了适用部分海拔高度的换算系数建议值。

三、青藏铁路卫生保障先期科研工作

青藏高原气候环境恶劣,面临高寒低氧对人体的影响等诸多医学难题,铁道部会同卫生部和科研单位,从 20 世纪 60 年代初起,开展了现场考察和科研实验,为青藏铁路修建卫生保障积累了宝贵经验。

1. 铁道部组织医学科技攻关

成立高原铁路医学研究机构。铁道部高度重视青藏高原医学研究,1960 年,铁道部成立青藏高原铁路建设专门委员会,并在格尔木筹建的青藏高原铁路研究所中设立高原铁路医学研究室。主要任务是通过调查研究,掌握高原自然环境特点以及对施工可能带来的影响,确定医学研究和攻关项目。同年,高原铁路医学研究室会同青海省卫生厅等几个医疗单位组成联合调查组,沿青藏公路海拔 2 700 ~ 4 800 m 地区,对汉、藏居民、职工进行了初步调查。铁道部在西宁和格尔木两地,分两阶段召开“青藏铁路建设科研工作会议”,四川、青海省卫生厅,兰州军区卫生部等 10 个单位 20 多名专家和医务人员参加。在经验交流和学术研讨的基础上,与会专家制订出“铁道部青藏高原铁路科学技术发展规划”,其中包括“高山(原)适应和适应不全症”、“高原地区多发病防治”等科研规划及 1960 年的科研项目和工作大纲。

1964 年,铁道部在制订《全国铁路科研规划》中,将青藏高原铁路建设科研规划中的高原医学和劳动卫生部分列入全路科研发展规划内。

进行全面综合卫生学考察。1967 年 5 月,国务院决定恢复修建青藏铁路,责成铁道部牵头,由中国科学院、国家建委、交通部、地质部、一机部、国家地震局等八部委抽调 50 多名专业人员组成青藏高原铁路综合考察队。考察队所属的医疗卫生小分队共 9 名成员,铁道部卫生局负责,其余由南京铁道医学院、北京铁路总医院、劳动卫生研究所,成都、兰州、乌鲁木齐铁路局,西藏自治区格尔木工人医院派出的人员组成。考察队医疗卫生小分队从西宁出发，沿着青藏公路走向经西宁—格尔木—拉萨—日喀则全线，对青藏铁路选线有关医疗卫生、劳动卫生、水源水质、流行病学等各专业进行 2 个月全面考察。走访了青藏两省区的卫生厅、医学院校、人民医院、藏医院、防疫站、鼠防所、西宁 205 运输部队，西藏军区卫生部、总医院、卫生检疫所以及格尔木、日喀则两地的卫生局所属的医院防疫站和驻军医院等 20 多个单位，深入到青藏公路沿线基层医疗点、兵站、养路道班、气象站、煤矿和公路两侧的藏胞农牧民家庭，进行了广泛细致的调查研究和资料收集。医疗卫生小分队还在自然疫源地和鼠疫流行区做实地考察，对沿线主要水源水质进行抽样理化检验分析，并对不同海拔高度地段的养路工、汽车兵、驻军战士、居民、干部等测血压、脉搏，作劳动前后对比观察。医疗卫生小分队在考察研究后写出 6 篇考察报告。内容包括：①青藏高原自然条件特点及其对人体健康的影响；②青藏高原铁路施工中对工人的卫生保障措施；③青藏高原铁路施工中的劳动卫生、作业方式、能量代谢与作息制度的意见；④高原适应机能不全症和高原多发病的防治措施；⑤青藏铁路施工沿线各种传染病的流行规律与自然疫源性疾病的分布情况；⑥青藏铁路施工沿线的水源与水质等综合分析研究。1967 年 10 月，铁道部召开青藏高原铁路科学技术考察汇报会，谷牧副总理和有关部委分管副部长到会听取汇报。各位领导对考察队的工作及汇报内容给予充分肯定和鼓励，要求将这些宝贵资料保护好，供今后青藏铁路再开工时参考。

1974 年 9 月开始，铁一院组织近两千人对格拉段进行全面勘测。铁道部人事局连续三年从全路选择优秀医务人员，组织医疗队，负责勘测设计中的卫生保健任务。这期间，对高原病的防治进行了初步的探索和实践。

2. 国家组织医学科技攻关

成立高山病科研协作组。1974—1979 年，青藏铁路哈格段施工期间，由卫生部牵头、中国医学科学院、中国预防科学院、军事医学科学院四所、青海省卫生局、铁道兵后勤处、铁道兵十师卫生科、解放军 507 所、上海生理研究所、青海医学院、江西工业大学成立高山病科研协作组。高山病科研协作组对高原劳动生理、劳动保护及高原病的防治进行了医学科研工作，初步研究了高原铁路施工劳动卫生和劳动保护措施，对西格段一期工程主要工种体力劳动强度进行测定和分级，探讨了高原病发生规律及防治对策，提出了铁路高原施工劳动卫生、劳动保护意见(草案)；由铁道兵十师在风火山、清水河实验工程居住、作业，作为科研的受试对象，对高原卫生、劳动保护、高原适应不全症、急性高山病和慢性高山病的发病机理、急慢性高原病的防治、进驻人员的习服、防治和抗缺氧药物的效果、施工后期人员的康复，进行了全过程的科学研究，还对防寒、保暖、水的洁治、流动高压氧舱车等设备进行实验研究，取得了阶段性成果。

高原职业卫生的研究。1979 年和 1981 年中国医学科学院对青藏铁路建设中海拔 4 000 m ~ 4 500 m 地区施工人员劳动能力、劳动强度等级和劳动时限、劳动安全界限进行测试，青海省职业病防治院在海拔400 m、2 200 m、3 000 m、3 450 m、4 100 m 等不同地区对上述问题进行了对比研究，提出了高原劳动强度和劳动安全界限和定额安排建议。1983 年，在青藏公路整治工程建设中，对重症高原反应的早期诊断、早期治疗和就地治疗取得了良好效果；西藏地区应用适应药物，使 82.9% 的进驻者服药后减轻高原反应。1989—1994 年交通部委托青海省交通医院联合上海水下工程科学院对不同工种、不同海拔高度的能量代谢、生理负荷和体力负荷、劳动能力与 5-羟色胺代谢进行现场测试和高原驾驶员心理卫生及驾驶室环境进行了研究。这些研究和实践为不断提高高原劳动卫生和劳动保护水平开创了良好前景。

受到当时条件的限制，科考人员未能全面系统地提出和构建高原大型工程防治高原病的卫生保障体系，对高原低氧与毒物的联合作用问题、高原低氧作业环境毒物卫生标准、海拔 4 000 m 以上地区铁路施工各工种劳动强度分级、工时轮岗方案、高原职业病鉴定及劳保政策等也未能明确解决方案和决策。

第三节　青藏铁路建设时期卫生保障概述

一、卫生保障工作面临的主要问题

20 世纪 50 年代修建青藏公路和 70 年代修建青藏铁路西格段施工中，由于高寒低氧、施工困难等原因，建设队伍严重减员。修建青藏铁路格拉段，环境比西格段更加恶劣，如果准备不足、仓促上阵，将会使建设者的健康和生命付出更大的代价。因此，开工前对施工中可能遇到的风险和困难要有充分的认识和足够的准备。

2001 年 2 月 8 日，国务院批准青藏铁路建设立项。17 日，根据部领导的指示，铁道部劳动和卫生司（简称“劳卫司”）成立了以司长为组长、由三位司内同志和部劳卫所、建总卫生保护部负责人参加的“高原生理咨询组”领导小组，组建了预防、医疗两个专项课题组，明确了工作职责、工作任务和推进计划。

针对青藏铁路高原施工的环境特点，专项课题组走访了中国军事医学科学院、卫生部、青海省卫生厅、铁道部第一设计院等 10 多个国家级科研、行政管理部门，召开了四次工作研讨会，广泛听取了进藏工程、卫生技术人员的意见，查阅了国内外高原施工及医疗卫生工作的技术资料，实地考察了格尔木至拉萨段施工现场，了解了青藏铁路施工沿线地方、军队卫生资源配置和工程建设施工组织的设计情况，基本掌握了高原病防治技术措施，为进一步制定有关职工健康保护的技术规范奠定了基础。

3 月 19 日，在大量调查研究的基础上，劳卫司在向部党组的报告中提出了“根据既有高原施工劳动卫生研究成果和技术资料，针对青藏铁路施工特点和高原疾病防治特点，以保障劳动能力和职工健康为目标，坚持预防为主、注重急救治疗的工作原则；高标准、全方位、切合实际地研究制定‘青藏铁路高原施工卫生保障工作指导意见’；立足于格望段，逐步完善和落实职工健康保障措施，为青藏铁路工程建设保驾护航”的工作思路。同时，指出了青藏铁路建设中卫生保障工作面临的八个关键性问题。

1. 高原低压低氧问题：医学界对人体产生明显生理效应的海拔 3 000 m 以上地区称为高原，在这个高度以上常有高原低氧性疾病发生。格尔木至拉萨施工线路地处海拔 4 000 m 以上的区段多达 960 km，占线路总长的 84%，持续处于高原施工状态。高原低压、低氧环境易引发急性高原反应，对人体生理、心理机能造成严重影响，致使劳动能力降低一半。严重的高原反应和重度体力劳动可加重机体缺氧程度，引发高原肺水肿、高原脑水肿导致死亡；长期影响可诱发高原红细胞增多症、高原心脏病等慢性职业性高原病。

2. 恶劣气候问题：青藏铁路施工处于高寒、干燥、强紫外线辐射等高原恶劣气象环境中，极易引发施工人员冻伤、感冒、日光性皮炎、白内障、黏膜干燥、皮肤皲裂、鼻出血。感冒又是高原肺水肿的重要诱因。

3. 自然疫源性疾病问题：根据青藏两省区疫情统计资料，青藏铁路格拉段沿线所处地区均为鼠疫的自然疫源地；其中，二道沟、五道梁、沱沱河、那曲、当雄等地几乎每年都流行动物间鼠疫。青海省在规划的铁路区域内共检出疫点达 23 处。鼠疫感染后大多是肺型或混合型，传染性强，病死率高。一旦发生鼠疫，按照国家卫生法规须对疫区进行封锁和交通管制，势必造成施工停止。

4. 饮用水供给问题：青藏铁路格拉段沿线虽然分布有大大小小的热融湖塘、河流、高山泉和地下水资源，但其径流量随季节变化明显，水质变化大，丰水期 pH 值较低、浊度较大，硬度、细菌量、碱度等相对较低，枯水期则相反，并随着水温的增高水中有机物含量迅速增高。由于水质受流经区域的影响很大，因而无法就近为施工驻地生活区提供稳定的饮用水供应，某些劣质水源长期饮用可能损害工人身体健康，甚至引起急性中毒。

5. 生活保障问题：由于大部分施工线路处于无人区，缺少社会服务机构依托，生活必需品要远距离运输，可能会导致新鲜蔬菜供应不足，造成营养缺乏，影响施工人员的健康。同时，由于海拔高，水的沸点低，食物加工也会产生一定的困难。

6. 医疗救治问题：青藏铁路沿线居住人群稀少，医疗资源十分匮乏。唐古拉山以南地方医院有安多县医院、那曲地区医院、当雄县医院、堆龙德庆县医院，可以开展一般性疾病诊治工作；唐古拉山以北，仅有沱沱河、西大滩卫生院开展门诊和急诊业务；其他地区只有兵站卫生所，仅为过往部队运输兵服务。这些医疗机构远不能承担施工期间大人群的医疗救治任务。

7. 心理适应问题：高原恶劣的自然环境，工作生活艰苦、单调，加上人体的生理不适，可造成恐惧、焦虑、抑郁等心理情绪反应，加重精神负担，极易导致心理性疾病和精神障碍性疾病的发生。

8. 经验不足问题：铁路建设鲜有在海拔 4 000 m 以上高原施工的实践，参建单位广大基层的管理人员和医务人员缺乏高原施工医疗保障工作的经验，对高原病防治知识和临床经验均明显不足。

二、开展的主要卫生保障工作

2001 年 3 月 23 日，卫生部部长张文康在给朱镕基总理、李岚清副总理的报告中提出为确保格拉段铁路建设顺利实施，从以往重大工程卫生保障的经验和教训出发，加强卫生防病的建议。建议中着重强调了预防高原病、防止鼠疫流行的紧迫性和重要意义；提出了做好施工地区的卫生学评价，加强职工的健康教育，组建医疗保健和鼠防组织，制定高原病和鼠疫防治对策等措施。朱镕基总理和李岚清副总理做了重要批示，随后，国家计划经济委员会（以下简称"国家计委"）和铁道部领导也提出了具体要求。

铁道部高度重视卫生保障工作，充分认识到卫生保障工作的艰巨性、复杂性，按照党中央、国务院的要求指导各项卫生工作。青藏铁路建设刚刚立项不久，铁道部就组织路内科研及参建单位开展前期准备工作，包括走访调研、查阅文献资料、现场考察等，进而为部研究制定青藏铁路建设卫生保障工作方案和实施细则提供依据。2001 年 4 月 16 日至 18 日，在先期调查论证的基础上，铁道部副部长孙永福、卫生部副部长殷大奎亲自主持了"青藏铁路卫生保障措施评审会"（图 1-4）。这是新中国成立以来，首次由政府两个部门的主管副部长，为研究解决国家重大工程建设中卫生保障工作的问题，亲自主持参加的会议。这次会议主要取得了三项成果，一是总结了既往高原工程建设中医疗卫生工作的经验和教训，认真、系统、深入地研究了青藏铁路建设卫生工作面临的形势和任务；二是统一了思想，提高了认识，进一步完善了保障措施；三是形成了两个指导性文件。会后下发的《青藏铁路卫生保障若干规定》和《青藏铁路卫生保障措施》两个文件，确定了青藏铁路建设期间卫生保障的基本原则，提出了防控急性高原病具体方案，这些举措对初上高原的建设者战胜高原恐惧心理、坚定克服困难信心起到关键性的作用，随着工程建设的顺利推进，卫生保障不断完善，急性高原病得到有效控制。

图 1-4　2001 年 4 月铁道部、卫生部在北京召开"青藏铁路卫生保障措施评审会"

2002 年 1 月，根据对唐古拉北段施工沿线和风火山、昆仑山隧道内外环境的测试，铁道部做出冬季不宜施工的决定。2003 年青藏铁路建设全线铺开，伴随高原施工时间的推移，环境对人体慢性影响逐渐显现，防控慢性高原病的问题逐渐突出。11 月，铁道部副部长孙永福分别拜访科技部副部长邓楠和卫生部副部长马晓伟，共同研究对策，组织专家针对出现的新问题科研立项，重点是对防控慢性高原病进行研究。2004 年铁道部、卫生部联合下发了《青藏铁路建设期间防治高原病管理办法》。为了使两部文件更有操作性，青藏铁路建设总指挥部（以下简称“青藏总指”）制定了《青藏铁路建设人员轮换实施办法》，要求建设者虽未发生职业性高原病，但在高原工作一段时间或有其他不适宜高原工作体征（属健康人群）都要坚决进行轮换（低转）。同年 9 月 2 日，鉴于个别施工单位出现职工超时、超劳现象，铁道部再次强调：“认真贯彻铁道部、卫生部以及青藏总指有关青藏铁路卫生保障的文件和相关规定，各参建单位要围绕贯彻落实情况进行一次自查，青藏总指进行重点抽查。严格控制职工劳动工时和劳动强度，认真做好今年的工中、工后体检工作。”同时，要求认真筹划 2005 年医疗保障体系，随着工程进展，“既有三级医疗保障体系布局将发生变化，零散施工人员的医疗保障问题将更为突出”。要求青藏总指根据站后各项工程的施工要求和进度，在总结前三年经验的基础上，对 2005 年的三级医疗网络进行规划部署，分级落实相关单位责任，所需必要经费应予保证。11 月，铁道部派出督导组，对全线施工单位进行了平推式检查，文件在各施工单位得到认真贯彻和落实。实践证明，《青藏铁路建设期间防治高原病管理办法》和《青藏铁路建设人员轮换实施办法》的规定及时、有效，使建设者可能出现的慢性损伤得到有效控制。

青藏铁路建设历时 5 年，卫生保障重点开展了以下几项工作：

一是制定了严格的卫生保障制度。在充分吸收国内外高原医学研究成果，借鉴青藏铁路西格段以及青藏公路、石油管线建设过程中卫生保障实践经验的基础上，统一思想、统筹规划、统一指挥卫生保障工作。经过充分论证，提出了青藏铁路卫生保障工作的总体思路以及各项措施方案，国内著名专家和高原医学工作者进行鉴定后，铁道部、卫生部联合下发了《青藏铁路卫生保障若干规定》（铁劳卫〔2001〕39 号文件）和《青藏铁路卫生保障措施》（铁劳卫〔2001〕51 号文件），成为青藏铁路建设卫生保障工作的指导性文件。青藏总指结合现场实际先后及时制定制订了《青藏铁路建设卫生保障实施办法》、《高原准入标准》等一系列卫生保障预案、规定和管理办法，编印了《青藏铁路健康教育和防病知识手册》并发放到每个参建人员手中；各参建单位根据上述文件结合本管段的实际情况制订了相应的制度和措施，参建队伍进驻工地前组织了专业人员进行现场卫生学勘察，收集驻地和施工标段的气象、水文等环境资料，掌握当地自然疫源性疾病，传染病、地方病的流行分布等情况，提出了卫生学预评价和切实可行的对策，使全线卫生保障工作科学有序推进。

二是强化职工卫生宣传教育和医务人员的专业培训。在青藏高原进行大规模工程施工，必须使每一个工程管理者和建设者既要了解高原施工可能给人们带来的危害，同时又能了解通过科学合理的防治可以将危害避免和减少到最低限度，这是做好卫生保障工作的基础。青藏总指开展全员高原卫生知识宣传教育，组织编印了《青藏铁路卫生防病健康教育手册》和《高原卫生知识手册》，做到人手一册。各参建单位对上场人员利用习服时间普遍进行了高原病、自然疫

图 1-5　2001 年 8 月沿线工地医院医务人员向进驻高原的工程建设者宣传健康知识

源性疾病防治知识的教育,并与地方政府密切配合,在大众传媒上开设卫生知识专栏、印发宣传画,提高参建队伍自我保护的能力(图 1-5)。同时,青藏两省区政府和铁道部分别派遣专家医疗组深入青藏铁路建设工地举办培训班,系统讲授防治高原病的临床诊断、急救和治疗原则以及预防鼠疫、"非典"等方面的知识,对现场医务人员进行技术指导,大大增强了救治能力和防护能力。

三是建立科学的卫生保障体系。青藏总指设有卫生保障部,负责制订卫生保障工作计划,督促检查各施工单位卫生保障工作落实情况。为确保参建人员出现病情后能够得到及时有效的治疗(图 1-6),依托格尔木铁路医院和西藏军区总医院建立了后方救治中心,建有三级医疗保障网络覆盖施工全线(医疗机构 144 个、床位 426 张)。根据实际需要,各工地医院设置急救室、手术室、观察室、住院病房,配置了先进适用的医疗设备,设置制氧站和高压氧舱,提高了医疗和抢救的能力。

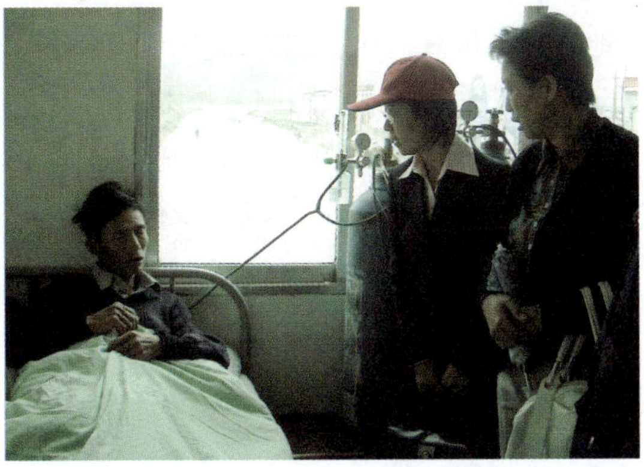

图 1-6　2005 年 7 月铁道部劳卫司、卫生部医政司领导在那曲人民医院看望患病职工

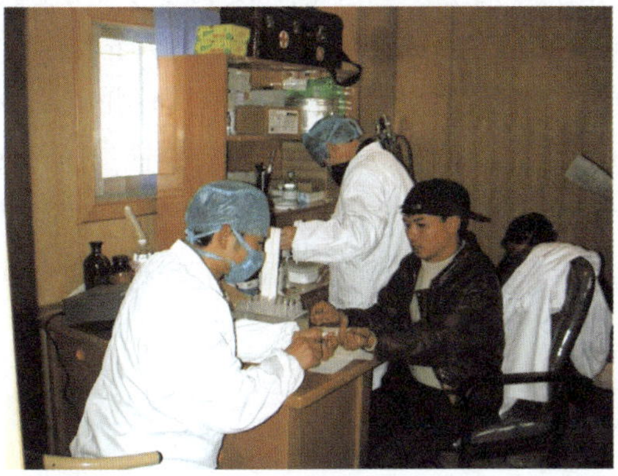

图 1-7　2001 年 7 月沿线工地医院医务人员向进驻高原的工程建设者进行健康体检

四是形成健全的卫生保障工作机制。第一,严格掌握高原准入标准,各施工单位坚持上山前体检和阶梯式习服适应的原则,进入高原后在低海拔地区的格尔木或拉萨习服 5 ~ 7 天,体检后再进入施工现场,继续习服 5 ~ 7 天后再进行作业。高原环境适应性较强的人员方可进入施工现场,对高原不适者返回内地,把住进驻高原第一道关口,从源头上保证身体健康。第二,对进入高原的工作人员建立了健康档案,严格执行健康体检制度,实行全程动态健康监护,做到高原病早发现、早报告、早治疗。除工前体检外,各单位坚持工作期间和下场后体检(图 1-7),及时发现并判别参建人员生理指标的改变及影响。通过定时检查、巡诊及夜间查铺,及时发现高原病的前兆,及时报告,采取有效措施进行治疗,使许多急性高原反应、上呼吸道感染发热、高原肺水肿的早期患者得到及时处理,不但减少了高原病发病率,而且使一些初始患者得到较早救治,减轻病情。对于急性高原病患者及早向低海拔地区转送,使许多重症高原反应、高原水肿、高原脑水肿的早期患者得到及时诊治。第三,建立轮休、轮换制度。对连续在高原工作 3 个月以上者,要求到低海拔地区休息 2 ~ 3 周。在执行工中轮休的同时,有条件的单位组织职工在冬休期间到富氧地区疗养,将人体生理环境调节至正常状态。对在高原工作一段时间,或有不适宜高原工作的参建人员轮换,减少慢性高原病发生。第四,创造良好的劳动条件。在高原工作期间,严格控制劳动时间和劳动强度,禁止开展剧烈运动。确定每年 4 ~ 10 月为最佳施工期,限定施工人员劳动时间一般不超过 4 ~ 6 h,对于劳动强度较大的作业,采取措施尽可能缩短一次持续劳动时间,增加劳动休息的交替次数,尽量避免超劳。各单位加大投入购置施工机械,最大限度地采用机械化作业,减少人工操作,从而减少人体的耗氧量,减轻低氧对人体的损害程度,降低劳动强度。各单位高原施工按照科学规范组织,建立了粉尘、毒物、物理因素等职业危害的监测和隧道氧分压检测制度,综合

治理作业环境的危害，粉尘作业点实施湿式作业，使有害物质浓度控制在国家规定的卫生标准范围内，有效地杜绝了危害健康事故的发生。妥善安排施工人员的衣、食、住、行，为参建职工和民工提供免费医疗，并发放抗缺氧药品和防寒防紫外线辐射的服装、鞋帽等劳保用品。第五，创造多种方式的富氧环境。各单位向施工人员提供劳动中间断吸氧的条件，推广使用隧道管道弥漫式供氧、野外背负式吸氧、小氧吧等措施。由于参建人员每天吸氧 1 ~ 2 h，最大限度地减少了职业病的发生。第六，注重食品卫生安全，提高营养水平。各参建单位均在格尔木或拉萨设立了生活供应基地或办事处，配备了生活冷藏车，保证现场人员每天能够吃上肉、蛋、新鲜蔬菜和水果，为参建人员改善身体状况创造了条件。

五是探索防治高原病的有效途径。铁道部组织开展预防高原病的研究工作，邀请高原医学专家进行技术指导。为解决高海拔隧道施工严重缺氧的难题，中铁二十局与北京科技大学合作，在风火山地区研制出每小时生产 24 m^3 高纯度氧气的医用制氧设备，建立了风火山隧道制氧站（图 1-8），在海拔 4 900 m 的隧道施工中创造性地实现了隧道掌子面弥漫供氧和工地氧吧车供氧，有效改善了施工作业环境。图 1-9 是南车集团戚墅堰机车车辆厂研制的雪域神州号机车，其首先采用变压吸附制氧技术，改善了司乘人员工作条件，确保了安全运行。中铁三局开展高压氧舱及一氧化氮治疗急性高原病的研究。这些应用研究，改善了低氧环境下的生活、生产环境，提高了急性高原病的救治水平。另外还进行了高原肺水肿、高原脑水肿基因和慢性高原病损害的蛋白质谱等基础医学的研究。

图 1-8　风火山隧道制氧站

图 1-9　采用变压吸附制氧的雪域神州号机车

六是防范施工现场“非典”和鼠疫疫情的发生。按照铁道部的统一部署，落实防控“非典”工作属地化管理的原则，加强领导，落实责任，严防死守，封闭管理，构建预防突发疫情的公共卫生安全工作机制和快速处置应急预案，有效切断传播途径（图 1-10），成功地把“非典”疫情拒于青藏铁路之外。针对青藏铁路沿线部分地区动物间鼠疫传播，依靠地方政府和专业鼠防人员开展各项鼠防工作，国家还专门安排了 1 000 万元拨付给青藏两省区政府用于沿线鼠疫防治。各参建单位坚决贯彻鼠防规定，加强鼠防宣传教育，严格执行“三不”（不私自捕猎疫源动物、不剥食疫源动物、不私自携带疫源动物及其产品出疫区）、“三报”（报告病死鼠獭，报告疑似鼠疫病人，报告不明原因高热病人和急死病人）制度，通过投放灭鼠药物，堵旱獭洞，挖防鼠沟，建隔离区和专用

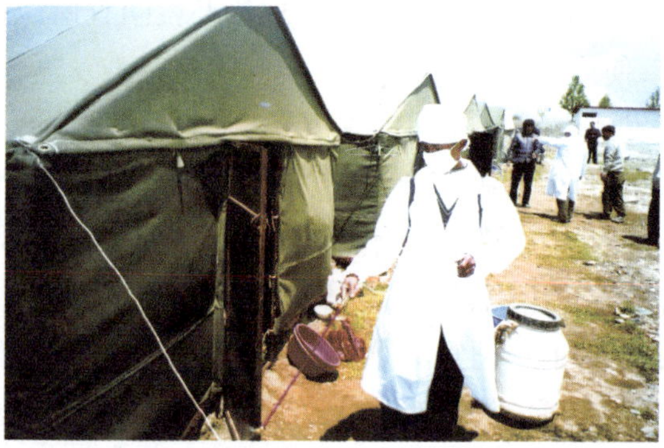

图 1-10　2003 年 4 月沿线工地医院医务人员预防“非典”在工地营房周围进行消毒

病房，严格管理职工，禁止猎食旱獭等一系列有力措施；确保了建设队伍中没有发生鼠疫疫情。卫生部多次组织国内鼠防专家对全线鼠防工作进行检查后认为，青藏铁路的防控鼠疫措施可靠、有效，对西部大开发防控鼠疫提供了可以借鉴的经验。

七是开展高原医学知识普及教育。铁道部和青藏两省区多次组织铁路内部、青藏两省区和解放军兰州军区、第四军医大学医学专家，对全线进行调研、培训和讲学，解决疑难问题，推广应用新技术。多次邀请中国工程院吴天一院士以及著名高原病专家李素芝、吕永达、张西洲、格日力、张雪峰教授等到建设工地医院讲学和培训（图 1-11、图 1-12），围绕青藏铁路卫生保障体系建立，对隧道施工卫生保障、高海拔隧道施工供氧、饮水洁治处理、高压氧舱对高原低氧引起人记忆和功能损害的防护等课题，进行了应用医学研究和实践探索，取得了良好成效。

图 1-11　2001 年 9 月西藏军区总医院院长李素芝深入建设工地

图 1-12　2002 年 7 月解放军 22 医院高原病研究所所长张西洲到青藏铁路讲学

几年来，青藏铁路依靠科技进步，围绕高原卫生保障课题进行攻关，有效地保障了参建人员的健康和生命安全，确保了工程建设的顺利推进。建设期间，共接诊病人 53 万人次，住院 13 426 人次，抢救危重病人 3 501 人，发生高原肺水肿 931 例，高原脑水肿 470 例，均得到及时救治，未发生一起高原病死亡的事件，创造了“高原病零死亡、鼠疫零传播”的高原医学奇迹。

三、卫生保障工作的重要贡献

青藏铁路建设，确立了卫生保障工作必须把建设者健康放在第一位的观念，坚持医疗卫生工作为建设者服务的宗旨；确立了建设期间卫生保障的公益性质和福利性政策，坚持建设单位主导、施工企业负责、全体建设者参与的原则；确立了科技领先、重视发挥技术人员作用的意识，坚持实事求是、尊重科学、尊重知识、尊重创新的方针；确立了卫生保障管理与政策法规研究的前瞻性，坚持决策信息完善和卫生管理法制健全的原则。

青藏铁路建设，提出了卫生保障工作以高原病和鼠疫防控为重点，贯彻预防为主、防治结合方针；通过全面加强基础预防，切实重视高危因素预防，科学合理地提供富氧和药物预防等三项措施，实现预防过程中的高效管理；构建以项目部卫生所、指挥部工地医院为基础，大型医疗机构为支撑的三级医疗卫生服务体系，实现了每个建设者能够享有初级卫生保健的目标。

青藏铁路建设，明确了建设单位在规划、筹资、服务监管等方面的责任。把建设者必须享受安全、有效、公平、适宜的医疗服务，作为检验参建单位卫生保障工作的重要标准；在招投标文件中明确了参建单位对卫生保障工作应负的责任，并将其纳入合同条款；规定了对参建的各级领导干部和管理、技术人员开展高原卫生保障知识讲座，对所有参建人员开设健康教育课；规定了高原铁路施工的劳动强度分级、作业时间、防护用品的配置种类和技术要求。这些强有力的措施是实现卫生保障目标的有效途径。

“高寒缺氧”是青藏铁路建设的难题之一，建设期间平均每年有 2～3 万建设者在海拔 4 000 m 以上的高原施工，为高原医学研究提供了难得机遇，通过数年认真系统地对大规模施工人群实施卫生保障措施，积累了大量健康监测、健康体检、疾病登记数据，丰富了世界高原医学研究的成果。在国内外既往研究的基础上，通过实践，进一步确定了高原职业危害因素及其影响机制，总结出青藏铁路职业性高原病危害因素目录和职业性高原病与职业病危害防治对策，建立起青藏铁路职业性高原病与职业病危害评价模式，提出了防控慢性高原病采取低转、轮换的技术标准。这些工作不但为高原工程建设积累了经验，也为修订职业性高原病奠定了基础。实践表明：①防治高原病，不是单一措施能够解决问题的，而是一项多学科的系统工程；②防治高原病，应采取“预防为主、治疗为辅”的方针，把预防放在第一位；③高原病治疗，要根据高原条件因地制宜，要重视及时有效地就地抢救，病情稳定后采取迅速下送到海拔低、条件好的医院进行治疗；④高原病的主要致病因素是低压缺氧，参建人员采取工作、睡眠时间断吸氧是预防高原病的有效措施；⑤科技发展和社会进步可以改善和提高生活、生产条件，但无法改变高原低压低氧的自然环境，环境给参建人员的健康造成影响是客观存在的。基于上述认识，铁道部、卫生部通过以政府下发文件的方式指导实践，这种务实、创新的方式，开创了国内重大工程卫生保障的先例。

卫生保障工作取得的经验和成果，创新了铁路大型工程高原病的防治理念和防治手段，尤其是群体高原病的预防、治疗和管理对策，对世界高原医学做出了重大贡献，对于其他大型高原工程的卫生保障工作将起到良好的示范作用，也为做好铁路运营期司乘人员、工务人员、行车管理人员的卫生保障工作奠定了基础。

2004 年 8 月，第六届国际高原医学会年会在西宁和拉萨召开。国际高原医学会各届主席，以及来自美国、日本、法国、加拿大、秘鲁等 23 个国家的 160 位知名高原医学专家参加了会议。青藏铁路防控高原病的探索和实践在会议上进行了交流，10 多万青藏铁路建设者未发生高原病死亡的伟大成绩引起与会专家高度关注，并有国外记者亲临工地医院进行采访（图 1-13）。在拉萨会议期间，专家们考察了海拔 4 500 m 靠近当雄乌玛塘的中铁十三局集团青藏铁路工地医院，亲眼看到了医院的急救室、手术室、观察室、住院病房以及彩色多普勒超声心动仪等先进医疗设备和器械，亲身感受了大型制氧站、高压氧舱的治疗效果，亲手翻阅了建设者体检档案，亲自检查了职工食堂的营养配餐和卫生状况，对青藏铁路建设的卫生保障工作给予了充分肯定和高度赞赏（图 1-14、图 1-15）。各国专家一致认为：过去只有在急救病人时才使用的氧气，现在成为青藏铁路建设者每个人都可享受的劳保用品，由此可见中国政府和施工企业对普通劳动者健康和生命的高度重视。国际高原医学会原主席约翰·威斯特和现任主席彼得·哈盖特表示：青藏铁路是世界历史上最富有挑战性的高海拔项目，可与中国历史上的万里长城媲美。青藏铁路 10 余万建设者在海拔 4 000 m 以上工作，没有一个因高原病死亡，这是中国人民对高原的挑战，是中国同行对高原疾病的挑战。青藏铁路卫生保障工作对世界高原医学的发展作出了重要贡献。2007 年青藏铁路通车后，约翰·威斯特教授已 80 岁高龄，但仍以极大的热情登上了通往拉萨的列车，再一次称赞道：“青藏铁路建设中毫无疑问遇到了最严峻的挑战，在海拔 5 000 m 以上铺轨，在 4 000 m 以上挖掘隧道，在沿线设

图 1-13　国外记者采访工地医院

立施工营地，并建立医疗所、医院和氧气供应点，这些都是史无前例的。在高原施工，急性高原反应、高原肺水肿、脑水肿的发生在所难免，但这些疾病都得到了有效的治疗。这项巨大工程的成功完成值得庆幸，在此基础上，将会使今后计划中高原新的线路建设更加顺利。”

图 1-14 2004 年 8 月出席第六届国际高原医学大会的国内外高原医学专家参观工地医院

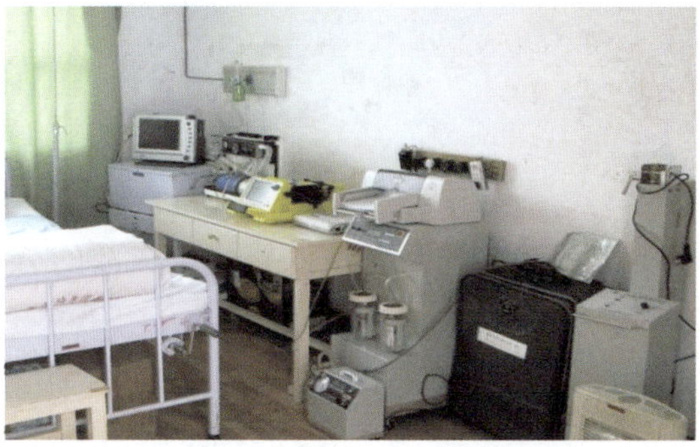

图 1-15 中铁十七局工地医院急救室

2007 年 5 月，铁道部组织专家组，由我国著名高原医学专家中国工程院院士吴天一率队开展对青藏铁路格拉段工程建设卫生保障专项检查工作(图 1-16)，全面考核评估建设时期参建人员卫生保障工作(图 1-17)。专家组一致认为：青藏铁路建设卫生保障机构健全，设施设计合理，运用良好，以三级医疗救治网络为核心的卫生保障体系健全，满足了职工的健康需求；青藏铁路建设实现了“高原病零死亡、鼠疫零传播、非典零发生”的防治目标；青藏铁路卫生保障工作对医学科学，特别是高原医学做出了重大贡献，创造了特大群体、特高海拔、长期作业高原病零死亡的世界奇迹，达到了国际领先水平。

图 1-16 2007 年我国著名高原医学专家、中国工程院院士吴天一率队开展卫生保障专项检查

图 1-17 2007 年 5 月铁道部组织专家对青藏铁路卫生保障进行专项检查

青藏铁路建设期间的卫生保障工作，由于各级领导的高度重视，采取各项措施坚强有力，各级卫生部门和医务人员顽强拼搏，无私奉献，取得了较好的成绩，为建设世界一流高原铁路提供了安全保障，作出了积极贡献。

第二章　卫生保障管理

卫生保障工作是青藏铁路建设成败的首要因素，卫生保障管理是有效落实卫生保障措施的前提。

第一节　卫生保障工作决策过程

一、高原卫生保障工作的组织领导

2001 年 2 月，铁道部在部署青藏铁路前期工作的部长办公会上，把卫生保障工作纳入重要议题，决定在孙永福副部长领导下，由劳卫司全面负责建设期间医疗卫生工作。卫生保障工作涉及诸多领域，包括卫生政策、医疗保险、卫生管理、公共卫生、临床医疗和高原医学等学科，是一项复杂的系统工程；因此，劳卫司一方面要在卫生保障政策层面进行研究，重点是卫生保障的性质、意义、作用、目标等基本政策的界定；另一方面要对高原建设相关公共卫生管理和医疗、防疫技术层面进行深入研究；对青藏铁路建设期间高原病防治、传染病防控、高原劳动卫生和劳动保护等问题提出对策；并负责对执行卫生保障任务的医务人员进行专业培训和技术指导。当时青藏铁路开工在即，筹备时间只剩下 3 ~ 4个月，要完成诸多的任务，必须借助国内外高原医学研究既有成果和专家的智慧。在卫生部、解放军总后勤部、青藏两省区卫生厅的大力支持下，组建了“青藏铁路建设高原生理咨询组”（简称“咨询组”），主要任务是提供医学技术咨询和建议。开工前，“咨询组”成员于永中、周振远、李素芝、吕永达、吴天一、程显声、谢印芝、龚建新、苏志、沈尔礼、张宗久、刘学伟等参与审查、修订了铁道部、卫生部联合下发的《青藏铁路卫生保障若干规定》和《青藏铁路卫生保障措施》等文件，对建设期间的卫生工作起到指导性作用。

二、卫生保障需求预期分析

铁道部组织相关专业技术人员，调研和收集青藏铁路西格段施工的高原劳动生理、劳动保护资料、国内外高原病诊治、高原大型工程、高原适应不全症防治等医学科研成果资料及国内外职业健康监护资料，并走访咨询军事医学科学院、青海省高原病研究所、北京市劳动卫生与职业病研究所、中国预防医学科学院、上海市化工职业病防治院有关高原劳动生理、劳动保护、职业健康监护研究方面的专家，实地考察了青藏地区高原病、传染病发病情况，卫生资源分布状况。在充分调研的基础上，对青藏铁路建设期预期患病指标和疾病严重程度进行了综合分析，通过预测青藏铁路建设期卫生保障资源供给量，为建立卫生保障体系提供科学依据。

1. 急性高原反应（轻型急性高原病）。发病率与进入高原速度、海拔高度、季节和劳动强度有关，常在进入后 1 ~ 3 天发病，少数人在海拔 2 500 m 地区可发病。4 000 m 以上地区发病平均为 60% ~

90%，其中青藏高原 4 000 m ~ 4 700 m 发病率为 59% ~65%。1992 年青藏公路改建工程中，工人重体力劳动者总发病率为 93%。国外报道，进入高原部队发病率为 50%，初期基本丧失作业能力。

2. 高原肺水肿。多发生在海拔 4 000 m 以上地区，在进入高原 3 ~ 7 天内发病，少数易感者可在海拔 2 500 ~ 3 000 m 发病。发病多与劳累、保暖差、营养不良有关。国内外报道高原肺水肿患病率一般为 0.5% ~1.5% 左右，在海拔 5 000 m 青藏公路唐古拉垭口的改建民工患病率达到 9.9%，是国内成人患病率最高的。其病死率国外报道为 5.8% ~12.7%，国内 20 世纪 60 年代为 9.4%，1960 年在藏北野战中高达 28.5%。近年来由于医疗条件改善并能够及时治疗，死亡率大幅度下降。

3. 高原脑水肿。国内发病率一般为 1% ~3% 之间，国外为 1.8%。国内曾报道 5 340 m 地区发病率为 4.76%，为已知最高发病率。这一严重的高原特发病的发生率与海拔高度相关，海拔增高，本病患病人数增加。国内报道一组 145 例高原脑水肿患者中，发生在海拔 3 700 ~ 4 900 m 者占 18.6%，而 5 000 ~ 5 380 m 者占 81.4%。

4. 高原红细胞增多症。本病多在海拔 3 000 ~ 5 000 m 地区发病。海拔越高，在高原居住时间越长，发病率越高。在海拔 4 000 m 以下的平原移居者发病率高于高原世居者 10 倍，拉萨海拔 3 658 m 患病率为 2.5%，那曲海拔 4 366 m 患病率为 5.7%。据调查在喀喇昆仑山海拔 5 380 m 驻防 4 个月的官兵，高原红细胞增多症的发病率为 60%，驻防 1 年为 78%。青藏高原的世居藏族也有患病者，但患病率远远低于高原移居者。

5. 高原心脏病。多在海拔 3 000 m 以上地区发病，移居者患病率大于世居者。青海在 3 000 m 以下地区患病率移居者为 0.07%，世居者较少见；海拔 3 000 ~ 4 000 m 地区的患病率移居者为 0.71%，世居者为 0.24%；海拔 4 000 ~ 5 000 m 地区的患病率移居者为 1.72%，世居者为 0.4%。本病发生与海拔高度、高原居住时间和劳动强度有关。

6. 高原血压异常。大都发生于移居者，高原高血压在 3 600 m 患病率为 6.9% ~7.5%，在 5 000 m 患病率为 55% ~100%；高原低血压多见于海拔 4 000 m 以上地区，患病率为 5% ~15%。

7. 高原常见病。主要为感冒、冻伤、肺炎、胃肠道出血、指甲凹陷（50% ~60%）、外伤等。

8. 传染病。主要有鼠疫、布鲁氏杆菌病、病毒性肝炎、菌痢等，青藏高原重点要防控鼠疫。

根据青藏铁路建设期所处的高原自然环境，进行青藏铁路建设预期患病指标分析，如不采取卫生保障措施加以干预，预计可能的高原病发生率见表 2-1。

表 2-1　青藏铁路建设期高原病发病预测

高原病	可能的发病率(%)
高原反应症	60 ~ 95
高原肺水肿	0.5 ~ 1.5
高原脑水肿	0.5 ~ 1.0
高原心脏病	1.2 ~ 1.7
高原红细胞增多症	50 ~ 57
高原高血压病	3.0 ~ 10

青藏铁路由于 85% 地段海拔在 4 000 m 以上，预测中度以上急性高原反应发病率在 50% 左右。中度以上高原反应者，一般要卧床休息，难以参加劳动，1 ~ 2 周后可恢复。如按年上场 3 万参建人员概算，在进入高原初期的 2 ~ 4 周内，约有 1.5 万人不能正常工作，休工率将达到 50%。肺水肿和脑水肿均为重型高原病，须住院治疗，救治不及时有较高的死亡率，根据高原劳动保护要求，高原肺水肿、高原脑水肿者不能继续从事高原作业。按可能的最高发病人数概算，每年约有 750 例高原肺水肿和高原脑水肿病人，这些病人需要住院治疗，且不能重返高原工作岗位而造成劳动力损失。高原心脏病和高原红细胞增多症为慢性高原病，按可能的最高发病人数概算，高原心脏病将达到约 510 人，血常规三项指标异常者将达到约 15 000 人，根据青藏铁路西格段工程观察，在工后体检心脏和血液指标异常者经 3 个月平原休息后约有 94% 的人可恢复正常，第二年可再上场工作，按此推算，每年因高原心脏病将损失劳动力约 30 人，高红血症

可能损失劳动力约900人。另一方面,职业性高原病已列入国家法定职业病目录,确诊的职业性高原病人,或因职业性高原病亡故人员,按《职业病防治法》的规定,用人单位须承担相应的法律责任,从而支付高昂的医疗、康复与赔偿费用。

按照青藏线历年实际上场参建人数,认为如不采取卫生保障措施加以干预,在五年建设期间,可能发生的高原病人数参见表2-2。

表2-2 青藏铁路建设高原病流行病学估测历年可能最高发病人数

年度	参建人数	流行病学估测可能的发病人数					
		高原反应	肺水肿	脑水肿	心脏病	红细胞增多症	血压异常
2001	11 400	10 830	171	114	193	6 500	1 140
2002	25 100	23 840	376	251	426	14 300	2 510
2003	37 900	36 000	568	379	644	21 600	3 790
2004	39 000	37 050	585	390	663	22 230	3 900
2005	23 000	21 850	345	230	391	13 110	2 300
合计	136 400	130 370	2 045	1 364	2 371	77 740	13 640

三、调查沿线可利用卫生资源分布情况

青藏铁路沿线既有医疗机构资源分布情况如图2-1所示,拉萨有省级医院2所,地(市)级医院5所;格尔木有地(市)级医院3所;青藏铁路施工沿线有地级医院1所,县级医院5所,乡级中心卫生院3所。青藏铁路沿线可利用的省地(市)以上医院共8所,主要集中在城市中:青海境内有解放军22医院、格尔木市人民医院、格尔木铁路医院,西藏境内有西藏军区总医院、武警医院、自治区人民医院、自治区第二人民医院、那曲地区医院。每家医院有医务人员200~500人,病床200~500张,均具有一定的规模和设备,可以收治高原病患者和开展内、外科诊治工作。青藏铁路沿线县级医院有安多县医院、那曲军分区卫生所、那曲藏医院、当雄县医院、堆龙德庆县医院共5家,每家医院有医务人员20~40人,病床10~40张,可以开展一般性疾病诊治工作。青藏铁路沿线乡级中心卫生院有唐古拉山中心卫生院、宁中乡中心卫生院、羊八井乡中心卫生院共3家,每家卫生院有医务人员4~10人,无常设病床,主要开展门、急诊业务。由此可见,青藏铁路沿线地区医疗资源十分匮乏,且均集中在唐古拉山以南地区,唐古拉山以北至昆仑山约500公里无人区植被稀少,气候恶劣,基本没有固定的医疗资源可供利用。

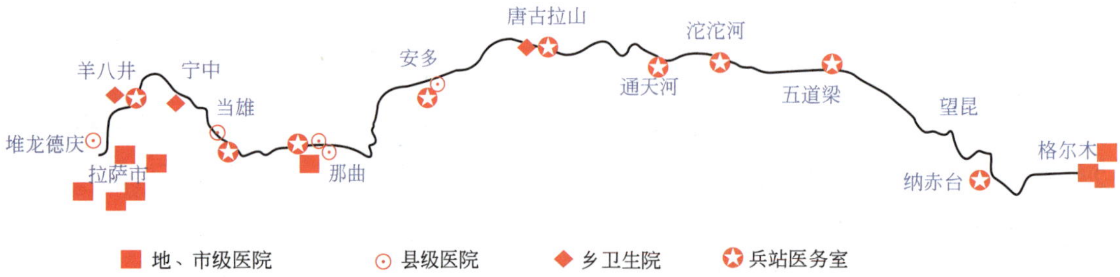

图2-1 沿线可利用卫生资源分布情况

四、明确卫生保障工作基本原则

根据青藏铁路建设卫生保障工作指导思想和目标要求,按照系统规划原则,在决策的分析阶段,对卫生保障实施的策略进行了详尽的方案论证和比选,确定了卫生保障实施的基本原则。这些基本原则在实践中都得到了认真落实。

1. 统一指挥的原则:加强组织领导,建立卫生保障工作领导责任制。在铁道部的领导下,青藏铁路建设总指挥部内由常务副指挥长分工负责卫生保障工作,并下设有医疗卫生部。各施工单位由指挥长牵头,党工委书记具体负责,工地医院院长主抓落实;并通过建立防治高原病、疫源性疾病、生产生活中毒、劳动卫生等领导小组及制订工作制度,具体决策和落实重点卫生保障责任。

2. 保障可及性原则:建立和部署三级医疗体系,依托格尔木铁路医院和西藏军区总医院建立了后方救治中心,为了确保参建人员发生病情时能够得到及时有效的治疗,全线建有三级医疗保障网,三级医疗机构(医疗点)6 个,各医疗点间隔 150 km,服务辐射半径约 75 km,二级医疗机构(指挥部工地医院)23 个,一级医疗机构(项目部卫生所)115 个,形成了能够快速及时有效救治危重病人的网络体系。

3. 需求可得性原则:各工地医院根据实际需要配置血气分析仪、生化分析仪、呼吸机、麻醉机、心电监护仪、B 超、X 光机等先进适用的常规医疗设备,沿线设置大型制氧站 17 座,购置高压氧舱 25 台,提高了医疗和抢救的能力。高峰期上场医务人员 680 人,医务人员与施工人员的比例达到了 1.88%。所有参建职工可享有免费医疗待遇,每天至少 2 h 吸氧,急诊患病在 1 h 内能够得到初级有效救治。

4. 科技领先原则:铁道部结合施工特点,围绕青藏铁路卫生保障体系建立,隧道施工卫生保障、高海拔隧道施工供氧、饮水洁治处理、高原环境职业健康监护、高压氧舱对高原低氧引起人记忆和反映功能损害的防护等方面适时立项,进行应用医学研究和实践探索,取得的成果在施工线上及时得到应用,收到良好成效。

五、确定建设时期卫生保障工作重点

在综合分析高原环境及其对工程建设和人体健康影响的基础上,提出卫生保障要确保参建人员身体健康,实现"无高原病病亡事故"的工作目标,必须重点解决高原病防治和预防鼠疫爆发流行的问题。解决高原病防治和鼠疫防控必须坚持"预防为主、防控结合"的方针,认真落实以下八项综合措施:

1. 健康体检:在工前、工中和工后开展职工全员健康体检工作,明确体检的项目、指标、禁忌证范围。

2. 习服适应:参建人员进驻高原要坚持阶梯式升高原则,在海拔 2 800 m 的格尔木建立高原习服基地,习服适应 1 周后再渐入海拔 4 000 m 以上地区,以防止或减少高原病的发生。

3. 健康教育:健康教育要以认识高原气候特点,了解人体适应能力,掌握个人防护知识和鼠疫疾病防治为重点,克服对高原的恐惧心理和麻痹思想。

4. 职业卫生:一是掌握施工季节,每年应集中安排在 4 月至 11 月份,工期不超过 8 个月;二是控制劳动时间,隧道作业以 4 h 为宜,桥梁、线路、铺轨等作业的劳动日以 5～6 h 为宜,劳动时间率不应大于 50%;三是规范劳动组织,缩短一次持续劳动时间,增加劳动、工休的交替次数;四是降低劳动强度,尽量采用机械化作业,体力劳动强度保持在中等强度以下;五是改善劳动环境,加强个人劳动防护,隧道内作业加强供氧通风,施行湿式作业,保证粉尘、有害气体浓度不超过国家卫生标准;六是配备个人防寒、防晒劳保用品,生活区和工区配备一定数量的氧气瓶及防病药物,工人宿舍要保证常年取暖,保持室内温度不低于 16 ℃。

5. 医疗保障:以病人 1 h 内能够得到初级救治、2 h 内得到有效救治为目标,以急诊救治和转接诊为重点,建立三级医疗保健网络,充分发挥现有卫生资源的作用。落实项目部卫生所、工程局工地医院和基地医院(包括派出机构)的三级医疗机构,建立起门、急诊工作制度、现场巡诊制度、患者后送制度、医疗保险制度为主要内容的医疗制度。配备高原病急救的医疗设施、设备、高压氧舱。原则上按 2% 的比例配备施工点医务人员,对选拔的医务人员,请高原病医学专家组织开展集中培训,重点熟悉高原病的防治知识，全面提高业务技术水平。

6. 饮食卫生：实行餐饮供给制，集中调运（图 2-2）、合理配餐、集体用餐。实行高海拔区伙食标准，以高糖、低脂肪、适量蛋白质膳食为宜，保证蔬菜供应。要限制饮酒，做好食品卫生工作，杜绝食物中毒的发生。

7. 后勤保障：一是做好饮水卫生工作，要以淡化、净化为主，配备相关净水设备，确无条件的可采取送水方式，保证洁净生活用水供应；二是抓好生活区选址，要根据施工组织的需要，尽可能地考虑到水源、交通、通讯、自然环境等客观因素的要求；三是管好生活区，对宿舍、厕所、垃圾站和生活区环境卫生，要建立严格的卫生管理制度，创造舒适、整洁、优美的生活环境（图 2-3）。

8. 鼠疫防控：定期开展灭鼠灭蚤活动，禁止捕猎旱獭，实行“三不”规避措施，开展疫情信息报告制度，切断传播途径，坚决杜绝鼠疫病的发生。

图 2-2　调运餐饮的运输车

图 2-3　工地宿舍

六、落实政府和企业卫生保障职责

青藏铁路卫生保障管理坚持政府主导、企业负责的原则。

铁道部、卫生部、青藏两省区政府领导青藏铁路卫生保障工作，制定政策并共同研究和解决卫生保障工作中的重大问题。铁道部承担组建三级医疗救治体系中的房舍建设、医疗设备购置、医务人员高原补贴、经常性支出费用和传染病预防、控制、监督费用。青藏两省和自治区政府负责铁路施工沿线重大公共卫生事件应急处理，开展传染病、地方病疫情监测和鼠疫等重大传染病的防治，指导和协助建设单位做好卫生保障体系建设。

青藏铁路建设总指挥部负责全面落实铁道部、卫生部文件精神并具体领导卫生保障工作，主要责任是抓好工程施工期间的管理和协调工作，组织并监督施工单位和受托单位落实各项卫生保障措施。

施工企业是实施卫生保障工作的主体，也是落实卫生保障工作的关键。施工企业全面负责辖区卫生保障工作，认真履行施工招投标合同中卫生保障工作责任条款，做到人员、资金、设备到位；在落实铁道部、卫生部文件精神的同时，建立卫生保障工作责任制，由一名主要领导分管卫生保障工作，做到卫生保障工作组织落实、制度健全、措施得力。

七、开展卫生保障理论和目标的研究

青藏铁路建设开工前的勘察设计中，一位工程师由于患急性高原病牺牲了年轻的生命。不少专家认为，在青藏高原修建铁路，发生高原病病亡事故是难免的，因此，开展对卫生保障指导思想、系统理念和目标理念的研究，对筑路大军稳定思想和适应高原环境有着重要的现实意义。

1. 高原病防治理念：要消除参建人员对高原病的恐惧心理，不仅在政策上要体现关心、重视职工健康安全，贯彻以人为本的指导思想，而且要通过严谨的科学论证，使职工认识到，高原病是可以预防和控制的（图 2-4）。高原环境对人体的影响是客观存在的，这种影响引起的人体各系统机能的变化在一定范围内是人体应有的生理反应，对习服良好者来说，能较快建立起一系列代偿机制，使各系统机能达到新的动态平衡，因此，人对高原环境是可以习服的。但这种习服是有限的，也是有条件的，在人体的代偿能力不足或超过一定的限度时，将转变为病理的过程，发展成高原病。所以，必须树立科学的防治理念，遵循规律、认识规律、驾驭规律，能动地创造条件、控制条件、改造条件，消除不利因素的影响，促进习服。青藏铁路格拉段，绝大部分在海拔 3 000 ~ 5 000 m 之间，为人体完全代偿带，绝大多数参建人员通过代偿机制可以达到习服适应。

图 2-4　2002 年中国工程院院士吴天一参加高原病防治研究会议

图 2-5　卫生保障研究立项会议

2. 系统理念：卫生保障工作统筹规划、全面安排、整体推进。第一，各级领导统一思想，提高对卫生保障工作重要性的认识，并组织开展卫生保障研究立项会议（图 2-5）；要全员参与、树立大卫生观念来建设卫生保障体系；采取预防为主、防治结合的方针；将防治高原病和鼠疫作为防病主线，贯穿于卫生保障体系这一系统工程的始终。从科研先行到指导实践；从领导的重视，到对参建人员的教育；从体检到轮换；从劳动保护到预防救治是一个综合的完整的预防和治疗体系。第二，将卫生保障体系融入工程建设总体构架中，在工程招、投标中，都把卫生保障体系作为工程建设的重要组成部分，必须与工程建设体系协调一致。

3. 目标理念：在吸收国内外高原医学研究成果，借鉴青藏铁路西格段以及青藏公路、石油管线建设过程中卫生保障的实践经验的基础上，综合利用现代科学技术和医学手段，经过充分论证，提出了"控制施工人群群体发病，保护每一个施工人员生命安全，控制高原病亡事故发生"的卫生防病目标理念。这一目标的确定，使职工减少了高原恐惧心理，增强了信心，稳定了施工队伍。通过建设期五年的防病实践，实现了这一目标理念，标志着铁路建设中卫生防病工作水平有了显著提高。

第二节　建立三级医疗保障体系

高原医学专家认为，数万建设者在海拔 4 000 m 高原修建铁路，无论如何高原病发生在所难免。因此，降低高原病的发病率和死亡率是衡量卫生保障工作成败与否的重要指标之一。众所周知，降低高原病死亡率,最有效的措施就是早发现、早报告、早治疗、早向低海拔转送,其中,早期及时有效的救治又是抢救生命的重要环节。青藏铁路沿线人烟稀少、卫生资源严重匮乏、交通不便,如果将病员转送到医疗条件较好的格尔木和拉萨往往会延误抢救的时机,造成不可挽回的损失,因此,构建与青藏铁路建设相适应的医疗救治体系和保障体系,使患病者在 1 h 内得到初级救治,2 h 内得到有效治疗,是降低高原病死亡率最有效的举措。

一、三级医疗保障体系构成

(一)三级医疗救治网络组成

青藏铁路施工沿线人烟稀少,唐古拉山以北和越岭地段经过漫漫无人区,当地卫生资源短缺,不能满足大批参建人员的基本就医需求。20 世纪 70 年代青藏铁路西格段施工过程中,由于受医疗条件限制造成多例高原病死亡的教训,特别是格拉段前期勘察设计,铁道部第一勘察设计院一位年轻的工程师因急性脑水肿在转运途中死亡一事,使铁道部领导深刻认识到落实"以人为本"责任重大,任务艰巨,建立完善的救治体系迫在眉睫。

铁道部经过综合考虑,决定组建三级医疗救治体系。参建单位项目部卫生所为一级医疗机构,指挥部工地医院为二级医疗机构,由青藏总指指定的铁路医院和当地三级医院为三级医疗机构。总指设立卫生保障部,负责协调三级救助体系中各医疗机构联系,指导医疗救治工作,如图 2-6 所示。

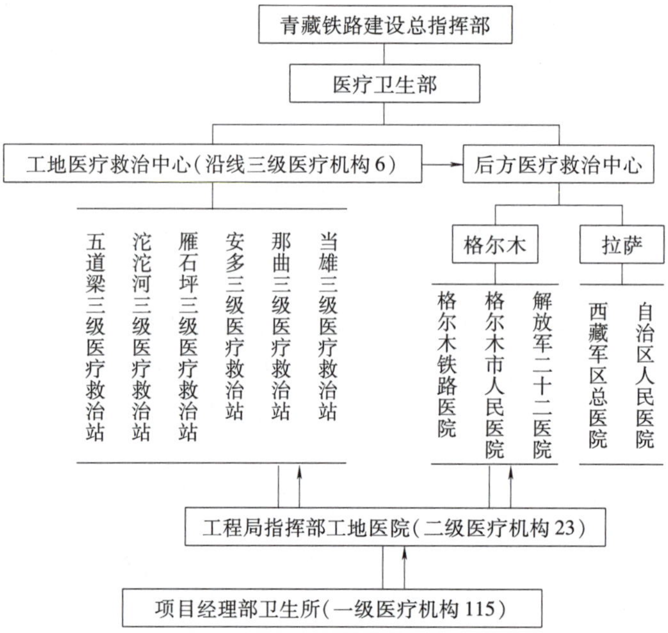

图 2-6　青藏铁路建设三级医疗救治网络示意图

——为业务领导或指导关系;——► 为病员转送方向

三级医疗网络具体内容:格尔木铁路医院(现为青海省海西州第二人民医院)和西藏军区总医院为三级医疗机构,在工程建设期间以此为依托,在沿线建立派出机构。施工高峰期可建立 6 个派出机构,各医疗点间隔 150 km,服务辐射半径约 75 km;二级医疗机构(局指挥部工地医院)23 个;一级医疗机构(项目部卫生所)115 个,各医疗点间隔 10 km,服务辐射半径约 5 km(各医疗机构的分布见附表 2-3)。

(二)各级医疗机构职责

一级医疗机构:负责本单位参建人员的医疗、预防、保健和早期抢救,保证伤病员在 1 h 内得到初级救治，具体任务：①开展健康教育；②卫生防病和卫生监护，防止传染病、地方病和自然疫源性疾病的发生和流行，并负责疫区处理；③常见病、多发病的诊断和治疗；④急症、外伤的早期抢救和转送；⑤工地巡诊医疗，重点是急性高原病的预防、早期诊断和初期抢救（图 2-7）。

图 2-7　工地巡诊

二级医疗机构：负责管区范围内伤病员的抢救和医疗后送，保证伤病员在 2 h 内得到有效救治；承担管辖范围内参建人员的健康救护和体检，重要工地的巡诊治疗；在危险性较大的工程中，做好紧急救护准备；对一级医疗机构提供业务指导和技术支援等。

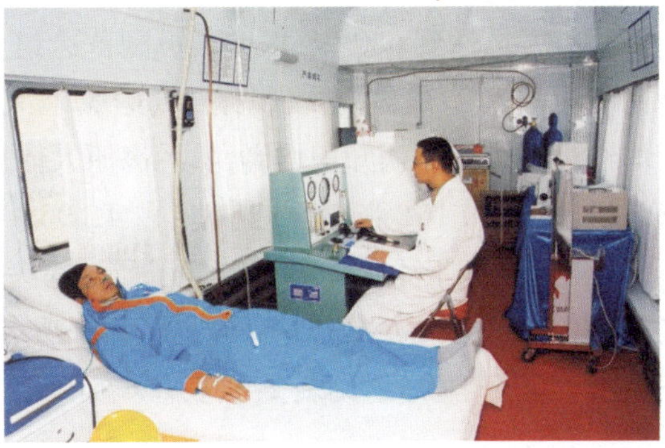

图 2-8　工地巡回医疗列车

三级医疗机构：承担伤病员急诊、住院治疗任务，接纳一、二级医疗机构的转院、重症救护和运送以及对一、二级医疗机构的业务指导和技术支援等任务。派出机构和流动医疗救治中心，负责重病治疗、急诊和转送工作（图 2-8），参与重点工程的现场医疗救护服务，在群体伤亡或其他特殊情况下，要及时报告，由参建单位与当地政府及部队联系，采取应急措施。

各级医疗机构在做好本单位医疗卫生保障工作的同时，还积极伸出援助之手，为当地牧民和过往行人提供医疗服务（图 2-9）。例如，2005 年冬的一个傍晚，青藏铁路沱沱河三级医疗救治站院内突然开进来 4 辆车，经了解是由一名东北籍的导游带领的意大利旅行团，其一行 11 人由格尔木途经沱沱河去拉萨，其中 2 人因急性高原反应性头疼且所带氧气用尽而来求援，医务人员对患者进行吸氧、

图 2-9　为藏民看病

对症处理以及高原知识宣教，两小时后患者精神紧张情况缓解、症状消失，随后医务人员又为其补足氧气并提供常规预防与治疗高原病的药物。被救治人员及其同行者感激之情无以言表。沿线工地医疗机构的社会服务密切了路地关系，增进了民族团结，得到了地方政府和人民群众的赞誉，也为青藏铁路建设创造了良好的周边施工环境，同时也促进了当地卫生事业的发展（图2-10）。

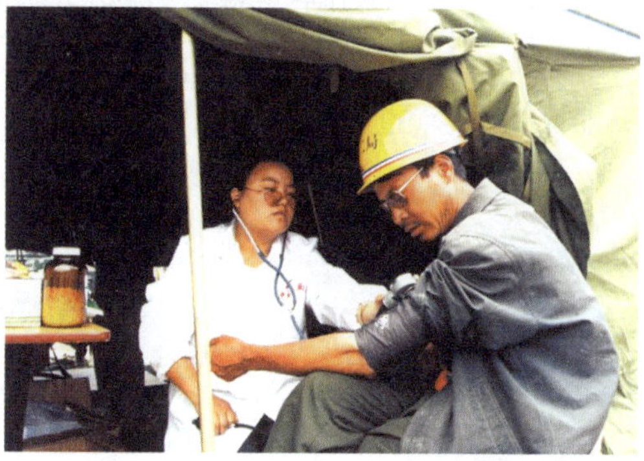

图2-10　工地医疗

各单位的医疗机构在伤病员的救治和下送过程中密切协作，互相支援，保证就近就医和安全下送，这种严密的救治体系为青藏铁路卫生保障工作的整体开展作出了重要贡献。

二、医疗保障体系利用情况

（一）卫生保障资源能力评估

青藏铁路卫生资源配置高于国内社会同期水平。开工以来共上场医务人员1970人次，高峰期上场医务人员达到680人，医务人员配备达到全线施工人员的1.8%，满足了临床需求。上场医务人员高级职称占9.19%，中级职称占33.65%，初级职称占52.34%，其他辅助人员占4.82%。医务人员均经过系统高原病知识培训，熟悉高原人体生理特点，掌握高原病的诊疗技术。三级医疗机构5年累计设置病床1161张，其中卫生所占41.95%，工地医院占45.62%，救治中心占12.43%。

5年建设期卫生保障方面购置了所需的医疗设备，如高压氧舱、救护车、彩色超声心动仪、大型X光机、血液生化分析仪等，充分满足了临床需求。全线500元以上医疗设备总台件达4136台件，总价值达到1亿5千万元，见表2-3、表2-4。

表2-3　青藏铁路建设卫生资源指标与国内社会同期指标比较及国外相应参考指标

卫生资源	青藏铁路工程	青海省	西藏自治区	中国平均水平	世界卫生组织其中7国*
每千人医务人员数	14.8	3.7	3.1	3.4	7.5
每千人床位数	8.8	2.5	2.3	2.4	10.0
卫生经费占GDP比值(%)	6.91	4.42	3.78	2.29	6.50

*7国为美国、加拿大、英国、阿根廷、芬兰、波兰、前南斯拉夫。

表2-4　青藏铁路建设历年上场医务人员与参建人数

年　度	参建人数	医务人员数
2001	11400	340
2002	25100	350
2003	37900	680
2004	39000	340
2005	23000	260

卫生保障经费的使用分配情况，三级医疗机构占4.8%；工程局所属一、二级医疗机构及卫生保障相关费用占95.2%。工程局二级、一级卫生保障网经费使用流向，经抽样调查15个工程局测算，首要支出为医疗卫生设备，其次为医务人员工资、药品、制氧、体检项目，见表2-5。可以看出，

表 2-5 卫生保障经费使用支出流向构成(%)

设备	人员	医药	制氧	体检	劳保	用房	防疫	健教
33.7	18.4	16.0	12.3	10.5	4.2	2.3	2.0	0.6

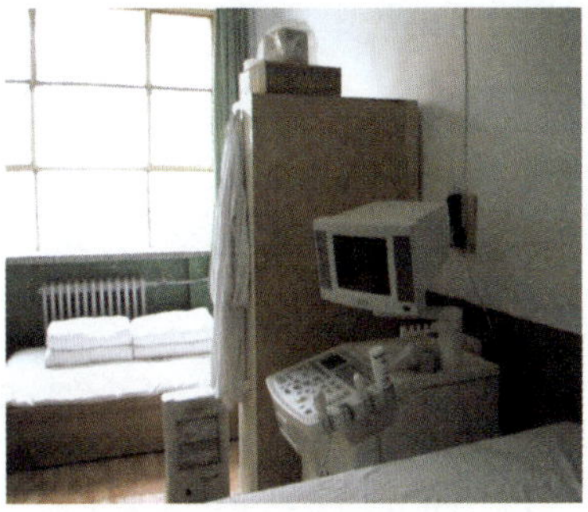
图 2-11 中铁十七局工地医院彩超室

资金的投入绝大部分用于构建贴近工程一线的一、二级卫生保障网络,从而奠定了覆盖全线参建人员医疗卫生保障的物质基础。经费支出流向在医疗设备配置方面占有很高比重,这与各工程局领导有着比较统一清醒的认识有关,因为如果由于缺少医疗设备而造成人员伤亡,其损失是再增加几十倍、上百倍投资都无法挽回的。为此,各单位均按照标书要求,甚至超出标书承诺的范围,购置了所需医疗设备,设备投入构成中制氧站占33.2%、高压氧舱占8.4%、救护车占12.6%,其他主要设备有彩超(图2-11)、大型X光机、血球计数仪、电解质分析仪等大型设备,从而充分满足了临床需求。图2-12为青藏铁路高压氧舱设置点与制氧站位置示意图。

(二)医疗卫生服务利用情况

上场以来全线共完成132 202人次的工前体检,体检率达99.7%;完成工中体检130 345人次,体检率达98.3%;完成工后体检129 682人次,体检率达97.8%。共接诊病人53万人次,住院13 426人次,抢救危重病人3 501人次。全线设置27台高压氧舱,共预防和治疗各类患者5 438人次。开工5年来,青藏两省区举办了多期高原病医师培训班,青海境内培训586人次,西藏境内培训367人次。各参建单位对参建职工、民工进行全员健康教育培训,全线发放各种宣传、学习资料15万余册。通过青藏铁路建设疾病频率指标和疾病严重程度指标数据,充分印证了青藏铁路工程具有很高的医疗卫生需求量,见表2-6。

表 2-6 青藏铁路建设卫生服务利用指标与同期国内外相应指标比较

卫生服务利用指标	青藏铁路建设					中国平均数	世界卫生组织其中7国平均数
	2001	2002	2003	2004	2005		
1年每千人就诊人数	3 395	3 349	4 966	3 466	4 178	1 700	4 030
1年每千人住院次数	163	192	95	50	52	48	110
1年每张病床使用次数	10.4	25.2	12.9	8.2	6.0	19.6	11.0
2周每千人就诊率	196.2	193.6	287.0	200.3	241.5	133.8	155.0
患者利用卫生服务	98%					83%	80%

表2-6显示,开工5年来疾病2周就诊率为200次/千人左右,以及工期的前3年住院次数等服务利用指标大大高于国内同期水平,卫生保障资源利用充分,患者利用卫生服务率达到98%,医疗卫生需求得到满足。随着工程顺利进展,医疗卫生保障措施得到逐步调整和完善,积累了丰富的工作经验,进一步加强了预防性措施,不适应高原状况的参建人员经3年的工前、工中和工后体检筛选基本退出施工队伍,因而后2年住院次数指标下降明显,表明严重高原反应得到有效控制,住院人数明显下降。病床使用率指标低于国内同期水平,与国外水平基本持平,具备较高的使用潜力储备,可保证危重病人得到及时有效的留观和抢救,这也是急性重症高原病全部得到有效救治的原因之一。数据分析提示,在工程的前期阶段应加大卫生保障资源投入,构建覆盖全面的医疗卫生保障网,迅速开展有效工作,及时总结经验,在工程的中后期对卫生保障资源可作出适当调整,保证卫生保障资源得到充分利用。

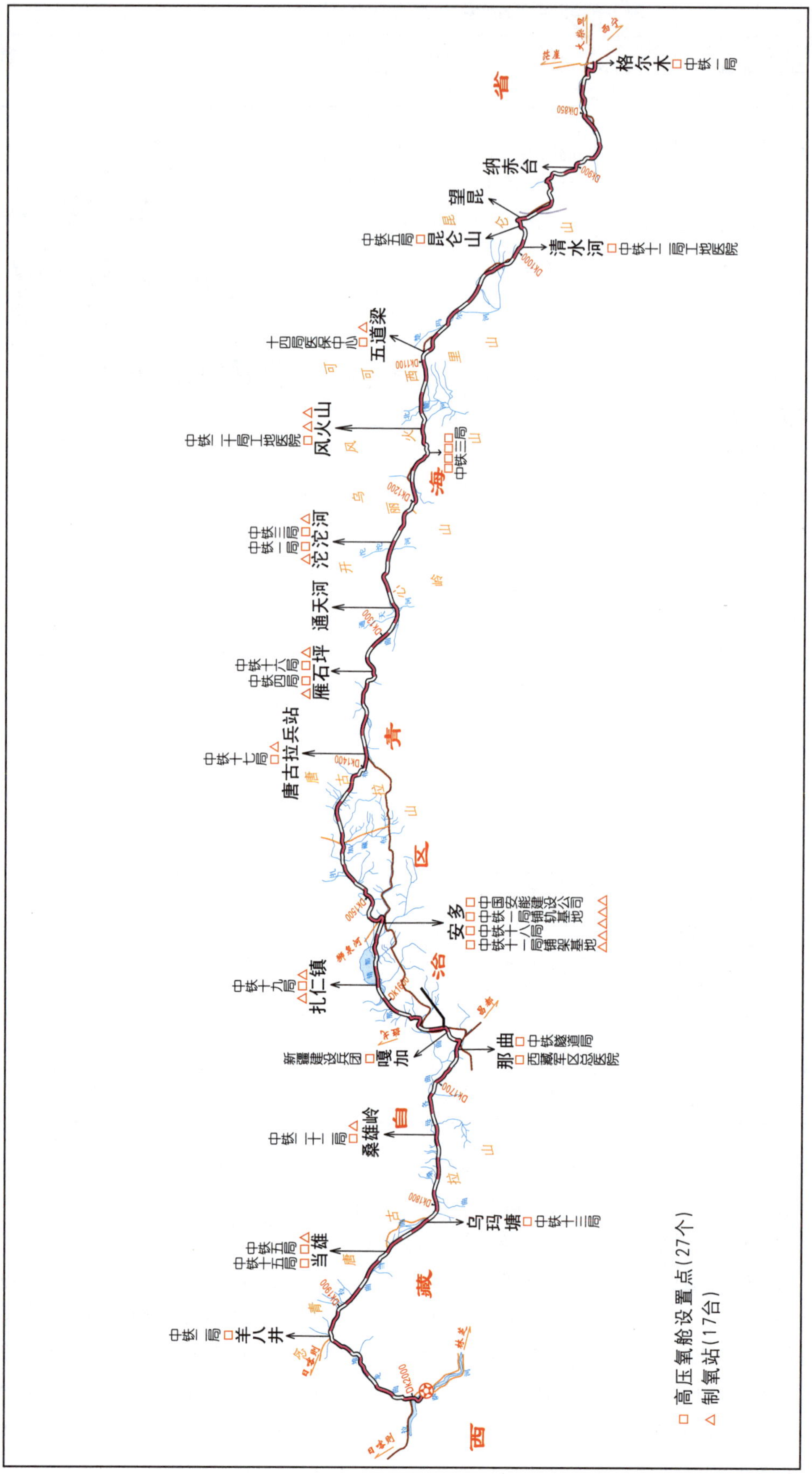

图 2-12　青藏铁路高压氧舱设置点与制氧站位置示意图

第三节 建立职业健康监护系统

建立青藏铁路职业健康监护系统,系统地、连续地监测职业有害因素、人员健康状况和高原病等职业病发生变动趋势,适时采取控制措施,对于降低高原病、职业病发生率,保障参建人员身体健康,确保施工顺利进行具有重要意义。

一、职业健康监护系统构成

(一)指导思想

青藏铁路高原环境职业健康监护系统包括:劳动环境监测系统、职业性疾病监测系统和健康监护信息管理系统三部分。其指导思想是:根据青藏铁路施工现场高原环境因素、生产性有害因素以及体力劳动强度因素对工人健康影响程度分析,建立高原环境职业健康监护系统,作为高原劳动卫生、职工健康管理的操作平台,以有效控制职业病危害因素。

(二)组织结构

系统的组织构成分成三个层次,如图2-13所示。

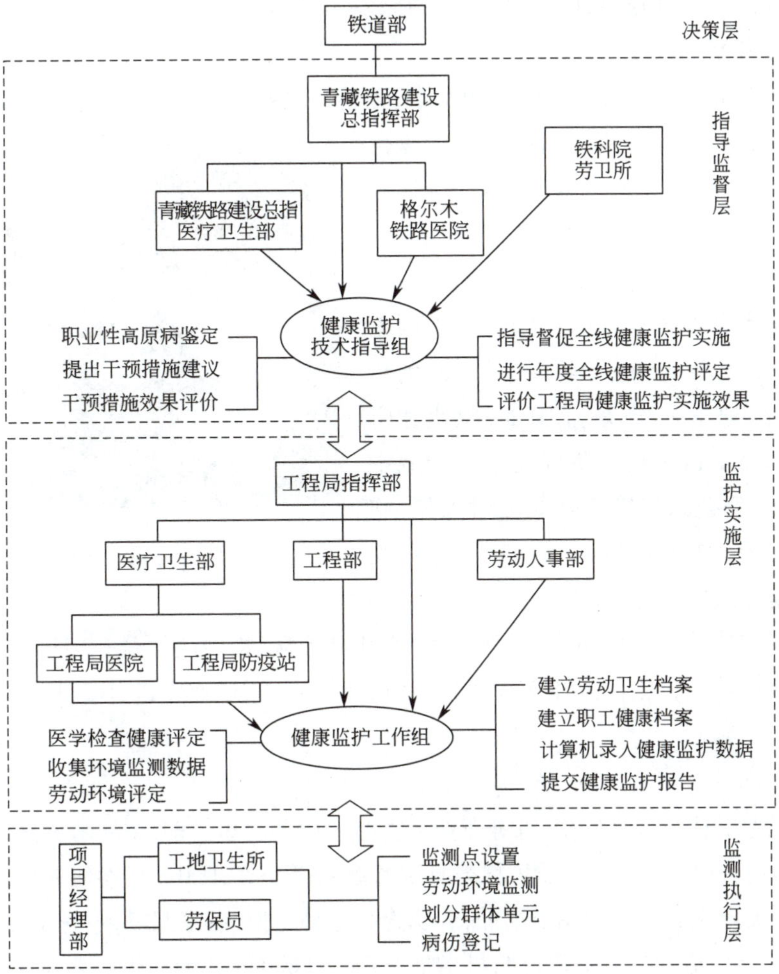

图2-13 青藏铁路施工职业健康监护组织系统层次结构

1. 第一层:青藏线施工组织以工程项目部作为基本生产单位,项目部人数一般 200~300 人,多则 400~500 人,有相应的生产、生活和医疗卫生设施,同一项目部岗位工况相近或相似,所处海拔高度相同,接触生产性有害因素类似。因此,以工程项目部作为群体划分的基本单元,形成监护系统的第一层——监测执行层。

主要任务是:进行危害因素监测点的设置,劳动环境定期监测,病伤登记,作为群体接触评定、健康评定的统计分析基础。

2. 第二层:工程局作为工程投标单位管理若干个项目部,设有工程部、医疗卫生部、工地医院、防疫站等较齐全的指挥服务机构,以工程局为基本单元构成监护系统的第二层——监护实施层。

主要任务是:建立劳动卫生档案和职工健康档案,组建本局系统健康监护信息管理网络,指导项目部实施环境监测,收集环境监测数据,由工地医院和防疫站负责,实施医学检查,个体健康评定和群体健康评定,进行劳动环境监测数据统计分析,计算机录入监测数据和医学检查资料,劳动环境评定和群体健康评定,向总指医疗卫生部提交健康监护报告。

3. 第三层:由青藏总指、医疗卫生部、铁科院劳卫所、路内外相关领域专家、格木铁路医院组成青藏铁路施工健康监护技术指导组,形成监护系统的第三层——指导监督层。

主要任务是:指导督促全线健康监护实施,提出建立全线健康监护信息管理系统方案,进行年度全线健康监护评定,评价比较各工程局单位健康监护实施效果,进行职业性高原病鉴定,根据健康监护评定报告结论,提出干预措施建议,进行干预措施效果评价。

(三)监控的目标疾病

根据现场劳动环境、有毒、有害作业监测结果,筛检出各施工专业岗位应当重点监护的疾病。高原环境低氧因素导致的高原反应、急性高原病、慢性高原病是严重威胁青藏铁路工人生命安全、身体健康、降低劳动能力、影响工程进度的主要职业病。因此,将职业性高原病作为首要监护的目标疾病。

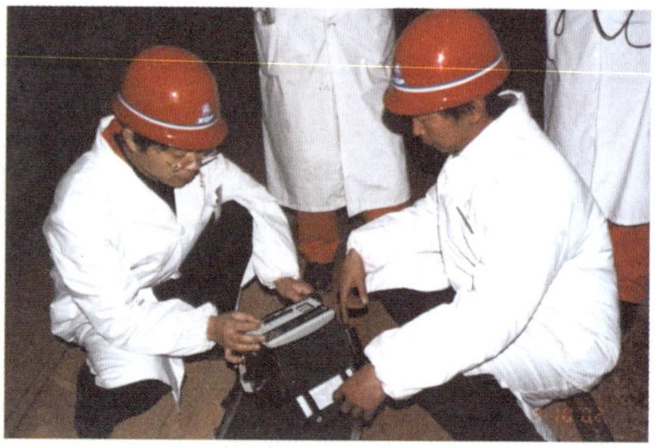

图 2-14　隧道粉尘测试

考虑到低氧与生产性粉尘、毒物、物理有害因素的联合作用,经施工现场实测尘、毒、噪声危害仍较严重这一现实情况,把尘肺病、职业中毒、职业性听力损伤作为重要的监护目标疾病体现在系统构成中(图 2-14)。此外由于高原环境紫外线辐射强烈,施工现场多在野外露天,如不注意防护,极易引起日光性皮炎、眼炎,甚至导致白内障。

最终确定重点监护的目标疾病为:①高原病:急性高原病、慢性高原病;②日光性皮炎、眼炎;③职业性呼吸系统疾病:尘肺、粉尘性慢性支气管炎、肺功能损害;④职业中毒:CO 中毒、NO_x 中毒;⑤职业性听力损伤。

(四)监护周期

3 个月为一个周期,比一般平原尘、毒等职业危害监护周期要短得多,主要考虑高原低氧环境对参建人员心脏功能的影响。青藏铁路西格段工程曾测定海拔 4 340 m 工地 163 名参建人员进驻高原前后心脏变化情况,4 个月时心电图异常人数明显增加,表现为心电轴右偏,右室肥厚,不完全右束支传导阻滞,肺动脉高压明显,血红蛋白值和红细胞数也明显增加。返回 2 800 m 驻地后追踪观察发现,心电图恢复正常随时间呈渐进式上升,6 个月恢复率可达 94% 以上。因此,提出在海拔 4 000 m 以上施工,以温暖季节工作 6~7 个月、寒冷季节撤至平原休整 5~6 个月为宜，各局施工基本据此安排。监护周期 3 个月能及时发现问题，对于预防高原心脏病、红细胞增多症意义重大，且与施工组织安排也相吻合。

二、劳动环境监测系统

劳动环境监测系统由劳动环境因子监测、数据收集整理，监测数据统计分析和评定报告，劳动环境控制措施建议和实施三部分组成。第一部分包括接触监测指标和监测点的设置，监测方法的确定，监测组织构成和职责；第二部分包括数据统计分析方法，结果判定依据标准，评价结论报告；第三部分包括综合分析评价企业劳动卫生状况和质量，提出重点职业病危害因素、不合格作业点和作业场所，提出重点监控技术措施。

1. 有害因素监测指标，包括 3 个方面。

高原地理气象环境：施工现场海拔高度、气压、氧分压、气温、气湿、紫外线强度（图 2-15）。

生产性有害因素指标：施工现场粉尘、CO、NO_x、柴油机废气烟尘浓度，噪声强度。

体力劳动强度指标：工种和岗位体力劳动强度指数（图 2-16）。

2. 危害评定：每个监护周期末对区域监测和职业接触史调查资料进行汇总分析，包括劳动环境评定和职业接触评定。

3. 劳动环境评定：每半年进行 1 次，统计各作业群体接触的高原环境因素，主要职业病危害因素的区域监测率、合格率、测定结果的范围与均值，并据此确定评定分级。

图 2-15　2002 年 1 月铁道部劳卫司和青藏总指人员在风火山隧道检测氧浓度

4. 职业接触评定：每半年进行 1 次，统计各作业群体暴露高原因素和主要职业危害因素的接触人数、平均年接触量、个体接触合格率、群体接触指数，据此确定评定分级。

图 2-16　2001 年 9 月铁科院劳卫所在沿线做劳动强度测试

三、职业性疾病监测系统

职业性疾病监测由医学检查、疾病登记、健康评定三部分组成。

（一）医学检查

以基础健康体检、习服体检、定期体检采集周期性健康资料。健康检查指标安排地尽可能全面，同时增设了诊断高原病及其他职业病特殊检查项目。体检目的是建立职工健康档案,筛检出不宜进入高原施工的禁忌证个体。

(二)疾病登记

以高原病登记、其他职业病登记、工伤登记、常见病登记、死亡登记采集经常性健康资料。根据高原环境职业健康监护特点分析,急性高原病和慢性高原病为两个重点监护疾病。还要对尘肺、职业中毒、噪声性耳聋、紫外线损伤等职业病进行动态监控、筛检。大量经常性的健康变化资料主要来源于经常性的疾病登记,用以掌握群体高原病发病状况,进行工作相关疾病的监控,也为健康评定提供经常性的疾病资料。

登记的内容为:①高原病,包括急性轻症伴有呕吐、高原肺水肿、高原脑水肿、高原红细胞增多症、高原心脏病;②职业病,包括尘肺、一氧化碳(CO)、氮氧化物(NO_x)中毒、其他职业中毒。③常见病,包括感冒、肺结核、慢性支气管炎、病毒性肝炎、消化道溃疡病、高血压病、冠心病、脑血管意外、精神病、恶性肿瘤、日光性皮炎、白内障等;④工伤,包括劳动部门认定的各类工伤;⑤死亡,要登记死亡原因、日期。

(三)健康评定

通过个体健康评定和群体健康评定,达到监测作业人员健康损害的目的。健康评定每3个月进行一次,对体检和疾病登记资料,参考接触评定结果进行汇总分析,包括个体健康评定和群体健康评定。

1. 个体健康评定:定期对每个监护对象逐人进行健康评定,内容包括是否诊断为高原病、其他职业病,确定为职业影响人员,有否职业禁忌证,是否重点监护;根据目前综合健康状况和劳动能力鉴定,提出处理意见,包括进一步检查项目,监护周期变更,治疗、脱离原作业等。

2. 在个体健康评定和群体接触评定的基础上,进行群体健康评定,即对群体的健康监护资料进行全面的汇总分析和综合评价。评定内容为各种体检项目,包括症状、体征和实验室检查的阳性检出率,其他职业病的发病率、患病率和死亡率,主要常见病的患病率,死亡统计、缺勤统计和工伤统计等,并运用职业流行病学等方法对早期健康损害和工作有关疾病进行分析。

群体是汇总评价的基本单位,其划分应既考虑管理的要求,以项目部为单位;又考虑技术的要求,按接触量水平,并应保持长期观察中群体的相对稳定性。

四、高原作业环境健康监护信息管理系统

健康监护的两大监测系统,产生大量的周期性和经常性数据,主要形成两个档案系统,即职工个人健康档案和扩充的劳动卫生档案(图2-17)。两个档案系统作为接触监测和疾病监测信息存储数据库,直接为接触评定和健康评定的数据分析服务。通过研制开发的《青藏铁路职业健康监护软件》进行健康监护信息的采集、输入、存储、分析、处理和输出,实现健康监护信息的计算机管理。

图2-17　2002年7月铁道部专家组在中铁20局工地医院查阅职工健康档案

1. 主要管理指标:职业危害接触量、体检合格率、检出率、高原病及其他相关疾病的发病率、患病率、死亡率。接触评定和健康评定的结果产生健康监护报告,为健康监护信息系统的主要输出文件,作为领导进行施工劳动卫生管理的决策依据。

2. 职工健康档案组成部分:①基础健康体检表;②基地习服一周复检表;③定期体检表;④个体健康评定表;⑤个体高原环境暴露记录及尘毒年接触量记录。

3. 劳动卫生档案组成部分:①项目部劳动卫生概况表,包括标段、项目部名称、生产工况、主要职业危害因素、职工人数和接触人数、医疗、劳动卫生、劳动安全体系等;②高原环境条件调查表,包括海拔高度、温度、湿度、风速、气压、氧分压、劳动工时;③劳动卫生档案登记表,包括职业危害因素监测登记表、高原环境监测登记表、危害因素监测登记表、高原病登记表、其他职业病登记表、职工常见病登记表、职工工伤登记表、职工死亡登记表、一级预防情况登记表。

4. 职业健康监护计算机管理系统。青藏铁路施工健康监护管理系统软件由健康监护信息管理系统和健康监护评价报告系统构成,两大系统下面由职工健康体检档案(体检表)、劳动卫生档案(环境监测表)、病伤登记、健康监护信息统计分析、健康监护评定汇总(统计报表)、健康监护报告(打印输出)六个功能模块组成,可以方便地进行数据编辑、查询统计、信息交换、打印输出等项操作,如图 2-18 所示。

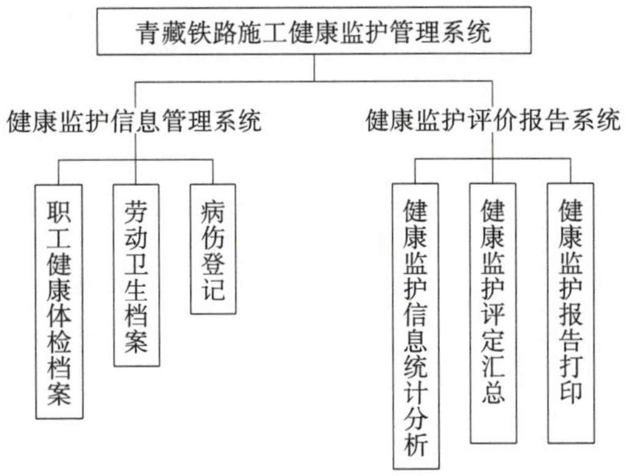

图 2-18　青藏铁路施工健康监护管理系统软件总体结构

系统功能由三大数据库支持和运作:①基础数据库,包括职工一般情况数据,基础健康体检数据、习服一周复检数据、定期体检数据、劳动卫生概况表数据、职业危害因素监测登记首页数据、高原环境监测登记数据、危害因素监测登记数据、高原病登记数据、其他职业病登记数据、职工常见病登记数据、职业工伤登记数据、职业死亡登记数据、一级预防情况登记数据;②统计报表数据库,包括医学检查基本项目表、高原环境健康监护评定表、高原环境评定表、劳动环境评定表、职业病及工伤事故健康监护评定表;③评价报告数据库,包括接触评定报告、健康评定报告、健康监护评价报告。

5. 施工健康监护的信息管理。健康监护系统所包括的职业性接触和职业性疾病两大监测系统同处于一个信息系统中。健康监护管理是信息的采集、输入、存储、分析、处理和输出,并合理利用信息指导工作的过程。因此,把握健康监护信息的正确流向,是做好信息管理并进而提高健康监护水平的关键。

项目部及工地防疫站根据确定的监测点和监测周期,进行定点定期监测,监测结果属周期性信息,输入高原环境登记表和危害因素监测登记表。工程局医疗卫生部每半年依照相关标准进行高原环境评定和劳动环境评定。结果输出高原环境评定表和劳动环境评定表作为健康监护报告,报工程局健康监护领导小组,同时向总指医疗卫生部报送健康监护软盘或通过数据网输入青藏铁路总指局域网。

第四节　卫生保障管理控制

为保证大群体医疗卫生保障目标实现,在实施策略上引入了过程管理控制新方法,其核心是在高原施工群体医疗卫生保障的全过程中实行制度化、规范化、程序化、系统化管理,重点是进行环节管理(环节控制)和过程管理(过程控制),强调其有效性和实效性,实现医疗卫生保障体系与功能的统一、医疗卫生管理手段与医疗卫生技术的统一。

一、建立规章制度管理体系

先后制定了《青藏铁路卫生保障若干规定》（由铁道部和卫生部联合发布）与《青藏铁路卫生保障措施》（由铁道部发布）两项规章，同时青藏总指对施工过程卫生保障工作进行全程监控，并根据现场工作情况和需要，随时提供技术支持。专家组针对医疗体制、体检安排、健康监护、高原习服、劳动强度、作息制度、劳动防护、膳食营养、急救后送、卫生防疫、生活环境等方面存在的问题和困难，及时制定管理办法、技术规范和参考标准，有效指导现场开展卫生保障工作，为全面实施过程管理奠定了制度基础，如图 2-19 所示。

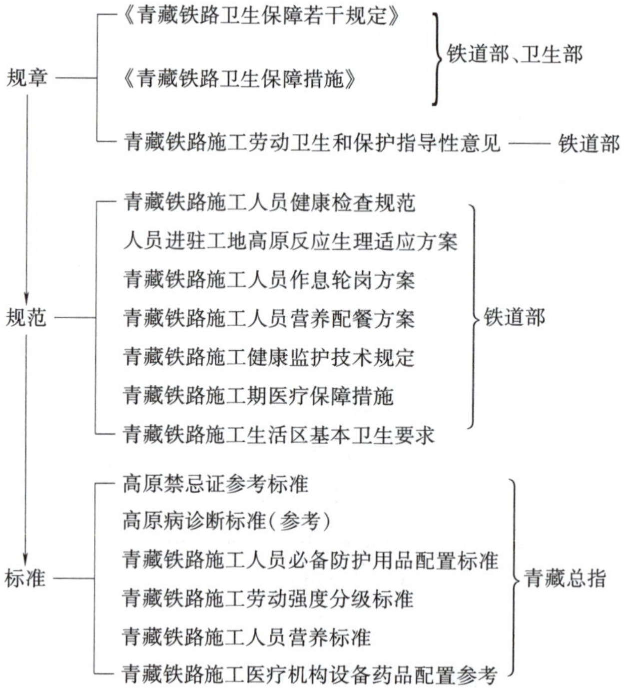

图 2-19　规章制度管理体系

二、实施过程管理和控制

通过对参建人群进驻高原过程、高原施工过程、高原病急救过程的三个关键点的过程管理和控制，实现了卫生保障的全程管理。

1. 进驻高原过程：体检健康准入，健康教育培训，阶梯习服进驻。

2. 高原施工过程：定点医疗巡诊，职业健康监护，劳动强度控制，工时轮换制度，膳食营养保证。

3. 高原病急救过程：施工期间坚持高原病早发现、早诊断、早治疗、早后送原则，处理好就地治疗与后送治疗的关系，使每例患者尽可能得到最佳时期与最有效的治疗。

三、不断完善卫生保障措施

（一）从重点防治急性高原病到防治急、慢性高原病并重

青藏铁路建设开工后，各参建单位落实卫生保障各项措施，大部分参建人员通过高原早期生理习服，减少了急性高原病的发病率，高原脑水肿和高原肺水肿得到有效救治，保护了生产力，较好地完成了

格尔木—望昆段(以下简称“格望段”)和试验段的工程任务。随着工程的进展和进驻高原时间的延长,特别是施工队伍在唐古拉山两侧4000～5000 m地段全面铺开以后,低氧环境对人体伤害的比例也在增大,个别施工单位为了赶工程进度,超工时、超劳动强度现象时有发生。一部分参建人员出现了体重减轻、失眠、脱发、消化功能紊乱,记忆力减退等慢性高原病的早期反应。针对上述情况,建设总指挥部分别于2002年和2003年,对全线22个参建单位3000多名参建人员进行了工中、工后体检,专业人员对体检资料中的血常规、心电图、血压、尿常规、肝功等常规体检指标变化情况进行分析,结果显示:2002年参建人员工后血常规、心电图、血压、尿常规和肝功异常检出率均高于工中,差异有统计学意义($P<0.01$);2003年参建人员工后检查血常规、心电图、血压和肝功4项指标异常检出率均显著高于工中,差异有统计学意义($P<0.01$)(见表2-7)。分析结果还显示,较长时期在高海拔地区工作和往返高、低海拔地区频率较高的人员,机体的重要脏器如心、肝、肾、脑等均产生不同程度的变化;随着海拔的增高,缺氧、低气压愈加明显,往返高、低海拔地区的频率越高,对人体的影响也逐渐加重;这些情况表明,高原病防治管理需要进行必要的调整,如不进行正确的指导,将会给建设者身体带来不可逆的损伤。

表2-7 青藏铁路建设者2002—2003年工中、工后体检指标结果

体检时间		血常规改变			心电图改变			血压改变			尿常规改变			肝功改变		
		体检人数	检出数	检出率(%)	体检人数	检出数	检出率(%)	体检人数	检出数	检出率(%)	体检人数	检出数	检出率(%)	体检人数	检出数	检出率(%)
2002	工中	5790	1699	29.3	9772	1245	12.7	9752	888	9.1	9772	236	2.4	5264	222	4.2
	工后	8361	5264	63.0*	11890	2180	18.3*	7086	1230	17.4*	11462	1543	13.5*	10847	820	7.6*
2003	工中	34671	7738	22.3	34353	6056	17.6	26776	2687	10.0	19614	1036	5.3	23746	1301	5.1
	工后	18784	5316	28.3*	18484	3580	19.4*	18784	2501	13.3*	14586	820	5.6	17426	1113	6.4*

* $P<0.01$ 与工中比较。

2002年、2003年,《中华人民共和国职业病防治法》、《工伤保险条例》等职业卫生和健康保障法律法规相继实施,根据卫生部、劳动人事部、财政部、中华全国总工会1987年11月5日发布的《职业病范围和职业病患者处理办法的规定》,高原病列为职业病之一。铁道部、卫生部以贯彻《中华人民共和国职业病防治法》、《工伤保险条例》为契机,组织有关专家对青藏铁路建设期间的慢性高原病的防治工作进行了认真研究,制定了《青藏铁路建设防治高原病管理办法》,通过对建设单位和参建单位职业高原病依法管理,解决了面临慢性高原病防治中出现的新问题,及时纠正了超工时、超劳动强度的违规现象,做到了减少或避免高原职业病的危害因素影响,在参建人员身体还没有构成不可逆损害之前进行积极的职业安全卫生学干预,避免了慢性高原病的发生,从而维护了企业和职工的根本利益。图2-20为青海省高原医学专家向青藏铁路建设卫生保障工作献计献策。“青藏铁路建设防治高原病管理办法”的下发,标志着高原病防控工作重点已经从急性高原病向急、慢性高原病并重转移。

图2-20 青海省高原医学专家向青藏铁路建设卫生保障工作献计献策

(二)从应急到常规

在不同季节和时期随疾病流行情况调整防病工作的重点。每年开工初期,急性高原病是防治工作的重点;在6月到9月,鼠疫防治则成为防病工作的中心;2003年春夏,预防传染性非典型肺炎(SARS)又是当时工作的重中之重。如果说开工初期一些工作还只是处于一种被动的“应急”,那么后来逐步制定和完善的各种制度、预案,如“青藏铁路建设参建人员轮换制度”、“急性高原病防治应急预案”、“急性非典型性肺炎防治预案”等,说明重点传染病的防治工作已经成为主动长期的行为。

(三)三级医疗机构的布局和调整

2001年,青藏总指在规划三级医疗体系建设时,规定格拉段沿线要建立6个三级医疗站,以唐古拉山为界,唐北3个医疗站由兰州铁路局承担,唐南3个医疗站由西藏军区总医院承担。2001年7月,格望段施工中,兰州铁路局在西大滩创建第一个三级医疗站(图2-21)。这个医疗站无论是在救治高原病,还是在高原医院管理上都起到了示范作用,为高原医疗机构制度化、规范化管理打下了基础。西大滩医疗站在第一年的运行中也发现了一些问题:一是医疗站在人烟稀少的高原独立建立,后勤补给困难(工程局工地医院后勤补给可以依托工程局现场单位);二是三级医疗站与施工单位工地医院距离较近,卫生资源有浪费的现象。

图2-21　2001年7月兰州铁路局在西大滩建成的第一个三级医疗站

2002年初,总指对救治体系规划作出调整,确定唐古拉山越岭地带和唐北的三级医疗站由工程局工地医院承担,不再设立新的三级医疗站。被确定的工程局工地医院由总指补充投入设备,发挥三级医疗站的作用。2002年格望段线下工程完成后,卫生保障工作重点南移,西大滩医疗站迁移到五道梁,增设沱沱河三级医疗站(中铁三局承担)。

2003年工程建设全面铺开,增加了唐古拉、安多、那曲、当雄三级医疗站(分别由中铁十七局、中铁十八局和西藏军区总医院承担)。

2004年末,全线线下工程基本完成,多数施工队伍撤离高原,工程局医院也随之返回内地,既有三级医疗保障体系布局随之发生变化。根据工程的进展,医疗保障的重点转为承担站后工程为主的零散施工人员。2005年总指对三级医疗网络进行重新部署,唐古拉山以北,沱沱河三级医疗站由中铁三局改由中铁一局承担,五道梁三级医疗站点改在秀水河由中铁十二局承担,保留了唐古拉三级医疗站。唐古拉山以南,仍在安多、那曲、当雄设立三级医疗救治站(分别由中铁十一局、中铁隧道局、西藏军区总医院承担)。

三级医疗救治站的布局和调整,适应了工程建设的发展,稳定了三级救治体系,支持和补充了各施工单位医疗网络。如中铁电气化局集团公司担负着青藏铁路“三电”工程D5、T5、T6、X6四个标段的施工任务。施工区段北起雁石坪,南至拉萨,共计630公里,其中要跨越青藏铁路最高地段唐古拉山,线路平均海拔在4 500 m以上。战线长、工点多、人员高度分散是医疗卫生保障工作面临的显著特点。局指挥部除了在管内建立了四个医疗保障部、三个卫生所、十个医疗点以外,还采取与驻地附近二级、三级医疗站签订协议委托医疗方式,取得了良好的效果。局指挥部这种内外结合的做法,有效地保证了各管段参建人员在紧急情况下能得到及时救治和转送,较好地解决了零散施工人员就医难的问题。

四、建立考核评价机制

评价考核是落实卫生保障管理工作的重要手段。青藏铁路建设过程中，为保证各项卫生保障管理工作落实到位，领导小组制定了卫生保障工作考核办法和标准，定期组织相关专业人员对全线卫生保障工作情况进行检查和考评，及时发现和查处存在的问题，严格落实奖罚措施，严肃责任追究，督促提高工作质量，确保工程建设顺利进行。

第三章　职业卫生与劳动保护

高原职业卫生和劳动保护的主要任务是研究高原环境对机体生理机能、劳动能力的影响，高原劳动疾病发生发展过程，找出监测、预防、控制、保护参建人员生理健康和劳动能力的切合点，达到促进参建人员在高原条件下，保持良好的劳动生理水平和精神心理状态，在最大限度地保护劳动能力的前提下提高劳动生产率。

第一节　职 业 卫 生

一、劳动强度与劳动时间研究

（一）高原环境对劳动能力的影响

针对青藏铁路建设高原环境施工特点，研究了高原低气压低氧环境对人体劳动能力影响程度，以及体力劳动强度与高原发病率的关系。在高海拔地区从事体力劳动，由于受低气压低氧环境的影响，加重了人体的生理负荷。海拔愈高，生理负荷愈重，劳动能力下降愈明显，且认知功能、记忆力亦有减退现象。海拔 1 500 m 以上，每升高 1 000 m，劳动能力下降以 10% 递减，海拔 3 000 m，劳动能力下降约 21%，4 300 m 以上，劳动能力下降 36%。青藏铁路西宁—格尔木段（以下简称"西格段"）工程劳动强度监测资料显示，线路专业劳动强度重度以上占 50%，其中很重和极重度达 37.5%，而铺轨专业重度以上劳动强度为 100%，显示西格段工程重度以上劳动强度占有很高比重。

血氧饱和度是反映机体供氧程度的重要指标，体力劳动时，需氧量显著增加，劳动强度越大需氧量越多。试验表明[5]，在高原低压低氧环境从事劳动，可增加机体的缺氧程度和生理负荷强度。如在海拔 4 100 m 进行轻度体力劳动时，动脉血氧饱和度下降到 82.7%，比平原相同状态多下降 14.5%，进行重度体力劳动时动脉血氧饱和度下降到 71.8%，比平原多下降 23.0%。因此，在高原从事重度体力劳动，由于加重了机体缺氧程度，往往会诱发重症高原反应，导致肺水肿和脑水肿，如图 3-1 所示。心肌对缺氧反应很敏感，除心率增加外，心电图也出现缺氧的表现和右心负荷加重方面的改变，在海拔 2 800 ~ 4 500 m 地区居留劳动3 ~ 6 个月，心电轴右偏和右室肥厚检出率增加（见表 3-1）。因此，在高海拔地区长期从事重度体力劳动，极易导致高原心脏病的发生。

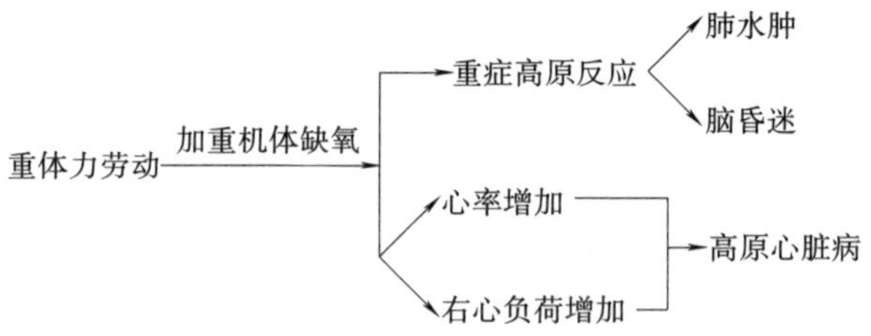

图 3-1　劳动强度与高原病关系

（二）高原劳动强度分级标准

结合青藏铁路建设施工现场劳动强度监测，着重研究了高原体力劳动强度测算方法、高原校正系数、指数评价范围，制定了高原体力劳动强度分级标准，为科学控制高原施工劳动强度提供依据。劳动负荷与心率对照测试表明（表 3-2），在平原从事 50 W 劳动属于中等劳动强度，而在海拔 3 000 m 从事同等负荷则为次重劳动强度；同样，从事 100 W 劳动时，在平原属于次重劳动强度，而在海拔 3 000 m 时则为重劳动强度。通过测定心率变化也能反映出海拔每上升 1 000 m，劳动强度约增加一个等级。另一方面，研究资料也显示出能量代谢率随海拔的升高而增加，但换算成标准状态时，能量代谢率在海拔3 000 m 以下时增加不明显，只有在海拔 3 000 m 以上时才有能量代谢率较为明显的增加，但增加幅度明显低于非标准状态值。这是由于高海拔地区空气稀薄，体力活动时虽肺通气量大幅度增加，但实际通气质量却显著降低所致。

表 3-1 高原体力劳动心电图指标的变化

组别 海拔高度（m）	心电轴		右室肥厚检出率（%）
	右偏检出率（%）	左偏检出率（%）	
80 平原对照	2.9	2.9	4.3
2 800（轻劳动）	16.9	6.2	3.3
2 800（重劳动）	18.5	7.4	5.5
4 500（轻劳动）	42.5	4.6	11.4
4 500（重劳动）	44.2	9.3	26.7

表 3-2 不同海拔劳动负荷与心率的关系（次/min）

海拔高度（m）	50 W	100 W
平原	95	120
2 000 ~ 3 000（不含）	105	125
3 000 ~ 4 000（不含）	117	130
4 000 以上	122	147

从不同海拔不同负荷时实测肺通气量差率的计算结果表明，随海拔升高，差率百分比逐渐增大，但在同一海拔不同负荷时差率基本稳定。因此认为在高原如采用标准状况肺通气量换算能量代谢率将不能真实反映高原人体劳动时的生理负荷，而应采用实测肺通气量来换算能量代谢率。为了能客观地反映这种差别，宜采用不同海拔梯度实测肺通气量和标准肺通气量的差率来校正标准状态下的能量代谢率，以准确计算高海拔地区的劳动强度指数值，即 $I=3T+1.673M(1+K)$，经实验测算，K 值在 3 000 m 以上时为 0.56，4 000 m 以上时为 0.72。

（三）高原劳动强度分级测算方法

平原体力劳动强度指数计算公式为

$$I=3T+1.673M$$

海拔 3 000 m 以上高原，体力劳动强度指数计算公式如下：

$$I=3T+1.673M(1+K)$$

式中 I——劳动强度指数；

T——劳动时间率；

M——工作日平均能量代谢率，单位为 kJ/（min · m^2）；

K——不同海拔高度能量代谢校正系数，3 000 ~ 4 000 m 为 0.56，≥4 000 m 为 0.72。

体力劳动强度分为五级,见表3-3。

表3-3 体力劳动强度分级

体力劳动强度级别	轻重程度	体力劳动强度指数	
		男	女
Ⅰ	轻	~15	~10
Ⅱ	中	~20	~14
Ⅲ	重	~25	~18
Ⅳ	很重	~30	~22
Ⅴ	极重	>30	>22

(四)劳动时间率(T)计算方法

每天选择接受测定的工人(岗位工龄1年以上,年龄20~45岁)2~3名,按表3-4的格式,记录自上工开始至下工为止,整个工作日从事各种劳动与休息(包括工作中间暂停1 min以上)的时间。每个测定对象应连续记录3天(如遇生产不正常或发生事故时不作正式记录,应另选正常生产日,重新测定记录),取平均值,求出劳动时间率(T)。工时记录表见表3-4。

表3-4 工时记录表

动作名称	开始时间	终止时间	耗费工时(min)	主要内容(如物体重量、动作频率、行走距离、劳动体位等)
调查人签名:				年 月 日

$$T=\frac{\text{工作日内纯劳动时间(min)}}{\text{法定日工作时间(min)}}\times 100\% =\frac{\sum\text{各单项动作占用的时间(min)}}{\text{法定日工作时间(min)}}\times 100\%$$

(五)工作日平均能量代谢率(M)的计算方法

肺通气量测定:根据工时记录,将各种作业活动与休息加以归类,近似的活动归为一类,按表3-5列出的项目进行测定。肺通气量测定每次3~4 min,不应小于2 min,每类动作的测定次数不应少于8人·次。计算各单项动作单位体表面积每分钟肺通气量x〔$1/(\text{min}\cdot \text{m}^2)$〕。

$$x=\frac{\text{标准状态每分钟肺通气量}}{\text{体表面积}}$$

式中 体表面积——单位为m^2,计算公式为

$$\text{体表面积}\ S=0.0061H+0.0128W-0.1527$$

其中 H——人体身高,单位为cm,

W——人体体重,单位为kg。

表 3-5 单项动作肺通气量测定表

单位:____________车间:____________工种(岗位):____________
姓名:____________年龄:____________岁 工龄:____________年
身高:____________ cm 体重:____________ kg 体表面积:____________ m^2
气温:____________℃ 气压:____________ kPa 气湿:____________% 风速:____________ m/s

动作名称	测定日期	采气时间(min)	气量计读数		采气量(L)	每分钟肺通气量(L/min)
			初始读数	终止读数		

调查人签名: 年 月 日

注:每分钟肺通气量 $=\frac{采气量}{采气时间}$,如肺通气量测定仪没有气体标化功能,应查阅标准状态下干燥气体体积换算表,得出换算系数。

平均能量代谢率 M 的计算:按下面的公式(1)、(2)、(3)分别求出一个工作日各单项动作的平均能量代谢率;再按公式(4)将各单项动作平均能量代谢率与休息时的平均能量代谢率,分别乘以相应的累计时间,最后得出一个工作日各类动作、休息时的能量代谢率,再把各类能量消耗值总计,除以工作日总时间,即得出工作日平均能量代谢率 M。

$$M_{单}=4.184\times10^{0.0945x-0.53794} \tag{1}$$

$$M_{单}=4.184\times(13.26-10^{1.1648-0.0125x}) \tag{2}$$

$$M_{单平均}=\frac{1}{n}\sum M_{单} \tag{3}$$

式中 $M_{单}$——单项动作能量代谢率,单位为 $kJ/(min\cdot m^2)$;

x——每分钟单位体表面积肺通气量,单位为 $L/(min\cdot m^2)$;

n——该岗位测定对象人数。

注:当 x 为 3.0~7.31 时采用公式(1);

当 x 为 8.01~30.91 时采用公式(2);

当 x 为 7.3~8.0 时采用(1)和(2)的平均值。

$$M=[\sum 各单项动作平均能量代谢率(M_{单平均})\times 单项动作占用的时间(min)+ 休息时的能量代谢率(M_{休})\times 休息占用的时间(min)]/工作日总时间(min) \tag{4}$$

换算的标准状态每分钟肺通气量 = 每分钟肺通气量 × 标准状态下干燥气体换算系数

2002 年,对青藏铁路建设 38 个重点岗位的劳动强度进行测定,劳动强度指数用高原体力劳动强度校正系数进行了校正,并与内地平原铁路建设相应岗位劳动强度进行比较,显示青藏高原相对劳动强度较之平原呈上升趋势,如表 3-6 与表 3-7 所示。经验证,以能量代谢率为主要参数的体力劳动强度分级标准应用于高海拔地区,按此系数进行校正,符合高原实际情况。

表 3-6　青藏铁路施工 38 个典型岗位体力劳动强度测算

专业	岗　　位	劳动强度指数	高原校正劳动强度指数
线路专业	浆砌片石	20.39(Ⅲ)	33.10(Ⅴ)
	钻爆工	19.37(Ⅱ)	31.47(Ⅴ)
	电焊工	15.12(Ⅱ)	23.95(Ⅲ)
	钢筋工	20.11(Ⅲ)	32.49(Ⅴ)
	搬运水泥	19.69(Ⅱ)	32.61(Ⅴ)
	装载备料	18.47(Ⅱ)	30.20(Ⅴ)
	搅拌水泥	18.06(Ⅱ)	29.57(Ⅳ)
	挖掘机司机	18.70(Ⅱ)	30.30(Ⅴ)
	推土机司机	16.84(Ⅱ)	27.11(Ⅳ)
	平地机司机	16.19(Ⅱ)	26.10(Ⅳ)
	发电机司机	14.93(Ⅰ)	23.81(Ⅲ)
	压路机司机	14.90(Ⅰ)	23.75(Ⅲ)
	空压机司机	12.75(Ⅰ)	20.17(Ⅲ)
	机械修理	16.82(Ⅱ)	27.44(Ⅳ)
桥梁专业	结构拼装	15.40(Ⅱ)	24.75(Ⅲ)
	模板拼装	16.35(Ⅱ)	26.27(Ⅳ)
	罐车司机	14.53(Ⅰ)	23.00(Ⅲ)
	混凝土搅拌	19.95(Ⅱ)	32.35(Ⅴ)
	卸料	21.10(Ⅲ)	34.62(Ⅴ)
	混凝土捣固	23.01(Ⅲ)	37.88(Ⅴ)
隧道专业	钻爆	29.83(Ⅳ)	50.09(Ⅴ)
	装碴	17.10(Ⅱ)	27.88(Ⅳ)
	出碴	13.83(Ⅰ)	21.93(Ⅲ)
	喷射混凝土	20.92(Ⅲ)	34.71(Ⅴ)
	铺设防水板	18.80(Ⅱ)	30.93(Ⅴ)
	模板衬砌	20.60(Ⅲ)	34.01(Ⅴ)
	电瓶车司机	15.33(Ⅱ)	24.88(Ⅲ)
	电瓶车充电	11.99(Ⅰ)	19.08(Ⅱ)

续上表

专业	岗　　位	劳动强度指数	高原校正劳动强度指数
铺轨专业	铺架机司机	10.41(Ⅰ)	13.16(Ⅰ)
	架梁机司机	14.01(Ⅰ)	22.41(Ⅲ)
	起重机司机	13.86(Ⅰ)	22.24(Ⅲ)
	内燃机司机	9.80(Ⅰ)	15.62(Ⅱ)
	电焊工	12.56(Ⅰ)	20.43(Ⅲ)
	倒装桥梁工	12.13(Ⅰ)	19.50(Ⅱ)
	桥台工	10.03(Ⅰ)	15.90(Ⅱ)
	线路钉铆工	9.24(Ⅰ)	14.96(Ⅰ)
	鱼尾板工	6.50(Ⅰ)	10.44(Ⅰ)
	线路卡子工	14.99(Ⅰ)	15.79(Ⅱ)

表 3-7　青藏高原铁路与平原铁路施工劳动强度构成比较

铁路修建地区	专业	测定工种数量	劳动强度级别构成				
			Ⅰ	Ⅱ	Ⅲ	Ⅳ	Ⅴ
高原	线路	14	0	0	28.6%	28.6%	42.8%
	隧道	8	0	12.5%	25.0%	12.5%	50.0%
	桥梁	6	0	0	33.3%	16.7%	50.0%
平原	线路	29	27.6%	27.6%	31%	13.8%	0
	隧道	12	16.8%	16.8%	66.4%	0	0
	桥梁	18	0	27.8%	72.2%	0	0

(六)高原铁路施工劳动强度分级

2002年6月至10月,在全面了解岗位劳动情况的基础上,对青藏铁路建设现场的线路、桥梁、隧道、铺轨四个工程专业38个重点岗位进行体力劳动强度测定(图3-2),测定方法依据国家标准GB 3869—83。体力劳动强度指数计算和体力劳动强度级别判定,根据GB 3869—83标准和铁道部《青藏铁路卫生保障措施》(铁劳卫〔2001〕51号)文规定的高原劳动强度指数校正公式两种方式进行。对各专业纯劳动时间进行累计取其平均值,其中铺轨专业工时控制最好,其他专业均存在超劳现象,见表3-8。表3-6显示38个岗位中有19个岗位劳动强度达到Ⅳ级以上,其中达到Ⅴ级的有13个,这些岗位的工人是引发高原心脏病的高危人群,需要实施重

图3-2　劳动强度测量

点监护。

表 3-8　青藏铁路建设施工各专业日平均劳动时间和劳动时间率

专业	劳动时间(min)			劳动时间率(%)
	最长	最短	平均	
桥梁	447	370	412	85.8
线路	465	270	400	83.3
隧道	412	270	325	67.7
铺轨	376	164	265	55.2

(七)劳动作息时间标准

按国家标准规定,每天 8 h 为一个工作日,每个工作日能量消耗 6 278 kJ 作为卫生学限度。高原地区由于劳动能力下降,其劳动定额、劳动时间也应相应降低,不同海拔高度劳动作息时间可参照表 3-9 执行。而海拔高度 4 000 m 以上时,桥梁、线路、站场等野外作业每个劳动日以 5 ~ 6 h 为宜,隧道洞内作业工时不应超过 4 h。

表 3-9　不同海拔高度工作日时间

海拔(m)	劳动能力下降(%)	工作日时间(h)	净劳动时间(h)	工作日能量消耗(kJ/日)
平原	0	8	6.7	≤6 278
2 000 ~ 3 000(不含)	10	7	5.0	≤5 493
3 000 ~ 4 000(不含)	29	6	4.0	≤4 708
4 000 以上	39	5	3.0	≤3 923

二、高原体力劳动卫生学限度

血氧饱和度指标:在高原低压低氧环境中,易导致机体供氧不足,而血氧饱和度是反映机体是否缺氧和缺氧程度的重要指标。研究表明*,处于海平面的人体动脉血氧饱和度平均为 98%;如果动脉血氧饱和度下降到 85% 时,可出现明显呼吸性缺氧症,脑力集中能力减退,肌肉精细协调能力下降;如果动脉血氧饱和度下降到 75% 时,可能发生智力判断错误,肌肉功能障碍;如果动脉血氧饱和度下降到 60% 时,可能发生中枢神经系统进行性抑制而出现意识丧失。因此,保证正常运动的安全最低限度时,动脉血氧饱和度不应低于 75%;从卫生学角度考虑,在高原地区从事体力劳动时的动脉血氧饱和度不应低于 85%。

心率指标:在高原环境中从事体力劳动,人体对缺氧的反应早期主要表现为心率的增加,比在平原地区进行相同劳动时心率要快,一般可用心率的变化来简洁地确认劳动强度。在海拔 5 000 m 以下高原环境中,可承担的单项劳动强度以心率不超过 150 次/min 为安全限度,以劳动时心率不超过 120 次/min 为符合卫生学要求。

---

* 铁科院劳卫所实测数据。

三、青藏铁路建设体力劳动强度控制

由于参建单位多采用计件工资制，施工初期加班较多。经统计桥梁专业 66% 的岗位，线路专业 78% 的岗位工时超过文件规定的 6 h(360 min)/日工时限度，隧道专业 75% 的岗位超过 4 h(240 min)/日工时限度。铺轨专业工时制度执行较好，10 个岗位工时全部控制在限值内。针对超劳现象较为普遍的情况，铁道部通过制定高原铁路施工工时轮岗制度，以及大范围地增加机械化施工作业方式，有效地降低了体力劳动强度。采取的主要措施为：①掌握施工季节，每年施工集中安排在 4 月至 11 月份，工期不超过 8 个月。12 月至次年 3 月进入海拔 3 000 m 以下地区休整、恢复体力，工地安排少量留守人员，留守人员最长不超过 1 年。②控制劳动时间，隧道作业劳动日控制在 4 h，桥梁、线路、铺轨作业控制在 6 h 以内。规范劳动组织，缩短一次持续劳动时间，增加劳动、工休的交替次数。③大范围采用机械化作业降低劳动强度，保持体力劳动强度在中等强度以下。④改善劳动环境，加强个人劳动防护，洞内作业加强供氧通风，施行湿式作业，建立隧道施工粉尘、有害气体和氧分压检测制度，保证粉尘、有害气体浓度不超过国家卫生标准。⑤坚持严格的轮休、轮换制度。连续高原工作 3 个月以上者，到低海拔习服基地休息 2 ~ 3 周(图 3-3)。冬休期间组织职工前往沿海等富氧地区疗养，将人体生理指标调节至正常状态。在高原工作一段时间或有不适宜高原工作体征者须进行轮换。通过上述措施有效降低了体力劳动强度。经对海拔 4 300 ~ 4 700 m 的线路、桥梁、隧道、铺轨施工现场的 38 个重点工种计 500 多人次的劳动强度实测并与青藏铁路西格段工程测定的劳动强度进行比较，显示格拉段工程由于机械化程度和劳动组织管理水平的提高，工人体力劳动强度有了大幅度降低，如图 3-4 所示。

图 3-3　青藏公司在格尔木建立习服基地

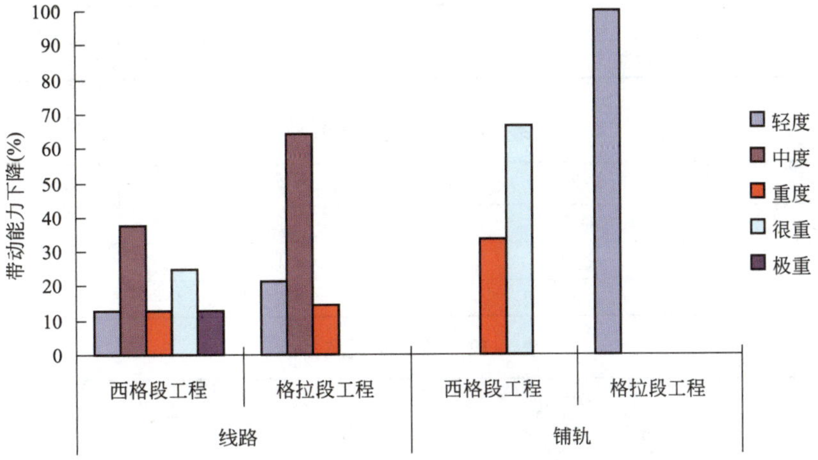

图 3-4　青藏铁路两期工程岗位劳动强度构成比较

（数据未作高原校正）

第二节　劳动防护

为保障参建人员的身体健康和保护劳动能力，在工程单位原有劳保用品配制标准基础上，进一步研究提出了高原特殊条件下的备品配制标准和技术要求。

一、劳保防护用品配制

1. 普通劳保防护用品，根据不同工种按原有规定发放。防尘口罩和防毒口罩应选用电动送风式。
2. 防寒防风防雨备品，见表3-10。
3. 防紫外线备品，见表3-11。
4. 防高原反应备品，见表3-12。

表3-10　防寒防风防雨备品

防护部位	防护用品	发放数量	发放周期
头	防寒帽	1顶/人	2年
	防风镜	1副/人	2年
	护耳	1副/人	1年
身体	防寒大衣	1件/人	2年
	防寒服	1套/人	1~2年
	雨具	1套/人	2年
	围巾	1条/人	2年
	电热褥	1条/人	3年
手	防寒手套	1副/人	1~2年
	防冻防裂膏	4瓶/人	1年
脚	防寒鞋	1双/人	1~2年
	护腿	1副/人	1~2年
	雨靴	1双/人	2年
	毛毡鞋垫	4副/人	1年

表3-11　防紫外线备品

防护部位	防护用品	发放数量	发放周期
皮肤	防晒油	4瓶/人	1年
头	遮阳帽	1顶/人	1年
眼睛	有色眼镜	1副/人	2年

表3-12　防高原反应备品

类别	防护用品	发放数量	发放周期
补氧	个人氧气呼吸器	1个/班组	常备
常备药品	板蓝根	1袋/人	1日
	复合维生素片	3片/人	1日
	复方党参片或黄芪茯苓片	10片/人	1日
保健食品	营养合剂	2支/人	1日

5. 个人卫生备品，见表 3-13。

表 3-13　个人卫生备品

类别	防护用品	发放数量	发放周期
防病	陷甲膏	1 瓶/人	1 年
皮肤清洁	省水洁身剂	1 瓶/人	1 周
防蚊	蚊帐	1 个/人	3 年
	防蚊帽	1 顶/人	1 年
	防蚊水	2 瓶/人	1 年

二、劳动防护用品技术要求

1. 防寒大衣、防寒服：防寒性能应达到 GB/T 13459—92《劳动防护服防寒保暖要求》中总保暖量 6.0 clo 的要求。质量按 LD 61—94《劳保羽绒服》的要求执行。

2. 防寒帽、防寒手套、护耳：材质选用动物反毛皮。

3. 防寒鞋、护腿：选用牛皮面，毛毡棉内衬。

4. 有色眼镜：镜片对紫外线的透过性能应达到 GB/T 3609.1—94《焊接眼面防护具》中遮光号 4 的要求，颜色宜选灰绿色。质量按 GB 14866—93《眼面护具通用技术条件》的要求执行。

5. 防晒油：卫生理化指标应达到 GB/T 13641—93《劳动护肤剂通用技术条件》的要求，防晒因子应≥20。

6. 防冻防裂膏：卫生理化指标应达到 GB/T 13641—93《劳动护肤剂通用技术条件》的要求，防裂性能应达到 TB/T 2610—94《铁路防皲裂型劳动护肤剂供货技术条件》中高效级的要求。

7. 对于生产中必不可少的安全帽、安全带、绝缘护品、防毒面具、防尘口罩等普通劳保防护用品，根据特定工种的要求配备齐全，选购时要查明“生产许可证”和“安全鉴定证”。对于国家未列入“生产许可证”管理范围的劳动防护用品（除药品和保健食品外），一律采取“路用产品许可证”制度进行质量管理。

三、施工津贴与休假制度

根据青藏铁路沿线高寒低氧、站区工点荒无人烟、生产生活条件极为艰苦的实际情况，开工前，铁道部商请劳动和社会保障部研究制订了《青藏铁路格尔木至拉萨建设期间高原地区工资补贴、流动施工津贴、休假制度》。此项制度的施行，对于保护劳动能力、提高劳动效率起到重要作用。

第三节　高原铁路职业健康监护

一、高原施工健康准入制度

建立工前、习服期、工中、工后参建人群体检鉴定模式，制定高原禁忌证标准，高原病早期诊断标准，工后恢复指征，使每一个参建人员身体达到健康可控状态。通过工前体检筛检剔出高原禁忌证，选拔健康个体；在海拔 3000 m 习服 3 ~ 7 日进行习服体检，确定高原适应个体进入工地；施工现场每 3

个月进行一次定期体检(图3-5),监控生理指标变化预防慢性高原病;每年下山进行工后体检,确定康复治疗和提前离岗个体。

(一)高原禁忌证

通过研究,确定青藏铁路参建人员有下列情况之一者,将不被选拔到海拔3 000 m以上高原施工:

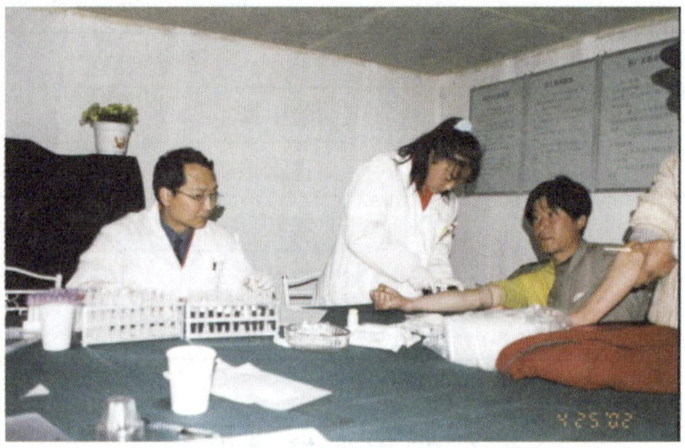

图3-5　定期体检

1. 心脑血管疾病:Ⅱ级以上高血压或并发心、脑、肾等靶器官损害,冠心病,风湿性心脏病,心肌病,显著心律失常,既往有急性脑血管病史者。

2. 中度以上慢性阻塞性肺病,频繁发作的支气管哮喘,支气管扩张症,重症睡眠呼吸暂停综合征,活动性肺结核,尘肺。

3. 各种类型的贫血,血小板减少性紫癜或其他凝血功能障碍导致的出血性疾病。

4. 消化性溃疡病活动期,急性传染性肝炎,慢性肝炎活动期,其他慢性肝病、脾脏疾病。

5. 急、慢性肾脏疾病活动期或伴有肾功能不全。

6. 癔病、癫痫、精神分裂症。

7. 糖尿病未获控制、肥胖症(体重指数≥30者)。

8. 妊娠期妇女不宜进入高原。

9. 重症感冒、上呼吸道感染,体温38 ℃以上,或体温在38 ℃以下但全身及呼吸道症状明显者,在病愈以前应暂缓进入高原。

曾确诊患过高原肺水肿、高原脑水肿、血压增高明显的高原高血压症、高原心脏病及高原红细胞增多症者,一般不宜再入高原。因工作需要必须再进高原时,应采取严密的医疗监护措施。

(二)健康筛检项目

工前体检项目:包括一般情况、职业史、家族史、高原生活史、既往史、月经史、婚育史、烟酒嗜好和目前健康状况。身高、体重、血压、脉搏、听力、视力、耳鼻咽喉、皮肤、肌力、膝反射、脊柱、关节、心、肺、肝、脾、血细胞、红细胞压积、血红蛋白、血氧饱和度、尿常规、肝肾功能、肺X线、心电图、超声心动图等,应尽可能全面。

习服适应体检项目:格尔木基地习服1周后重点筛检不适宜进入4 000 m以上地区人员,体检项目主要为内科,侧重于血压、心率、血常规、血红蛋白、血氧饱和度、心电图、心功能等。

定期与工后体检项目:有所侧重地采集职工在本监护周期中的病史和主诉,以及职业史和其他情况的变化。定期体检的基本项目有:体重、血压、心率、咽和眼检查、皮肤检查、心肺听诊、肝脏检查、红细胞、红细胞压积、白细胞计数、血红蛋白定量、血氧饱和度、尿蛋白定量、胸部X线检查、心电图、超声心动图检查等,定期体检的特殊项目严格按高原病和其他职业病诊断与处理原则确定。

5年施工期,全线共完成132 202人次的工前体检,体检率达99.7%;完成工中体检130 345人次,体检率达98.3%;完成工后体检129 682人次,体检率达97.8%,参见表3-14。经基地和工前体检,有效筛检和防止了不适应高原人员进入高原,尤其是经工中和工后体检,筛检出较高比重的血常规和心电图异常人员,及时采取了治疗、替换措施,为降低施工人群重症高原病发病率、大大降低慢性高原病发病率做出了显著贡献。

表 3-14　青藏铁路 5 年施工期体检主要指标异常筛检效率

体检类别	体检人数	血常规	心电图	血压	肝功能
基地	107 139	1.91%	7.59%	2.33%	0.92%
工前	132 202	4.10%	6.85%	4.74%	1.79%
工中	130 345	27.30%	15.06%	7.34%	7.61%
工后	129 682	30.95%	13.95%	8.31%	6.35%

二、建立高原铁路建设职业健康监护系统

青藏铁路职业健康监护系统理论模型，由劳动环境监测系统、职业性疾病监测系统、健康监护信息管理系统三部分构成。提出系统的组织构成分成三个层次，依托已建成运行的三级医疗卫生保障体系，最大限度地利用现有的卫生保障资源，即：以工程项目部作为群体划分的基本单元，形成监护系统的第一层，进行危害因素监测点的设置、劳动环境定期监测、病伤登记，并作为群体接触评定、健康评定的统计分析基础；以工程局为基本单元构成监护系统的第二层，建立劳动卫生档案和职工健康档案，组建本局系统健康监护信息管理网络，指导项目部实施环境监测，收集环境监测数据，由工地医院和防疫站负责实施医学检查、个体健康评定和群体健康评定，进行劳动环境监测数据统计分析，监测数据和医学检查资料计算机录入，劳动环境评定和群体健康评定，向青藏总

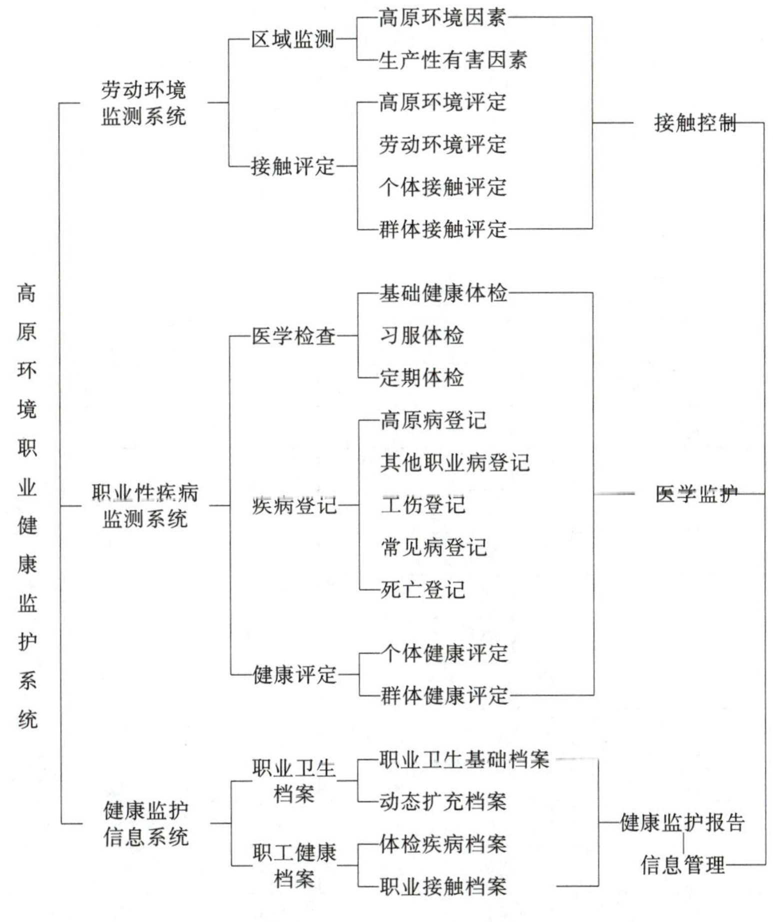

图 3-6　青藏铁路施工健康监护职业健康监护系统

指医疗卫生部提交健康监护报告；由青藏铁路建设总指挥部医疗卫生部、格尔木铁路医院、铁科院劳卫所、路内外相关领域专家组成青藏铁路施工健康监护技术指导组，形成监护系统的最高层，指导督促全线健康监护实施，提出建立全线健康监护信息管理系统方案，进行年度全线健康监护评定，评价比较各工程局单位健康监护实施效果，进行职业性高原病鉴定，根据健康监护评定报告结论，提出干预措施建议，进行干预措施效果评价。制定高原作业环境健康监护技术规定，全面建立高原病监控系统，如图3-6所示。

三、确定监护目标疾病及监护周期

根据现场劳动环境、有毒、有害作业监测结果，筛检出各施工专业岗位应当重点监护的疾病，见表3-15。

表3-15 青藏铁路施工岗位重点监护疾病

专业	岗位	急性高原病	高原心脏病	高原红细胞增多症	尘肺	职业中毒	噪声损伤	紫外线损伤
线路专业	浆砌片石	☆	☆	☆	☆			☆
	钻爆工	☆	☆	☆	☆	☆	☆	☆
	电焊工	☆	☆	☆		☆		☆
	钢筋工	☆	☆	☆				☆
	搬运水泥	☆	☆	☆	☆			☆
	装载备料	☆	☆	☆	☆		☆	☆
	搅拌水泥	☆	☆	☆	☆		☆	☆
	挖掘机司机	☆	☆	☆	☆	☆	☆	☆
	推土机司机	☆	☆	☆	☆		☆	☆
	平地机司机	☆	☆	☆			☆	☆
	发电机司机	☆	☆	☆			☆	☆
	压路机司机	☆	☆	☆			☆	☆
	空压机司机	☆	☆	☆			☆	☆
	机械修理	☆	☆	☆				☆
桥梁专业	结构拼装	☆	☆	☆				☆
	模板拼装	☆	☆	☆				☆
	罐车司机	☆	☆	☆				☆
	混凝土搅拌	☆	☆	☆	☆		☆	☆
	卸料	☆	☆	☆	☆		☆	☆
	混凝土捣固	☆	☆	☆	☆		☆	☆
隧道专业	钻爆	☆	☆	☆	☆	☆	☆	
	装砟	☆	☆	☆	☆	☆	☆	
	出砟	☆	☆	☆	☆			
	喷射混凝土	☆	☆	☆	☆		☆	
	铺设防水板	☆	☆	☆				
	模板衬砌	☆	☆	☆	☆		☆	
	电瓶车司机	☆	☆	☆				
	电瓶车充电	☆	☆	☆		☆		

续上表

专业	岗位	急性高原病	高原心脏病	高原红细胞增多症	尘肺	职业中毒	噪声损伤	紫外线损伤
铺轨专业	铺架机司机	☆	☆	☆				☆
	架梁机司机	☆	☆	☆				☆
	起重机司机	☆	☆	☆			☆	☆
	内燃机司车	☆	☆	☆				☆
	电焊工	☆	☆	☆	☆	☆		☆
	倒装桥梁工	☆	☆	☆			☆	☆
	桥台工	☆	☆	☆				☆
	线路钉铆工	☆	☆	☆				☆
	鱼尾板工	☆	☆	☆				☆
	线路卡子工	☆	☆	☆				☆

高原环境低压低氧因素导致的高原反应和急、慢性高原病是严重威胁工人生命安全、身体健康、降低劳动能力，影响工程进度的主要职业病。因此，将职业性高原病作为首要监护的目标疾病。考虑到缺氧与生产性粉尘、毒物、物理有害因素的联合作用，经施工现场实测尘、毒、噪声危害仍较严重这一现实情况，将尘肺病、职业中毒、职业性听力损伤作为重要的监护目标疾病也是十分必要的。此外由于高原环境紫外线辐射强烈，施工现场多在野外露天，如不注意防护，极易引起光敏性皮炎、眼炎，甚至导致白内障。最终确定重点监护的目标疾病如下：①高原病，包括急性高原病、慢性高原病；②光敏性皮炎、眼炎；③职业性呼吸系统疾病：尘肺、粉尘性慢性支气管炎、肺功能损害；④职业中毒，如CO、NO_x、电焊工的锰中毒；⑤职业性听力损伤。

监护周期设置为3个月，比一般平原尘、毒等职业危害监护周期要短得多，主要考虑高原低压低氧环境、加之CO（窒息性）和NO_x（刺激性）气体更加重了对工人心脏功能的影响。青藏铁路一期工程曾测定海拔4 340 m工地163名工人进驻高原前后心脏变化情况，4个月心电图异常人数明显增加，表现为心电轴右偏，右室肥厚，不完全右束支传导阻滞，肺动脉高压明显，血红蛋白值和红细胞数也明显增加。返回2 800 m驻地后追踪观察发现，心电图恢复正常随时间呈渐进式上升，6个月恢复率可达94%以上。因此，提出在海拔4 000 m以上施工，以温暖季节工作6～7个月、寒冷季节撤至平原休整5～6个月为宜，各局施工基本据此安排。监护周期3个月能及时发现问题，对于预防慢性高原心脏病、红细胞增多症意义重大，且与施工组织安排也相吻合。

四、建立职业性疾病信息管理系统

（一）职业性疾病监测

职业性疾病监测由医学检查、疾病登记、健康评定三部分组成。医学检查通过基础健康体检、习服体检、定期体检采集周期性健康资料；疾病登记通过高原病登记、其他职业病登记、工伤登记、常见病登记、死亡登记采集经常性健康资料；健康评定通过个体健康评定和群体健康评定，达到监测作业人员健康损害的目的。

根据高原环境职业健康监护特点分析，急性高原病和慢性高原病为两个重点监护疾病。基础健康检查指标安排得尽可能全面，同时增设了诊断高原病及其他职业病特殊检查项目，体检目的是建立职工健康档案，筛检出不宜进入高原施工的禁忌证个体。习服体检是根据高原环境特意设置的，目的是在进入4 000 m以上高海拔地区前,先在格尔木基地进行高原习服适应,体检指标的设置针对急性高原病,7天习服期间重点监控急性高原反应,筛检出急性高原反应严重个体。定期体检指标的设置侧重于监控慢性高原病,根据高原心脏病、高原红细胞增多症发病进程特点,确定定期体检周期为3个月,以适时监控心血管、血液系统动态变化。除慢性高原病外,定期体检的目的还要对尘肺、职业中毒、噪声性耳聋、紫外线损伤等职业病进行动态监控、筛检。

大量经常性的健康变化资料主要来源于经常性的疾病登记,用以掌握群体高原病发病状况,进行工作相关疾病的监控,也为健康评定提供经常性的疾病资料。登记的内容为:①高原病,包括急性轻症伴有呕吐、高原肺水肿、高原脑水肿、高原衰退症、高原红细胞增多症、高原心脏病;②职业病,包括尘肺、CO、NO_x中毒、其他职业中毒;③常见病,包括感冒、肺结核、慢性支气管炎、病毒性肝炎、消化道溃疡病、高血压病、冠心病、脑血管意外、精神病、恶性肿瘤、紫外线皮炎、白内障等;④工伤,即劳动部门认定的各类工伤;⑤死亡,即登记死亡原因、日期。

健康评定每3个月进行一次,对体检和疾病登记资料,参考接触评定结果进行汇总分析,包括个体健康评定和群体健康评定。

1. 个体健康评定:定期对每个监护对象逐人进行健康评定,内容包括是否诊断为高原病、其他职业病,确定为职业影响人员,有否职业禁忌证,是否重点监护;根据目前综合健康状况和劳动能力鉴定,提出处理意见,包括进一步检查项目、监护周期变更、治疗、脱离高原作业等。

2. 群体健康评定:在个体健康评定和群体接触评定的基础上,进行群体健康评定,即对群体的健康监护资料进行全面的汇总分析和综合评价。评定内容为各种体检项目,包括症状、体征和实验室、心电图、胸部X线检查的阳性检出率,其他职业病的发病率、患病率和死亡率,主要常见病的患病率,死亡统计、缺勤统计和工伤统计等,并运用职业流行病学等方法对早期健康损害和工作有关疾病进行分析。群体是汇总评价的基本单位,其划分应既考虑管理的要求(如按项目部划分),又考虑技术的要求(如按职业暴露水平划分),并应保持长期观察中群体的相对稳定性。

(二)健康监护信息管理系统

健康监护产生大量的周期性和经常性数据,主要形成两个档案系统,即职工个人健康档案和扩充的劳动卫生档案。两个档案系统作为接触监测和疾病监测信息存储数据库,直接为接触评定和健康评定的数据分析服务,主要内容为计算接触量和达到职业卫生标准的合格率、体检项目的检出率、高原病及其他相关疾病的发病率、患病率、病死率、死亡率。接触评定和健康评定的结果产生健康监护报告,为健康监护信息系统输出的主要输出文件,作为领导进行施工劳动卫生管理的决策依据。

1. 职工健康档案建有以下五部分:①基础健康体检表;②基地习服一周复检表;③定期体检表;④个体健康评定表;⑤个体高原环境暴露记录及尘毒年接触量记录。

2. 劳动卫生档案由三大部分组成:

(1)项目部劳动卫生概况表,包括标段、项目部名称、生产工况、主要职业危害因素、职工人数和接触人数、医疗、职业卫生、劳动安全体系等。

(2)高原环境条件调查表,包括海拔高度、温度、湿度、风速、气压、氧分压、劳动工时。

(3)劳动卫生档案登记表,具体包括:①职业危害因素监测登记表;②高原环境监测登记表;③危害因素监测登记表;④高原病登记表;⑤其他职业病登记表;⑥职工常见病登记表;⑦职工工伤登记表;⑧职工死亡登记表;⑨一级预防情况登记表。

（三）青藏铁路健康监护信息管理软件

开发青藏铁路健康监护信息管理软件，由健康监护信息管理系统、健康监护评价报告系统两大系统，以及基础数据库、统计报表数据库和评价报告输出三大功能所组成。两大系统下面由职工健康体检档案、职业卫生档案、病伤登记、健康监护信息自动统计分析、健康监护评定、健康监护报告六个功能模块组成。软件主界面如图 3-7 所示。

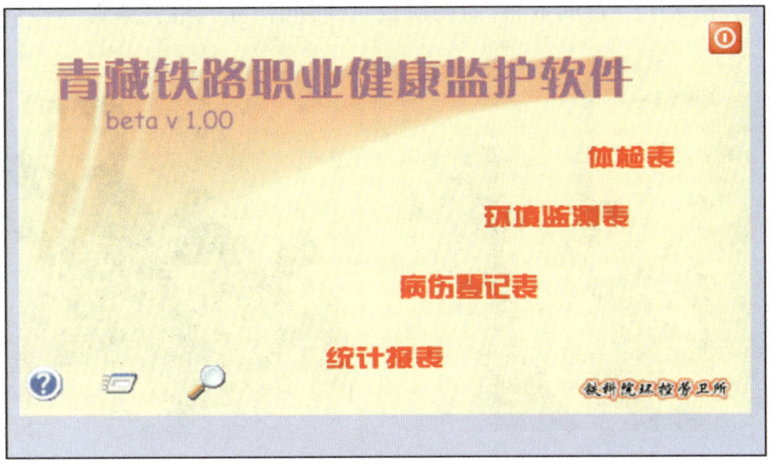

图 3-7　青藏铁路健康监护信息管理软件主界面

项目部及工地防疫站根据确定的监测点和监测周期，进行定点定期监测，监测结果属周期性信息，输入高原环境登记表和危害因素监测登记表。工程局医疗卫生部每半年依照相关标准进行高原环境评定和劳动环境评定，结果输出高原环境评定表和劳动环境评定表作为健康监护报告，报工程局健康监护领导小组，同时向总指医疗卫生部报健康监护软盘或通过电话线输入青藏铁路总指局域网。

工程局医院体检产生周期性信息，录入个人健康档案，每次体检后应进行个体健康评定，结果仍录入个人健康档案。工地卫生所进行职工各类病伤登记，形成经常性健康变化信息，录入各类登记表。在体检数据和病伤登记数据基础上，工程局医疗卫生部每 3 个月进行一次群体健康评定，输出工程局健康监护报告——医学检查基本项目表、高原环境健康监护评定表、职业病及工伤事故健康监护评定表报工程局健康监护领导小组，同时向总指医疗卫生部上报。

工程局健康监护领导小组、青藏铁路总指医疗卫生部接到健康监护报告后，认真研究报告中反映的问题，采取相应措施对策，对高原病、职业病危害个体进行诊断治疗或调离原作业岗位，对高原病、职业病严重危害作业环境进行工程治理或加强个人防护措施。以上处理结果通过信息反馈再输入健康监护档案，作为下一监护周期健康监护工作的依据性资料。

青藏铁路建设总指医疗卫生部及健康监护技术指导组，每年综合各工程局接触评定和健康评定材料，进行职业流行病学统计和分析，明确高原病、职业病防治重点，并对各类工程控制措施进行效果评价。铁道部劳动和卫生司根据上述资料以及施工现场调查，及时总结经验，指导全线健康监护工作，实现青藏铁路施工卫生保障的宏观管理。

第四节　高原习服与适应

平原人进入高原地区后，机体对外环境的变化进行自身调节，并在新的环境中能够有效地生存和劳动的过程称为“习服”。习服过程中，机体在解剖、生理和生化产生的改变是一种可逆的、非遗传性的。高原适应则是指高原上的人群或动物种系经世代自然选择后所保留的解剖、生理和生化改变，具有遗传特性。

高原习服是平原人进入高原的重要前提。在青藏铁路建设过程中，高原习服（图3-8、图3-9）成为降低职工高原病发病率的重要手段和方法；五年多的实践，对习服的方法、机理、影响因素、评价指标进行了探索和总结，积累了丰富的资料，为高海拔、长时间作业人群健康保障提供了科学依据。

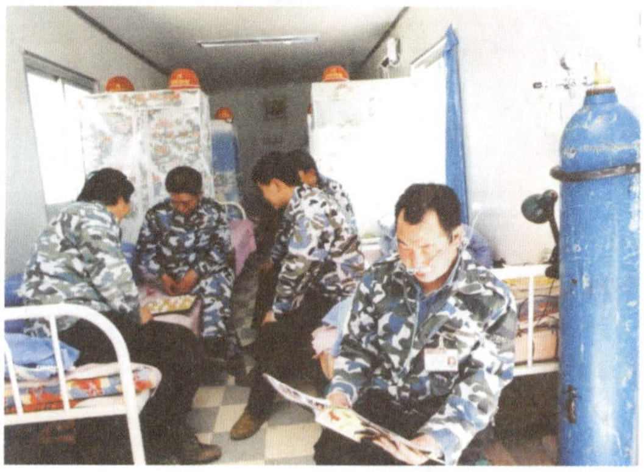

图3-8　进入高原后习服

图3-9　工程局在驻地建立阅览室，在高原习服期丰富职工文化生活

一、高原习服的影响因素

研究认为[6]，影响高原习服的主要因素有个体因素、精神因素、营养因素、体力负荷、海拔高度、登高速度、生活习惯以及高原环境因素等。

1. 个体因素：年龄18～40岁（尤其25～32岁）；体重与年龄、身高成比例；体格健壮，体力充沛；喜欢运动，耐力较强；平原居住地在山岳丘陵地区；心脏指数小于1万单位；抑制型神经类型；无严重心、肺、肝、肾疾患，血压正常，无贫血的个体，具备较强的高原适应性。

2. 精神因素：高原习服机制与神经系统调节有关，而精神因素影响高原习服机制的建立。在进入高原前，进行针对性的健康教育，克服恐慌心理，有利于高原习服。

3. 营养因素：在高原地区，机体的耗氧量比平原大得多。实验表明，饥饿的动物耐受低氧的能力下降。良好的饮食，丰富的营养，是保持正氮平衡、电解质平衡、耐糖曲线正常及体重正常的物质基础，对高原习服极其有利。

4. 体力负荷：体力负荷过大，加重各器官、组织和细胞的缺氧程度，使机体发生严重不适。在初入高原时应安静休息1～2日，以养精蓄锐。从事体力劳动也宜先轻后重，劳动时间应先短后长。

5. 登高速度与海拔高度：急进海拔4 000 m以上地区，机体代偿机制不可能很快建立，从而出现高原不适症状，重型高原病的发病率升高。目前认为海拔5 000 m是人体进行正常生活和工作的相对安全限度，超过海拔5 000 m机体的代偿能力即受到限制。

6. 生活习惯：科学有序的生活方式和健康的生活内容，能使人的身心机能保持在最佳平衡状态，有利于建立高原习服机制。

7. 高原环境因素：气候寒冷，尤其气温大幅度骤然剧变可迅速削弱人体抵抗力，诱发习服衰变。植被茂盛则有利于习服。

从群体预防的角度出发,对青藏铁路参建人员进行了影响群体高原习服主观认知因素调查,进一步研究了自然因素、心理因素、卫生保障、劳动保护、后勤保障对高原习服适应的影响,结果发现影响高原习服5项因素的排序依次为,自然因素(72.23%)>心理因素(51.16%)>卫生保障(33.44%)>劳动保护(30.23%)>后勤保障(27.65%)。其中,卫生与劳保(含后勤保障)因素可归类为同一属性因素,故在第2位上合并为1项指标,即反映物质保障或劳动、卫生和后勤保障因素,统称为保障因素。进行综合排序,则3个不同性质的大分类因素排序依次为:自然因素(72.23%)>保障因素(70.42%)>心理因素(51.16%)。实践证明,这些因素是高原开发建设群体高原习服中最为关键的因素。

二、高原习服的途径与方法

1. 进驻高原工地前

(1)根据进驻高原阶梯式升高原则,在格尔木和拉萨建立了施工人员习服中转基地,做好食宿、健康教育、适应性锻炼、医疗保健等项工作安排,保证大批人员安全顺利抵达施工点。

(2)集体组织体检合格人员在格尔木或拉萨地区习服5~7天时间。医务人员定时对习服人员血压、血氧饱和度进行监测,及时掌握生理变化情况。指导习服人员进行适应性锻炼,配发预防高原病药物及劳动保护用品(图3-10),对氧气及劳保用品使用、自我急救知识进行培训。

图3-10　发放预防高原病药品

(3)发放统一印制的高原健康教育手册,对习服人员进行健康教育,介绍高原自然地理知识,讲解高原医学卫生常识及高原生活工作注意事项,进行心理干预,克服上岗人员恐慌或麻痹思想,缓解上岗人员精神压力。

(4)做好物资准备工作:根据进入季节气象条件,备好相应物品,如雨具、水壶、太阳镜、草帽、防寒服、皮帽、皮手套、毛皮鞋、耳套、围巾、棉鞋垫、电热褥等;各种方便食品、辣椒、胡椒、大蒜、复合维生素片;治疗高原反应药品,防感冒、呕吐、腹泻、头痛、晕车、冻伤、紫外辐射药品,各类急救药品,供氧器具,加压氧袋。

习服结束,组织习服人员进行高原卫生常识考试,进行呼吸、血压、血氧、血红蛋白、心电图等生理指标复查,考试合格及复查指标均正常者方可进入海拔4 000 m以上高原地区工作。

2. 进驻高原工地后

(1)劳逸结合,防止过劳,刚入工地1周内不安排体力劳动,保证充分休息,睡眠不应少于9 h,同时坚持夜间查铺制度,适时发现有问题人员。开展适宜的文体活动,调节紧张、疲劳、单调对心理情绪的不良影响。

(2)防寒保暖,预防发病,早春、晚秋进入高原时,应把防寒防冻作为卫生防病的重点来落实。学习防寒防冻知识,进行耐寒锻炼,室内保持16 ℃以上。一年四季都要重视预防感冒和上呼吸道感染,这些疾病可加剧高原反应,诱发高原肺水肿。应经常用板蓝根、大青叶、野菊花、金银花冲水喝以预防感冒,同时注意预防腹泻、菌痢等消化道疾病。

(3)注意能量消耗与营养补充,研究表明,高碳水化合物、低脂肪饮食常常能减轻高原反应。进驻高原人员必须保证饮食中有足够的热量和完善的营养,如适当高糖、高蛋白、低脂肪和丰富的维生

素 B_1、B_{12}、C、E，铁质及有关微量元素等。同时应注意尽量吃热食和喝热饮料，不酗酒，做到食谱多样化，以增加食欲和防止体重下降，保持良好体质。

(4)补氧器的合理使用，对在高原施工人员，合理地使用个体补氧器，可积极预防急、慢性高原反应，并能使过高的红细胞与血红蛋白值明显下降，缓解肺动脉高压，消除疲劳，恢复体力。

(5)改善劳动能力，采用合理膳食，适应性锻炼，服用红景天等高效能量合剂与保健食品等综合措施，增强体能，提高劳动生产率。

三、高原习服适应评价指标

通过现场试验研究确定，高原习服评价指标为，血压收缩压 90 ~ 140 mmHg，舒张压 60 ~ 90 mmHg；心率 55 ~ 100 次/min；呼吸频率≤26 次/min；红细胞≤ 6.0×10^{12}/L，血红蛋白≤180 g/L，红细胞压积≤55%；血氧饱和度≥90%；急性高原反应轻度以下，或总积分≤10。

第五节　高原作业过程中的劳动保护

高原作业过程中的劳动保护是确保高原作业人员身体健康的关键环节(图 3-11)。通过对参建人群高原施工过程的管理和控制，实现了卫生保障的全程管理，其主要做法为：

图 3-11　加强农民工劳动保护

(1)做好心理疏导，减轻高原反应。进场习服期间，做好参建人员的心理疏导工作，既要充分认识高原，又要克服不必要的恐惧心理。高原恶劣的自然环境不仅从生理上影响进驻者的身体，而且在心理上也给高原进驻者造成多方面的影响，使高原生理反应更加明显，发生如红细胞增多症、高原血压异常、高原心脏病等高原特发性疾病，而且也会引发其他人员对自身健康的忧虑。因此，针对性地疏导高原进驻者的心理活动，改善文化生活，创造更好的环境生活条件，能使进驻者更好地适应高原环境，对预防和减少高原病的发生有积极的作用。

(2)加强宣传培训，提高防护意识。在铁道部、青藏两省区及地方各级政府和有关部门协助下，青藏总指、青藏总指拉萨指挥部对上场的主要领导和医务人员进行了全员培训。工程局医务人员对参建职工、民工进行全员培训，利用一切宣传手段进行宣传，全线发放《健康教育手册》，做好职工、民工的卫生防病宣传教育工作，鼠疫及其他卫生防病知识的培训、考试，合格才允许上场，做到了高原病自我防治知识、卫生防病知识、鼠疫防治的“三报”、“三不”制度人人皆知。

(3)坚持间断吸氧，改善机体低氧血症。高原低氧环境造成机体低氧血症，直接引起各种急慢性高原病，影响高原进驻者的工作和生活。进入海拔 4 000 m 高原地区，有 50% 的人出现不同程度的急性高原反应；随着时间的延长，高原适应衰退者也可高达 20% 。实践证明，坚持参建人员每日吸氧 1 ~ 2 h，能有效地防止或减轻急慢性高原病的发生。在施工工地、装载机驾驶室和挖掘机驾驶室配置氧气袋，参建人员宿舍配发氧气瓶，保证每人每天吸氧不少于 2 h，有效降低了高原病的发病率，保障了参建人员充沛的体力。

(4)增加机械化作业，降低劳动强度。高原低压低氧环境对人体的体力劳动能力有很大影响，实验证明体力劳动能力和平原地区相差一个劳动强度等级以上。全线采用机械化施工，减少人工操作，体力劳动定额比平原减少 30% ～50% ,劳动时间控制在每日 4～6 h,使体力劳动强度保持在中等以下。从而减少了人体的耗氧量,减轻缺氧对人体的损害。

(5)服用预防性药物,提高机体抗缺氧能力。长期缺氧对机体的损害是从低氧引起肺血管收缩,肺动脉压力升高,阻力加大,使右心室的压力和负荷加重,引起右心室流出道和右心室扩张和肥厚开始的,同时机体发生一系列的代偿性变化如心肌收缩力减退,血液成分改变等。以补益、活血化淤为主要作用的西药和中药制剂如诺迪康、21 金维他、洋参益寿胶囊、复方丹参片等,能减轻机体对缺氧的刺激性反应,提高对缺氧的耐受性,已明确具有抗缺氧作用。各单位职工在进场前及工作期间坚持服用这些抗缺氧、抗疲劳的药物,取得了一定的效果(图 3-12)。

图 3-12　中铁电气化工程局向参建人员发放保健药品

(6)坚持轮休轮换制度,调整生理适应能力。各项预防措施能减轻低氧刺激对机体造成的损害,但不能完全消除,尤其是持续的慢性缺氧刺激,可能造成人体器官的不可逆损害。为减少高原对机体的持续性损害,坚持了严格的轮休、轮换制度。一般人体生理适应高海拔或低海拔条件,需要经过 8～10 日时间的重新调整,因此连续高原工作 3 个月以上者,必须到低海拔地区休息 2～3 周。有条件的单位在冬休期间可组织职工前往沿海等富氧地区疗养,将人体生理环境调节至正常状态。连续高原工作一段时间,符合轮换条件的参建人员必须调整,避免病理性损害的出现。

(7)开展巡诊夜间查铺工作,及时发现病例处理问题。重视高原病诱因的诊察,尽早发现高原病前兆,将其消灭在萌芽状态,使许多急性高原反应,上呼吸道感染、发热,高原肺水肿早期患者得到及时处理,不但减少了高原病发病率,而且使一些初始患者得到较早救治,减轻病情,杜绝了死亡事件。

(8)定期工中、工后体检,监控慢性高原病的发生。高原恶劣环境对人体的影响是不能完全消除的,且个体差异也较为突出。为保持参建队伍的战斗力,减少不必要的伤亡,进行每年的工中、工后体检是至关重要的。体检项目包括一般项目、血尿常规、心电图、胸部 X 线、肝功能、肾功能、腹部 B 超等项目,还可进行心脏超声检查。工中、工后体检的目的是尽早发现慢性高原病和职业有害因素早期损害征象,以及筛检出早期高原病患者。对于体检中发现的施工人员生理指标改变,及时进行分析总结,得出结论,在分析总结的基础上,有针对性地采取延长吸氧时间、药物干预、定期轮休、下送轮换、返回内地等有力措施,力争做到将高原环境对人体的损害减小到最低限度,避免因个体差异而造成伤害。

(9)使用高压氧舱,预防和治疗高原病。高压氧舱在减轻高原反应方面发挥了重要的作用(图 3-13)。高压氧舱不但能够缓解缺氧状态,同时还解决了靠单纯吸氧无法解决的低气压因素。全线共有 25 台,其中多人高压氧舱 10 台,进舱达 5 438 人次,在预防高原病、抢救高原肺和高原脑水肿患者中发挥了不可替代的作用。

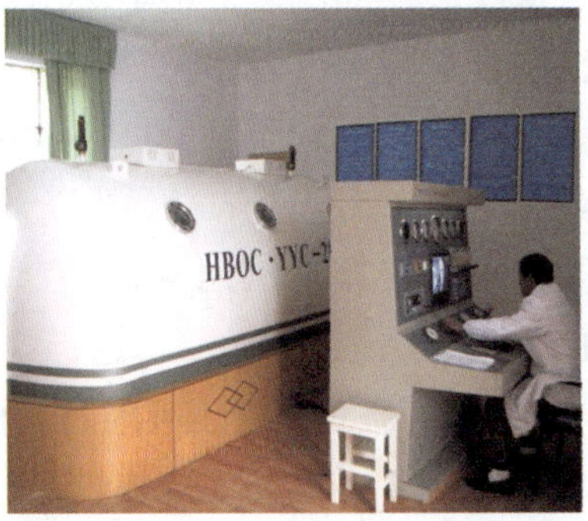

图 3-13　中铁十七局工地医院高压氧舱

(10)饭菜花样翻新,营养配餐合理。高原低压低氧环境会使人体物质代谢产生一系列的变化,人体消化功能受到严重影响,主要表现为胃张力降低,饥饿收缩波减少,进食后胃蠕动减弱,幽门括约肌收缩,胃排空时间延长,唾液、肠液和胆汁等消化液的分泌量减少，营养量的摄取和饮水量明显减少，不能满足人体生理需要。因此必须加强高海拔地区参建人员的伙食管理。在饮食结构方面，因地制宜，制定出了较为科学的配餐标准和食谱。采取定点购买、集中保鲜上送的做法，使每位职工和农民工均能吃到适合高原环境特点的可口食品，以保证广大参建人员保持充沛的体力，提高抗病能力，减少因感冒等其他疾病诱发急性高原肺水肿、脑水肿等。

(11)做好后勤保障，解除后顾之忧。针对青藏高原气候寒冷、多风、干燥，同时又存在夏季多雨、植被低矮、不利水土保持的特点，选择采光好、避风和防山体滑坡的地段为居住营地，居住场所均为固定砖房、保温活动板房或加厚棉帐篷，人均居住面积达 2.5 m^2，无论职工或农民工都统一发放行李，各个宿舍指定人员进行管理。集中居住地采用水暖、电暖及热风机等供暖措施，使室温达到 16 ℃以上，保证参建人员有一个舒适、温暖、整洁的休息环境。

(12)加强劳动防护，预防职业病危害。按照《青藏铁路施工人员必备防护用品配置标准》为上场施工人员配发劳保用品，如防晒霜、护目镜、遮阳帽、手套及防寒服等。高原隧道施工中加强了防护措施，一是佩戴防尘口罩，实行湿式作业，预防尘肺发生；二是采用高原隧道施工富氧技术；三是在施工现场建立氧疗室及氧吧，保证参建人员随时吸氧。

第六节　高原富氧技术研究与应用

高原病发生的核心问题是低压低氧，导致高原劳动能力下降的核心问题还是低压低氧。因此，采取安全、可靠、经济、科学、有效的措施进行供氧，为参建人员提供方便及时的吸氧条件，是保证健康和生命安全、提高工作效率的关键。2001 年各施工队伍初上高原，大多采取氧气瓶供氧，氧源来自格尔木和拉萨。由于两地氧气厂生产规模小，装氧气的钢瓶量不足，且远距离运输受交通不便制约，供应不及时。在此背景下，施工单位与科研部门共同研发了高原施工现场制氧技术，这项技术很快得到铁道部领导的认可，并在全线迅速推广应用。高原富氧技术是青藏铁路建设过程中的一大创举。实践证明，富氧技术的研究和应用为保证青藏铁路建设者的身体健康、提高工作效率发挥了重要的作用。

一、高原施工富氧技术

1. 高原制氧技术选择：中铁二十局和北京科技大学的研究人员经对变压吸附法、深冷法、液氧法、薄膜法、水电解法、化学法制氧方案比较分析研究，结合高原实际，认为变压吸附法技术成熟，浓度适中(93%)，规模灵活(0.1 ~ 4 000 m^3/h)，能耗低(约 0.4 ~ 0.5 kWh/m^3)，投资低(约为深冷法的1/2)，可直接制造医用氧，适宜青藏铁路现场采用(图 3-14)。

图 3-14　工地医院制氧机

2. 高海拔地区变压吸附制氧机氧流量与氧浓度关系研究：研制制氧试验装置，分别在风火山、秀水河、纳赤台和北京地区对其制氧量及氧浓度进行现场测定，根据测试结果，得到不同海拔地区氧浓度与氧流量的关系。由图 3-17 可见，在氧浓度相同的条件下，制氧机产氧量随着海拔高度增加而下降；尤其在秀水河、风火山等高海拔地区，产氧量下降非常迅速。

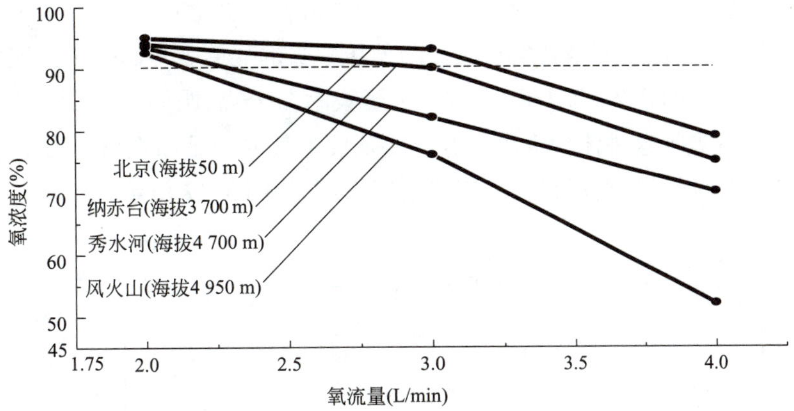

图 3-15　不同海拔地区氧浓度与产氧量的关系

3. 高海拔地区变压吸附制氧效率研究：把氧浓度为90%时所测地点的产氧量与北京地区的产氧量之比值作为产氧效率，可以得到制氧试验装置在各测试地点的产氧量变化，见表 3-16。随着海拔高度增加，制氧机产氧效率下降。当海拔高度大于3 500 m时，海拔每升高1 000 m，制氧效率将下降约25%，在海拔高达5 000 m的风火山，制氧效率只有北京地区的60%。通过数学回归可得到制氧效率与海拔高度的关系式如下：

$$\eta = 9.93\times10^{-1} + 1.424\times10^{-4}\times H - 4.34\times10^{-8}H^2$$

式中　η——制氧效率；

　　　H——海拔高度(m)。

表 3-16　不同海拔地区氧浓度与产氧量的关系

地　　区	北京	纳赤台	秀水河	风火山
海拔(m)	50	3 700	4 700	4 950
产氧量(L/min)	3.25	3	2.25	2.1

4. 高海拔地区变压吸附制氧气源容量匹配曲线研究：高海拔地区空气稀薄，如何合理匹配制氧气源容量是研制制氧机的关键。设北京地区的相对气源容量为1，则不同海拔地区相对气源容量如图 3-16 所示。通过数学回归可得到相对气源容量与海拔高度的关系式如下：

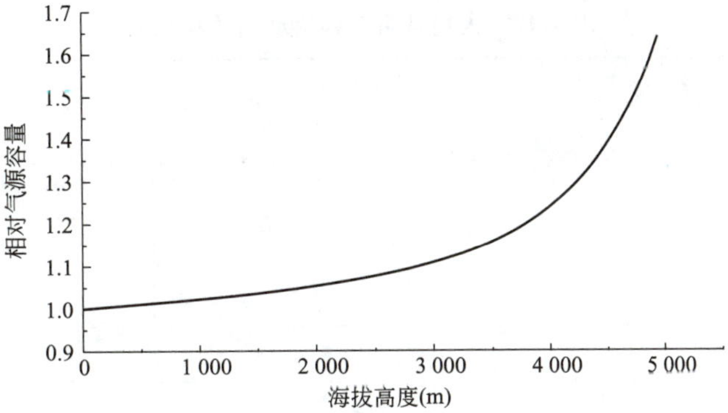

图 3-16　高原制氧气源容量匹配曲线

$$A = 0.99433 + 3.327\times10^{-4}\times\exp\left(\frac{H}{653}\right)$$

式中　A——相对气源容量；

H——海拔高度(m)。

结合高海拔低气压的特点,研制开发有压吸附低压解吸的变压吸附制氧工艺流程,该流程通过空气压缩机将空气压力提高到0.2～0.4 MPa,然后送至吸附器分离,吸附器达到饱和后在当地大气压力(0.05 MPa)条件下解吸。这种流程克服了低气压条件下气源不足和吸附压力不足的特点,又充分发挥了低气压有利于解吸的优点,适宜在高海拔地区应用,如图3-17所示。

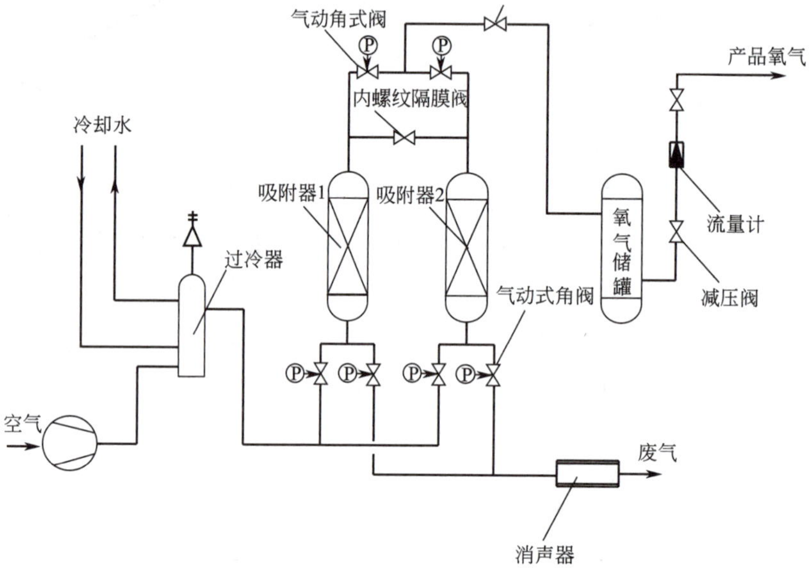

图3-17　变压吸附制氧工艺流程

二、风火山隧道供氧系统研究

(一)制氧规模的确定

根据《飞机设计手册·生命保障和环控系统设计》[7]的要求,设计供氧设备时,除了要满足人体耗氧量,还必须满足总体积流量(肺通气量)的要求。人体耗氧量是人体内新陈代谢所需要的氧气量。正常人从事各种活动的肺通气量和总耗氧量见表3-17。

表3-17　人员从事各种活动的总耗氧量

活动情况	肺通气量(NL/min)	总耗氧量(NL/min)
睡眠		0.24
卧位		0.26
坐着休息	10～15	0.34
站位,放松		0.36
散步(5 km/h)	25～40	0.85
跑步(10 km/h)	60	2.80

本方案按正常人所需要的基本肺通气量即10 NL/min作为设计基准。风火山隧道施工每工班总人数为60人,每个掌子面30人,每人所需氧量为0.6 Nm^3/h,则每个掌子面所需总氧量为18 Nm^3/h。另外考虑到损耗和一定的富余能力,每个掌子面的制氧能力设计为20 Nm^3/h。

（二）技术要求

1. 运行可靠：风火山隧道是青藏铁路重点控制工程，气候环境恶劣，低氧严重，工程进度要求紧，因此，作为保障条件的制氧供氧系统必须运行可靠，确保连续稳定可靠地为隧道施工提供氧气（图3-18）。

2. 操作方便：风火山隧道地处高海拔地区，空气稀薄、气压低、人体体能下降，为保证设备运行安全，要求制氧供氧系统自动化程度高、操作简便易行、劳动强度小，参建人员经短训后即可上岗操作。

3. 结构紧凑：青藏铁路风火山地区植被脆弱，生态保护尤为重要，为减少建站植被破坏，要求制氧供氧系统设计紧凑，布局合理，减少站房建设占地。

4. 低耗高效：风火山隧道地处可可西里无人区，无地方电源，施工均采用小型发电机组，用电成本高，要求制氧供氧系统低能耗、高效率。

图3-18 风火山隧道供氧

（三）隧道施工现有供氧方法分析

目前，国内外在矿山以及隧道施工的特殊环境下主要采用个人携氧的方式补充施工人员所需的氧气。施工人员将氧气瓶背在背上，用鼻吸管吸氧。该方法的优点是设备简单，并且施工人员呼吸到的氧气浓度较高，耗费的氧气量小。在短时间内或某些紧急情况下，该方法比较适用。这种供氧方式的主要缺点是：①不能连续供氧，每隔一定时间需要更换氧气瓶，影响连续施工作业；②长时间背负氧气瓶增加了施工人员的劳动强度，尤其是高海拔地区的隧道施工人员，背负氧气瓶行走困难，工作不方便，降低了工效。

针对风火山隧道的环境以及施工特点，最初曾提出全富氧的供氧方法为隧道施工人员补充氧气。根据隧道施工要求，风火山隧道内的最低通风量为300 m^3/min。风火山地区氧分压为10.8 kPa，要将空气中的含氧量提高到16 kPa，需富氧5.7 kPa，要求制氧机的能力至少达到900 m^3/h。其投资和配套电力分别为900万元以上和450 kW以上。该供氧方法可以有效解决隧道内施工人员的缺氧问题，但由于其设备投资和建成后的运行费用非常高，不能作为风火山隧道施工供氧的解决方案，因此，需要研究探索隧道供氧新方法。

（四）高原隧道供氧方案

1. 隧道掌子面弥散供氧方法

掌子面是隧道施工的主要工作区，隧道开挖过程中参建人员主要集中在该区域。而掌子面处于隧道通风的死角，通风效果差，并且由于爆破、设备、人员的耗氧，造成该区域氧气含量比洞内其他地方更低。若将氧气输送到该区域，就能有效地解决施工人员的缺氧问题。

隧道掌子面弥散供氧是将氧气以弥散方式分布在施工掌子面附近，增加该工作区域的氧气浓度。隧道掌子面弥散供氧系统主要由输氧管道、阀门、弥散供氧装置等部分组成，其工作原理如图3-19所示。弥散供氧装置由两组对称组装的氧气分布器及其连接软管组成，氧气分布器一侧均布了数个小孔，氧气以射流雾化的方式从小孔中喷出，并与从其他小孔出来的射流相互扰动，形成氧帘。两组氧气分布器相向布置，使两组氧帘构成氧气浓度较高的局部富氧区域。氧气分布器的高度可调，以适应掌子面施工高度的变化；两组氧气分布器之间的距离可调，以确保不同的施工状态下施工人员就近呼吸氧浓度较高的气体。随着隧道施工的进行，弥散供氧装置可以向前跟进。隧

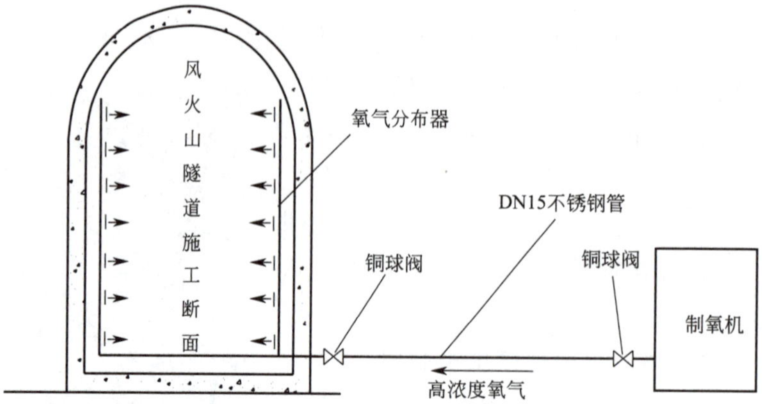

图 3-19 隧道掌子面弥散供氧

道掌子面弥散供氧后，采用便携式测氧仪对隧道掌子面附近，整个宽度和纵深 10 m 范围内的氧气含量进行了测试，测试结果见表 3-18。实际测量表明，掌子面弥散供氧后，掌子面附近施工区域的氧分压提高了 2 ~ 3 kPa。

表 3-18 隧道掌子面氧含量测试结果

X 隧道纵深(m)	0	0	0	0	0
Y 隧道宽度(m)	0	2	4	6	8
O_2 氧浓度(kPa)	20	16	15	16	18
X 隧道纵深(m)	2	2	2	2	2
Y 隧道宽度(m)	0	2	4	6	8
O_2 氧浓度(kPa)	16	15	14	15	16
X 隧道纵深(m)	4	4	4	4	4
Y 隧道宽度(m)	0	2	4	6	8
O_2 氧浓度(kPa)	15	14	13.5	14	15
X 隧道纵深(m)	6	6	6	6	6
Y 隧道宽度(m)	0	2	4	6	8
O_2 氧浓度(kPa)	14.5	13.5	13.5	13.5	14.5
X 隧道纵深(m)	8	8	8	8	8
Y 隧道宽度(m)	0	2	4	6	8
O_2 氧浓度(kPa)	13.5	13.5	13.5	13.5	13.5
X 隧道纵深(m)	10	10	10	10	10
Y 隧道宽度(m)	0	2	4	6	8
O_2 氧浓度(kPa)	13.5	13.5	13.5	13.5	13.5

采用弥散供氧方法对隧道施工掌子面的局部供氧，虽然总氧气消耗量和个人携氧供氧方法相比较大，但比全富氧方法的用氧量少得多。而且该供氧方法在不增加工人劳动强度的情况下能有效解决缺氧困难，减轻劳动负担，提高工作效率，同时投入小、经济实用，特别适合高海拔隧道环境应用。

2. 隧道氧吧车供氧方法

隧道参建人员在施工间隙必须轮换休息，为了迅速恢复参建人员的体力和精力，需要在洞内创造良好的休息场所。该场所应满足以下要求：①参建人员在高海拔隧道内经过繁重的体力劳动之后，非常疲劳，呼吸困难，需要立即吸氧，因此该休息场所必须具有氧气供应装置以及持续供氧能力，满足参建人员随时吸氧的需要；②隧道掌子面是向隧道纵深不断延伸的，所以参建人员的休息场所必须可以移动，能够随着隧道掌子面的延伸不断跟进，确保轮休的参建人员就近休息；③风火山隧道掌子面参建人员一班为 30 人左右，并分为 3 组，按照 2 组工作、1 组休息的方式轮流作业，因此该休息场所应能同时容纳 10 人左右同时休息吸氧；④不妨碍隧道施工。根据以上要求，研究开发了隧道氧吧车（图 3-20），它由轻轨车架、氧吧车厢、氧气供应装置以及输氧机等部分组成。

图 3-20　风火山隧道氧吧车

氧吧车长 2 m、宽 1.5 m、高 2 m，轻轨车架采用钢制结构，其中氧吧车厢采用铝合金结构，窗户采用透明有机玻璃，氧吧车的 4 个轮子可在隧道内轻轨上方便移动，并且可以根据需要从钢轨上移开。氧吧车内装有 12 个输氧回路，配置有流量显示和控制设备。另外相对设置 12 个座位，可同时供 10～12 人吸氧和休息。氧吧车内部结构如图 3-21 所示。

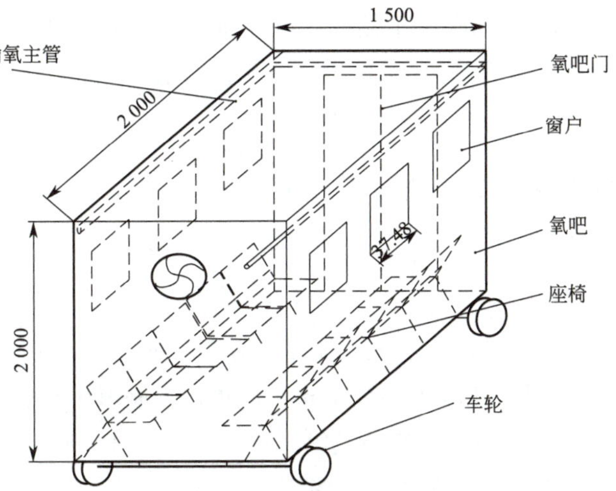

图 3-21　氧吧车结构示意图

轻轨车架是氧吧车的支撑和移动系统，具有一定的强度并能在隧道轻轨上灵活地移动，且重量较轻，可以方便地从隧道轻轨上抬离。氧吧车厢是施工人员休息的场所，内置 12 个座位和 12 个供氧支管，可同时供 10～12 人休息和吸氧。它通过四个支腿与轻轨车架以活动方式相连接，采用轻质铝合金结构，使用时可以方便地抬离轻轨车架，放置在隧道避车洞，供轮休人员休息吸氧。氧气供应装置由输氧总管、供氧支管组成。供氧支管上设置调节阀、流量计以及吸氧管连接口等装置，流量可调，使用方便，如图 3-22 所示。

（五）高原储气囊

高原型专用储气囊是用帆布橡胶制成的大型储气设备，尺寸为 ϕ3 600 × 11 000 mm，体积达 100 m^3。储气囊设置四个出入口，分别与制氧机、氧气压缩机、输氧机、储气囊过压报警装置连接。储气囊可平衡氧气生产和使用之间的关系。制氧机的生产能力是一定的，而氧气用户是变化的，即产量和用量之

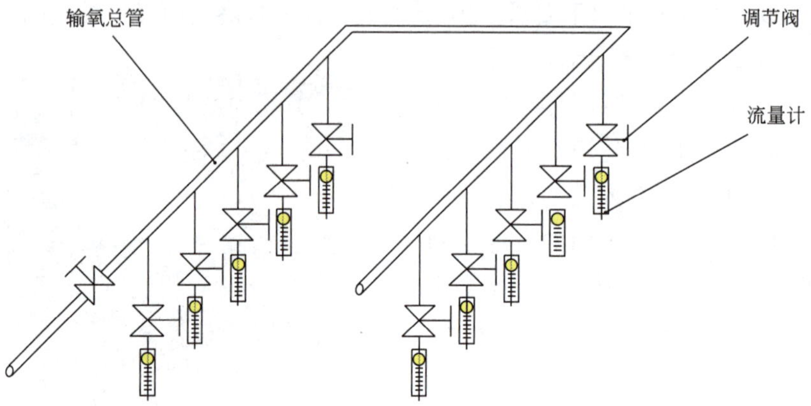

图 3-22 氧吧车内氧气供应支路及流量控制装置

间不可能完全匹配，储气囊可起到很好的缓冲作用。此外，当氧气用量较小时，储气囊的气量可达到几个小时连续供氧，这样可以关闭制氧机，以节约用电。当出现临时断电等事故时，储气囊中储存的大量氧气可以保证正常供氧。

根据风火山恶劣的自然气候条件，在普通储气囊的基础上设计制造了高原型专用储气囊。该气囊主要具有以下几个特点：①强度高，可以承受 4 kPa 的内部气体压力；②具有防紫外线功能，使用寿命长；③可以在 -40 ℃低温情况下正常使用而不发生脆裂、老化的现象。

为了保证储气囊的使用寿命，避免发生储气囊氧气泄漏等事故，该储气囊还配有自动报警装置，实现对储气囊压力的控制。当压力超过 3 kPa 时，压力报警装置启动，气压传感器将信号传至制氧机，切断原料气压缩机的电源，从而起到保护气囊的目的。

三、风火山隧道制氧供氧系统的应用效果

通过对风火山制氧供氧系统长时间运行考察，得到制氧系统的以下运行结果：设备运行平稳，安全可靠，自动化程度高，操作简便易行，劳动强度小，达到了研制要求，适合高原隧道施工环境使用。隧道进口制氧机产氧量达到 20 m^3/h 以上，最大流量达到 22.5 m^3/h；氧气浓度大于 91%，最高达95%；总能耗 21.06 kW，单位能耗产品小于等于1 kWh/m^3。隧道出口制氧机产氧量达到 20 m^3/h 以上，最大流量达到 22 m^3/h；氧气浓度大于 91%，最高达 94.5%；总能耗 21.06 kW，单位能耗产品小于等于 1 kWh/m^3。经北京市气体质量监督检查站检测鉴定，氧气产品质量符合 YY/T 0298—1998 标准：实际氧气浓度达到 92% 以上。主要质量指标检验结果见表 3-19。

表 3-19 氧气产品检验结果

序号	项 目	标 准 值	实 测 值	
			进口	出口
1	氧含量(%)	≥90	93	92
2	水分含量(露点)(℃)	≤ -43	-46	-48
3	二氧化碳含量	按规定方法试验合格	合格	合格
4	一氧化碳含量	按规定方法试验合格	合格	合格
5	气态酸性物资含量	按规定方法试验合格	合格	合格
6	臭氧及其他气态氧化物	按规定方法试验合格	合格	合格
7	气味	无异味	无异味	无异味

1. 改善了工作环境，加快了施工进度。风火山隧道制氧供氧系统使用后，隧道内氧分压达到13.1～14.0 kPa，比洞外高2～3 kPa。因此，劳动效率大大提高，进度加快，使用前需要四个班次完成的工作量，使用后两个班次即可完成，原来隧道掘进每天2～3 m，供氧后达到每天5～8 m，隧道进出口月成洞双双突破100 m大关。更为可喜的是，整个隧道较计划提前10个月贯通，创造了高海拔冻土隧道施工的新纪录。风火山隧道制氧供氧系统使用前后施工进度比较见表3-20。

表3-20　风火山隧道制氧供氧系统使用前后施工进度比较

项　　目	使用前	使用后	说　　明
氧分压（kPa）	9.8～10.1	13.1～14.0	
隧道掘进（m/日）	2～3	5～8	提高2倍以上
完成工作的班次(次)	4个班次	2个班次	提高2倍以上

2. 降低了发病率。风火山隧道制氧供氧系统投入使用后，确保了施工人员以及所有参建人员的氧气供应，在高原生命禁区为参建人员的健康保障和生命安全提供了保证。参建人员门诊人次由供氧前的每天59人次下降到每天33人次，高原病发生率由2.4%下降到0.239%。贯通风火山隧道无一人死亡、无一等级事故，在青藏铁路全线自然条件最差的施工地段，创造了高原病发病率最低的好成绩。据记载修建青藏公路时平均每公里死亡1人，修建海拔3 698 m的关角隧道时牺牲了数十人。由此可见风火山隧道制氧供氧系统的作用。风火山隧道制氧供氧系统使用前后卫生保障效果比较见表3-21。

表3-21　劳动保护效果比较

项　　目	使用前	使用后	说　　明
门诊人次/日	59	33	下降44.1%
高原病征象发生率(%)	2.4	0.239	下降90%

3. 该技术在青藏铁路全线推广。风火山隧道制氧供氧系统投入使用后，青藏铁路建设总指挥部提出在全线推广应用，要求青藏铁路施工单位采用高海拔制氧技术，隧道内氧吧供氧，夜间室内供氧，工后每人最少吸氧2 h。风火山隧道制氧供氧成果迅速推广应用于中铁一局、中铁三局、中铁四局、中铁十六局和中铁十八局。先后在白麓河、沱沱河、雁石坪、唐古拉山和安多等地建立了制氧站。供氧范围覆盖青藏铁路全线，2万余人受益。

四、生活用氧

生活用氧是减轻高原反应，预防高原病，减轻缺氧对人体健康的慢性危害，减轻劳动后的疲劳，恢复体力，改善睡眠质量，增强机体免疫功能和提高抗病能力的主要措施之一。青藏铁路建设各参建单位都根据具体情况而采取了不同的生活用氧措施。综合全线各单位的情况，生活用氧方式主要有6种。

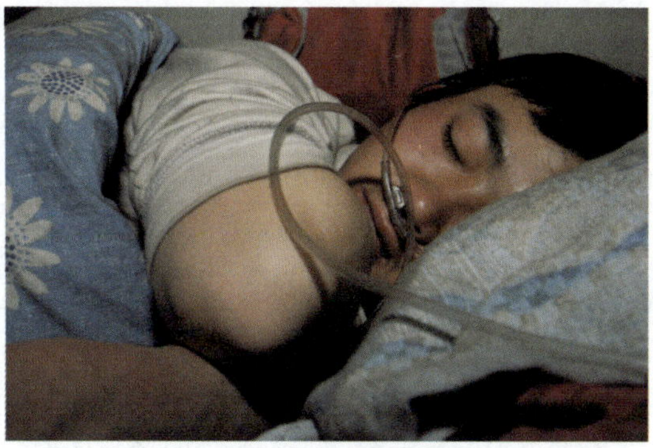

图3-23　睡眠中吸氧

1. 宿舍富氧：选择塑料布或塑料薄膜对房间顶棚进行封闭处理，每20 m^2放置1个40 L氧气瓶，各氧气瓶同时以10 L/min的流量放氧1 h，然后将流量调为3 L/min。富氧时间一般掌握在人员睡眠的时间进行(图3-23)。富氧时注意关好门窗，富氧的宿舍不得使用煤炉、电炉等电热取暖，只适用集中式水暖、气暖和空调宿舍。禁止室内人员吸烟。测试结果表明，富氧 1 h 后，宿舍内氧分压平均提高 0.5 ~ 0.7 kPa，相当于平均降低海拔高度 150 ~ 210 m。最佳效果时可迅速提高氧分压 1.54 kPa，提高率 12.8%，相当于降低海拔高度 1 100 m。每瓶 40 L 氧气瓶平均供氧时间为 30 h 左右，若控制在睡眠时间使用，平均每瓶可使用 3 天左右。表3-22为职工宿舍富氧试验报告(示例)。

表 3-22　职工宿舍富氧试验报告

试验时间:2001.12.7	宿舍大小:35 m^2		宿舍人数:11 人
海拔高度:4 600 m	大气压力:0.057 8 MPa		单位:中铁五局昆仑山隧道驻地
试验方法:关闭门窗，测试氧分压;室内放置 2 个 40 L 氧气瓶，同时以 10 L/min 流量放氧。1 h 后测试氧分压，同时将流量调为 3 L/min，之后每小时测试一次氧分压，连续测试 4 次。统计结果。			
测 试 结 果			
测试时间	氧流量(L/min)	氧分压(kPa)	温度(℃)
放氧前(20:30)	0	10.97	3.6
放氧 1 h(21:30)	10	11.68	2.5
放氧 2 h(22:30)	0 ~ 3	11.72	1.6
放氧 3 h(23:30)	0 ~ 3	11.71	1.3
放氧 4 h(0:30)	0 ~ 3	11.70	0.6
结论:放氧 1 h 后，空气中氧分压迅速提高 0.71 kPa，提高率 6.4%，相当于降低海拔高度 200 ~ 300 m。每瓶氧气供氧时间为 30 h。职工普遍反映采取富氧措施后，睡眠效果好，第二天精神好。			

采取宿舍富氧后，员工普遍反映睡得好，第二天精神好，很受员工欢迎。此种方法效果好，简便经济，但是有潜在危险性，必须制定严格的管理制度，并由专人进行管理。

2. 便携式供氧:适用于单个员工在宿舍内临时或短时间吸氧，也适用于员工外出携带即时吸氧(图 3-24)。多采用储氧量 2 L、压力 10 MPa、重 1.5 kg 的铝合金氧气瓶。测试结果表明，便携式氧气瓶一次充足氧，将流量旋钮调到 1 MPa 的压力，可供氧 3 h。便携式供氧加氧简便，通过氧桥可直接从 40 L 大氧气瓶补充氧气。但不便于在施工现场使用。

图 3-24　便携式氧气瓶吸氧

表 3-23　WQ-2/2 型背负式氧气瓶供氧时限测试报告

测试时间:2001.12.1

氧气瓶重量:1.5 kg

氧气瓶容积:2 L

方法:开启压力阀，用流量旋将压力调至 1 MPa。记录供氧时间。

氧气瓶压力(MPa)	供氧时限
5	1 h 20 min
8	2 h 10 min
10	2 h 55 min
结论:携带 WQ-2/2 型氧气瓶时无沉重感，供氧时快步行走和中等体力活动无不适。	

3. 固定式供氧：适用于员工、民工集体宿舍。一般按每 20 m^2，2 ~ 4 人摆放 1 个 40 L 大氧气瓶，供员工或民工随时吸氧，通常流量为 2 L/min 左右，1 瓶氧可使用 3 ~ 7 天，特点是经济、方便，易于大范围使用，为各参建单位广泛采用。

4. 集中式供氧：在高海拔和边远地区施工的单位，如中铁一局、中铁十七局、中铁二十局等单位，采用了集中式供氧。集中式供氧需要建立制氧站和输氧管网，将输氧管架设入各宿舍内进行末端供氧。集中式供氧的特点是供氧稳定、安全，能长期维持，适用于高海拔、购氧不方便、人员较为集中的单位；但技术要求高，需要一次性投入。

5. 氧疗室（氧吧）：中铁五局在昆仑山隧道、中铁二十局在风火山隧道建立了氧疗室，规定出洞人员必须氧疗 30 min，以尽快消除疲劳。

氧疗室选型及规格：选用集装箱房作为氧疗室。其规格为 9 m × 2. 8 m × 2. 68 m（长 × 宽 × 高）。

氧疗室设备及布置：氧疗室内设 8 个高靠背半躺式座椅、2 张高低床、5 个 40 L 氧气钢瓶、10 个吸氧面罩，每个氧气钢瓶供 2 个人吸氧。各氧疗室保证一次能供 10 人氧疗，布置图如图 3-25 所示。

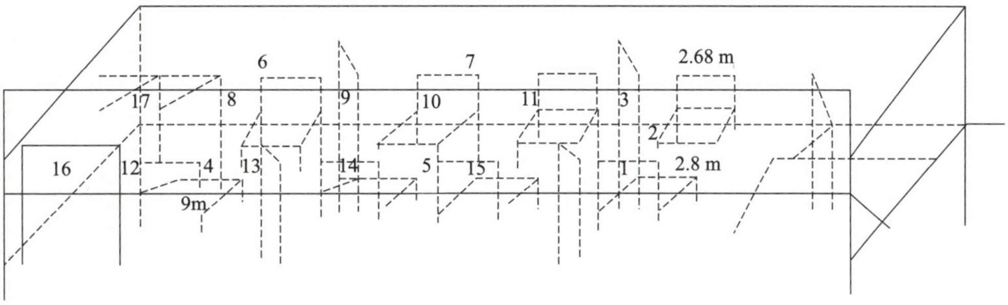

图 3-25　氧疗室设备布置图

1 ~ 2—床；3 ~ 7—氧气瓶；8 ~ 15—座椅；16—门；17—厕所

氧疗方法：原则上每次氧疗流量控制在 2 L/min。氧疗时间为 30 min。每次氧疗前后要进行血氧饱和度及脉搏测定，如吸氧后血氧饱和度低于 90% 时，可增加氧疗时间。

6. 室内制氧机供氧：接受青藏铁路建设者的建议，生产单位将原先由室内空气做气源、废气向室内排放，改进为自室外取气、向室外排废气的改进型高原室内制氧机。多数参建单位购买了数量不等的 HK- A9030 高原型室内制氧机。经过现场制氧效果检测，开机后 10 m^2 大小的房内空气中氧分压逐渐上升，5 h 后由 11. 20 kPa 达到 12. 24 kPa 而不再上升，相当于降低海拔高度 700 m，提高室内氧分压 1. 04 kPa。高原型室内制氧机成本较高，仅适用于小宿舍和单人使用。

在应用增氧技术的实践中，要重视克服人们对用氧可能带来的不利因素的片面认识。

（1）增氧技术在高原应用时，人们关心的是是否会增加火灾的危险。相关资料表明，在海拔 4 500 m 高度，增氧 5% 后的大气可燃性实际上比在海平面时还要低，虽然增氧使氧分压升高，但仍比在海平面的氧分压低得多。参考美国国家火警委员会制定的标准[8]，海拔 4 000 m 和 5 000 m 室内氧浓度的最大安全值分别为 29% 和 31. 5% 。因此，我们在海拔 3 600 m（沱沱河）和 5 000 m（唐古拉山、风火山）建立富氧环境，氧浓度提高到 25% 和 28% 应该是安全的，不会因此而发生火灾，因为在高原即使增加了氧浓度，但空气中的绝对氧含量仍低于平原。大气的可燃性取决于两种变量因素：一是氧分压，在高原经过增氧后仍显著低于海平面的氧分压；二是惰性气体成分的灭火作用。虽然高原惰性气体的灭火作用略差，但净效应仍是可燃性降低。

（2）增氧的另一个问题是是否会减弱人体在高原的习服能力。人们往往认为增氧使建设者频繁处于低海拔环境而削弱了对高原环境的适应性。但是,青藏铁路格拉段建设实践表明,通过增氧所达到的那种相当于降低海拔高度的效果,实际是减少了高原性疾病的发生并提高了人在高原条件下的工作能力。

(3)长期增氧是否会产生氧依赖问题。有些长期在高原工作的职工,经过习服,基本适应了高原环境,认为再经常吸氧会产生氧依赖,尽管单位已经配备了增氧条件,也不愿使用。参加青藏铁路建设的医务人员通过建设期间的观察以及工程结束、返回平原后的追踪调查结果表明:在高原间断吸氧可以直接提高动脉血氧含量,改善人体的缺氧状态,缓解缺氧症状,恢复和促进代谢过程的良性循环。长期适度的吸氧不会改变中枢神经的生化、生理状态;吸氧与药物依赖性根本没有任何关系,不会产生任何特殊的"快感";停止吸氧或回到内地从此不再吸氧,都不会出现任何"戒断综合征"(既不会"成瘾",也不会"依赖")。

五、医疗用氧

进入高原或由低海拔地区进入高海拔的高原,吸入空气中的氧分压低,使肺泡气的氧分压降低,动脉血氧饱和度低于正常,这种低氧血症为张力性低氧血症。此症常见以下特点:①动脉血氧分压、氧含量及血氧饱和度均降低,导致组织供氧不足,使组织对氧的利用代偿性增强。因此,静脉血氧分压、氧含量减少,动脉与静脉血氧含量差接近正常。②急性低氧性缺氧,动脉血氧分压降低,刺激颈动脉体化学感受器,引起代偿性通气增加,呼吸急促。③慢性低氧性缺氧,常伴有红细胞数增加,肺动脉高压和右心室肥大,有时甚至导致右心功能不全。

1. 缺氧时机体代谢与机能改变

(1)呼吸系统:动脉血氧分压降低,通过呼吸代偿,使呼吸深快,肺通气量增加。严重缺氧可抑制呼吸中枢,引起呼吸减弱,甚至呼吸停止。

(2)循环系统:心率增快,心肌收缩力初期增强,久而久之则心肌收缩力下降,心输出量初到高原时增加,数日后逐渐正常。严重缺氧时,由于心率减慢,心肌收缩力下降,可使心输出量降低。冠状循环:急性缺氧时,冠状血管扩张,增加冠状血管灌注量,提高对心肌的供氧;慢性缺氧时,由于心肌毛细血管增加而有利于供氧。脑循环:缺氧和二氧化碳潴留均可使脑血管扩张,脑血流量增加。脑血流量增加可使颅内压增高,脑细胞周围微血管晶体渗透压降低,脑细胞受压。肺循环:缺氧可使肺小动脉收缩,肺动脉压升高。

(3)血液系统:慢性缺氧可致外周血液红细胞数增多,使血液黏稠性增加,血流阻力增大,组织血流减少,对组织释放氧减少。同时,心脏负担增加,血栓形成危险性增加。

(4)中枢神经系统:中枢神经系统对缺氧特别敏感,当动脉血氧饱和度降至85%时可表现为精神难以集中,精细动作的肌群收缩失调;当动脉血氧饱和度降至74%时可表现为判断力障碍、激动、痛觉迟钝等;当动脉血氧饱和度降至74%以下时可表现为意识丧失,中枢神经呈进行性下行抑制,最终因抑制脑干的呼吸中枢而停止呼吸。

(5)组织与细胞:毛细血管密度增加,肌红蛋白含量增多,线粒体密度增加。

(6)机体代谢变化:血液与组织中的氧分压降低时,组织中还原辅酶Ⅰ蓄积,血液与组织内的乳酸含量增多。

2. 缺氧的分期及临床主要表现

Ⅰ期(早期):临床表现为胸闷、心悸、判断力减退、易兴奋,缺氧加深可感呼吸困难、恶心、呕吐,烦躁。

Ⅱ期（抑制期）：中枢抑制，半昏睡或昏睡，因呼吸中枢抑制而使呼吸减弱。

Ⅲ期（痉挛期）：昏迷，皮肤紫绀或苍白，肌肉痉挛，脉搏缓慢，呼吸障碍。

Ⅳ期（柔软期）：四肢肌肉松软，呼吸极度抑制，呼吸微弱，循环严重抑制致脉搏微弱或消失，皮肤凉。

3. 缺氧程度判断

轻度缺氧：临床上无明显紫绀，血液 PO_2 在 6.66 kPa 以上，PCO_2 在 6.66 kPa 以下，血氧饱和度超过 80%。

中度缺氧：临床上出现紫绀，活动后呼吸困难，血液 PO_2 在 4 ~ 6.66 kPa，PCO_2 升至 7.33 kPa，血氧饱和度超过 60% ~ 80%。

重度缺氧：临床上有明显紫绀，安静时呼吸困难，神志异常，出现嗜睡、谵语、昏迷或者抽搐，PO_2 低于 4 kPa，PCO_2 超过 9.33 kPa，血氧饱和度超过 60% 以下。

4. 低氧耐力检查

低氧耐力检查是高原医学中常用的一种检查方法。其目的是检查从事高原工作的人对低氧的敏感性及耐力，对低氧敏感者进行低氧耐力的锻炼，从而为预防高原病、早期诊断高原病提供一定的帮助。

（1）低氧应激生理学基础。生活在海平面的人，空气中有足够的氧气，因此人们不会感觉缺氧。当人体处于轻度和中度低氧环境时，由于动脉血氧分压的下降，化学感受器被刺激后发生向心冲动，通过反射途径引起一系列代偿反应。

（2）低氧应激的检查方法

低氧应激的检查方法：①减压舱内进行，可供研究低氧及大气压力降低等因素对机体的影响；②呼吸人工配制的模拟高空气体成分的低氧含量的氮氧混合气。

低氧应激检查刺激量与作用时间：①低氧耐力检查：刺激量选用海拔 5 000 m，作用时间 30 min，属于中等度缺氧耐力检查；②低氧敏感性检查：刺激量选用海拔 3 000 ~ 5 000 m，作用时间 20 ~ 30 min。

氧 + 体力符合应激检查：刺激量选用海拔 3 000 ~ 5 000 m，体力负荷采用 15 min 原地跑、登二阶梯等，刺激负荷应根据不同检查目的和被检查者身体健康状况而定。

5. 氧疗的作用

氧疗和氧保健是利用补氧改善人体的生理、生化内环境、促进代谢过程的良性循环，以达到治疗疾病、缓解症状、促进康复和预防病变、增进健康的目的。临床实践证明，氧气疗法以其独特的治疗机制，对临床各科的急性、慢性缺血缺氧性病症和因缺氧引起的继发性疾病，能够起到有效的治疗作用。在人体缺氧或将要出现缺氧的时候，通过给氧以增加吸入气体的氧浓度、提高动脉血氧含量、改善组织供氧状况的治疗措施，统称氧气疗法。其中用于纠正病理性缺氧，作为疾病辅助治疗手段的，称为氧疗；用于危重病人和意外事故受害者，称为输氧急救；用于补充繁重脑力劳动者、老年人、孕妇和慢性病康复期病人的生理性缺氧，以及补充各种环境性缺氧，作为预防缺氧的，称为氧保健。

6. 氧气疗法的应用

高原地区低压低氧是引起高原疾病的主要原因，多年来在高原疾病防治方面重点是纠正缺氧，因此，氧气疗法占有很重要的地位。

7. 氧气疗法的持续时间

一般情况下,氧疗法解除条件为:呼吸空气 30 min,其血氧饱和度仍保持在 85%,或氧分压在 7.33 kPa。许多慢性低氧血症患者,可以将上述标准略降低一些也能耐受,可视具体情况而定。但如解除后出现精神症状、出汗、血压升高症状,或血气分析结果氧分压下降,即应再恢复氧疗法。

8. 氧疗的护理

(1)做好患者的心理疏导,由于参建人员医学知识相对缺乏,因此应着重指导首次使用氧疗的患者,对氧疗患者进行正确的说明和指导,可显著提高患者正确使用率。应介绍氧气的物理性质,供氧装置的使用方法及注意事项,介绍病情及血气分析等常用指标的意义,说明氧疗的作用和目的、吸氧时间、流量,不可随便调整氧流量或自行停止吸氧,以取得他们的配合。对长期氧疗的患者:长期氧疗的最终目的是减慢病变的进展,延长患者的生存期,而不仅仅是用来改善症状,不能因症状的好转而减少吸氧时间。让患者知道治疗的持续时间与病死率降低密切相关,氧疗不但能提高其心肺功能,而且可增进耐力和提高生活质量等,以提高氧疗病人的依从性。

(2)安全指导强化患者的安全意识,严格做到四防,即防火、防油、防热、防震,避免意外,随时查看氧气表,当发现氧气表压力接近 0.5 MPa 时,说明剩余的氧气已不多,应立即更换氧气瓶,以免充气时发生危险。

(3)应根据患者具体病情确定氧流量、给氧时间等并做记录,严密观察氧疗后的反应。一般患者经过氧疗后,紫绀均有不同程度改善,呼吸频率减慢,胸闷、气短减轻,呼吸趋于平稳。

(4)保持呼吸道通畅。在进行氧疗操作时,要检查鼻导管、鼻塞及呼吸道是否通畅。急性鼻炎、鼻息肉等均可造成鼻道阻塞、通气不畅,应把鼻导管插入通畅侧;呼吸道分泌物过多时,要注意呼吸道的湿化与吸痰、体位引流等。只有在呼吸道、鼻导管等氧气通过路径通畅的前提下,方能达到氧疗的目的。

(5)氧气的加温、湿化。吸入的氧气经过适当的加温(32 ~ 37 ℃)、加湿,对减少吸氧过程中对呼吸道的刺激和提高疗效存在积极意义。

(6)严格管道、湿化瓶消毒。湿化瓶、供氧管每天更换一次并用 500 mg/L 的有效氯溶液浸泡 30 min,清水冲净备用。鼻导管最好应用一次性的,每天更换一次,以防医源性感染。

(7)环境与锻炼。护士应指导氧疗的患者做到:房间通风良好,光线充足,无致敏源,保证每日开窗通风一次,每次 20 ~ 30 min,室温 22 ℃,湿度 50% ~ 60%。如有可疑外来感染源,可在室内用食醋熏蒸($5\ mL/m^3$)。注意保暖,防止着凉感冒,务必戒烟。注意锻炼身体,增强自身的免疫力。规律的有氧运动能改善心肺功能和耐力,有助于减少肌肉的氧耗并促进心理健康。提倡以步行作为锻炼的基本方式,以活动结束后 3 ~ 5 min 心率恢复到活动前水平为宜。应循序渐进,时间由短至长,增加距离,每周不少于 3 次,每次 15 ~ 30 min。急性期或脑卒中的老年患者也应该在床上或床边做适当的运动或被动运动。

(8)停止氧疗的指征:紫绀基本消失,神志精神状态好转,心率较前缓慢,呼吸逐渐平稳,病情稳定并明显减轻。血气检查 $SaO_2 > 90\%$,$PaO_2 > 8.0$ kPa,$PaCO_2 < 6.7$ kPa。

9. 氧疗的监测

可用无创性动脉血氧仪进行监测。有条件的患者氧疗前、氧疗中、氧疗后均应作血氧监测;还可根据患者的神志、精神状态、发绀、呼吸、血压、心率进行监测。

六、高压氧在青藏铁路建设中的应用

高压氧的概念:人们把超过 1 个大气压的压力称为高气压,在高气压的环境中呼吸氧气称为高压氧(hyperbolic oxygenation,HBO)。将高压氧应用于临床医学即称为高压氧医学。

1. 应用背景：治疗急性高原病的首选措施无疑是“垂直下送”。但是青藏高原特殊的地理与交通条件制约了此最有效治疗措施的实施，只有就地救治才是最现实的手段。既往就地治疗的方法不外乎常规吸氧和药物治疗，这些方法虽然有效，但有收效缓慢、治疗不彻底等缺点。曾有人将便携式压力袋应用于高海拔地区，效果明显。压力袋携带方便、随时随地可以使用，但其本身所能承受的压力有限、无法进行“洗舱（换气）”以及不便同时进行护理和其他治疗是其缺点。

为制造一个人工高气压、富氧环境，青藏铁路建设医务工作者应用了高压氧医学技术，通过高压氧舱最大限度地满足了同时模拟垂直下送、随时洗舱、方便医务人员陪舱监护和治疗等要求（图 3-26）。

图 3-26　中铁十六局工地医院高压舱治疗前学术讨论

2. 基本原理：高压氧不同于常压吸氧。在高压氧条件下，肺泡氧分压迅速提高，弥散入血的氧增加，有效地提高血氧分压；血液中的氧分压、氧含量（不仅仅只是血氧饱和度）随之增加，组织氧储量增加，氧的有效弥散范围增大。这比较彻底地改变了机体缺氧状态，消除了导致肺动脉高压及肺水肿的各种启动因素。随着气道压力增高，超过微静脉静水压后水肿液停止继续渗出，并可促进水肿的吸收（图 3-27）。

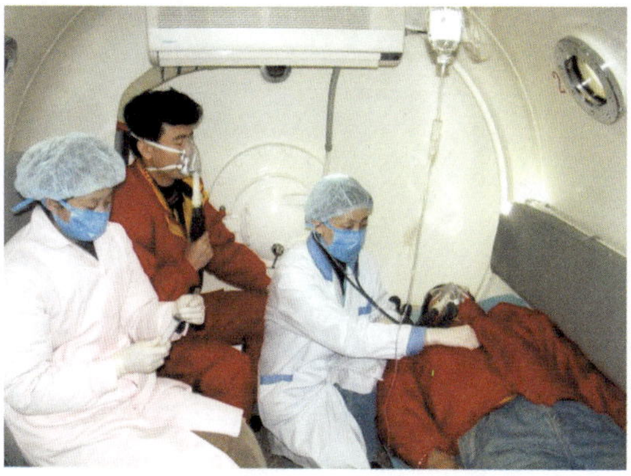

图 3-27　中铁三局工地医院对肺水肿病人进行高压氧舱治疗

随着脑组织及脑脊液氧分压的提高，血氧有效扩散范围扩大，改善了脑组织供氧，从而迅速纠正脑细胞缺氧，保护脑细胞功能；可使脑组织的有氧代谢增加，ATP 合成增多，细胞膜通透性降低，“钠泵”功能恢复，减少液体向血管外渗出；其血管收缩效应使脑血流量减少，从而解除脑水肿对毛细血管的压迫，改善脑的微循环及血氧供应，降低颅内压；高分压氧对网状上行激活系统是一种强有力的刺激，有利于改善觉醒状态，加速昏迷者的苏醒。高压氧治疗能有效地阻断脑缺氧——脑水肿——颅内压升高——昏迷——脑循环障碍——血氧扩散困难——脑缺氧的恶性循环，有良好的促醒作用，并能有效地防止心肌缺氧、肺水肿及肝肾功能不全的发生。轻型无并发症患者可单独使用，不用任何药物。对于重症患者高压氧治疗为最有效和最寄期望的治疗方法。

3. 应用情况：针对高原自然环境特点和高原病最根本病因——低压性缺氧，青藏铁路建设总指挥部规定二级医疗机构需配备医用高压氧舱（图 3-

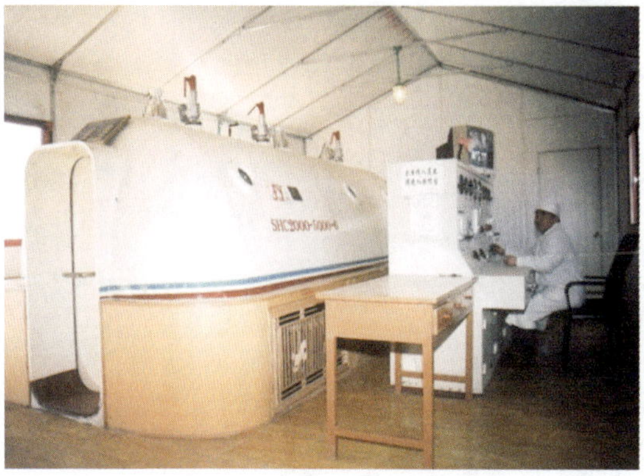

图 3-28　中铁一局高压氧舱

28),6～8 人舱为宜。中铁三局等单位在招、投标中将高压氧技术编入标书,承诺在高海拔施工现场建立高压氧舱,确保高原病患者得到有效的现场救治。首座高压氧舱于 2001 年 7 月在海拔 4 600 m 工地医院建成,投入使用并取得良好效果后,该技术迅速在全线得以推广应用,高峰时期全线高压氧舱数量达 25 台。高压氧不仅是救治高原病患者的重要手段之一,而且对参建人员减轻缺氧和消除高原恐惧心理起到了积极作用。

实践中采用的治疗压力为 180～200 kPa 或 200～220 kPa,跟踪数据表明前者在取得与后者基本相同疗效的同时,其“反跳”率明显降低。研究工作初步探索了高海拔地区高压氧治疗急性高原病的最适治疗压力,揭示了高海拔现场应用高压氧治疗高原病,治疗压力不宜过高的应用方向。

第四章　高原病预防与救治

医学上将海拔 3 000 m 以上、能够产生明显生物学效应(机体反应)的地区称为高原。在高原地区,部分人会出现高原适应不全的症状和体征,发生不同于平原而具有高原特征的疾病,称之为高原病(HAD,High Altitude Disease)。据记载[6],建国初期修建青藏和川藏公路,牺牲了3000余人。1991年青藏公路改建期间,施工人员高原病发病率为13.4%,死亡率高达10%。青藏铁路一期工程(西宁至格尔木)也有65名建设者献出了宝贵生命。在青藏铁路格尔木至拉萨段建设的5年间,铁道部始终将防治高原病作为工作重点,通过建设三级医疗救治体系,强化人员健康管理,探索科学治疗技术等手段,确保了建设期间参建人员的身体健康,实现了高原病零死亡的目标,创造了世界高原医学史的奇迹。

第一节　高原低压低氧环境的生理学效应

在高原环境中,低压、低氧、寒冷、强辐射(主要是紫外线)等多种自然因素,对人体构成了不同程度的综合性影响与效应。这诸多因素彼此间都有着规律性的依存关系,它们对人体生命产生负面效应的大小主要取决于海拔高度,而低气压是核心,低氧是关键。人体在高原就是处于这样的低压、低氧的环境中,其一切生命活动就是在这种缺氧的内外环境中进行的,形成了人与高原、生命与自然的相互关系。机体为了适应高原自然环境,自身可产生一系列代偿机制,使各系统机能达到新的动态平衡,实现习服与适应。如果适应机能不良,出现失代偿,就会发生高原疾病。综合国内外高原病基础研究文献及青藏铁路建设期间高原病防治研究资料,高原低压低氧环境对呼吸、循环、消化、血液、神经、泌尿、内分泌等多系统及水电解质、能量代谢等产生诸多效应,据此可认为高原环境对人体影响是多系统、多方位、急慢性损害并存的复杂的病理生理现象,还有许多医学难题有待研究。

一、高原低压低氧环境对呼吸系统的效应

高原低压低氧环境对人体的所有影响中,发生最早、最有意义的是对呼吸系统的影响。呼吸系统对高原低压低氧反应程度是机体对高原环境习服程度的关键。海拔越高,大气压就越低。在海拔 5 000 m,大气压约为海平面的1/2,而氧分压约为海平面的53%。随着海拔升高,大气压愈低,氧分压也按比例下降,机体将产生低压性低氧。

青藏铁路建设期间的现场调查资料显示,在初入高原的人群中,急性高原反应的发生率为50%～96%,临床多表现为胸闷、气短、紫绀等。观察一组580例急性高原反应人群,其中胸闷、气短的发生率为50.7%～63.1%,呼吸频率在20～40次/min;另一组采用彩色多普勒超声诊断仪,对在海拔 4 700～4 900 m 地区工作6个月,来自不同海拔、不同职业的207名健康人的肺动脉压测定,结果显示,有75人肺动脉压升高,检出率为36.23%。调查2001—2004年青藏铁路建设期间的109 429人

次急性高原病的发病情况，高原肺水肿的发病率为0.43% ~0.59%，并对其中60例典型高原肺水肿患者肺部X线表现分析，肺门两侧有云雾状或弥散性粗大点片状阴影，这些情况为高原肺水肿的现场诊治提供了客观依据。

初到高原低氧环境，人体抗衡低氧最有效的手段之一是加强呼吸，增强肺通气、换气、血液运氧和组织细胞内的气体交换，以缓解机体缺氧。同时通过肺泡弥散面积增大、通气血流比例改善、肺血管结构重塑等生理变化，以期达到通气习服。急速进入高原，部分人员可因通气习服不足而发生重症急性高原病（高原肺水肿、高原脑水肿）。

二、高原低压低氧环境对循环系统的效应

高原低压低氧环境对循环系统的影响主要表现在心率、心输出量、血压、肺循环、冠脉循环、脑循环和血液黏稠度的改变。

1. 心率。人体进入高原初期，心率随海拔增高而加快，在海拔4 000 m，心率一般较平原地区增快约20 ~30次/min。进入适应阶段后心率逐渐减慢，平静休息时可与平原地区相差无几，但在海拔3 600 m以上地区仍高于平原值。适应不良者则长期心率加快，并可出现各种心律失常。青藏铁路建设初期，对从平原进入高原（海拔2 800 ~5 231 m）的56人跟踪观察，其心率和血氧饱和度平均值监测结果见表4-1。

表4-1　海拔2 800 ~5 231 m不同地区对56名青藏铁路建设者心率和血氧饱和度监测平均值结果

例数	2 800 m（格尔木）			4 700 m（沱沱河）		5 231 m（唐古拉山）
	心率（次/min）	血氧饱和度（%）	心率（次/min）	血氧饱和度（%）	心率（次/min）	血氧饱和度（%）
56	74.3	93.0	90.5	84.6	108.3	78.8

监测结果表明，随着海拔升高血氧饱和度下降，心率明显加快。海拔2 800 m时观察对象均无心率增快；海拔4 700 m时12人（占21.4%）出现心率显著加快；海拔5 231 m时16人（占28.6%）心率显著加快，严重者心率增快至117次/min，血氧饱和度降低至76.6%以下。心率增快的机制可能是：（1）血氧分压降低使颈动脉体和主动脉体化学感受器受到刺激而兴奋，反射性地引起心跳加快；（2）缺氧引起的过度通气，导致肺牵张反射增加，抑制了迷走神经对心脏的影响，增加交感效应，而使心跳加快；（3）由于中枢神经系统缺氧，通过增强交感神经活动，兴奋心脏肾上腺素能受体，使心率加快；（4）如缺氧伴有血管扩张、血压下降者，还可通过压力感受器反射性地引起心率加快。严重缺氧时，如SaO_2低于70%，可发生窦性心动过缓，甚至室性自主性心律，导致心搏量骤减，血压下降，严重时发生循环衰竭。

2. 心输出量。我们检测了进入青藏线不同海拔高度的各类人群，调查分析的大量血流动力学数据表明，初入高原者心输出量增加是非常短暂的，其核心是每搏量下降，且随着海拔高度增高，每搏量减少越明显。心输出量取决于心率代偿的程度。初入高原时心输出量增加的原因，主要与心率加快，心收缩力增强，缺氧时呼吸加深加快、胸腔负压增大、静脉回心血量增多而导致心脏前负荷增加有关。另外体循环压力下降可使后负荷减少。进入高海拔地区心输出量下降的原因可能是：（1）高原低氧环境下，心率明显加快，使舒张期缩短，心室充盈不足，心搏出量下降；（2）血氧饱和度下降和冠脉血流减少，引起心肌缺氧，直接或间接抑制心肌收缩功能；（3）高原长期低氧，心肌能量代谢紊乱，纤维组织增生，心肌结构发生改变，使心肌顺应性和收缩功能下降；（4）红细胞比容增加，血黏度增大，使

外周阻力增加，心输出量减少。

3. 血压异常。在青藏铁路建设期间，调查了5年中6 000人次参建人员追踪观察1年的血压检测数据，海拔3 080～3 500 m血压异常的患病率为25.15%，海拔4 700～5 072 m血压异常的患病率为40.84%。对初入海拔3 080～3 500 m高原的1 697人调查显示，血压异常的总患病率为14.73%，其中进入高原1～2个月血压异常的患病率为27.14%，进入高原3～4个月患病率为12.92%，进入高原5～6个月患病率为12.56%；对在高原工作一年后再入海拔3 080～4 700 m高原1～2个月的636名参建人员观察资料显示，血压>140/90 mmHg的患病率为42.77%，血压>160/95 mmHg的患病率为11.0%。

进一步对初入高原人员血压变化进行分析，有增压反应型（高原高血压）和减压反应型（高原低血压）两种血压异常改变，其中增压反应型较多。在海拔3 080 m高度，高原高血压患病率为25.15%；海拔4 700～5 072 m为40.84%。青藏铁路建设期间，观察人群中有少数人员血压偏低，目前尚缺乏详细的统计资料。据不完全统计，在海拔3 050～5 072 m高原调查4年中累计高原低血压的患病率约为0.2%，远低于以往的发病率。

血压变化的原因可能是急性高原低氧状态下，通过颈动脉体和主动脉体化学感受器的"加压反射"，导致动脉血压上升；减压反应型较少，可能是由于心肌受损，心搏量和心输出量明显下降和（或）应激反应能力过弱，加压反射不足以引起动脉血压上升，因此表现为血压下降。这些变化多为暂时性的，是人们对高原低氧环境适应进程和习服能力的反映，获得习服后，血压多可恢复正常。但仍有部分人员血压持续性降低，形成高原低血压症，也有的表现为收缩压无明显改变，而舒张压相对较高，使收缩压和舒张压之差小于20 mmHg，形成高原低脉压症；另一部分人的血压则持续性升高，形成高原高血压症。其共同特点是，这些血压异常的人回到平原居住10天至1个月左右，血压即恢复正常。一般高原久居群体基础血压偏低。血压与心输出量、小血管舒缩、大动脉管壁弹性、循环血容量、血液黏滞度等有密切关系。血压的调节机制也是比较复杂的，与颈动脉窦、主动脉弓化学感受器、延髓循环中枢的功能有关，主要通过交感神经和迷走神经的舒缩血管纤维及各种体液因素作用进行调节。

4. 肺循环改变。在高原，肺循环的改变主要表现在肺动脉压升高。对青藏铁路建设者10 000余人次心电图进行研究发现，心电图改变以右心室较为多见，主要改变有电轴右偏、顺钟向转位、肺型"P"波、完全性或不完全性右束支传导阻滞、左心室高电压、右心室肥厚等。习服不良者可发生持续的心肌劳损。在海拔2 800～4 500 m地区居留劳动3～6个月，不同劳动强度人员心电轴右偏和右室肥厚检出率增加，心电轴右偏的检出率为16.9%～44.2%，右室肥厚的检出率为3.3%～26.7%。随着海拔高度增高和劳动强度增加，检出率增高，提示高原低氧环境可引起建设者肺动脉高压和右心室改变。缺氧使肺小动脉收缩，肺动脉压升高，一方面缓解由于肺部血管收缩和肌层增厚造成的肺循环阻力增加，使灌流不足的肺尖或肺的其他区域得到较多的血液；另一方面可使关闭的肺毛细血管开放和肺毛细血管扩张，从而改善肺部血流灌注及扩大肺部气体弥散面积，有利于氧的摄取和二氧化碳的排除，改善机体氧的供应。

肺动脉压增高对机体习服高原环境有一定意义，且一般为可逆性的，一旦下到平原，肺动脉压先有一个早期的迅速下降，经历一段较长时间可逐渐降低到平原正常水平。但持续的肺动脉压力增高可导致右心室负荷加重，致右心室肥厚。在此基础上如有过度劳累、感染或其他原因使机体缺氧加重，则肺动脉压进一步增高。肺动脉高压是高原肺水肿和高原心脏病发生的主要原因之一。

5. 冠脉循环。心肌细胞的能量供应主要依靠有氧代谢。缺氧时心肌通过提高冠脉血流量和增加氧的摄取后，心肌仍然供氧不足时，心电图出现改变。在青藏铁路施工期间通过心电图监测观察

10 000余人次，缺血性心电图改变在施工人群中的发生率为10% ~30%，心电图改变主要表现为S-T段压低、T波低平、双向或倒置，严重者可出现心前区疼痛，心律失常等。体力负荷强度（氧耗）和海拔高度与缺血性心电图改变有关。心电图改变在进入高原初期可出现心肌劳损，随着居住时间延长，这种改变可减轻或消失。

三、高原低压低氧环境对消化系统的效应

在初入高原的人群中，易发生“胃肠型”的急性高原反应，主要表现为食欲减退、恶心呕吐、腹胀腹泻等临床症状。

1. 高原低压低氧引起胃肠道运动功能和吸收功能发生紊乱。经观察由平原地区初入海拔3 000 m以上高原地区一组人群资料显示，恶心呕吐、食欲减退、腹泻、腹胀等发生率在海拔3 000 m和海拔5 000 m分别为37.0%、74.3%、9.0%、56.8%和81.7%、94.6%、39.8%、94.5%。亦有长期慢性腹泻症状，虽经各种检查未发现细菌学证据及其他病因，当患者返回平原地区后，上述症状自行消失。究其原因可能与高原低氧、气候变化、饮食结构、水质等因素引起的胃肠道功能紊乱有关。胃肠道功能紊乱常造成体重下降，影响人体对高原低氧环境的适应。

2. 高原低氧环境引起肝脏功能的改变。在青藏铁路建设初期，参建人员体检中发现有部分人以谷丙转氨酶异常升高为主的肝功能损害。中铁一局适时立项《青藏铁路不同海拔施工人员谷丙转氨酶改变的临床观察》课题研究，结果显示谷丙转氨酶异常升高率为20.3%。在相同海拔高度，强体力劳动者肝功能损害高于轻体力劳动者；同一劳动强度，高海拔地区的肝功能损害高于低海拔地区者。施工前、中、后阶段比较，肝功能损害的程度呈先高后低的趋势，这表明：低氧是导致谷丙转氨酶升高的直接原因；随习服时间的延长，这种异常变化也随之改善。谷丙转氨酶的升高还与个体差异以及医保措施等因素有关。

肝脏的组织结构与生理功能非常复杂，对缺氧又十分敏感，既往多项研究发现，初到高原地区的健康青壮年，有些人发生肝脏肿大，经各种检查未发现引起肝脏肿大疾病的证据；而这些人返回平原地区后，肝脏可逐渐缩小或恢复正常。目前认为肝脏肿大的原因与高原低氧引起的肝血流量增加、肝脏充血、网状内皮系统增生以及代偿性肺气肿所致的肝下移等因素有关。高原低氧对肝脏酶代谢的研究发现，随着动脉血氧分压的下降，会出现血清谷丙转氨酶、谷草转氨酶、β-葡萄糖醛酸苷酶、醛缩酶、苹果酸脱氢酶、γ-谷氨酰基转移酶（γ-GT）活性升高。这些酶活性升高与高原低氧引起的肝细胞膜通透性增加和肝细胞坏死等有关，它导致细胞内的酶释放到血液中，引起肝脏酶谱升高。一般情况下高原低氧可引起肝脏酶谱轻度和中度增高，而且增高者无自觉症状，男性明显多于女性，返回平原后短期内复查，肝脏酶谱均降至正常水平。

高原低氧环境引起肝脏机能和代谢方面的改变是多因素的，它一方面与海拔高度有密切关系，另一方面与种族、个体差异以及肝功能试验的敏感性和实验方法等也有关系。由于肝脏具有强大的再生能力，因此在评价高原低氧对肝脏的影响时需综合分析。

四、高原低压低氧环境对神经系统的效应

青藏铁路建设期间，在海拔4 700 m跟踪观察60名进驻高原参建人员，对高原反应引起的头痛、头昏、睡眠障碍症状资料统计表明，进驻高原第3 ~5天发生率分别为88.3%、63.3%、51.7%，第90天发生率分别为45%、58.3%、43.3%；对580例就诊的高原反应患者的头痛、头昏症状统计，其发生率分别是95.3%、92.9%。调查认为高原低氧环境下存在脑血流量增多致颅内压增高，出现头痛、头

昏、睡眠障碍等精神神经症状。颅内压增高，脑组织能量代谢障碍，脑血管通透性增加，水分可渗出到脑实质，形成脑水肿。

高原脑水肿多发生于海拔 4 000 m 以上，患病率各家报道不一，国内大致在 0. 0% ~3. 0% 之间。调查分析青藏铁路施工 4 年中的 109 429 人次的观察资料统计显示，2001—2004 年高原脑水肿患病率为 0. 20% ~0. 31% 。2004 年对唐古拉山特高海拔施工地段（海拔 5 072 m）1 年随访资料逐月统计显示，4 月、5 月、6 月、7 月、8 月、9 月，高原肺水肿发病率依次为 0. 48% 、0. 30% 、0. 17% 、0. 17% 、0. 12% 、0. 08% ，以 4 月份发病率最高，9 月份最低。青藏铁路建设期间救治高原脑水肿患者 470 例，给予高流量吸氧、高压氧治疗等急救措施均获得成功。

据文献记载，脑重量仅为体重的 2% 左右，但脑血流量约占心输出量的 15% ，安定状态下脑耗氧量约为机体总耗氧量的 20% ，因此大脑对氧的需求较其他脏器要高得多。人们进入高原低氧环境后，急性缺氧可引起头痛、情绪波动，思维、记忆、判断能力降低和运动不协调等。慢性缺氧者则易出现疲劳、嗜睡、注意力不集中和精神抑郁等症状。严重缺氧可导致烦躁不安、惊厥、昏迷，甚至死亡。缺氧引起的脑组织形态学变化主要是脑细胞肿胀、变性、坏死及脑间质水肿。

缺氧引起中枢神经系统功能障碍的机理比较复杂。脑血管扩张、脑细胞及脑间质水肿可使颅内压力增高，由此引起头痛、呕吐等症状。

五、高原低压低氧环境对血液系统的效应

人体进入高原一定海拔高度后，很快就会出现以血红蛋白和红细胞增多为主的血液系统反应。血红蛋白和红细胞随海拔升高而增高，并且与在高原生活的时间长短也有关系。血红蛋白和红细胞在进入高原 1 周后即开始升高，一般至 8 周左右达到高峰，12 周后趋于稳定。在高原，当血红蛋白增高至≥200 g/L（女性≥180 g/L）国内诊断为高原红细胞增多症。研究认为海拔越高，高原红细胞增多症的发病率越高，体力劳动者发病率高于脑力劳动者。

既往高原病研究文献表明[9]，海拔 3 000 m 以下地区高原红细胞增高症的发病率为 0. 8% ，海拔 3 000 m以上地区的发病率为 2. 43% ，海拔 4 000 m 以上地区的发病率为 4. 27% 。在青藏铁路建设期间，医护人员对施工人员血液中的红细胞和血红蛋白的改变进行了随访观察。2002—2003 年施工高峰期，对海拔 3 080 ~5 072 m 施工人员进行了血液学检查，血红蛋白和红细胞升高的异常率见表 4-2。

表 4-2　不同海拔高度、不同施工时间血红蛋白和红细胞升高异常率（%）

年度	3 080 ~5 072 m（高原 3 ~4 个月）	3 080 ~5 072 m（高原 5 ~6 个月）	4 700 m（高原 1 ~6 个月）
2002	29. 3%	63. 0%	84. 55%
2003	22. 3%	28. 3%	87. 69%

注：血红蛋白和红细胞异常升高的判断标准：Hb >180 g/L，红细胞 >5.6×10^{12}/L。

同年度高海拔（海拔 4 700 m）施工人群血红蛋白和红细胞升高异常率，明显高于全线（海拔 3 080 ~5 072 m）施工人员不同施工阶段的平均异常率，但能达到高原红细胞增多症诊断标准的病例尚缺乏。

进入高原后的 2 ~3 个月，红细胞、血红蛋白都有所增加，可以认为是血液系统的机能“反应时期”，6 个月 ~4 年为“波动期”，4 ~6 年以后可以达到“稳定期”。血液系统对缺氧的反应是高原对生

物体全面影响的一个重要组成部分，它不仅对造血细胞（主要是红细胞）有重要的影响，而且对骨髓造血组织的整体造血功能也有影响。

人体对高原的适应潜能是十分强大的，对个体来说这种潜能存在着较大的差异。处于同一海拔、相同自然条件的高原环境下，由于低氧反应的基本机制，将对机体引起一些共同的效应，但效应的强弱程度明显不同。

总之，低氧对人体各系统的影响与效应是多方面的、复杂的，其生理和病理生理的改变机制尚不清楚，有待进一步研究。

第二节　贯彻《高原病诊断标准》，开展《现场健康控制标准》的研讨

急性高原病是人们快速进入高原低氧环境后产生的病理生理现象，是高原地区的特发疾病，其来势凶险，病情发展快，死亡率高。在青藏铁路建设过程中，越来越多的平原人进入高原，这就给我们提出了如何有效防治急性高原病的重要研究课题（图4-1）。2001年开工前，铁道部、卫生部下发了《青藏铁路卫生保障工作若干规定》（铁劳卫〔2001〕39号），《青藏铁路卫生保障措施（暂行）》（铁劳卫〔2001〕51号）等文件，为各参建单位防控急性高原病提供了指导性意见。2003年以后随着工程建设的全面展开，参建人员在高原工作的时间持续延长，高原环境对人体的慢性影响逐渐显现，防控慢性高原病开始成为我们的研究重点。2004年铁道部、卫生部联合下发的《青藏铁路建设期间防治高原病管理办法》（铁劳卫〔2004〕111号），以及随后由青藏铁路建设总指指挥部下发的《青藏铁路建设人员轮换实施办法》，对各施工单位预防慢性高原病发生更具有操作性和实用性。

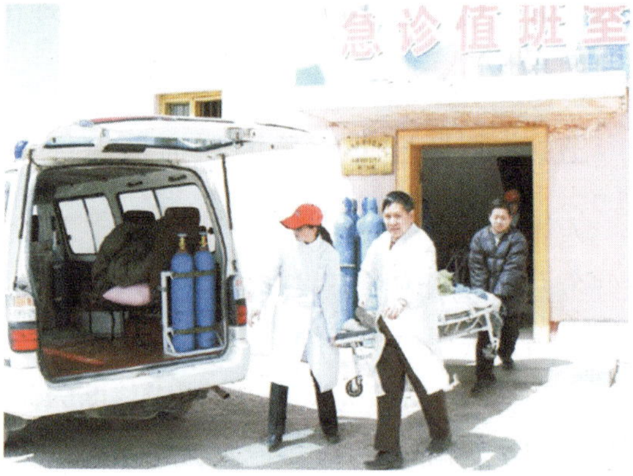

图4-1　救护急性高原病病人

一、贯彻执行《高原病诊断标准》

高原病是高原地区特有的疾病，对来自平原地区的医务工作者来说，有很多新的知识需要学习和掌握。为了保障参建人员身体健康，稳定施工队伍，做好高原病防治工作，采取医务人员走出去和请进来的方式，邀请国内高原医学专家传授高原病防治经验，努力学习掌握中华医学会高原医学分会推荐的《高原病诊断标准》（可参看《高原医学》杂志，1996年第1期），并在实践中不断学习总结，提高对高原病的预防和诊断治疗水平。

二、《急性高原病在高海拔现场临床诊断标准》研讨和规范

在高海拔地区，在医疗条件和技术力量有限的艰难环境下，要做好高原病防治工作，保障参建人员的身体健康和施工效率，必须结合实际，克服平原诊治疾病的思维习惯，摆脱依赖先进设备和实验室检查的工作方式，在实践中不断积累现场诊断高原病的经验，提高高原病防治水平。在认真执行

《高原病诊断标准》的同时，结合高原现场实际情况立项进行《急性高原病在高海拔现场临床诊断标准》的研讨和规范。中铁一局于2002年根据施工单位现有医疗条件和技术力量，结合专家意见制定了《急性高原病在高海拔现场临床诊断标准》，参见表4-3。实践证明该标准在高海拔现场就地治疗急性高原病中具有一定的实用性和可操作性。

表4-3 急性高原病在高海拔现场临床病诊断标准

	高原肺水肿诊断标准	高原脑水肿诊断标准
现场诊断标准	1. 发病：近期抵达高原（一般在海拔3 000 m以上）。 2. 症状：静息时呼吸困难，胸闷、压塞感。咳嗽，咳白色或粉红色泡沫状痰，无力或活动能力减低。 3. 体征：一侧或双侧肺野出现湿性罗音或喘鸣，中央性紫绀，呼吸过速，心动过速。 症状、体征各至少具两项始可作诊断	1. 近期抵达高原（一般在海拔3 000 m以上发病）。 2. 头痛、恶心、呕吐、精神状态改变及/或共济失调（神经精神症状按程度依次分为冷漠/倦怠、定向障碍/精神混乱、昏睡/半意识、昏迷。共济失调按程度依次反应为平衡技巧失调，步幅出线、跌倒，不能站立）
临床诊断标准	1. 近期抵达高原（一般在海拔3 000 m以上），出现静息时呼吸困难、咳嗽、咳白色或粉红色泡沫状痰。 2. 中央性紫绀、肺部湿性罗音。 3. 胸部X线是诊断的主要依据，可见以肺门为中心向单侧或两侧肺野呈点片状或云絮状浸润阴影。心影多正常，但亦可见肺动脉高压及右心增大征象。 4. 经临床及心电图等检查排除心肌梗死、心力衰竭等其他心肺疾患，并排除肺炎。 5. 经卧床休息、吸氧等治疗或低转，症状迅速好转，X线征象可于短期内消失	1. 近期抵高原后发病（在海拔3 000 m以上）。 2. 神经精神症状：剧烈头痛、呕吐、表情淡漠、精神忧郁或欣快多语、烦躁不安、步态蹒跚、共济失调（Romberg征阳性），随之神志恍惚，意识朦胧、嗜睡、昏睡以致昏迷，也可直接发生昏迷。可出现肢体功能障碍、脑膜刺激征及/或锥体束征阳性。 3. 眼底：可出现视乳头肿及/或视网膜出血、渗出。 4. 脑脊液：压力增高，细胞及蛋白无变化，偶有血性脑脊液。 5. 排除急性脑血管病、急性药物或一氧化碳中毒、癫痫、脑膜炎、脑炎。 6. 经吸氧、脱水剂、皮质激素等治疗及低转症状缓解

三、认真贯彻《职业性高原病诊断标准》

2002年是青藏铁路开工建设的第二年，工程建设全面展开，上场人员多、分布范围广、海拔高度变化大，医疗保障工作面临更高更难的挑战。卫生部于2002年6月1日实施《职业性高原病诊断标准》（GBZ 92—2002）（见附录文件汇编），将高原病纳入职业病范畴，高原病的发生和发展无论对个人和企业都将造成巨大的痛苦和经济负担，因此，努力使高原病的发生和发展处于受控状态，成为防控高原病的重要内容。青藏总指及时组织上场医务人员培训学习，掌握《职业性高原病诊断标准》相关条款和标准内容，明确职业性高原病诊断程序与高原病临床诊断标准的联系与区别，在医疗活动中严格按照《职业性高原病诊断标准》要求积极抢救急性高原病患者，收集完善资料，为职业性高原病诊断提供依据。

四、积极开展职业健康控制标准的研究

各施工单位根据铁道部统一部署，按照青藏总指颁布《高原准入制度》、《青藏铁路建设病人下送制度》、《青藏铁路建设人员轮换制度》、《青藏铁路建设转院制度》等要求，结合长期职业健康监控中积累的经验，既考虑企业总体利益、稳定队伍、保证工程进度，同时兼顾员工健康，研究制定了《职业健康控制标准（暂行）》。实践证明，只要严格执行这些制度，不但不会影响工程进展，还会减少急性高原病的发病率，同时也杜绝了可能产生慢性高原病的条件，确保队伍稳定和员工身体健康。例如在

建设中承担铺架任务多、工期长的中铁一局集团制定了《青藏铁路职业健康控制标准》并严格执行，对不适宜高原参建人员及时轮换下送（图4-2），使他们的身体健康状况在未达到不可逆损害时及时返回平原得到康复，确保身体健康处于安全可控状态。在执行控制标准中，中铁一局逐年统计适时轮换下送参建人员：2001年度因身体不适应而调整回内地23人；2002年度758人；2003年度570人；2004年度301人；2005年度56人。累计因不适应高原调整返回内地的员工总计1 708人。这些人员返回平原后得到了疗养与康复，身体状况良好。

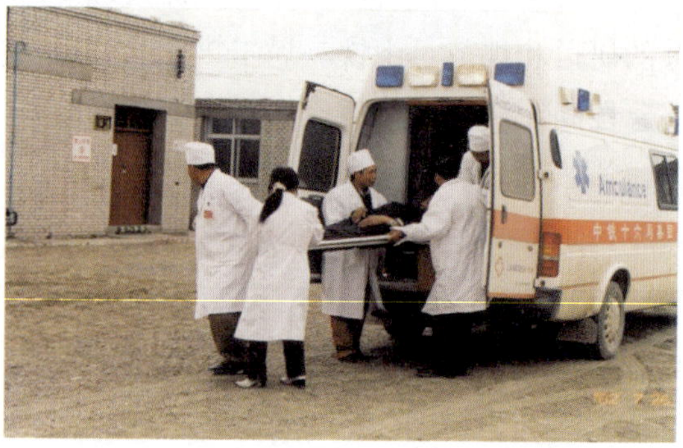

图4-2　认真落实病人下送制度

五、体检项目及不合格标准

（一）体检项目

除常规内科、外科物理检查外，血压、血氧饱和度、心电图、胸透或拍片、血常规（包括HB、HCT、RBC等）、尿常规、肝功能（包括HBSAg、ALT等，HBSAg阳性或炊管人员还应常规加做“两对半”）、肾功能等（图4-3、图4-4）。

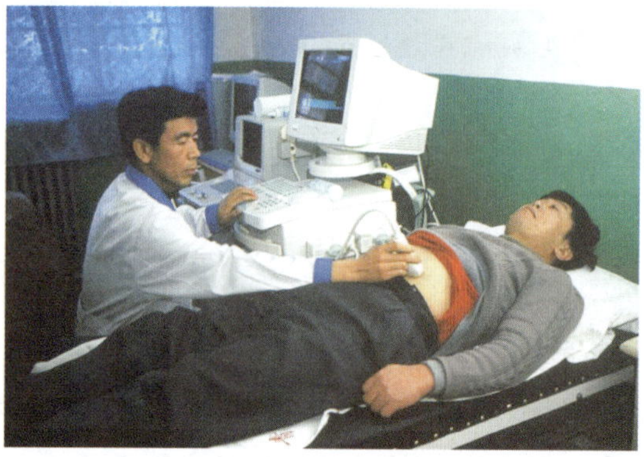

图4-3　通过心脏B超检查心功能

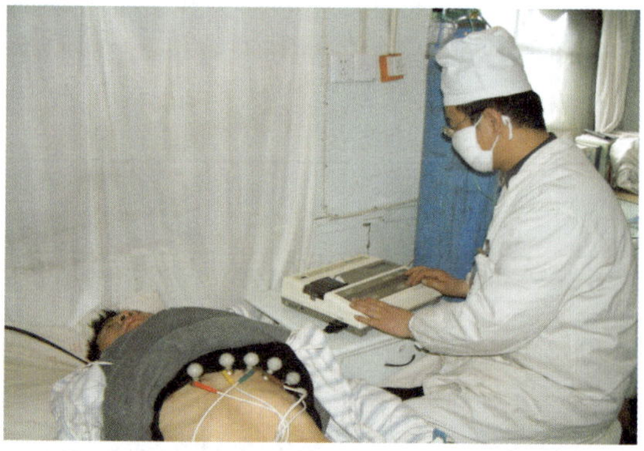

图4-4　医务人员为参建职工做心电图检查

（二）体检不合格标准

1. 明显的心电图ST-T异常，经短期（14天）治疗无明显好转者；

2. 肺型“P”波、RaVR≥0.5 mV、RV_1≥1.0 mV、RV_1+SV_5≥1.05 mV，其中两项达标且心电轴右偏≥120°或重度顺钟向转位，并伴有相应的X线检查或心脏超声检查异常者；

3. 显著的心电轴左偏（－30°以上），伴有自觉临床症状且X线检查或心脏超声检查有相应器质性改变者；

4. Ⅰ度及以上房室传导阻滞，完全性左束支传导阻滞，左前分支阻滞；

5. 阵发性房性、房室交界性、室性早搏，房颤、房扑、预激综合征、室上速以及其他严重心律失常；

6. 心率>110次或<50次，经短期（10天）治疗无好转者；

7. 收缩压≥160 mmHg*，舒张压≥100 mmHg 经治疗无效或不能配合治疗者；

8. 收缩压≤85 mmHg，舒张压≤55 mmHg 或脉压差≤20 mmHg，经治疗无效或不能配合治疗者；

9. 谷丙转氨酶≥100 U/L；经短期(14 天)治疗无明显好转者；

10. 血尿素氮≥8.0 mmol/L，经短期(14 天)治疗无明显好转者；

11. 尿潜血"＋"、尿蛋白"＋＋"或以上，经治疗无效者；

12. 乙肝两对半 HBsAg、HBeAg 阳性或 HBsAg、HBeAg、HBcAb 阳性；

13. Hb＞200 g/L、HCT＞65% 的非新上场员工；

14. Hb＜90 g/L 或 Hb＜100 g/L 同时伴有较明显的贫血性症状者；

15. 血氧饱和度：南山口地区≤85%，海拔 4 000 m 以上地区≤70% 的慢性低氧血症患者；

16. 胸透有明显的肺间质改变、右下肺动脉增宽(＞17 mm)、肺动脉段突出、明显的心室扩大、活动性肺结核等。

六、不宜在青藏铁路施工作业的疾病

1. 慢性呼吸系统疾病：支气管扩张、支气管哮喘、慢性支气管炎、肺气肿、活动性肺结核等；

2. 各种器质性心脏病、脑血管病后遗症、高血压病Ⅱ级、各种血液病；

3. 重症胃肠疾病：消化性溃疡活动期、慢性活动性肝炎、肝硬化等；

4. 其他严重肝、肾、脾疾病、内分泌系统疾病等；

5. 神经、精神疾病(如癫痫、癔病、精神分裂症、高原恐惧症、重度神经衰弱等)；

6. 曾患过高原脑水肿、高原肺水肿、高原心脏病、高原红细胞增多症及症状明显的高原血压异常症等；

7. 高原特发性水肿治疗后复发者；

8. 高原适应不良或脱适应；

9. 鼻出血反复发作；

10. 系统性红斑狼疮、风湿性/类风湿性关节炎活动期、皮肌炎等；

11. 其他直接影响正常工作的疾病(如腰椎间盘突出症等)。

随着对高原病认识加深和急救经验丰富，在高原病专家指导下进一步规范高原病的命名及分型：

(1)急性高原病(Acute Mountain Sickness，AMS)

①轻型

急性轻症高原病(Mild AMS)

②重型(Severe AMS)

ⓐ高原肺水肿(High Altitude Pulmonary Edema，HAPE)

ⓑ高原脑水肿(High Altitude Cerebral Edema，HACE)

(2)慢性高原病(Chronic Mountain Sickness)

①高原衰退症(High Altitude Deterioration，HADT)

②呼吸性慢性高原病

③继发性慢性高原病

④心脏型慢性高原病

---

* 考虑到医务工作者的使用习惯，本书中的血压单位仍使用"mmHg"，即毫米水银柱，1 mmHg≈133.32 Pa。

各级医疗机构在努力做好急性高原病现场急救，确保完成高原病零死亡目标的同时，积极按照高原病命名与分型诊断标准积累资料。这些资料丰富了高原病救治和科研课题研究内容，为第六届国际高原病会议期间修改高原病诊断标准提供了重要参考。在2004年第六届国际高原病会议上，国内外高原病专家盛赞青藏铁路在防治救护急、慢性高原病方面进行的不懈探索，建立了完善的高原铁路建设卫生保障体系，提出了符合青藏高原实际的就地抢救原则，大大降低了高原肺水肿、脑水肿的发病率，在如此恶劣的高原环境条件下达到高原病零死亡的目标，对世界高原医学做出了重大贡献。这次会议后，国内高原病专家提出急性高原病目前多采用国内标准（1995年9月在西宁市召开的中华医学会第三次高原医学学术讨论会推荐稿），慢性高原病多采用2004年国际标准（西宁标准）。

七、开展慢性高原病防控的研究

2003年10月，各参建单位组织了当年"工后"体检。体检结果表明，部分在高原连续工作两年的重体力劳动者，连续工作三年的轻体力劳动者，以及频繁往返高低海拔的人员，出现了不同程度的红细胞增高、肺动脉压增高、转氨酶增高等变化。铁道部非常重视，及时科研立项，重点开展了慢性高原病防控专题研究。在对施工作业点氧分压、大气压等指标系统监测调查基础上，分析识别高原职业病危害源及其危害程度，调查各施工单位上场后高原病的发病情况，对2002年、2003年工中、工后74 500例体检资料进行动态研究。研究结果表明高原低氧环境对人体的危害主要集中在心血管、肝脏、肾脏等重要器官和血液、内分泌系统，临床主要表现为红细胞增多，血红蛋白升高，血压异常，心电图电轴偏转、右室高电压、窦性心率失常、P波改变、传导阻滞等，转氨酶升高，尿蛋白阳性，肝肿大和脂肪肝，血脂升高，内分泌紊乱。通过同一人群自身前后对照研究，确定随着在高原工作时间的增加，高原低氧对人体的危害逐渐加大，呈剂量叠加效应；提出不同高原停留时间、海拔高度、工作性质对人体的影响程度。

2004年铁道部、卫生部召开研讨会，组织国内高原医学专家就建设期间如何防控慢性高原病进行了深入研究。在保证参建人员健康和工程进度的前提下，专家们提出了许多建议，其中，"高原施工人员的轮换办法"（以下简称"轮换办法"）就是行之有效的措施之一。"轮换办法"首先界定了轮换的概念：对于在高海拔地区工作，虽未发生职业性高原病，但工作一段时间或有不适宜高原工作体征的参建人员应予轮换。轮换人员属身体健康人群。"轮换办法"还规定了参建人员轮换的条件：

1. 重体力劳动者，在海拔3 000 m及以上地区工作满一个合同工期（累计不超过8个月，下同）。
2. 非重体力劳动者，在海拔3 000 m及以上地区工作满3年。
3. 非重体力劳动者，在海拔3 000 m以下地区工作，因工作需要3年中频繁往返高原者。
4. 重体力劳动不到一个合同工期或非重体力劳动不足三年，但具备下列条件之一者：

（1）严重高原反应，或高原反应度评分达16分（参照急性轻型高原病分度标准），在一定时间（两周）不能适应高原工作，依靠药物、吸氧维持者；

（2）红细胞总数≥6.5×10^{12}/L，血红蛋白≥200 g/L，红细胞压积≥65%任一项；

（3）体检心电图异常改变者；

（4）血压异常：收缩压≥140或≤90 mmHg，舒张压≥90或≤60 mmHg，正规用药后3个月未能恢复正常者；

（5）尿常规检查：蛋白++及以上，尤其是伴有红细胞+++（排除泌尿系统感染），两周内复查未能恢复正常者；

(6)活动性消化性溃疡,特别是有出血征象者;

(7)谷丙转氨酶、谷草转氨酶、总胆红素、直接胆红素升高达正常值2倍,经治疗在一月内未能恢复正常者。

"轮换办法"坚持了把保护参建人员健康放在第一位的原则,在实际操作中简捷、实用,适合高原医疗条件,便于现场医务人员掌握;轮换条件公正、合理,以体格检查监控数据为依据,利于参建人员接受。

青藏铁路建设作业现场,为上述科学研究提供了大人群、高海拔、持续流行病学资料。这些资料,展示了高原建设期间高原病的发病规律和生理指标特点,对于研究职业性高原病预防治疗理论和修订国家职业性高原病诊断标准,提供了科学依据。

2008年4~10月,中铁一局新运公司对562名青藏铁路参建员工(年龄24~61岁,平均36.34岁;施工海拔3080~5231 m,平均4073.98 m;累计高原居留时间6~60个月,平均33.18个月;返平原时间5~66个月,平均27.73个月)返回平原后生理指标的恢复及变化规律进行了追踪调查,填补了参建人员健康远期观察资料的空白。其中,体检项目包括:身高、体重(计算体质指数)、血压、脉搏、腹部B超、心电图、胸透(简易测量心胸比率)、血常规、尿常规、肝功能、肾功能、血脂系列、空腹/餐后血糖及胰岛素、肝功五项、性激素六项、癌胚抗原测定等。选择232名没有参与青藏铁路建设且工作性质、条件等因素与之大致相同的人员作为对照组同时检查。为排除性别因素的影响,均只把男性数据纳入统计分析。

主要统计结果为:

1. 血液学变化情况

观察组518人,对照组207人。统计显示:①观察组血红蛋白(HGB)、红细胞压积(HCT)、平均红细胞体积(MCV)、平均血红蛋白含量(MCH)均值高于对照组(表4-4),其均值随施工海拔的增高以及高原居留时间的延长呈上升趋势,随返回平原时间的延长逐步接近对照组,且HGB、HCT、MCV与施工海拔、高原居留时间呈正相关,与返回内地的时间呈负相关($p<0.01$),MCH仅与高原居留时间呈正相关($p<0.05$);平均红细胞分布宽度(RDW)则相反,均值小于对照组($p<0.01$),且与施工海拔、高原居留时间呈负相关,与返回内地的时间呈正相关($p<0.01$);红细胞(RBC)、平均血红蛋白浓度(MCHC)两项组间无差异,但前者与施工海拔呈轻微正相关($p<0.05$)。②观察组血小板(PLT)均值小于对照组,大血小板比率(P-LCR)大于对照组($p<0.01$)且PLT与施工海拔、高原居留时间呈负相关,与返回内地的时间呈正相关;P-LCR与施工海拔、高原居留时间呈正相关,与返回内地的时间呈负相关($p<0.01$)。

表4-4　观察组与对照组RBC、HGB、HCT、MCV、MCH、MCHC、RDW统计结果

组别	RBC($\times10^{12}$/L)		HGB(g/L)		HCT(%)		MCV(fL)		MCH(pg)		MCHC(g/L)		RDW(CV)	
	n	$\bar{x}\pm S$	n	$\bar{x}\pm S$	n	$\bar{x}\pm S$	n	$\bar{x}\pm S$	n	$\bar{x}\pm S$	n	$\bar{x}\pm S$	n	$\bar{x}\pm S$
对照组	207	4.96±0.50	207	149±11.5	207	0.45±0.05	207	90.3±6.9	207	30.3±4.2	207	336±46	116	13.0±1.7
观察组	518	4098±0.53	518	155±14.2	518	0.46±0.05	518	92.4±6.4	518	31.4±3.5	518	341±46	188	11.7±3.0
p值		0.626		0.000		0.002		0.000		0.000		0.165		0.000

2. 甲状腺功能变化情况

观察组517人,对照组220人。统计显示:观察组TT_4、FT_3均值较高($p<0.01$);FT_4略高,TSH、TT_3略低,但无统计差异(表4-5);在把年龄作为控制因素的情况下TT_3与施工海拔、高原居留时间呈负相关($p<0.05$);TT_4、FT_3与施工海拔、高原居留时间呈正相关,与返平原时间呈负相关($p<0.01$);

FT_4 与施工海拔、高原居留时间呈正相关($p<0.05$)。提示:①观察组甲状腺处于相对较高的功能状态;②进入高原时的适应(高原习服)与离开高原后的脱适应(或对内地环境的再适应)对甲状腺来说可能是一个较长期的过程。

表 4-5 观察组与对照组 TT_3、TT_4、FT_3、FT_4、TSH 统计结果

组别	观察人数	TT_3(μg/L) $\bar{x}\pm S$	TT_4(μg/L) $\bar{x}\pm S$	FT_3(pmol/L) $\bar{x}\pm S$	FT_4(pmol/L) $\bar{x}\pm S$	TSH(mIU/L) $\bar{x}\pm S$
观察组	517	1.563 ±1.022	72.445 ±25.313	6.986 ±3.341	11.674 ±7.452	1.662 ±1.363
对照组	220	1.716 ±1.295	69.746 ±26.774	5.051 ±3.786	10.578 ±6.767	1.813 ±1.315
p 值		0.087	0.000	0.000	0.060	0.163

3. 胰腺功能变化情况

观察组 517 人,对照组 220 人。统计显示:观察组 FPG、2hPG 均值小于对照组;FINS 略低,2h-INS 略高,但均无统计差异(表 4-6);在把身高体重指数(BMI)作为控制因素的前提下,FPG、2hPG 与施工海拔呈负相关,FPG 还与返回平原的时间呈正相关($p<0.05$);FINS、2h-INS 与施工海拔、高原居留时间以及返回平原的时间之间均无相关性($p\gg 0.05$)。本观察没有发现高原环境对观察组胰腺 β 细胞功能造成损害的证据。

表 4-6 观察组与对照组 FPG、2hPG、FINS、2h-INS 统计结果

组别	观察人数	FPG(mmol/L) $\bar{x}\pm S$	2hPG(mmol/L) $\bar{x}\pm S$	FINS(mIU/L) $\bar{x}\pm S$	2h-INS(mIU/L) $\bar{x}\pm S$
观察组	517	4.66 ±0.768	4.918 ±1.263	3.21 ±2.334	13.60 ±12.48
对照组	220	4.81 ±1.237	5.159 ±1.688	3.27 ±2.513	12.80 ±10.87
p 值		0.038	0.033	0.732	0.414

4. 血脂系列变化情况

观察组 510 人,对照组 222 人。统计显示:TCH 均值观察组大于对照组,HDL-C 观察组小于对照组;TG、LDL-C 两项观察组略高于对照,组间无统计学差异(表 4-7)。

表 4-7 观察组与对照组 TCH、TG、HDL-C、LDL-C 统计结果

组别	观察人数	TCH(mmoL/L) $\bar{x}\pm S$	TG(mmoL/L) $\bar{x}\pm S$	HDL-C(mmoL/L) $\bar{x}\pm S$	LDL-C(mmoL/L) $\bar{x}\pm S$
观察组	510	4.18 ±0.75	1.84 ±1.28	1.20 ±0.18	2.90 ±0.24
对照组	222	3.77 ±0.90	1.72 ±1.24	1.25 ±0.18	2.88 ±0.24
p 值		0.000	0.181	0.000	0.424

在把 BMI 作为控制条件的前提下:TCH 与施工海拔、高原居留时间呈正相关,与返回平原的时间呈负相关($p<0.01$);②HDL-C 与高原居留时间呈负相关,与返回平原的时间呈正相关($p<0.01$)。

大量研究资料证实脂质代谢异常尤其是 HDL-C 降低和 LDL-C 升高是冠心病等疾病的重要危险因素之一,所以,从环境与健康的角度来说,这也反映了高原环境对人类健康造成负面影响的一个侧面。

5. 血压情况

观察组 517 人,对照组 220 人。统计显示收缩压、舒张压、脉压均值组间无差异;返平原时间≤20 个月组的低血压检出率高于对照组($p<0.01$),高原居留时间≤20 个月、21~40 个月、平均施工海拔 >4 500 m 组的低血压检出率以及高原居留时间 >40 月、平均施工海拔 3 751 m 以上组的低脉压检出率均高于对照组($p<0.05$);收缩压与平均施工海拔呈负相关($r=-0.084, p=0.025$),与返平原时间

呈正相关($r=0.081$,$p=0.032$);舒张压与返平原时间呈正相关($r=0.089$,$p=0.018$);低血压检出率与平均施工海拔呈正相关($r=0.086$;$p=0.022$),与返平原时间呈负相关($r=-0.121$,$p=0.001$);低脉压检出率与平均施工海拔及高原居留时间呈正相关($r=0.088$,0.092;$p=0.018$,0.014),与返平原时间呈负相关($r=-0.100$,$p=0.008$)。研究提示,对长期进入高原施工的群体来说,高原低血压与低脉压应成为高原医学工作者研究和关注的重要内容之一。

6. 心胸比率

观察组均值略大于对照组(表4-8)。偏相关分析显示,在把年龄、体重指数作为控制因素的情况下,心胸比率与高原居留时间呈正相关($r=0.167$,$p=0.000$),与返平原时间组呈负相关($r=-0.137$,$p=0.001$),与施工海拔无相关性($r=0.061$,$p=0.145$)。

表4-8 观察组与对照组心胸比率统计表

组别	观察人数	心胸比率($\bar{x}\pm S$)
观察组	517	0.498±0.023
对照组	220	0.494±0.017
p值		0.016

肝功能、肾功能、心电图、性激素、癌胚抗原等组间无统计学差异。

研究发现,高原环境对人体健康的影响是多方面的,有些生理指标在离开高原环境后恢复相对较快(如肝功能、肾功能等),有些指标(如血液学等)可能要经历一个较长的时期才能恢复到"平原人"的平均水平,在制定相关政策时应该考虑到这一因素。

第三节 高原病发病机理的研究

随着高原医学的发展,高原病发病机理的基础研究和临床研究取得了很大进展,高原病的发病机理在器官水平、组织细胞水平以及分子基因水平上都得到了进一步认识。但由于其属于高原地区的特发病,高原病病例获得不易,创伤性检查有一定困难,特别是动物模型制作存在一些问题,因此其发病机理目前仍未完全阐明,还有许多问题有待进一步研究。

一、急性轻症高原病

急性轻症高原病(Mild AMS)的发病机理尚不完全清楚。急性轻症高原病的发生一方面是由于缺氧引起体内钠、水潴留及液体向脑、肺等组织转移,另一方面缺氧引起脑血管扩张,脑血流量增加,使颅内压升高,脑组织受压迫,引起头痛及恶心、呕吐等症状。缺氧引起脑血管扩张的机制,与局部腺苷等活性物质产生释放增多、平滑肌细胞K^+通道开放等多种因素有关。高原病发病机理可概括如图4-5所示。

二、高原肺水肿

高原肺水肿(HAPE)的发病机理可归纳为动力性和非动力性两类机制。

高原肺水肿发病机理繁杂,发病环节多,目前初步认为:

1. 缺氧直接使肺毛细血管内皮细胞损伤,细胞连接间隙增宽破坏,气血屏障结构广泛受损,使血浆直接漏入肺泡腔。

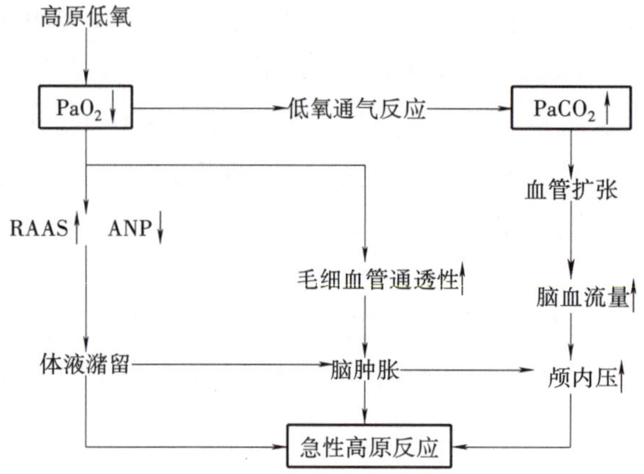

图 4-5 急性高原反应发病机理示意图[10]

2. 缺氧使具有分泌表面活性物质的肺Ⅱ型细胞损害,肺泡表面能力下降,使肺毛细血管液体及蛋白质容易外漏。

3. 缺氧引起肺泡释放组胺、5-羟色胺、白介素-1、白介素-6、白介素 E4、肺瘤坏死因子、C-反应蛋白等因子,使毛细血管通透性增强。

4. 缺氧使肺小动脉收缩,血管阻力增大,引起肺动脉高压。同时交感神经兴奋,血液重分配,肺血容量增大及机体液体潴留等因素造成毛细血管流体静压升高,液体成分外渗,从而加重肺水肿。

5. 左、右心功能减退,造成心脏前后负荷增加,肺循环血量增加,左心排血受阻致使肺淤血水肿。

6. 初入高原睡眠质量减低,睡眠呼吸阻碍、睡眠低氧血症频频出现是高原肺水肿的促发因素。其发病机理如图 4-6 所示。

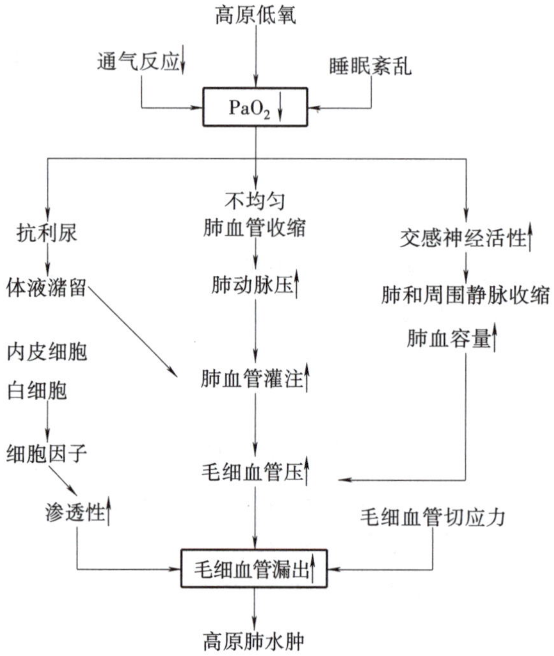

图 4-6 高原肺水肿发病机理示意图[11]

三、高原脑水肿

高原脑水肿(HACE)是急性高原病的极端严重情况,是迫切需要解决的医学难题之一。据研究,高原脑水肿发生的始动机制与血脑屏障开放、通透性增加致脑血容量和脑含水量增加、颅内压增高等有关,但到目前为止人们对高原脑水肿的细胞和分子机制仍知之甚少。胶质细胞足板是血脑屏障的重要结构成分,在多种脑水肿的发生机制中,胶质细胞形态学变化先于神经元,且反应持久。水通道蛋白(aquaporin,AQP)研究进展揭示,AQP4 在调节脑组织水平衡中起重要作用。

病理生理研究认为:高原脑水肿是一种血管源性水肿。①高原低氧使脑血流量增加,脑血管内流体静压增高;②脑血管普遍扩张,脑内毛细血管开放数目增加;③脑血管内皮细胞膜流动性增加而导致血管通透性增加;④脑皮层、海马锥体细胞线粒体肿胀断裂,脑细胞能量代谢障碍,钠泵功能降低导致细胞内水钠潴留。因此,HACE 是多种因素参与的血管源性脑水肿与细胞毒性脑水肿二者并存的混合型脑水肿,如图 4-7 所示。

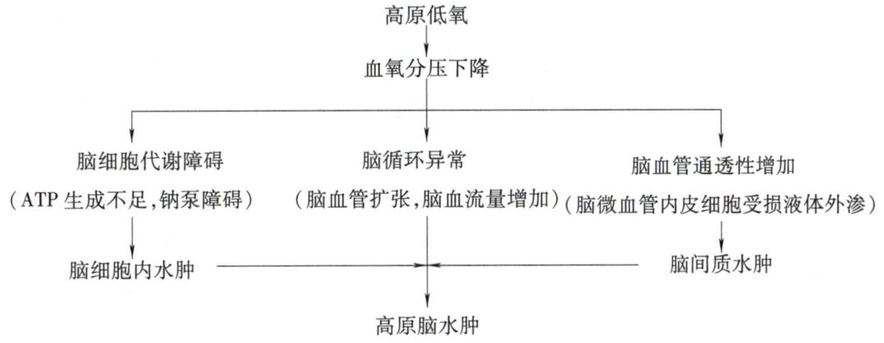

图 4-7　高原脑水肿的发病机理示意图[9]

四、高原红细胞增多症

在正常人体内,每天大约有 10% 的红细胞自然衰老死亡,同时机体又不断地生成新的红细胞加以补充,从而使循环血液中的红细胞数保持动态平衡。无论任何原因引起红细胞生成与死亡之间的平衡失调都会导致疾病发生。高原红细胞增多症(HAPC)就是这种平衡失调的结果。高原低氧环境下任何影响这一平衡的环节、因素都是 HAPC 发病的可能原因。

慢性高原低氧是 HAPC 发病的基本原因。通常情况下,虽然吸入气的氧分压很低,但机体通过低氧习服,对高原低氧进行适应性代偿,使动脉血氧饱和度维持在高原正常范围内,因此大多数高原人均能适应或习服于高原环境。HAPC 是红细胞生成调控发生紊乱的结果。高原人是否发生高原红细胞增多症与机体缺氧程度密切相关。随海拔升高,其发病率升高。随着海拔的升高,缺氧加重,机体代偿的难度加大,当达到一定程度时红细胞生成的调控发生紊乱而发生高原红细胞增多症。显然,不是所有的高原人在缺氧条件下都会发生 HAPC,而产生 HAPC 是机体对缺氧不能有效代偿的结果。

HAPC 的红细胞生成调控发生紊乱是可以恢复的。HAPC 患者回到低海拔地区时红细胞能很快恢复到正常水平。从本质上说,HAPC 是一种继发性红细胞增多。

综上所述,HAPC 发生的基本因素是慢性高原低氧,其关键是触发缺氧与红细胞增多之间的正反馈。本质是一种继发性红细胞增多。

五、高原心脏病

高原心脏病(HAHD)最基本的原因是缺氧,缺氧引起的肺动脉高压是 HAHD 发病的重要环节。缺氧时肺小动脉持续收缩,引起肺小动脉肌层肥厚,管壁增厚,管腔狭窄,阻力增加,使肺动脉压升高。长期肺动脉高压使右心室负荷加重,心肌代偿性肥大,最终可导致心力衰竭。长期缺氧,红细胞增多,血液黏滞度增大,也可以进一步加重心脏的负荷。另外,心脏是人体做功最多的器官,其耗氧量大,对氧的依赖性强。而在高原低氧环境下心肌氧供不足,可以直接损伤心肌细胞,导致其功能和代谢降低。如果缺氧损害到心脏传导系统,则可能出现心律失常。

低氧性肺动脉高压是HAHD发病的重要环节:①肺血管收缩,缺氧可以引起肺血管收缩;②肺血管平滑肌固有量的作用;③肺血管壁增厚;④红细胞增多引起的血液黏滞性增加;⑤左心房压力增加。以上因素共同作用,形成了缺氧性肺动脉高压,使肺循环阻力增加,右心室负荷加重。这些改变显著时,可发生右心室肥厚、扩张功能障碍甚至衰竭。缺氧对心肌的直接损害无选择性,左右心室均可受累。

六、高原血压异常

高原血压异常是指高原高血压症、高原低血压症和高原低脉压,无论初入高原还是久居高原者均可发生血压的改变。初入高原人血压的变化有两种:血压上升或血压下降。前者较为多见,其原因可能为急性低氧状态下,通过颈动脉体和主动脉体化学感受器的"加压反射"引致动脉血压上升(即增压反应型);少部分人则由于心肌受损,心搏量和输出量明显下降和(或)应激反应能力过弱,加压反射不足以引起动脉血压上升,因此表现为血压下降(即减压反应型)。这些变化多为暂时性的,是机体对高原低氧环境习服进程和习服能力的反映,获得习服后,血压多可恢复正常。但仍有部分人血压持续性降低,形成高原低血压症;也有的表现为收缩压无明显改变,而舒张压相对较高,使收缩压和舒张压之差小于20 mmHg,形成高原低脉压症;另一部分人血压则持续性升高,形成高原高血压症。其共同特点是:当这些血压异常的人回到平原居住10天至1个月左右血压即恢复正常。

第四节　高原病预防措施的落实

一、基础预防

对高原病的预防,内因是变化的根本,外因是变化的条件,最终是通过机体内在的抗病能力来完成的。人体对环境适应是一个自然过程,如强行干预这种过程,则有可能妨碍机体获得习服的能力。因此,采取一些能够维持、维护、调动、改善和增进这种内在能力的方法是符合自然法则的。青藏铁路建设中在心理预防和生理预防两个方面采取了14条措施:①了解高原病知识;②正确认识高原;③主动适应高原;④节氧(降低氧耗);⑤综合性运动锻炼;⑥适应性训练;⑦营养与高原耐缺氧食品供给;⑧促适应因子;⑨耐缺氧药物的应用;⑩减缓登高速度与阶梯习服;⑪防治疾病,维护机体健康;⑫劳动防护;⑬吸氧与高原富氧室;⑭轮换与低转下送制度。

二、消除高原病诱发因素

(一)预防诱发因素的发生

心肺疾病、气温高低骤变、劳累、紧张、恐惧、酗酒、饱餐、腹泻等常可诱发高原病。资料分析表明,上感、受寒、劳累分别占高原肺水肿诱发因素的30.0% ~40.0%、14.0% ~42.0%和15.0% ~24.0%,成为高原肺水肿发病的三大诱因。因此,要提早预防上感、受寒、劳累,避免诱发高原病。

(二)防治前驱表现与早期临床征象

临床资料显示,下列情形有可能发生重症急性高原病或由亚临床型发展为临床型。

1. 有重度的高原反应(>90.0%);

2. 进行性加剧性头痛(80.1%)；

3. 极度乏力(97.8%)；

4. 进入高原 2 天后，出现明显腹胀、纳呆；

5. 胸闷、气促，活动后(98.2%)或夜间平卧时(44.0%)更甚；

6. 嗜睡或烦躁(62.5%)；

7. 频频短咳，伴有痰液(98.8%)；

8. 紫绀，P_2 亢进(96.0%)，脉细速(89.9%)，颜面呈灰白色，结膜明显充血，眼睑浮肿等。

对有以上征象之一者，应详细检查，密切观察，做到早预防、早诊断、早治疗，防止诱发高原病。

三、药物预防

实践认为预防用药可明显降低高原病的发生，常用的药物有醋氮酰胺、红景天、藏红花、丹参制剂等。国外使用较多的是已被美国 FDA 批准的醋氮酰胺。维生素 C、维生素 E、维生素 B、维生素 PP 亦被人们接受和采用。我国学者利用中医药优势，研究并被采用的复方药有：诺迪康胶囊、复方党参片、参芪花粉片、复方红景天、利舒康胶囊、高原Ⅱ号等。

第五节　高原病治疗的实践及总结

一、高原病的基础治疗

各型高原病的共同病因是以缺氧为核心，其诱因、发病机理、转归等也具有相同性、相似性及关联性，因此在治疗方面有许多共性，针对这些共性实施基础治疗显得尤为重要。

(一)一般治疗

治疗高原病首要措施是最大限度地降低氧耗。因为与平原地区相比，在高原轻微增加耗氧，也会导致严重的供氧不足。在急性高原病轻型和重型的前驱期，及早采取节氧(降低氧耗)措施，往往会使病情缓解或症状消失，因此节氧常成为最基本的治疗措施，方法为休息、镇静和调整饮食结构等。

休息：急性轻度高原病应降低劳动负荷，中度适当休息，重度及急性高原病重型应绝对卧床休息，高原肺水肿采用半卧位，高原脑水肿采用适度头高卧位。

镇静：高原低氧环境下机体的低氧血症导致睡眠紊乱，进而引起紧张、焦虑、失眠；而紧张、焦虑、恐惧、失眠等会加重氧耗，加重患者的低氧血症。必要时可酌情使用小剂量镇静安眠药。若重症病人躁动、抽搐，应早期处理。

调整饮食结构：一般认为，高糖和高维生素膳食能使机体少耗氧和有效地利用氧，食物中碳水化合物的比例应适宜，蛋白质的比例应占 15% 左右为宜。有人认为酸饮料、柠檬或热甜茶对急性高原病患者有良好的效果。前苏联学者多推崇酸性合剂(0.05 g 抗坏血酸、0.5 g 柠檬酸和 5 g 葡萄糖)。避免吸烟、饮酒。

其他：对伴有的咳嗽、咳痰、疼痛等均应积极对症治疗。

(二)心理治疗

由于多数患者是初次进入高原，对高原病的发生、发展及转归了解甚少，当出现躯体症状时常产生紧张恐惧心理，进一步加重病情，同时也影响治疗效果。因此心理治疗可明显提高高原病的心理预期，促进治疗效果的提升。心理治疗的重点是评估患者的心理状况、解释病情、消除焦虑、增强对高原习服的信心等。

（三）氧　　疗

青藏铁路建设者实践证明，若条件允许，吸氧是有益的。首先，给予急性高原病患者吸氧可以缓解患者的高原恐惧心理，尽快地稳定病人的情绪。其次，吸氧可以改善和减轻急性高原病患者的某些症状，如头痛，特别是夜间头痛，改善患者的睡眠状况，纠正患者的睡眠呼吸紊乱，防止病情进一步发展。因此建议患者采用持续性、低流量吸氧，氧气流量以 1 ~ 2 L/min 比较合适。不提倡间断性高流量吸氧的方式。

青藏铁路建设期间，医务工作者在高原吸氧方面进行了“高原低流量吸氧时间与血氧饱和度变化的关系探讨”、“睡前吸氧预防高原低氧慢性损害的效果观察”、“海拔 4 636 m 现场高压氧治疗高原脑水肿的研究”、“海拔 4 636 m 现场高压氧治疗高原肺水肿的研究”、“高压氧在高原病中的应用”、“长期间断低流量吸氧安全性分析”、“血氧饱和度、心率与急性高原病关系的探讨”、“隧道掌子面弥散供氧和氧吧车供氧研究”、“富氧室”等探索，主要结论为[8]：

1. 进驻高原过程中 SaO_2 < 85% 、心率 > 90 次/min 者易患轻型急性高原病，SaO_2 < 76% 、心率 > 117 次/min 者易患重度急性高原反应、重型急性高原病。

2. 随着劳动时间的延长，SaO_2 较快下降，低流量吸氧能显著改善高原低氧环境下施工人员机体的缺氧状态，改善体力。吸氧 30 min，SaO_2 就能基本达到劳动前水平。

3. 睡前吸氧和富氧室可以降低人体各组织器官的慢性缺氧性损害，可以作为高原工作人员的一种长期保健、预防手段（图 4-8）。

图 4-8　睡前在高压氧舱中保健吸氧

4. 实行生活保健吸氧可降低高血压患病率及血常规、尿常规、肝功能、心电图异常检出率。

5. 特高海拔现场高压氧治疗高原脑水肿、高原肺水肿效果肯定，它能使显著增高的肺动脉压降低，病情迅速改善，对重症病例更具优越性。

6. 隧道掌子面弥散供氧和氧吧车供氧是解决高原隧道作业人员施工中生产吸氧的有效方法。

7. 长期生活吸氧可有效减缓血红蛋白、红细胞的过度增生，对肺部、中枢神经系统、视力、晶状体和眼底是安全的。

实践中将高原吸氧分为生活保健性吸氧、生产性吸氧、治疗性吸氧等。

（1）生活吸氧——分为保健吸氧和症状自顾吸氧。保健吸氧适用于高原习服无症状体征人群日常生活中的吸氧。保健吸氧的方法是，鼻导管间断吸氧 1 ~ 2 L/min，每日累计时间以 2 h 为宜。施工在海拔 4 500 m 以上和重体力劳动期间应适当延长保健吸氧时间。症状自顾吸氧适用于高原习服过程中有症状和体征人群的日常生活吸氧，其流量为 2 ~ 3 L/min，症状缓解后改为保健吸氧。青藏铁路施工期间各参建单位的实践证明，该方法可促进高原习服，提高人体在高原上的劳动能力和健康水平。

（2）生产吸氧——具体包括隧道掌子面弥散供氧和氧吧车吸氧，施工场吸氧站、点供氧，以及作业人员背负式氧气瓶等形式的吸氧方式（图 4-9、4-10）。

（3）治疗性吸氧——指治疗各种高原病以及其他疾病中的吸氧。轻症高原病患者可以 2 ~ 3 L/min的流量间断吸氧，重症以 6 ~ 8 L/min 持续吸氧为宜，泡沫痰量大者可用 50% 乙醇或甲基硅油置入湿化瓶湿化吸入。吸氧后 0.5 ~ 2 h 内即会有紫绀改善、呼吸平稳、脉率减慢效果。可根据病情恢复程度逐步减少用量，然后改为间断吸氧，但不可过早停氧，以免病情反复。若吸氧无效，应检查氧流量和给氧方法是否恰当。吸氧的前提是保持呼吸道通畅，清除呼吸道分泌物，若有呼吸道痉挛可用氨茶碱0.25～0.5 g静脉注射。

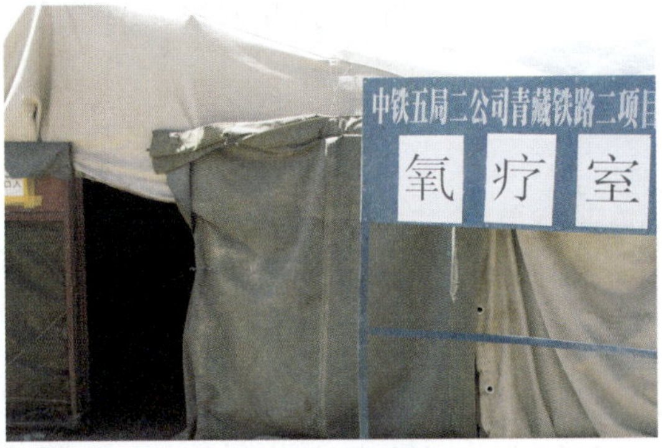

图4-9 工地氧疗室

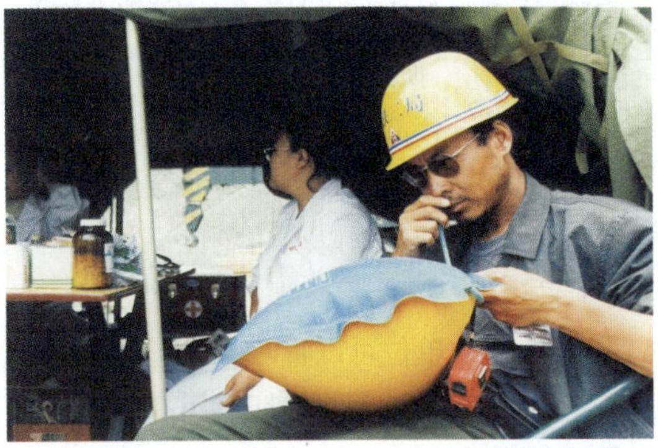

图4-10 在隧道中休息时吸氧

从高原脑水肿的急性病程、血气分析、呼衰类型等来看，一般均为Ⅰ型呼衰，其根本原因是低氧造成的脑损伤，而解救的措施也应当是纠正缺氧。以往临床实践亦证实，一些恢复不良的患者，多为氧疗不足。尤其在高原现场，切实有效的氧疗往往可使病情终止于前期，反之则会导致病情的升级。因此，主张给予高流量、高浓度、持续给氧，这在特高海拔环境中尤为重要。

(4)其他氧疗法、提高血氧饱和度及增加组织供氧的方法。

①高压氧对各型急性高原病疗效极佳，常作为重要的辅助治疗方法。高压氧治疗高原肺水肿对迅速改善病情，缩短病程，提高治疗水平，减少并发症，降低病死率等综合疗效最佳。在无肺部感染的单纯病例中，其消除肺部渗出的效果，有时也不亚于莨菪类药物。实践中已积累了数例单纯高压氧治愈高原肺水肿的病例，其中1例治疗1次后症状体征消失，8 h后胸部X线拍片显示渗出液已完全吸收。Iakov等开展了高压氧治疗脑水肿动物的实验研究，结果证明用高压氧治疗的动物脑组织含水量明显减少，治疗10次的动物比治疗6次的动物效果更好。高压氧在治疗高原病方面有突出优点。对高原脑水肿，高压氧治疗能有效地阻断脑缺氧——脑水肿——颅内压升高——昏迷——脑循环障碍——血氧扩散困难——脑缺氧的恶性循环，并能有效地防止心脏缺氧、肺水肿及肝肾功能不全的发生。高压氧治疗有良好的促醒作用，如药物治疗不能苏醒的高原昏迷，高压氧治疗常是最后的期望。轻型无并发症患者亦可单独使用。对于重症高原脑水肿患者的植物人状态、痴呆、失语、记忆障碍、共济失调、定向力障碍、瞳孔不等大等征象，高压氧治疗亦为最有效和最寄期望的治疗手段之一，但疗程要足够。因此，有条件的单位可尽早使用(图4-11所示为高压氧舱治疗过程)。

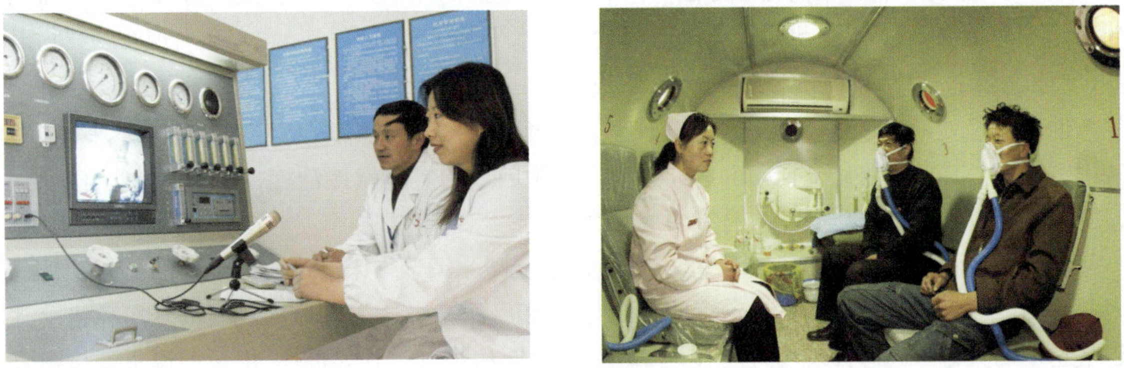

图4-11 高压氧舱治疗

实践中采用高压氧每半年进行一疗程、每疗程15～30次的方案治疗复杂的高原病病例，取得了显著效果。建议在高原心脏病、高原红细胞增多症、高原适应衰退症、高原亚健康病人中采用。

②紫外线照射充氧自体血回输疗法(光量子血液疗法)对治疗缺氧性疾病见效快、效果显著、操作简单，值得推广使用。

③光量子氧合液可与输液同时应用。

④双氧水、内给氧等供氧药物贮运方便，易于掌握应用。

⑤皮下载氧不但可以预防急性高原病，而且对急性高原病轻型也有良好的治疗作用，且简单易行，便于采用。

⑥有条件的单位可设置呼气末正压呼吸，也有较好作用。

⑦呼吸机通气供氧。早期应用高频喷射通气对单纯缺氧的呼吸衰竭、高原肺水肿可以收到切实、迅速、安全的疗效，特别是急性暴发性肺水肿。应用高频喷射通气治疗高原肺水肿时，通气频率一般选择采用60～120次/min，以80次/min为最佳；吸呼时间比以1∶2或1∶1.5为宜。无创正压通气既避免了气管插管的风险和痛苦，又有易于接受、操作简便、并发症少、疗效明显等优点，应用于高原肺水肿的治疗，明显提高了疗效。实践中开展过相关研究，接受无创正压通气的病例恢复时间明显短于非机械通气的病例。

(5)慢性高原病稳定期与缓解期的氧疗法。慢性高原病稳定期与缓解期的氧疗法已越来越被人们注意和采用，目前多采用家庭氧疗。原则是低流量、规律性、长期性吸氧，目的是延缓病情发展、改善症状、提高生存质量。

(四)抗感染治疗

经大量的临床病例观察，人们对高原肺水肿已有了较客观的认识。急性高原病轻型与上呼吸道感染往往相继出现。由上呼吸道感染诱发高原肺水肿者占30.00%～65.52%，而高原肺水肿合并肺部感染者占30%左右。高原肺水肿、高原脑水肿合并感染只是个时间问题。高原肺水肿在治疗措施得当的情况下，如3天内肺部罗音仍不能消失，几乎无一例外地合并有感染和其他并发症。因此，抗感染治疗是急性高原病重型的常规处理措施。

(五)支持治疗

初入高原尤其是急性高原病患者，由于低氧和内环境功能紊乱，机体处于高分解、高代谢、高机能、高紧张状态，能量的消耗极为严重，机体随时都可能进入衰竭状态，此时高能量的补充支持就显得十分重要。特别是条件差、病情重、昏迷、呕吐、不能进食、长距离转运的患者更为突出。

营养支持治疗的常用药物有葡萄糖、脂肪乳、氨基酸、白蛋白、钾镁高能合剂、维生素及微量元素混合制剂、脑活素等。胃肠外高营养疗法、鼻饲是抢救重症高原病的重要手段。有报道，经大剂量输注葡萄糖等能量物质数天后，仍不能提升血浆葡萄糖水平至3.33 mmol/L，病人会出现衰竭死亡。

(六)急性高原病就地治疗理论与实践

急性高原病就地治疗是广大高原医学研究工作者长期探索的课题，其重要性已被越来越多的人所认识和接受。青藏铁路修建期间的医疗卫生保障中因成功实施就地治疗，实现了高原病零死亡目标，其创新的就地治疗理论与实践，是重要成果之一。

就地治疗使许多急性高原病患者幸免于危难，也给高原医学临床治疗注入了新的活力，增添了丰富多彩的内容。但急性高原病就地治疗的理论与实践仍不完善，随着高原大规模的开发和建设，将会有越来越多的人进入高海拔现场，并且由零散到小群体，由小群体到大群体，由短期逗留到长期居住。因此，急性高原病防治任务面临着新的挑战，同时对完善就地治疗的理论与实践提供了一个很好的机遇。本节就近年来积累的海拔4 500 m以上现场就地治疗经验作以下介绍和探讨。

1. 概念

高原现场对急性高原病患者的处置包括就地治疗、阶梯治疗（途中治疗、边转边治）、终点治疗（低转下送治疗）。在发病现场实施有效治疗即为就地治疗，包括快速转运至相同或接近发病点海拔区医治过程；从发病现场转运至低海拔终点全过程中连续有效治疗者为阶梯治疗；而送至低海拔区终点的治疗为终点治疗。

就地治疗的核心是指在特定的海拔高度、发病现场区域、特定医疗条件下进行的治疗（图4-12），即在特定条件下对急性高原病进行的合理处置。只有在这个范围内研究总结的理论与实践才具有现实意义和应用价值。

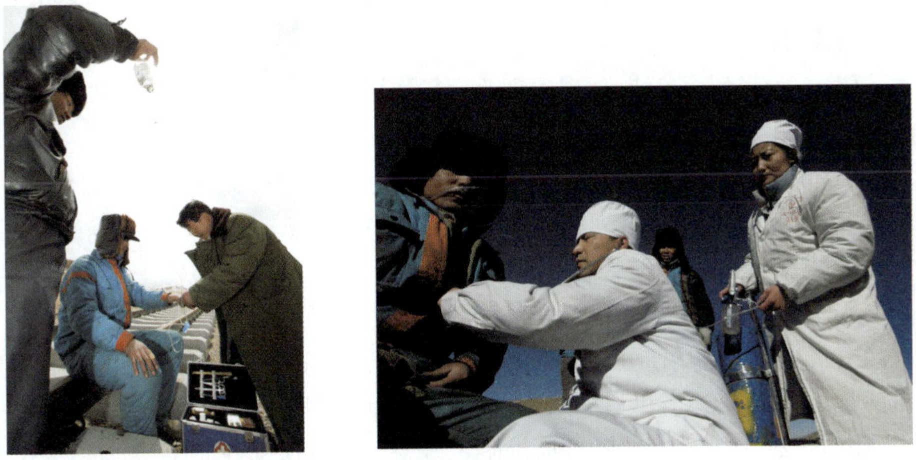

图4-12　就地治疗

2. 就地治疗的基本思想

急性高原病就地治疗的基本思想可概括为“五个为主”。

（1）坚持以基础预防为主、医疗预防为辅的无病早防措施。开展高原病知识培训，消除心理因素的不利影响；缓慢登高与阶梯习服，进行综合性习服锻炼；合理的营养等等，都是提高人体高原习服和预防急性高原病的早防措施。

（2）坚持以药物预防为主、治疗预防为辅的医疗预防措施。高原低氧是客观存在的，采用必要的医学措施，如服用某些抗缺氧药物也是降低急性高原病发生的医疗预防措施。

（3）坚持以早期发现为主、晚期治疗为辅的治疗预防措施。对急性高原病，特别是高原肺水肿、脑水肿应实行分型诊断和分级治疗，是早期发现、及时治疗、治轻防重的有效措施。

（4）坚持以抢救治疗为主、随访观察为辅的疾病治疗措施。在采用上述措施之后，仍有重型高原病发生，对这些病人应全力以赴地积极抢救，确保病人生命安全。对治疗成功的病例应有目的地进行随访，观察近远期疗效。

（5）坚持以疾病随访为主、劳力随访为辅的随访观察措施。随访过程中，应将疾病恢复程度、生理指标作为观察重点，适当了解病人体质、体力恢复情况以及病后对高原的再适应能力。对某些重型高原病，在临床治愈后，应强调以休息为主的再治疗，不可急于参加劳动，以防高原病复发。

就地治疗的特殊性决定了其基本思想是预防为主，其要点是分层次、按阶段、逐级预防。治疗中也存在预防，随访观察也注重体现预防。自始至终将预防为主的思想贯穿于急性高原病就地治疗的全过程。

3. 就地治疗的原则

就地治疗的六个基本原则为:预防为先、早期诊断、早期治疗、治轻防重、治中有防、防治结合。

实现这些原则的途径是先从人群调查入手,对进入高原的人群要全面普查,筛选高危人群(无基础预防、药物预防、大年龄组等)和高危个体(急性高原病易感者及有高危因素者),对发现高危人群和早期病人,进行重点预防和处理。对急速进驻高原人群要特别注意第1、3、7、15天的发病情况,并认真落实防治措施。同时做好门诊、定点医疗与外出巡诊的工作。门诊可以进行常规治疗,也可以及时发现急性高原病,特别对那些咳嗽、头痛、呕吐病人,身体检查要详细,以便能早期发现病变。除门诊外还要对那些因各种原因不能就医者进行巡诊,白天巡诊主要抓轻型病人的治疗及可疑病人的发现,夜间巡诊对可疑病人及已患病者进行重点查看。定点医疗主要抓危重病人的抢救和治疗。人群调查、门诊、巡诊、定点医疗是高海拔区实施急性高原病就地治疗的四个环节,缺一不可。

4. 就地治疗的特点

病情特点:病情多为轻型而单纯,病理生理改变易逆转,无并发症或少而轻,机体多处于衰竭状态之前,代偿与康复能力相对较强。

治疗特点:能在现场及时治疗,采用一般的治疗方法和用药即可奏效。有些轻型患者仅休息、吸氧即可痊愈;中型患者大多只需基本治疗即愈;重型患者在中型患者治疗方案的基础上再予以相应对症治疗亦能较快逆转。治愈率高,预后好。

5. 就地治疗的分级处理

就地治疗的分级处理是在病情分型诊断的基础上进行的,急性高原病治疗的各种措施、方法、药物在各型中可能都会被采用,不宜机械地划界。如根据症状的严重程度可分为轻型、重型。

轻型:停止体力活动,休息,门诊或“住院”治疗,无需低转下送,治愈后能留原地工作。

重型:绝对卧床休息,“住院”治疗,治愈后大多能留原地工作,但要注意劳动强度,加强高原习服措施。

6. 就地治疗与低转下送

就地治疗、途中治疗和终点治疗形成一个有机的整体,且病人的预后在很大程度上取决于现场医务人员的决策和连续有效的救治措施,因此要将现场首诊负责的理念贯彻治疗的始终。中铁一局安多工地医院成功救治一例高原脑水肿患者,并安全从安多下送至拉萨,就是“就地治疗、途中治疗和终点治疗”成功的案例。

患者张某某,男,45岁,河南驻马店人,石砟厂司机,发病5天前抵达西藏安多县。就诊时症状:喷射状呕吐,颜面皮肤紫绀,意识丧失,呼之不应,大小便失禁。检查:瞳孔对光反应迟钝,疼痛刺激反应减退,浅反应消失,肌张力降低,深反射消失,呼吸浅快,病理反射阳性。体温37.81,呼吸35次/min,心率124次/min,血压155/105 mmHg,SaO_2 54%。根据以上症状及体征,诊断为:高原脑水肿并中度昏迷。

抢救措施:①去枕平卧,头偏一侧,清除口腔内分泌物及呕吐物,保持呼吸道通畅;②面罩给氧,流量为8 L/min;③留置尿管记录尿量;④建立静脉通道,先予速尿40 mg 壶入,然后予20%甘露醇500 ml 快速滴注,40分钟内滴完,同时予地塞米松20 mg 静注;⑤测生命体征15 min 1次,注意患者意识恢复情况。经上述紧急处理后1 h,患者意识恢复,能回答问题,呼吸<30次/min,心率<110次/min,血压140 mmHg/90 mmHg,SaO_2 >80%。患者生命体征逐渐平稳,意识恢复,达到后送指征。在后送途中吸氧和对症治疗。患者经过8 h转送,安全送到拉萨军区总院,治疗15天后完全恢复,后乘飞机回到内地,无任何后遗症。就地治疗有局限性,中铁二局工地医院曾治疗2例高原脑水肿去大脑皮质状态和13例重症昏迷病人,均因“就地治疗”延迟转运而引发了高原肺水肿的并发症,部分病例就地治疗曾一度好转，而后病情恶化，对这部分病人实施就地治疗仍有较大危险性。

终点治疗的优势是毋庸置疑的。如果就地治疗处理不当，转运途中失治，或转运时间过长，往往会使一个本来轻型患者变为重型，甚至濒临死亡。这样即使在医院内终点治疗，其死亡率仍很高。如格尔木市人民医院收治的经长距离转运后终点治疗的50例淘金工发生的急性高原病患者，均存在多脏器功能衰竭，3/4病情垂危，治疗极为困难。

综上所述，就地治疗应与必要的转运治疗有机结合，以期使每例患者都尽可能选择最有效的治疗。实现就地治疗的先决条件是早期发现病人，通过现场门诊、巡诊，对有前驱表现和早期临床征象者反复随诊、密切观察后才能确认。转运必须坚持低转的原则，2001年曾发生过急性高原病患者在安多(约4 700 m)患病，翻过唐古拉山公路垭口(5 231 m)转送到格尔木医院治疗，致使病情加重的个例。在转运途中还要边转边治，减少转运途中死亡。就地治疗抑或转运治疗应根据条件、病情、转运条件及个体是否适合继续留高海拔地区等因素综合考虑。如符合下列条件者应优先选择低转下送治疗：① 现场无系统抢救设备、药物及合适的医务人员；②病情严重但无生命危险；③病情严重有生命危险，已经现场有效处理，途中能持续给氧和用药；④现场人群转移，不能携带病员时也应组织下送。

就地治疗的理论与实践是在一定的历史条件下形成的，随着时间的推移和条件的改善及高原医学的发展，将会得到更新、充实和提高。

二、急性高原病治疗中几个应注意的问题

(一)输液量与速度

有人认为高原低氧使肺血管收缩，肺血量减少，加之气候干燥，随呼吸和皮肤排出的水分增加；患病期间消耗大、摄入不足，主张应给予足够的水和盐。但高原医学专家Wood认为，高原肺水肿易感者体循环对低氧的静脉收缩反应加重，致使较大循环血量向中心转移，加上易感者比正常人有较轻的低碳酸血征，因而血容量不会减少，这些因素加在一起就使得肺血容量异常地增加。据此，为避免诱发肺水肿，高原上静脉输液一般不宜过量、过快。高原肺水肿、脑水肿一般输液量24 h内不宜超过1 000～1 500 mL，以高渗葡萄糖溶液为主，如需输入生理盐水，每日量不宜超过500 mL，低分子右旋糖酐会使静脉血流量增快，故用量亦应控制。但如遇低血容量性休克或脱水严重者，也可在严密观察下较快、较大量地输入平衡液。上述情况在临床上都会经常遇到，关键是要仔细观察，根据不同的患者、具体的病情和病理生理状态综合分析，进行个体化输液。目前，人们普遍将脱水、利尿作为高原肺水肿和高原脑水肿的治疗措施之一，因此，从原则上讲输液量及速度应谨慎对待。

(二)脱水与利尿

高原脑水肿的脱水治疗，首先使用或使用较多的为甘露醇，但它能扩增血管内容量，增加中心循环负荷，有时甚至会诱发或加重高原肺水肿及左心功能不全；而高原肺水肿首先使用或使用较多的则为利尿剂。当两种急性高原病同时存在时，应判断脑水肿、肺水肿、心功能及有效循环血容量的主次、缓急等，适当选择使用甘露醇或利尿剂。如肺水肿为主时，可适当减少甘露醇注射的频度与剂量，并可配伍适量利尿剂。

(三)胃肠应激与胃黏膜保护

初入高原，胃肠应激综合征发生率高，高原居民慢性胃炎亦具普遍性。在以往的病例中，上消化道出血在急性高原病重型诸并发症中很常见，而且一部分病人虽无肉眼黑便，但大便潜血阳性。因消化道出血导致病情恶化、救治困难和失败的教训很多。因此，近年来我们注意采取了针对胃肠应激与保护胃黏膜防止出血的措施，达到了预期效果。常用药物为西咪替丁。西咪替丁可抗心律失常，对心血管功能无不

利影响,并与急性高原病治疗无冲突,无需顾虑。有下列情况者,可作为常规用药,如原有高原胃肠应激综合征、慢性胃病史、消化道出血迹象、呼吸衰竭、昏迷、长时间未进食、大剂量使用糖皮质激素者等。

三、急性轻症高原病治疗

前面所述习服措施和基础治疗均为急性轻症高原病的治疗措施。以往根据主要症状对急性轻症高原病分为若干亚型,从治疗角度是有意义的。下面将急性轻症高原病最常见的几个症状的治疗做一介绍。

(一)头　　痛

头痛是一个症状。无论初入高原者还是久居者都可出现,尤其在急性轻症高原病(急性高原反应)诸症状中发生率最高(96%)。它不仅是诊断急性高原反应的最主要指标之一,有时还是急性高原病重型或危重症的早期信号。

初入海拔3000 m以上地区者60%～100%可有头痛、头昏等症状,多在进入高原数小时或3天内发生。常为前额部跳动性头痛,以夜间为著,经常伴有眩晕,严重时可能有视力障碍,但眼底检查正常。有人认为这种头痛是三叉神经系统和血管受刺激引起的,脑血流量改变不是高原反应头痛的主要原因。

急性高原反应头痛与血压有如下关系及特点:普遍于夜间或清晨开始头痛,起床后加重,早饭后逐渐减轻,头低位时有加重倾向,坐位时减轻。这种特点与高血压头痛的性质十分相似,给予心痛定等血管扩张剂及含有H1受体拮抗剂的非甾体类止痛剂疗效显著。同时,急进高原后舒张压在85 mmHg以上者多有这种性质的头痛,快速登高者舒张压达85～110 mmHg的人中均有这种典型的头痛,表明头痛与缺氧所造成的致痛性活性介质的释放和血压的升高有密切关系。

高原昏迷前驱期病人多有剧烈头痛,常发生于由平原急进海拔4000 m以上者。病人多伴有胸闷、气短、精神萎靡、反应迟钝、表情呆滞、共济失调等,若不及时救治,可因脑水肿加重而进入昏迷期。

多数轻症急性高原病的头痛无需治疗,休息、睡眠24～48 h后即可缓解或自愈。但5%患者的症状可持续甚至恶化,此时要考虑是否已进展为急性高原病重症。心理治疗对精神紧张和情绪不稳定者的症状解除很重要。头痛较重者可给予镇静剂,但要避免引起呼吸抑制的副作用,尤其在夜间应慎用,对症止痛药如心痛定、克感敏等有很好的疗效。对缺氧性恶性头痛,高压氧治疗不但能迅速解除症状,而且对防止高原脑水肿也是有效的方法之一。

(二)高原睡眠障碍

初入高原的人们常出现失眠、多梦和从睡眠中突然醒来,早晨感觉没有睡好,全身疲乏无力,精力不集中,心情烦躁不安等,出现明显高原睡眠障碍。

引起高原睡眠障碍的主要原因是:高原低氧造成机体出现低氧血症,以及紧张、恐惧心理导致中枢神经系统功能失调等。大多数人经数日可自然缓解或消失,部分患者可持续数周至数月。也有极少部分患者在高海拔地区睡眠不但不能解除疲惫感,反而加深了中枢神经系统功能的减退,使其对环境的适应调节能力下降,甚至可能引发某些其他疾病,如夜间睡眠呼吸暂停综合征等。因此,改善睡眠质量,对初入高原者促进习服有重要意义。

治疗方法:调理情绪与心境;睡前不饮浓茶、咖啡等;洗温水澡或用温水洗脚洗脸;睡眠时尽量使肌肉松弛,使身体处于一个最舒适的姿势。睡前翻看一些无兴趣的书刊可使大脑较快地进入抑制状态,促进入睡;睡前饮用酸性饮料及高色氨酸食品有助于睡眠;必要时可适当服用镇静催眠药物,如安定、鲁米那、扑尔敏及中药五味子冲剂、归脾丸等;吸氧是治疗失眠的一种有效疗法,高压氧对高原急慢性恶性失眠伴神经衰弱症候群有很好的疗效。

(三)胃肠应激综合征

曾上过高原的人多数有这种感觉,从进入高原的那天起,就有食欲不振、腹胀、腹泻等消化功能紊乱的表现,这些症状直到离开高原后消失,或在高原居住 1～2 周后逐渐减轻。在急性高原反应中,以胃肠道反应最突出,而且常常由此引起机体内环境紊乱,严重影响身心健康和工作效率。所以,提高对高原胃肠应激反应的认识,加强对高原胃肠应激反应的防治就显得十分重要。

1. 高原胃肠应激反应的一般表现。平原人快速进驻海拔 3 000 m 以上高原地区后,除有头昏、头痛、胸闷、心慌、气短、失眠等症状外,以消化系统症状出现的频率最高(见表 4-9),尤其是恶心、呕吐、腹泻、食欲减退等消化道症状最为突出(见表 4-10)。

表 4-9　急性高原反应主要症状发生率[6]

症　状	发生率(%)	症　状	发生率(%)
头昏	53.6	疲倦	63.1
头痛	38.9	恶心	37.6
心慌	14.8	呕吐	21.5
气短	30.9	腹胀	5.4
胸闷	47.8	食欲减退	74.3

表 4-10　急性高原反应消化道症状发生率[6]

观察对象	例数	恶心呕吐(%)	食欲减退(%)	腹泻(%)	腹痛(%)
儿童	180	52.2	65.0	10.6	18.9
新兵	120	28.2	48.3	56.6	16.7
民工	400	81.7	—	39.8	—

统计结果显示,人体进驻海拔 5 000 m 的高原后,恶心、呕吐、腹胀、食欲减退的发生率分别为 81.0%、22.4%、50.1% 和 24.1%。这些症状一般经 7～10 天的高原习服后逐渐减轻和消失。除上述症状,也有少数人发生上消化道出血和穿孔。一般认为,上消化道出血和穿孔多发生在原有胃、十二指肠溃疡的基础上,其发病率比平原高出 30.0% 左右。高原上消化道出血大多是急性胃黏膜出血。

2. 高原胃肠应激反应的防治。高原胃肠应激综合征并非单纯的消化道症状,由于胃肠道反应可引起一系列内环境紊乱,进而加重急性高原反应。同时高原胃肠应激反应使摄入减少、丢失增多,造成低血钾和低血钙,引起无力、软瘫,甚至肠麻痹、肌肉痉挛、代谢性酸中毒、肠黏膜屏障破坏等一系列病理生理改变。为此,应给予积极防治。①对症治疗:腹泻频繁者可口服苯乙哌啶(止泻宁)、易蒙停、次碳酸秘、乳酶生、酵母片、胰酶、胃蛋白酶合剂等止泻和助消化药物;腹胀、便秘可给予胃复安、吗叮啉、西沙比利等胃动力药。②病因治疗:吸氧不仅改善低氧血症,尤其对慢性顽固腹胀、急性胃黏膜糜烂或应激性溃疡疗效突出。③积极治疗原有的或并发的胃炎、溃疡病等,防止消化道出血。原有严重胃肠道疾病者应暂缓进入高原。胃肠应激综合征病情严重、长期不能习服者可下转平原。

(四)高原血压异常

高原血压异常是指高原高血压、高原低血压和高原低脉压,无论初入高原和久居高原者均可发生血压的改变。

初入高原者的血压有两种变化,即血压上升或血压下降,前者较为多见。原因可能为急性低氧状态下,通过颈动脉体和主动脉体化学感受器的“加压反射”引起动脉血压上升(即增压反应型);少部分人则由于心肌受损,心搏量和心输出量明显下降或应激反应能力过弱,加压反射不足以引起动脉血压上升,因此表现为血压下降(即减压反应型)。这些变化多为暂时性的,是机体对高原低氧环境适应进程和适应能力的反映,获得适应后,血压多可恢复正常。但仍有部分人血压持续性降低,形成高原低血压症;也有的表现为收缩压无明显改变,而舒张压相对较高,使收缩压和舒张压之差小于20 mmHg,形成高原低脉压症;另一部分人血压则持续升高,形成高原高血压。其共同特点是,当这些血压异常的人回到平原居住10天至1个月左右,血压即恢复正常。不存在高原高血压和高原低血压这一独立分型,而高原血压改变只是高原病的一种临床表现而已。

1. 高原高血压

以进入高原3年内发病者多见,常表现为头痛、头昏、心悸、恶心、呕吐等症状,在排除原发性高血压病和其他症状性高原血压的情况下,血压在140 mmHg/90 mmHg以上、返回平原后血压即可转为正常者被诊断为高原高血压。

高原高血压的特点是:进入高原早期者多,男性多于女性,收缩压达到高血压的检出率低,而舒张压达到高血压的检出率高,脉压小,部分是收缩压和舒张压均增高。由于在高原进行血压调查时,难以将高原高血压与原发性高血压病和其他症状性高血压相区别,以及因海拔高度的不同检出率差异较大。有报道,平原人移居高原1年以上,高原高血压的患病率为4.02%。

治疗:治疗同原发性高血压。试验观察表明,对高原高血压伴心率加快者采用β-受体阻滞剂和钙拮抗剂/转换酶抑制剂效果较佳。重症病人宜下转至低海拔地区,下转后血压能逐渐下降,预后一般良好。

2. 高原低血压

多在进入高原4~6月后逐渐发病,常有头晕、头昏、头痛、嗜睡、乏力、失眠健忘等症状,收缩压为80 mmHg,而在移居高原前血压正常,返回平原后又转为正常,并排除内分泌疾病及周围血管疾病所引起的症状性低血压。

高原低血压的特点是:女性多于男性,收缩压降低比舒张压降低更显著,脉压缩小(20 mmHg)。移居高原时间较久的人群中和移居海拔4 000 m以上地区者,患高原低血压和低脉压者甚多,为普查人数的10%左右。

治疗:久居高原的人,经常注意体育锻炼,如长跑、打太极拳、各种球类活动等是防治本症重要而有效的方法。除急进海拔5 000 m以上高原可能出现严重低血压外,一般血压仅轻度下降,无需特殊治疗。若不能坚持日常工作可转至平原地区。常用药物有硫酸苯丙胺、苯海拉明、麻黄素,重症病人可适当给予肾上腺皮质激素治疗,如强的松。中药人参、党参、黄芪、麦冬、升麻、五味子和附子等可能有一定效果,亦可将人参(或党参)、麦冬、五味子各取适量代茶饮,简便易行,效果良好。

四、高原肺水肿的治疗

(一)诱　因

海拔高度:80%发生于海拔4000 m以上。发病年龄:10个月至70岁,多发生于青壮年,矮胖体型较易感。登高速度:越快越易发生。职业:重体力劳动者多发。性别:男性多于女性。居住地:平原移居者患病率高。易感人群:初入者、再入者患病率高。发病时间:冬季、夜间发病率较高。寒冷、上呼吸道感染、过劳仍是最主要的诱因。

（二）患 病 率

高原肺水肿（HAPE）的成人患病率，国外报道[9]为0.57%～15.50%，国内为0.15%～9.90%。差异悬殊的原因与年代、地区、海拔、人群的不同以及沿用的诊断标准不同有关。20世纪50～60年代病死率国外为5.7%～12.8%，国内为5.7%～28.5%。近年来国内报道[7]病死率下降到1%以下。在对青藏铁路的参建人员27 606人的调查中显示，高原肺水肿和高原脑水肿的总患病率为0.83%，其中高原肺水肿为0.5%，高原脑水肿为0.28%，二者并存者发病率为0.05%，远低于前述报道，这是由于采取了良好的预防措施和及时正确的治疗。

高原肺水肿的患病率和病死率均可控制在较低水平。患者多在进入高原3～48 h以内发病，约有2/3的患者在到达高原后3日内发病，少数患者可延长至10日以上，也有个别久住高原，因劳累等诱因而患病的。近年来由于重返高原的人数日益增加，重返高原者患病人数亦逐渐增加，如青海省格尔木市（海拔2 800 m）重返高原度假的大、中专学生中的患病者就显著增加，这些人都在当地成长，发病原因尚待研究。

（三）治　　疗

高原肺水肿的治疗措施与其他原因引起的肺水肿是有区别的。并且在病因（缺氧）、发病机制〔肺动脉高压、肺毛细血管内皮和（或）肺泡上皮通透性增加〕等方面也有所不同。

1. 条件允许的治疗方案

①基础治疗：适用于一般患者，应绝对卧床休息，吸氧，口服硝苯地平，静脉注射氨茶碱，肌肉注射青霉素等。

②补充治疗：适用于重症或基础治疗效果不佳者，在基础治疗效果不佳的前提下，加用地塞米松、速尿、酚妥拉明、高渗葡萄糖和维生素C等。

③对症治疗：主要是针对各种并发症的治疗。

2. 治疗措施

高原肺水肿起病急，发展快，变化迅速，应及早采取强有力的措施，力争早期治愈，阻止病情恶化，因此提出以解决缺氧、调整血流动力学和血液流变学紊乱、抗自由基、营养支持四个主要环节的治疗。以休息、供氧、莨菪类及大剂量维生素C为主要治疗措施。

抗胆碱能药物应用于高原肺水肿患者的现场治疗，具有起效快、疗效确切、症状体征消失快、疗程短、治愈率高等优点。对消除泡沫痰和肺部水泡音有突出作用，最短可在用药后0.5 h内消除，轻型病例大多在4 h内消除，故称抗胆碱能药物为“肺泡渗液清除剂”。

维生素C可直接清除细胞内外氧自由基，激活多巴胺羟化酶，加强多巴胺转变为去甲肾上腺素，升高血压，促进氧化磷酸化，促进ATP和糖皮质激素的合成，保护和改善心肾功能。在治疗轻、中型高原肺水肿患者中，可应用维生素C替代皮质激素。其他常被采用的药物有：酚妥拉明、消心痛、硝苯地平、氨茶碱、速尿、地塞米松、西地兰等。近年来，用一氧化氮（NO）治疗高原肺水肿成为研究的热点之一。吸入一氧化氮能选择性地迅速降低低氧造成的肺动脉高压，使肺通气量增加，血氧饱和度增高。一氧化氮虽然不扩张体循环血管，但肺循环的改善也同时改善了体循环，使血液循环由高排高阻的恶性循环转变为代偿性高排低阻的良性循环。在实践中，吸入一氧化氮治疗高原肺水肿有较好的临床疗效，是治疗高原肺水肿的一种重要方式，但基础治疗仍不能放弃。

病例：

2003年12月的一天，中铁一局南山口医院突然接到电话，纳赤台某铁路施工队称其一名员工突然呼吸急促，口吐泡沫痰并伴有头疼心慌等症状，初步判断为急性高原肺水肿，当即吩咐其给予大流量吸氧(6 L/min)并在氧气湿化瓶中加入20 mL高浓度白酒(因当时没有75%医用酒精),同时口服心痛定10 mg后立即派车下送。与此同时医院救护车紧急出动,约40 min后两车相遇,急查病人发现其呼吸急促,两肺可闻及水泡音,证实初步诊断后在其车内紧急处理,给予地塞米松10 mg和氨茶碱0.1 g静脉壶入,继续下行至南山口医院时,病人症状已经基本缓解。

(四)预　　后

高原肺水肿如早期诊断,救治得当,一般0.5~2 h见效,1~2天内可脱离危险,3~7天可痊愈,预后较好。若合并高原脑水肿或其他严重并发症者,其预后则不容乐观。

五、高原脑水肿的治疗

(一)发 病 率

高原脑水肿(HACE)的患病率各家报道不一,国内大致在3.0%之内。青藏铁路参建人员高原脑水肿发病率为0.28%,高原肺水肿合并高原脑水肿者为0.05%。青藏铁路施工期间高原肺水肿和高原脑水肿的患病率显著低于以往国内外的患病率,其原因主要是有良好的医疗卫生和后勤保障。

高原脑水肿多发生于海拔4 000 m以上地区,首次进入高原患高原脑水肿的危险性要比再次进入高原大得多,其比例为5.63∶1。患者多在1~10天内发病,最初的4天发病尤为集中,少数病例是在初步习服后,由于某些严重的诱因而发病。与高原肺水肿相比,高原脑水肿患者病死率高。

(二)分期及发病形式

高原脑水肿分为昏迷前期和昏迷期。在昏迷前期作出早期诊断和有效治疗,对提高治愈率、改善预后有重要意义。

高原脑水肿在昏迷前期有以下三种表现形式:

1. 以抑制表现为主的渐进型(占多数)。初期精神萎靡不振、表情淡漠、生活懒散,进而嗜睡,常蜷曲一角,熟睡中虽可唤醒,但哈欠频频,反应迟钝,往往一夜之后,次日晨间发现患者已进入昏迷。此类病人常被忽视,且持续时间多在32 h以上而未被早期诊断,应予以注意。

2. 以兴奋表现为主的急发型(发病率次之)。患病初期欣快多语,易激怒,烦躁不安,时哭时笑、定向力障碍,狂奔,殴人毁物,大小便失禁,常在24 h内迅速进入昏迷。

3. 无前驱表现的暴发型(占18.5%)。进驻高原无任何不适,常一发病即急转直下,进入昏迷,预后较差。

(三)治　　疗

高原脑水肿的治疗有四个环节:改善和脱离低氧环境以解除病因,减轻和消除脑水肿并恢复脑功能,维护内环境和脏器功能稳定,防止并发症四个环节。要掌握给氧的浓度、流量和持续性给氧,脱水剂的时效性,皮质激素的重要性,催醒剂的时机性等四个技巧的应用。

1. 甘露醇的使用原则是:剂量先大后小,间隔先短后长,疗程适当,不可骤停。由于高原脑水肿常合并或潜在高原肺水肿以及多器官功能障碍,故甘露醇的配合用药有着特定的作用,要顾及全面,讲究技巧。

常采用的治疗方法是:①20%甘露醇每日2~4次,每次125~250 mL,神志恢复、病情稳定后,改为每日1~2次,可适当延长疗程。②速尿可降低脑脊液生成率,常用剂量为每次20~40 mg,静推30 min后颅内压显著降低,持续时间长,可达7 h,无反跳。③皮质激素在治疗缺氧性脑水肿中有重要作用。④氨茶碱能收缩脑血管,减少脑血流量,利尿,扩张支气管,改善心功能，患者在无禁忌证时可常规使用。⑤维生素 C 能抗自由基，抗渗出，维护心肾功能，促进脑代谢。⑥高渗葡萄糖可防反跳，补充能源。⑦654-2 改善脑微循环，维护肾功能。⑧西地兰、地高辛是强心药，可减少脑脊液生成。这些药物均可与甘露醇前后或同时合用。上述方案经临床实践证明是有效的。

2. 临床应用糖皮质激素治疗高原脑水肿取得了显著效果，能缓解症状，维护组织器官功能。皮质醇是机体应激反应的重要激素，一旦缺乏，机体对缺氧的耐受力就降低。经检测 60 例高原脑水肿患者，其皮质醇值为(15.24 ±3.20)μg/mL。由于高原脑水肿与肾上腺机能不全有较明显关系，且皮质激素有预防和治疗脑水肿的作用，因此在高原脑水肿的治疗中要早期使用，而且剂量、用法、疗程均应按计划规范使用，切忌随意、零散滥用。常用地塞米松首次剂量为 10 ~20 mg，1 次静注，而后改为 5 ~10 mg，6 h 1 次静注，48 h 后酌情减量直至停药。另外，维生素 C 与皮质激素合用，有协同作用，并可减少皮质激素的用量。实践中常采用皮质激素与大剂量维生素 C 同时使用，或在皮质激素减量、撤离时补充使用。

3. 高原脑水肿昏迷期病人，促醒剂应用时机的掌握是基于两大原因：①促醒剂增加氧耗，在脑水肿和脑细胞损害未改善时，强行大剂量使用促醒剂只能加重脑缺氧和脑损害，是一种“揠苗助长”行为，欲速则不达。②临床实践表明，过早、大剂量使用促醒剂，病人会出现躁动、抽搐，甚至导致死亡。但促醒剂有促进神经细胞内氧化还原、调节神经细胞代谢、增进碳水化合物的利用，并能扩张脑血管，产生恢复神经功能的功效。如能适当使用，会促进患者早日苏醒，恢复中枢神经机能，与其他治疗相得益彰。促醒剂的使用时机以病情稳定、昏迷程度有所减轻时应用效果最佳。高原脑水肿抑制型患者可适当早用，躁动型患者应尽量晚用。常用药物有：纳洛酮(有重建前列腺素和儿茶酚胺的循环机制，刺激体内 SOD 生成，有效抑制脑性昏迷病人增多的 β 内啡肽效应，逆转休克，改善通气等作用)、胞二磷胆碱、克脑迷、氯脂醒等。

高原脑水肿的一般治疗：维持水、电解质、酸碱平衡，预防并发症等均很重要。

头部低温、脱水、高压氧是治疗高原脑水肿最有效的措施。但对高原脑水肿，尤其是在高海拔野外现场，监测、抢救条件差，气温寒冷，低温疗法更易促使寒战和导致呼吸、循环功能的不稳定，因此实际应用较少。但在医院内低温疗法应常规使用，据回顾性总结显示，有效的头部降温可为患者多争取 1 ~3 天的生存时间。

近年，解放军第十八医院应用低浓度 NO 治疗 12 例高原脑水肿结果显示，患者均在吸入 NO 后 10 ~30 min 内清醒，1 ~3 天内痊愈出院。他们认为吸入 NO 治疗高原脑水肿毒副作用小，病程短。

总之，高原脑水肿发生后若能早期诊断，及时治疗，大多数能获痊愈，但晚期重症患者的治疗较为困难，危险性仍居高原病之首。

六、高原心脏病的治疗

(一)发 病 率

高原心脏病(HAHD)多发生在海拔 3 000 m 以上的高原，3 000 m 以下也有发病，目前尚无公认的患病率报道。吴天一院士等 1983 年报道，海拔 3 000 m 以下移居者患病率为 0.07% ，世居者为 0；海拔3 000 ~4 000 m 移居者为 0.71% ，世居者为 0.24% ；海拔 4 000 ~5000 m 移居者为 1.72% ，世居者为 0.45% 。随着移居时间的延长，患病率逐渐增高，但由于对高原适应的个体差异，在同一移居人群和同一移居时间内，有的患病，有的不患病。多为慢性经过，患病时间大多数在 6 个月后，但也可在进入高原短期内患病,患病时间最短者为2个月。常见的诱发因素是劳累、吸烟、呼吸道感染等。男性较女性患病者多,可能与劳动强度有关。本病常年发病,但以冬、春季易患。

(二)治　　疗

在高原地区治疗高原心脏病,一般均以改善氧供,减少氧耗,对症处理,支持等为基本原则。低氧是引起成人高原心脏病的根本原因,若有明显肺动脉高压或已出现心功能不全者宜下送到低海拔地区,返回平原后肺动脉压逐渐下降,约需一年半至两年时间,才能降至平原人群水平。在实施治疗前,应明确呼吸道感染情况,心肌受损情况,是否存在心衰等。除基础治疗外,治疗可采取以下原则:

1. 积极控制呼吸道感染。呼吸道感染既是高原心脏病的重要诱因,又是加重本病的重要因素。彻底治疗呼吸道感染,对于控制病情、预防心衰十分重要。抗生素的选择最好能有药敏试验做依据,以求理想的治疗效果。有急性扁桃腺炎或肺炎者,抗生素使用时间宜稍长。

2. 降低肺动脉压力。从高原心脏病的发病机理来看,降低肺动脉压是治疗的关键措施。常用的药物有氨茶碱、酚妥拉明、硝苯吡啶。

3. 改善心肌供血、供氧。改善心肌供血、供氧及促进心肌代谢特别适用于高原心脏病的心肌缺血型,这些患者有心前区闷痛,少数人有持续时间较长的类似心绞痛发生,心电图和心向量图有心肌供血不足表现。常用药物有丹参、硝酸甘油、硝苯吡啶(心痛定)、能量合剂、极化液。

4. 纠正心律失常。窦性心动过速心率长期在110次/min以上,休息和吸氧无效者,可用镇静剂或β-阻滞剂如小剂量心得安对症治疗。窦性心动过缓清醒时心率在45次/min以下,可给予阿托品,用法为静脉注射或肌肉注射。室性早搏和室性心动过速首选药物为利多卡因。房性早搏如果每分钟少于6次,一般用镇静剂即可;若超过6次,可选用心得宁静脉推注。房室传导阻滞达1度以上时,对高原心脏病来说首选肾上腺皮质激素、地塞米松。

5. 放血或血液稀释

放血或血液稀释疗法可使患者肺通气量增加,肺动脉压下降,血氧饱和度增加,可明显改善高原心脏病患者的紫绀、胸闷、气促、无力及头痛等症状。具体做法为:病人每次抽血200~300 mL,然后输入1 000 mL生理盐水或5%葡萄糖或低分子右旋糖酐,1~2周后可重复一次。临床观察发现输入胶体液比输入晶体液效果明显而稳定,特别是使用低分子右旋糖酐(相对分子质量20 000~40 000)后,不仅有稀释血液的作用,还具有防治血栓形成和维持血浆胶体渗透压的作用。

6. 纠正心衰主要采取强心利尿、低盐饮食、活血化淤和降低心脏前后负荷等方法。限制体力活动,严重者必须卧床休息,限制钠盐摄入,轻度心衰者每日限制在2 g以内,中度心衰者限制在1g以内,重度心衰者应限制在0.4 g以内为宜。此外切忌食用盐腌制品。由于高原心脏病患者对洋地黄类强心药物敏感性高,易发生中毒反应,因此,以选择作用快、蓄积性小的制剂为宜,剂量不宜过大。心率在80次/min以下者,宜选用毒毛旋花子素K;心衰伴心率偏快时,可选用西地兰。利尿剂用于高原心脏病患者的心衰时,常选用双氢克尿塞或醋氮酰胺等较柔和的利尿药,应避免利尿太快,导致血液浓缩使加重病情。另外,可根据情况选用一些中医活血化淤药物和能降低心脏前后负荷的血管扩张药,有报道使用丹参注射液、山莨菪碱、硝普钠、酚妥拉明等取得较好疗效。

7. 转平原地区。在高原经治疗效果欠佳者或经治疗病情好转但经常反复多次住院,或已发生心衰者,待病情稳定后宜安排转平原治疗。这些病人重返高原常易复发,因此不宜再上高原。

(三)预　　后

高原心脏病的预后与病程长短、病情轻重以及治疗是否及时有效密切相关。一组571例高原心脏病的治疗结果如下:临床治愈1.93%,好转82.31%,无效15.41%,死亡0.35%;转平原地区治疗者占总数的23.82%。早期或轻症病人经治疗或转平原后,心脏形态学改变和心功能不全可完全恢复正常,少数重症患者恢复欠佳,即使转到平原治疗也难以完全恢复。因此,制定高原心脏病的早期诊断标准,寻找有效的治疗方法和制定转入平原的治疗方案对于高原心脏病的预后非常重要。

七、高原红细胞增多症的治疗

(一)影响因素

高原红细胞增多症(以下简称高红症)的高海拔地区发病率高于较低海拔地区(3000 m以下地区发病率0.8%,3000 m以上发病率2.43%,4000 m以上发病率4.27%),适应性差的群体发病率较高,男性发病率高于女性,任何年龄均可发病,似有随年龄增加而增高的趋势,吸烟者发病率高于不吸烟者,体力劳动者发病率高于脑力劳动者,体态肥胖者发病率较高,心肺功能异常、夜间睡眠呼吸紊乱者发病率较高。

(二)分　　型

高红症系慢性高原病的一种类型,由于其病程较长,临床表现不同,又可分为以下各型:

1. 亚临床型。此型除有确切的血液学指标外,无明显临床症状,一般多在流行病学调查时发现,无器官损害证据,年轻人常见,进入高原时间相对较短,常不需要治疗,回到平原或低海拔地区后,在较短时间内血液学指标很快恢复正常。

2. 临床代偿型。此型多见,占高红症的大部分。有临床症状及体征,不仅具有典型的血液学指标,且常伴有实验室、心影像学及肺功能的改变,主要脏器功能处于代偿阶段,能胜任日常活动。本型多数为移居高原10年以上的居民,回到低海拔地区或平原,血液学指标缓慢下降,大部分可在3~6个月恢复正常。

3. 失代偿型。此型不仅有明显的临床症状和体征,常伴有心、肺、脑、肾功能异常,可发生心衰、呼衰、脑血管病、消化道大出血和弥漫性血管内凝血等。此型一般发生在海拔4000 m以上的移居人群,年龄在40岁以上,移居超过20年。在特高海拔地区,人虽进入高原时间不长,但在劳累、感冒以及剧烈活动或伴有各种应激情况下,均可出现严重的失代偿。移居时间较长、年龄较大的高红症患者,即使回到低海拔或平原地区,血液学指标也难以恢复正常。此型在高红症中并不多见。

(三)治　　疗

目前对于高原红细胞增多症尚无特效的治疗方法。在高原地区治疗本病,主要是增加机体氧供,减少机体氧耗量,改善血液携氧能力和组织对氧的利用,改善机体的缺氧状态,从而控制红细胞增生。放血疗法虽能减少外周血液中的红细胞数量,但几个月后红细胞又会恢复到放血前的数量,甚至会更高,因此不宜常规使用。病情严重或治疗效果较差的患者可转送到低海拔地区。脱离高原低氧环境后,患者红细胞水平一般可以逐渐恢复正常,自觉症状好转或消失。目前人们常采用的现场方法主要有:

1. 一般治疗,如减轻体力负荷、深呼吸疗法、戒除烟酒和对症治疗。

2. 改善低氧血症,如间断吸氧、高压氧疗法、光量子血液疗法。
3. 降低红细胞数,如放血稀释疗法(目前很少应用)。
4. 改善血液循环。
5. 光量子血液疗法+放血稀释疗法。
6. 下转平原休息治疗。

第六节　高原病的护理及总结

一、高原护理人员的职业素质培养

护理人员的职业素质包括政治素质、业务素质、科学素质等。作为高原护理人员首先要树立热爱高原、立足高原、奉献高原、服务高原和以人为本的高尚政治素质和道德情操(图4-13)。科学、规范地解读高原效应,以坚强的毅力克服自身的高原反应,以满腔热忱和乐观情绪来影响和鼓励高原病患者树立战胜疾病的信心。通过不断学习和努力实践,熟知高原自然环境、各种危害因素对人体的影响、人体对高原的习服过程、各种高原病防治的基本知识,不断探索和提高高原特殊环境条件下的护理技术和能力。

图4-13　中铁十六局工地医院党支部开展支部活动,不断提高医务人员思想素质

二、心理护理

青藏铁路参建护理人员对不同海拔、不同习服人群作了心理习服与心理护理研究,获得了大量现场资料。统计分析显示:高原作业人群存在一定的心理问题,对照组较心理护理组、高海拔组较低海拔组SCL-90自评量表的总积分和多数因子单项积分分值增高。提示适当的、有针对性地进行心理护理,可减少高原作业人群心理问题的产生,保障参建人员的心理健康。

心理护理的具体内容包括:

1. 以身施教法。参建人员受出生地域、生活环境以及文化水平差异的影响,对高原的认识程度不同,有些人仅限于地理课本所学的一些知识;也有些对高原一无所知,抱着对高原无所谓的态度。在做心理护理时,可请已经习服高原的人介绍他们对高原的习服经验,培养参建人员对高原的正确态度——既不恐惧也不懈怠。

2. 保健促教法。向参建人员介绍青藏铁路设置的完整的三级医疗保障机构，请他们参观一、二级医疗机构的设备配置，介绍一、二级医疗机构的人员结构、日巡诊和夜查房制度，发放青藏铁路《卫生保障手册》，让所有的参建人员了解高原，认识高原，树立战胜高原的信心，消除建设人员的担心恐惧和焦虑心理，进而明确进入高原的目的、意义，了解建设青藏铁路的重要意义，使他们产生一种自我价值感。

3. 心灵沟通法。参建人群远离家乡，远离亲人，会产生思乡思亲情绪。护理人员要主动和这些参建人员交流、谈心、拉家常，使他们对护理人员产生信赖感、安全感、满足感，从而使参建人员产生良好的心理效应。

有针对性地开展心理疏导，可以启发参建人员乐观的期待，培养乐观的性格，保持愉快的情绪。良好的情绪一方面可以缓解神经紧张，另一方面又可通过神经、内分泌系统使之保持平衡，产生轻松、愉快感，从而淡化焦虑、抑郁、恐怖等心理问题，减少参建人群心理问题的产生。

三、生活护理

做好生活护理对初入高原者，尤其是高原病患者尤为重要。高原上的生活环境与平原相比有较大的差异，会使一些人生活能力下降，削弱习服和抗病能力。护理人员应对其衣、食、住、行等方面给予细致周到的料理和关怀，注意起居室和病房的保温、加湿。

四、技术护理

高原病的护理遵循一般护理学的技术规范，在输液、氧疗和转运等方面有其特点，分别介绍如下：

1. 氧疗护理。氧疗在高原习服和高原病的治疗中起着至关重要的作用，现场护士要做好氧疗护理。对高原肺水肿和高原脑水肿患者要经常吸痰，保持呼吸道通畅；指导患者使用雾化吸入器；正确选择氧疗的方法，及时调整氧流量的大小；仔细观察氧疗效果，使氧疗发挥最大的治疗作用。

2. 输液护理。高原上静脉输液一般不宜过量、过快。高原肺水肿、脑水肿一般输液量 24 h 内不宜超过 1 500 mL，以高渗葡萄糖溶液为主，如需输入生理盐水，每日量不宜超过 500 mL，低分子右旋糖酐会使静脉血流量加快，用量亦应控制。但如遇到低血容量性休克或脱水严重的患者，也可在严密观察下较快、较大量地输入平衡液。上述情况在临床上都会经常遇到，关键是要仔细观察，根据不同的患者、具体的病情和病理生理状态综合分析，进行个体化输液。因此，从原则上讲输液量及速度应谨慎对待。

输液中一定要注意保暖，对于可以加温输入的液体应给予加温处理，以最大限度减少输液带来的不适，对于不能加温输入的液体，更应特别注意保暖。尤其是甘露醇在寒冷的环境下，在输液过程中易产生结晶，特别应注意保温，确保输液的顺利进行。在高原上由于大气压低，输液瓶内压力相对较高，更换输液瓶时，应将输液瓶口朝上直接插入，使输液瓶内的空气自然排出，再将输液瓶倒过来，以防止液体自输液管排气孔流出。高原人血液多有“浓、黏、聚、稠”和凝血功能改变的倾向，静脉穿刺时回血慢，拔针后止血也慢。穿刺点压迫应多一些时间，女性患者及高血压患者的压迫时间还应相应延长。

3. 巡视。现场巡回护士应多加巡视，警惕高原肺水肿和高原脑水肿的早期征象，发现可疑病例及时报告医生并协助对危重病人的抢救。急性高原病夜间发病率高，尤其是高原脑水肿病人往往在夜间发病，并在不知不觉中陷入昏迷，巡回护士要加强夜间巡视、观察，做到“听（对入睡者先勿惊动，仔细听呼吸是否有异常，有无痰鸣等）、看（观察睡眠状况、面色、呼吸及痰液是否异常等）、问（有异常者及时叫醒询问病史及病情）、查（对可疑病人要及时带到医务室作检查）”。

4. 转运途中的护理。陪护病人转运途中，除管理好静滴药物及吸氧等工作外，还应做到“二勤”（勤询问病情、勤检查）、“四防”（防冻伤、防颠簸、防擦伤、防事故）。

5. 出院指导和健康教育。部分高原病患者发病后产生了对高原的恐惧心理，丧失了继续习服高原的信心，甚至带来生活、工作等方面的一些问题。这时的护理任务将更加艰巨，出院指导和健康教育过程中，应增加和强化对高原的认知和再教育内容。

第五章　卫生防疫工作

卫生防疫是卫生保障工作的主要内容之一，由于修建青藏铁路要穿越鼠疫自然疫源地，同时又遭遇到了2003年全国暴发的传染性非典型肺炎疫情冲击，使得青藏铁路建设卫生防疫工作的形势十分严峻。为确保青藏铁路建设过程中免受鼠疫、传染性非典型肺炎等传染病疫情的侵袭，青藏铁路建设总指挥部（简称“青藏总指”）在铁道部、卫生部及青藏两省区政府的领导、支持和帮助下，按照属地管理原则，紧紧依靠并全力配合青藏两省区卫生行政部门开展卫生防疫工作。青藏总指及各参建单位周密部署、科学防控，通过制订防控工作预案、建立各项管理制度、开展现场监测、实行生产生活区封闭管理和现场监督检查等措施，有效地控制和杜绝了疫情发生与传播，实现了建设期间沿线工地鼠疫、传染性非典型肺炎疫情零发生的目标，为青藏铁路建设顺利进行提供了重要保证。

第一节　鼠 疫 防 控

一、青藏高原鼠疫概况

鼠疫是由鼠疫杆菌引起的一种发病急、病程短、传染性强和病死率高的烈性传染病。它原发于啮齿动物之间，并能引起人间鼠疫的流行。鼠疫是我国《传染病防治法》规定管理的甲类传染病，也是世界各国严格防范的烈性传染病。青藏高原大部分地区是喜马拉雅旱獭鼠疫自然疫源地，是我国鼠疫危害最为严重的地区。

由于青藏高原的地理环境特殊，旱獭广泛分布，动物间鼠疫年年发生，游牧民和捕猎旱獭者的部分生活习惯，也会导致人间鼠疫时有发生。青海省的鼠疫流行史可追溯到1754年，据不完全统计，自1754年至1957年的200多年间，全省有34个县发生人间鼠疫166起，可统计的发病人数2246人，死亡2048人。新中国成立后，1954年经过疫源地调查证实了青海省存在鼠疫疫源地，1958年确诊了第一例鼠疫患者。多年来，动物间鼠疫疫情在青藏铁路西格段多处发生，十分活跃。西藏从1966年至2005年的40年间，先后有6个地（市）的16个县发生人间鼠疫20起，发病112人，死亡70人。近20多年来，青藏两省区共发生人间鼠疫近40起，给高原人民的生命和财产造成损失。

青藏铁路格拉段大部分位于人烟稀少的高山草甸草原、高山荒漠草甸草原以及高山峡谷草甸草原地区，经由西大滩、昆仑山、不冻泉、二道沟、沱沱河、雁石坪、安多、那曲、堆龙德庆、当雄、羊八井等地区，平均海拔4500 m，这些地区均为青藏高原喜马拉雅旱獭鼠疫自然疫源地，以喜马拉雅旱獭为主要鼠疫杆菌贮存宿主，以谢氏山蚤、长须山蚤、斧形盖蚤为主要传播媒介，并有藏系绵羊、牦牛、犬类、岩羊、藏狐、鼠类、高原兔和马鹿等多种牲畜和野生动物染疫及参与鼠疫的流行，人群普遍易感。每年7月至9月是人间鼠疫的高发期。

从疫情资料分析来看，青藏铁路沿线鼠疫具有以下流行病学特征：

1. 青藏铁路格拉段基本上都处在鼠疫自然疫源地内。

2. 青藏铁路施工期与旱獭活动季节相一致。每年4月至10月，是青藏铁路的施工期，与旱獭在地面的活动时间相一致。4月至10月也是动物间（主要指旱獭）鼠疫的流行期。

3. 动物间鼠疫发生频繁。青藏两省区疫情资料显示，在青藏铁路沿线的重点疫区，动物间鼠疫年年发生，流行势头较为猛烈，并且有向交通沿线和人口密集区域逼近的趋势。

4. 鼠疫高危人群多。青藏两省每年有200多万人在疫源地内从事放牧、生产、开发等活动，这些地区经济发展缓慢，生活落后，群众普遍贫困，捕猎旱獭现象屡禁不止，一旦发生动物间鼠疫，非常容易引起人间鼠疫。

5. 青藏高原鼠疫具有高传染性和高致病性。喜马拉雅旱獭型鼠疫杆菌为国内乃至国际上毒力最强的一种鼠疫菌，它所引起的动物间鼠疫和人间鼠疫传染性极强、病死率极高。动物间鼠疫的传播基本模式是獭—蚤—獭；人间鼠疫的传播基本模式主要有三种：獭—蚤—人；獭—人剥取皮—伤口感染；獭—空气—人。

在青藏铁路建设期间，大批施工队伍进驻，如不加强防控措施，一旦发生人间鼠疫，不仅影响个人健康和生命，即使没有流行扩散，由于需要采取封锁和检疫措施，也会影响青藏铁路施工建设。

此外，综合分析青藏两省区近几年的疫情资料，青藏铁路沿线发生的法定甲、乙类传染病共有11种，发病依次排列为病毒性肝炎、细菌性痢疾、麻疹、肺结核、淋病、梅毒、猩红热、HIV（艾滋病）、炭疽、鼠疫、疟疾；地方病主要有布鲁氏菌病、地方性碘缺乏病（地甲病）、地方性氟中毒、大骨节病等；青藏铁路沿线还属于"口蹄疫"疫区。因此，传染病与地方病预防工作形势十分严峻。

二、青藏铁路鼠疫防控决策

基于青藏铁路沿线面临的严峻疫情形势，国务院及铁道部、卫生部、青藏两省区政府高度重视青藏铁路建设过程中的卫生防疫工作，并将鼠疫防控纳入到卫生保障重点工作内容。

2001年5月，铁道部、卫生部共同发布的《青藏铁路卫生保障措施》中确定了防疫工作的基本原则。明确鼠疫防治工作职责，即青海省、西藏自治区卫生行政部门负责青藏铁路沿线鼠疫和传染病防治的监督指导，提出控制措施，协助组织重大疫情处理；青藏铁路建设管理单位负责建立健全传染病防治自身管理制度和网络，掌握施工区内传染病发病情况，及时向政府卫生行政部门报告，组织重大疫情处理；施工单位要具体做好施工区域内传染病防治、监测和管理工作。施工队伍进入工地前，要组织有关人员对施工区段进行现场卫生学勘察，针对自然疫源性疾病流行情况，提出卫生学预评价意见，为施工驻地选址和进驻工地后制定卫生保障措施提供科学依据。施工队伍进入工地后，要做好灭獭及疫情处理的药械物资准备，并按照青海省、西藏自治区卫生行政部门要求，在施工现场和居住区内定期开展保护性灭獭工作。

三、鼠疫防控的前期准备工作

（一）卫生学勘察

卫生学勘察是青藏铁路卫生保障工作迈出的第一步。参建单位在队伍进驻之前，均按规定派出专职防疫人员开展卫生学勘察工作，对沿线自然环境、饮用水源、传染病、地方性疾病、多发病、卫生资源，尤其是鼠疫疫情分布情况进行分析评价，为各单位制定卫生保障措施提供科学依据。

（二）营地选择

根据青藏铁路沿线工地的自然情况，卫生防疫人员提出营地选址及营房建设的基本原则。营房选址要远离野生动物尤其是啮齿动物活动区域，营房要以砖房、活动房、帐篷及宿营车为主，做好防鼠工作，避免鼠类进入施工人员生活和休息场所(图5-1)。

图5-1　住宿营地选择

(三)营房防鼠措施建设

本着预防为主的指导思想，结合青藏高原鼠疫疫情特点，通过“控制传染源、切断传播途径、保护易感人群”三个环节开展防控工作。在开工阶段，青藏总指要求各参建单位在驻地四周布设防鼠设施。从全线情况看，有的单位挖了防鼠沟，有的搭建了防鼠网，有的采取了沟网结合方式，有的砌了防鼠墙。实践证明，防鼠沟作用不大，录像资料显示，老鼠能够跃过0.5 m宽的防鼠沟。青藏高原多为高原鼠兔和高原沙鼠，生活习性有两个主要特点：一是只食长在地下的草根，嗜口性调查结果表明，它们基本上不吃大米、花生米、大豆和肉食诱饵；二是惧人、避人，通常不主动进入营地和人机活动区域，这与褐家鼠生活习性完全不一样。挖防鼠沟对地形地貌的破坏大，在沟内散放鼠药是短期行为，更不符合“保护性灭鼠”、“封闭式灭鼠”的高原灭鼠原则。防鼠网成本较高，需要维护保养，使用时间不长，效果与防鼠沟差不多。沟网结合方式的效果好，但成本高，只有少数单位选用。防鼠墙成本较防鼠沟高，效果基本上与防鼠沟、网相同，但作用持久，对地形地貌影响小，便于恢复和“封闭式管理”。各参建单位大多采用了防鼠墙。

(四)制定灭鼠技术标准

灭鼠灭獭的技术措施方面，要普遍遵循“保护性”、“封闭性”、“选择性”原则。“保护性”灭鼠就是选用对人畜无害、不会造成二次污染的三代灭鼠药品，但高原沙鼠、鼠兔普遍不吃灭鼠诱饵，灭鼠效果差。“封闭性”灭鼠可选用急性灭鼠药，如氯化钴、磷化铝。常用方法是向每个鼠洞投放药粒1～2粒，投入深度达到0.5 m，随即铲土堵死洞口。根据旱獭多洞口、挖洞速度快的特点，灭旱獭时应同时向每个洞口投放5～10粒药粒，随即用石块堵住洞口再铲土封盖密闭。“封闭性”灭鼠效果很好，由于鼠药和死鼠、死獭均在地下深层，鼠药短时挥发，不会造成二次污染，适用于内外环境大范围灭鼠、灭獭。全线各单位都采用了这一措施。“选择性”灭鼠原则运用的事例很多，如野外环境不选择露天投药，不选用立克命等成本极高的灭鼠药，不选用剧毒鼠药(如毒鼠强)，食堂内选用器械灭鼠等。

1. 各单位把“营地无鼠”、“住房无蚤”作为基本要求。每个单位灭鼠灭獭的常规做法是：一年进行一次大规模的内外环境灭鼠灭獭和临时灭鼠、灭獭；一周进行一次营地消毒灭蚤和临时消毒灭蚤。

(1)灭鼠、灭蚤范围：包括驻地宿舍、食堂、厕所、院内(图5-2)。

(2)室内灭鼠、灭蚤：先喷洒杀虫剂，后投放溴敌隆或立克命毒饵2～4份，每份50 g，投放于墙角、床下等隐蔽处，或者每室安放大号鼠夹2～4个。室内鼠洞处理方法：向每个鼠洞投放磷化铝2粒，投入深度大于0.5 m，然后用土堵死洞口。

(3)外环境灭鼠、灭蚤：即驻地、施工点周围100 m范围、道路及两侧50 m范围，先投药堵洞灭鼠，后用喷雾器进行大范围灭蚤。

(4)灭獭：在驻地、施工点周围100 m范围、道路及两侧50 m范围发现有旱獭，应进行保护性灭獭。

图 5-2　灭鼠与灭獭

灭鼠、灭蚤安全措施：参与灭鼠、灭蚤的工作人员必须穿戴鼠疫处理专用服、鞋、帽等防护用品。药品有专人专柜管理，标志醒目，领取手续齐全。死鼠由专人负责收集、消毒、焚烧或深埋处理。这项措施长年坚持，能保证"营地无鼠"，"住房无蚤"。

2. 一些单位对消杀灭措施作了原则性规定，比如先房内后房外、先院内后院外、先高后低的"三先三后"原则。

3. 在鼠防日常管理措施中，各单位还增加了一些具体要求：

(1)严禁私自购买和宰杀牲畜；

(2)采购肉制品必须由以局为单位统一采供；

(3)严禁饲养狗、猫等动物；

(4)严禁在旱獭洞和鼠洞附近坐卧休息；

(5)严禁进入动物间鼠疫流行疫区散步；

(6)严禁超出限定的人机活动区域；

(7)驻地内发现老鼠、跳蚤立即处理；

(8)坚持定期驻地内外环境灭鼠灭蚤；

(9)对违规人员采取教育、警告、罚款、清退等处罚措施；

(10)提高防范意识，高度警惕和严格监控外来民工、游牧民等人员就诊。

(五)制定鼠疫防控技术方案

青藏总指根据铁道部、卫生部发布的关于《青藏铁路卫生保障工作若干规定》及有关文件通知，在协商青藏两省区卫生行政部门并达成一致意见的基础上，组织有关专家制定了《青藏铁路建设鼠疫防治技术方案》。方案重点包括六个方面：

1. 宣传教育和日常管理

(1)开展"三不三报"宣传教育。即不私自捕猎疫源动物、不剥食疫源动物、不私自携带疫源动物及其产品出疫区；报告病死鼠(獭)、报告疑似鼠疫病人、报告不明原因的高热病人、急死病人。鼠防知识宣传采取多种形式，如宣传画、板报、广播电视、录像等。

(2)开展医疗卫生人员培训。青海省地方病预防控制所和西藏自治区地方病防治研究所开展基础培训，保证铁路建设单位和沿线地方的各级医务人员基本掌握鼠疫病人的诊断、治疗、隔离、取材和紧急疫情处理技术。

(3)严格人员和物品管理。铁路建设各级管理部门加强对职工和民工的管理，严格遵守预防鼠疫的各项规定，将防疫重点放在及时发现鼠疫病人和疑似病人，做到早发现、早报告、早控制，防止疫情扩散蔓延。

（4）严格居住区及施工区域内卫生处理。一是居住区选定后，应进行彻底的灭鼠（獭）、灭蚤和消毒处理，并根据周围环境情况采取一些有效的隔离防鼠措施。居住区内应定期进行灭鼠、灭蚤，保证居住区内达到无鼠无蚤，搞好环境卫生。二是如果在施工区域内发现有动物间鼠疫流行时，要在一定范围（5～10 km）内进行灭鼠（獭）与灭蚤处理后，再进行施工作业。

2. 开展鼠疫监测。通过鼠疫监测，系统收集分析人间鼠疫和动物间鼠疫的有关信息，尽早发现和预报疫情，掌握疫情动态，及时采取预防措施。青藏铁路沿线各级地方疾病预防控制机构分别成立鼠疫监测工作队。各鼠疫监测工作队结合本地区实际情况，制定本地区鼠疫监测方案，认真开展鼠疫监测工作。

（1）人间鼠疫监测。主要包括：由地方鼠疫防治专业部门督导铁路施工单位鼠疫防治知识宣传及疫情报告等措施的落实，建立健全鼠疫监测疫情报告网，发现疫情随时报告。地方鼠疫防治专业部门负责疑似鼠疫病人的检验及诊断工作。铁路施工单位及地方医院实行"首诊责任制"，即第一接诊的医生，要对病人做出初步诊断，如疑似鼠疫病人应就地隔离，立即按规定程序报告，并根据不同病型采集标本送检。

（2）动物间鼠疫监测。主要包括：各鼠疫监测工作队根据实地调查及掌握的情况在旱獭密度高、对人类威胁较大的地区进行监测工作，以检验病死獭为主，负责疫区处理的指导工作。以施工人员生活居住区和人员活动频繁的施工区域为重点，以青藏铁路沿线为中心，每侧各扩展 5 km 为鼠疫监测区。在青藏铁路施工期间，每年 5 月至 9 月开展鼠疫自然疫源地监测工作。

（3）监测内容。主要包括：旱獭数量、青海田鼠数量及媒介昆虫调查；细菌学检验、血清学检验、不明原因病死动物检验等，如确定染疫，在发现不明原因病死动物地点的周围地区重点开展鼠疫监测工作，摸清动物间鼠疫流行情况。

3. 疫情信息报告与通报。各施工单位在居住区及施工区域周围发现不明原因病死动物或疑似鼠疫病人时，要立即向当地卫生防疫机构报告，并同时向青藏总指报告，青藏总指或拉萨分指挥部应立即向青海省卫生厅或西藏自治区卫生厅报告，同时要在 2 h 内报告铁道部和卫生部。青海省卫生厅、西藏自治区卫生厅及时将青藏铁路沿线鼠疫疫情及对策建议向青藏总指或拉萨分指挥部通报。青藏总指或拉萨分指挥部根据需要向有关施工单位通报情况，并落实相关责任。

4. 人员和物资储备。①青海省卫生厅和西藏自治区卫生厅在格尔木和拉萨市的主要医院中组建鼠疫病人治疗抢救组。②指定参加该任务的人员应熟悉鼠疫的治疗和抢救工作，并根据自身的医疗经验，决定必须携带的药品种类和数量。③所需的药品按同时治疗和抢救 2 例肺鼠疫病人 7 日准备。不要求这些药品闲置，但必须实际存在，并有固定的存放地点。发生情况时，必须在 2 h 内准备完毕并出发。④按同样条件准备消毒药械。⑤准备自身防护用品和预防用药。防护服装必须每人 3 套，预防药品必须足够治疗抢救组人员服用 14 日。

5. 档案管理。各参建单位负责收集和整理资料，建立档案工作管理制度。主要包括：收集鼠防领导组织机构和管理文件，各基层项目部防范措施。各单位要建立健全鼠疫防控档案。鼠防档案要对管段内人员分布情况、驻地周围的染疫动物活动情况、鼠防工作的开展及措施的落实情况、健康教育开展情况、鼠防工作所需药品和器械的储备等情况有准确的动态记录。各单位每月定期检查鼠防措施落实情况，对鼠防药物实行专人、专柜保管，专人投放、回收。各医疗卫生单位要坚持经常性的内部环境消毒工作，保证日消毒两次，并做好记录。

6. 应急处理见“（六）”。

（六）制定鼠疫处理应急预案

为确保及时、高效、科学、有序地处理鼠疫疫情，青藏总指会同青藏两省区卫生部门，在《青藏铁路建设鼠疫防治技术方案》基础上，参照卫生部相关标准和规范，制定了应急处理预案。主要内容包括：

1. 疫情的确认与鼠疫分型。青藏铁路施工沿线首例鼠疫病例由青海省或西藏自治区卫生行政部门组织流行病学、临床医学和病原学专家组成的专家组确认，非首例病例由所在地地、市级以上疾病预防控制机构确认。

（1）鼠疫诊断标准

①患者发病前 10 天到过鼠疫流行区或接触过鼠疫疫区内的疫源动物、动物制品及鼠疫病人，进过鼠疫实验室或接触过鼠疫实验用品。

②突然发病。高热，白细胞剧增，在未用抗菌药物（青霉素无效）情况下，病情在 24 h 内迅速恶化并具有下列症候群之一者：

急性淋巴结肿胀、发炎，剧烈疼痛并出现强迫体位；

出现重度毒血症、休克症候群而无明显淋巴结肿；

咳嗽、胸痛、咯痰带血或咳血；

重症结膜炎并有严重的上下眼睑水肿；

血性腹泻并有重症腹痛、高热及休克症候群；

皮肤出现剧痛性红色丘疹，其后逐渐隆起，形成血性水泡，周边呈灰黑色，基底坚硬，水泡破溃创面也呈灰黑色；

剧烈头痛、昏睡、颈部强直、谵语妄动、脑压高、脑脊液浑浊。

③患者的淋巴结穿刺液、血液、痰液，咽部和眼分泌物以及尸体脏器或管状骨骨骺取材标本分离到鼠疫菌。

④患者 2 次（间隔 10 天）采集血清，用 PHA 法检测 F1 抗体呈现 4 倍以上增长。

（2）鼠疫病例分四类情况报告：疑似病例、确诊病例、隐性感染者、追溯诊断病例。

疑似病例：具备前述（1）部分①②中任一项。

确诊病例：疑似病例加前述（1）部分③或④中任一项。

隐性感染者：有鼠疫流行病学线索，没有明显的鼠疫临床表现，没有接种过鼠疫菌苗，PHA 检测血清出现 1∶40 以上 F1 抗体滴度者。

追溯诊断病例：在有过鼠疫流行病学线索的人群中，曾出现过鼠疫临床表现，没接种过鼠疫菌苗，其血清经 PHA 检测出现 1∶40 以上 F1 抗体滴度者。

2. 突发疫情应急处理

（1）人间鼠疫疫区处理标准及原则

人间鼠疫疫区：划分为历史疫区和现疫区两种。历史疫区系指已定为鼠疫疫源地，并曾经发生过人间鼠疫，现在已停止或没有人间鼠疫流行的地区或地点；现疫区系指在鼠疫疫源地内正在发生人间鼠疫的地区或地点。

疫区处理：对现疫区所采取的各种技术对策和职责包括对现症病人、死者、直接接触者等的处理与管理。

封锁隔离：鼠疫病人及其直接接触者，以及可能被污染的地区或地点的人群及各种物品，与未被污染地区或地点的人群和各种物品相隔绝。

健康隔离：对与鼠疫病人、尸体及被鼠疫菌污染的各种物品直接接触者，包括小隔离圈内未患鼠疫的人员进行的隔离处理。

直接接触者管理：与鼠疫病人、尸体及被鼠疫菌污染的物品和空气直接接触的人。

（2）人间鼠疫疫区封锁隔离标准

①凡确定为疑似鼠疫病人（或尸体）者，在病人（或尸体）排除鼠疫之前，均需按鼠疫病人（或尸体）处理。

②诊断为鼠疫病人（或尸体）的疫区，必须划定小隔离圈封锁隔离。以鼠疫病人（或尸体）所在住处为中心，将其周围被污染的邻舍划定为小隔离圈。小隔离圈内人员实行健康隔离。

③肺鼠疫病人（或尸体）发生在人烟稀少、居住分散的山区或牧区时，只划定小隔离圈；发生在人口密集、居住较集中的地区时，必须划定大、小隔离圈。以鼠疫病人住房为中心，将所在村屯、街道等的一部分或全部划定为大隔离圈。

④在人口密集地区人间鼠疫多点同时暴发流行时，可不划大隔离圈，根据病人分布可将整个村寨或几个村寨划定封锁隔离区域（图 5-3）。

⑤鼠疫病人发生在旅途或医院时，先将病人所在车厢及车站或医院等被污染的场所迅速封锁隔离，立即与非污染场所人群分开。

⑥迅速查清鼠疫直接接触者，并就地隔离留验。

（3）人间鼠疫疫区处理标准及原则

①鼠疫病人、疑似鼠疫病人及其直接接触者，必须各自设立单独病房和隔离室，各型鼠疫病人应分别隔离。鼠疫病人中肺鼠疫、肠鼠疫病人各自设立单独病房。隔离圈或隔离区域内人员禁止外出，每天检诊 2 次，早晚各 1 次。

图 5-3 鼠疫隔离区

②肺鼠疫、肠鼠疫病人的小隔离圈内必须首先进行消毒（图 5-4）；对咳痰、排泄污物等要及时消毒；大、小隔离圈或隔离区域内灭鼠灭蚤；所污染的场所、物品、炊具、食具等进行消毒或焚烧；各种物品禁止外运。

图 5-4 疫区消毒

③腺型及其他型鼠疫隔离圈内灭蚤灭鼠，病房及隔离室每天消毒 1 次。

④各型鼠疫隔离圈或隔离区域内的猫狗实行管制,猫狗体灭蚤。

⑤疫区封锁隔离的同时,必须迅速开展流行病学调查,追查传染源,查清直接接触者、污染物品及污染范围。

⑥传染源为动物时必须按《鼠疫防治手册》规定处理;人剥食染疫动物被感染时,其动物的皮张、油肉、骨骼、污染的各种物品及场所必须进行消毒或焚烧。

⑦鼠疫病人尸体及其污染场所必须消毒,灭鼠灭蚤,尸体消毒后就地焚烧或深埋,严禁举行各种形式的葬礼。

(4)病人及直接接触者的解除隔离标准和处理原则

①对鼠疫病人迅速抢救治疗,专人护理,注意病情变化,适时调整治疗方案。

②肺鼠疫病人经治疗体温恢复正常,全身症状及体征明显好转,再治疗 3 ~ 5 天;停止治疗后,对其痰及咽喉分泌物连续检查鼠疫菌 3 次,隔 3 天检查 1 次,均为阴性时可解除隔离。

③腺型及其他型鼠疫病人经治疗体温恢复正常,全身症状消失,肿大淋巴结完全吸收或残留小块硬结,可解除隔离。

④皮肤鼠疫及肿大淋巴结破溃者,创面洁净并已基本愈合后,患病局部连续 3 次检查鼠疫菌,每隔 3 天检查 1 次均为阴性时,可解除隔离。

⑤直接接触者必须就地隔离留验,并行预防性治疗 9 天;去外地者迅速追查,就地隔离留验预防治疗 9 天;9 天后无新发鼠疫病人及疑似鼠疫病人时,解除隔离;留验期间有新发鼠疫病人时,其直接接触者重新隔离留验 9 天后无新发鼠疫病人时,解除隔离。

(5)人间鼠疫疫区封锁隔离的解除标准

①封锁隔离区内达到灭鼠灭蚤标准,最后 1 例病人治愈后无新发鼠疫病人及可疑者,病房、隔离室、污染物及污染场所进行终末消毒,可解除封锁隔离。

②鼠疫病人未痊愈者,只对病人及其病房封锁隔离,大、小隔离圈或隔离区域可如期解除封锁隔离。病人痊愈,病房衣物等必须进行终末消毒,方可解除封锁隔离。

(6)赶往现场并封锁隔离

①施工项目部卫生人员接到人间鼠疫疫情报告后,必须在 1 h 内出发,迅速赶赴现场,将单位和病人初步封锁隔离,对重危病人及时抢救治疗。并立即上报政府主管部门或鼠疫防治专业机构(以下简称“专业机构”)、青藏总指。

②青藏总指接到疫情报告后,必须在 2 h 内出发,乘快速交通工具迅速赶赴疫区,配合当地政府检查和完善初步封锁隔离措施。

③县(旗)二、三级医疗专业机构在现场确定疑似鼠疫病人的同时,立即向县(旗)、青藏总指、地方政府主管部门和上级专业机构报告。专业机构接到报告后,必要时,专业人员在 2 h 内出发,乘快速交通工具赶赴现场检查和完善初步封锁隔离措施。

(7)人间鼠疫疫区处理组织及责任

①初步诊断人间鼠疫病例时,由县(旗)人民政府决定对疫区实行封锁隔离,迅速开展疫区处理工作。

②人间鼠疫疫区处理,在当地县(旗)或县(旗)以上人民政府领导下,组成由政府领导、主管部门、卫生防疫、公安等有关人员参加的临时指挥部,其主要任务是实施疫区处理及各项防治鼠疫措施,并维护封锁地区的生产、生活秩序和治安。

③疫区县(旗)及其以上各级人民政府根据疫情情况,按《防治鼠疫规定》决定疫区封锁隔离范

围,由当地公安部门负责警戒,并同时以最快的方式逐级上报疫情,直至报卫生部。

④疫区县(旗)及其以上各级人民政府根据疫情态势,可决定在疫区及其附近地区的车站、机场、公路等设立临时卫生检疫站,对来往车辆及旅客、货物实行检疫。对可能污染的货物,经检疫合格方可外运,不准车辆在疫区停留或实行凭检疫证购票登车(船、机)。

(8)各级专业机构的任务及职责

①各级专业机构在地方政府和青藏总指的统一领导下,参加疫区处理并负责技术业务工作。

②专业人员对鼠疫病人要及时抢救治疗;对直接接触者必须逐一登记,实行健康隔离和预防性治疗;直接接触者前往外地时,有关地区卫生部门必须协助追踪,并行留验措施。

③人间鼠疫疫区小隔离圈内的人员及其健康隔离人员,在封锁隔离期间一律不得外出,严禁与其他人员接触,由专业人员每日检诊 2 次。

④人间鼠疫疫区大隔离圈,经疫区处理达到标准后,大隔离圈内的人员可有组织地进行生产活动;由专业人员对大隔离圈内的所有人员每日检诊 2 次,直至解除封锁隔离为止。

⑤及时组织开展消毒、灭蚤、灭鼠和流行病学调查工作,追查传染源。

(9)解除人间鼠疫疫区封锁隔离的程序和责任

①疫区处理已按标准要求全部完成,经验收大、小隔离圈内已达到灭鼠、灭蚤及环境卫生标准,连续 9 天内无继发病人,疫区处理指挥部可提出解除疫区封锁报告,经县以上人民政府批准,方可宣布解除封锁,并上报卫生部备案。

②排除人间鼠疫时,应立即解除封锁隔离。

(10)消毒

消毒的目的是将传播媒介上的病原微生物杀灭或消除,使之无害化。消毒也是防止鼠疫疫情扩散的重要措施,是疫区处理的主要项目之一。

①用 5% 来苏儿或石炭酸水溶液喷雾消毒鼠疫患者房间,所需消毒液为 300 mL/m^2,每天消毒一次。肺鼠疫房间每天消毒两次。

②棉衣、被褥等棉制品用蒸气消毒或 0.105 MPa 20 min 高压消毒。单衣、夹衣可用 5% 来苏儿水溶液浸泡 4 h,洗净后晒干。不能用浸泡或蒸汽消毒的衣物、皮毛类、书籍,可用甲醛熏蒸,药量为 50 mL/件,密闭 24 h;或用环氧乙烷熏蒸,所需药量为 1.5 ~ 2.0 mL/L,方法是将待消毒的物品装入塑料袋内,倒入环氧乙烷,用铝夹封好袋口,于大于 15 ℃的室温作用 16 ~ 24 h 自然气化消毒。手表、收音机等贵重物品用 75% 酒精擦拭,或用环氧乙烷熏蒸,作用 16 ~ 24 h。

③餐具煮沸消毒,粮食、食品用炒、煮和曝晒方法消毒。

④患者的排泄物、分泌物,用 5% 来苏儿水溶液浸泡或漂白粉(200 ~ 400 g/kg)消毒 24 h 后掩埋。垃圾焚烧后掩埋。

⑤运送患者的车辆用 5% 来苏儿水溶液喷雾消毒。鼠疫患者入隔离室前用 0.1% 新洁尔灭擦洗全身,穿上专用服装。换下来的衣物按规定消毒。解除隔离时,换上消毒过的服装方可出院。

⑥鼠疫尸体消毒用 5% 来苏儿水溶液浸泡的棉花堵塞尸体有孔处(口、鼻、耳、肛门、阴道等)。用 5% 来苏儿水溶液浸泡过的布单包尸体,用车送至火葬场或坟地。尸体火葬烧成灰后用土掩埋;土葬时,必须远离水源,深埋 2 m 以上,尸体周围撒入生石灰后立即掩埋。

⑦护送尸体和埋葬人员均需戴口罩、穿防护服,送葬结束后按规定进行消毒。

⑧出入隔离室的医护人员必须按规定着装,做好个人防护,离开隔离室用 5% 来苏儿或 5% 石炭酸水溶液喷雾消毒,依次脱下防护服装(眼镜、衣服、口罩、手套、胶靴等),装入指定容器,按规定

消毒。

⑨解除隔离前，衣物、用具、污物必须按规定消毒。房间密封后用甲醛或环氧乙烷按要求的用量及作用时间消毒。

(11)灭鼠措施

在施工点和生活区临建前，要对周围的鼠、獭洞穴密度开展调查，不能在鼠、獭密集的地方建生活区，并在地方鼠防机构的指导下进行灭鼠、保护性灭獭和堵洞，形成以生活居住区和施工沿线为中心的 100 m 灭鼠灭獭隔离带。要每天巡视灭鼠灭獭隔离带，发现鼠、獭洞要立即投药、堵洞(图 5-5)。对生活居住区内部要加强环境卫生管理，保持清洁卫生；要实行经常性的灭鼠，把鼠、獭密度控制在 0.1 只/亩以下。要每天检查隔离带、宿舍和居住环境的灭鼠情况，发现死鼠，立即深埋，并以死鼠为中心 2 m 范围内进行消毒和灭蚤，树立“消毒区”警示牌。

图 5-5　旱獭

(12)保障措施

人员保障：各单位要组织鼠疫防治的医疗性应急预备人员，随时待命参加病人的救治、疫情的预防控制工作。

技术保障：各单位医疗卫生机构要组织医务人员认真学习鼠疫诊治及技术操作常规，并定期演练。

物资保障：各单位根据需要储备应急设备、器械、治疗药品、消毒药品、急救车辆、检测试剂等。

资金保障：保障预防、治疗药品及物品的经费投入，尤其要保障对劳务工的预防及治疗经费。

机构保障：鼠疫防治办公室实行 24 小时值班制度。

宣传保障：大力宣传，普及鼠防知识，反复、经常地对参建人员进行鼠防知识的教育，树立起鼠疫可防可治的信心，“三报”、“三不”宣传普及率要达到 100%。

监督保障：青藏总指鼠防领导小组不定期抽查各单位鼠防宣传和鼠防知识普及率的情况，对不达标者实行处罚和通报。

(七)建立应急处理实战机制

根据青藏铁路的具体情况，鼠疫紧急事件处理由第一接诊医师及单位、鼠疫病人治疗抢救组、疫情处理组三部分组成。

1. 第一接诊医师及单位

发现鼠疫病人并承担最初的调查、取样及隔离治疗任务，具体要求为：①发现可疑为鼠疫的病人并作出临床诊断；②按规定报告疫情；③作出紧急安排，尽一切可能减少病人与其他人员的接触；④将病人隔离在适当的场所，采样并开始治疗；⑤了解病人发病的时间和地点，并尽可能收集接触者的名单。

工作准备包括：①青藏铁路沿线的所有医疗单位，都需要按照以上要求了解医师诊断鼠疫病人的警觉性和能力。②各医疗单位应作出设置隔离室的计划。预定的隔离场所不要求空置，但必须适合隔离病人，并有迅速腾空收治病人的方案。③各医疗单位应准备抢救、治疗鼠疫病人和病房及其周围消毒用的药物。药物不必闲置，但必须保持为同时抢救 2 例肺鼠疫病人 48 h 必需的数量，随使用随补充。④各医疗单位必须常备消毒注射器，以供采样之用。要求医师先采样后开始抗菌治疗。所有病人都必须采取血液标本，根据发生的症状和体征分别采取淋巴结吸取物、痰液、咽拭子、脑脊液及有关标本。如没有常备的无菌容器,标本可以就保存在注射器中。⑤接触者的范围为自病人发病起,曾与病人同处一室,或接近至5 m之内的所有人员。第一接诊医师所在单位应在发现病人后立刻开始调查,以便提供名单,尽可能做到不漏一人。

2. 治疗抢救组

治疗抢救组由青海省卫生厅或西藏自治区卫生厅组织派出。每一起鼠疫事件的治疗抢救组至少由一名负责医师和2名护士组成,接到报告后24 h内到达现场,接收病人,并负责病人的诊断、治疗、抢救及观察,直到解除隔离。

有关要求:除承担鼠疫病人的抢救、治疗外,还应承担继续询问病人、了解情况、隔离区域消毒等任务。同时要注意自身防护。

3. 疫情处理组。

疫情处理组分别由疫情发生地的省、地、县卫生行政部门和鼠防专业机构有关领导与技术人员组成,铁路相关单位配合工作。接到报告后24 h内到达现场,为鼠疫诊断提供检验,确定感染来源,负责鼠疫发生地的疫情控制工作。

有关要求包括:①检查第一接诊医师单位提供的接触者名单是否完整,并对鼠疫的流行情况提出报告。如确信所有的接触者都得到隔离观察,应要求发生疫情的单位停止人员外出,而单位内的生产和生活可以照常进行;如果接触者已经无法查清,或继续发生人与人之间的传播,必须对整个单位实行封锁。②对被隔离的接触者进行医学观察和预防性投药,发现发病迹象,立即转入隔离治疗。③采集样品,进行检验工作。④在病人感染地点附近开展鼠疫监测工作,确定动物间鼠疫流行情况。

(八)做好器械和药品贮备

为了真正达到"有备无患"的要求,各项目部在鼠防物质保障措施方面做出了许多明确规定,对个人防护、消杀灭、预防投药所需的器械、药品制定了具体计划(如表5-1),并按计划进行配备。

表5-1 各项目部防疫物质及设备配置明细表

品名	单位	规格	数量	说明
防护帽	顶	头巾式	3	接触病人前穿戴
防护镜	副	全封闭式	3	接触病人前穿戴
口罩	个	>16层	3	接触病人前穿戴
胶手套	双	长胶式	3	接触病人前穿戴
防护衣	套	连体式	3	接触病人前穿戴
胶雨靴	双	长筒式	3	接触病人前穿戴
喷雾器	个	>3 000 mL	1	驻地灭蚤用
杀虫剂	瓶	500 mL	48	驻地灭蚤用
驱避剂	瓶	30 mL	3	穿戴后全身喷洒
皮箱	个	大号	1	储贮防护用品
SMZ Com	瓶	100片	5	预防投药用

防疫设备的配置:储备3个以上的医务人员个人防护设备,以及能满足所在单位一次消毒杀菌所需的杀虫剂和器具。

(九)设立鼠疫病人隔离病房

隔离病房的设立是人间鼠疫病防治的重要环节,是切断传播途径、保护易感人群的技术措施之一,是"可疑病人隔离"、"首诊责任制"的必须前提条件,是施工现场基层单位防治鼠疫病的头道闸门。这一强制性的措施,无论从青藏铁路开工阶段,还是后期来看都是正确的、必要的。按照铁道部的统一要求,2001 年全线各参建单位都设立了隔离病房,具体情况如下:

1. 建立隔离病房的单位。经过铁道部及青藏总指的专项检查,全线各参建单位的一级、二级医疗卫生保障机构均设立了隔离病房。

2. 隔离病房选址。各参建单位的隔离病房普遍设立在营地外 20 ~ 300 m 稍偏僻的位置,有的设立在驻地围墙外。

3. 隔离病房的建设。主要有集装箱房、保温帐篷、板式拼装房、砖混结构房 4 种。

4. 隔离病房设施配备。通常有病床 1 ~ 2 张,办公桌椅、电暖设备、通讯设备等。

5. 治疗器具及药品配备。各基层单位的隔离病房通常是按 48 h 同时诊治两名病人储备治疗器具及药品。有的单位还储备了一定数量的复方新诺明,以备密切接触者和驻地人员预防投药用。参见表 5-2。

表 5-2 隔离病房配置设备及药械明细表

品名	单位	规格	数量	说 明
链霉素	瓶	100 万 u/瓶	50	治疗病人用
卡那霉素	盒	10 支/盒	2	治疗病人用
输液架	副		2	治疗病人用
输液器	只		20	治疗病人用
注射器	只	20 mL	10	诊断采样用
注射器	包	2 mL	1	治疗病人用
注射器	包	10 mL	1	治疗病人用
血压计	台		1	诊断采样用
听诊器	副		1	诊断采样用
体温表	支		2	诊断采样用
复方新诺明	瓶	100 片/瓶	10	预防投药用
抗休克药			适量	抢救病人用
纠正水电解质药			适量	抢救病人用

6. 隔离病房工作责任制度。各单位隔离病房都建立了相关工作责任制度,内容虽不尽一致,但基本上都涉及到了接诊、个人防护、诊断、报告、治疗、消杀灭处理、预防投药等方面。

四、鼠疫防控的主要工作

(一)上下联动,形成合力

铁道部、卫生部高度关注青藏铁路建设期间的鼠疫防控工作。青藏铁路开工前,铁道部、卫生部多次召开相关会议,研究鼠防工作情况,并组织力量开展调查研究,制定鼠疫防治技术方案。

2001 年,在青藏铁路正式开工前期,青藏总指及青藏两省区政府卫生行政部门按照卫生部、铁道部的统一部署，均成立了鼠疫防控工作领导小组，明确了工作职责，建立了路地联控工作机制。青藏总指专门设立了医疗卫生保障部，加强全线卫生保障工作的统一管理。各参建单位都成立了鼠疫防治工作领导小组，由指挥长亲自负责，各工程项目部成立了鼠防小组，各施工队指定了鼠防人员，形成了机构健全、目标明确、责任到人的鼠防工作体系。青藏总指制定了《青藏铁路鼠疫防治工作办法》，对鼠防工作标准、工作制度、目标责任以及奖惩等，作了明确规定。

2002 年 7 月底，卫生部和铁道部在格尔木联合召开青藏铁路鼠疫防治工作现场会，青藏铁路建设领导小组副组长、副部长孙永福和卫生部副部长马晓伟出席会议并讲话。青藏铁路建设、设计、施工单位负责同志，青海、西藏、甘肃、新疆等省区卫生行政部门领导、鼠防专家以及交通部公路司负责同志参加了会议。会上，卫生部鼠疫防治专家组通报了青藏铁路建设鼠疫防治调研情况，与会人员讨论了卫生部起草的《青藏铁路建设鼠疫防治技术方案》。会议进一步明确了铁路参建单位和青藏两省区卫生行政部门鼠疫防控工作职责，完善了路地联防联控工作机制。同时，铁道部、卫生部按照青藏铁路建设领导小组第五次会议精神，积极协商财政部，解决落实了青藏铁路、公路沿线鼠疫防治专项经费。卫生部将其中 70 万元分别拨付给青藏两省区卫生厅，用于开展青藏铁路、公路沿线鼠疫监测、人员培训、健康教育和疫情处理等工作，其余鼠防经费用于购置仪器设备、交通工具等。在青藏铁路建设过程中，卫生部还多次组织专家赴现场检查，指导处理鼠疫疫情，督导和协调参建单位及青藏两省区落实各项工作措施。

各参建单位按照《青藏铁路建设鼠疫防治技术方案》的要求，层层签订鼠防责任书，把鼠防工作纳入领导干部工作绩效考核内容，做到领导抓、专人管、全员参与，鼠防责任落实到人。采取有效措施做好灭鼠防鼠工作，因地制宜地在低鼠獭地区集中建立宿营生活区，住地周围挖防鼠沟、设置防鼠网、防鼠墙，开展日常性堵鼠洞工作。储备足够的鼠防应急物品和灭鼠、灭蚤、消毒等药品，在疫情流行地区实施预防性投药，开展消、杀、灭工作。工地医院设有鼠疫隔离病房和相应的医疗、防护、消毒等设备，做好处理突发疫情的各项准备。

（二）加强培训教育，增强鼠防意识

青藏总指委托西藏自治区卫生厅和青海省格尔木卫生局、疾病控制中心分别在拉萨和格尔木两地为青藏铁路专（兼）职防疫人员举办了鼠疫防治知识培训班，共培训人员 86 人，集中学习了鼠疫的传染源、传播途径、鼠疫病人的临床症状、治疗及隔离预防措施等知识。各参建单位充分利用广播、黑板报、印发宣传材料等形式对参建职工、民工进行广泛宣传教育，讲解鼠疫对人体的危害和预防鼠疫的基本知识，做到人人皆知。中铁二十局防疫人员利用青海省、格尔木市鼠防队提供的旱獭标本到每个工班、小组、帐篷及施工现场对职工、民工进行鼠防教育。中铁二局请西藏自治区疾病控制中心专职鼠防人员到羊八井隧道工地为参建人员讲课。中铁十二局组织医务人员进行模拟救治演练，提高处理突发疫情的应急能力。

（三）确保鼠防投入，狠抓措施落实

各参建单位均购置了足量的灭鼠灭獭药物，配置了鼠疫消杀灭预防器材装备。为配合青藏铁路施工，青海省和格尔木市在二道沟地区成立了鼠防队，在鼠疫高发季节承担灭鼠灭獭工作。有的施工单位还与鼠防队联合检测确定了若干无鼠疫安全工作区，并树立标志牌。有的单位购置了集装箱作为可疑鼠疫病人隔离室；有的单位在距生活区一定距离支起了专用棉帐篷作为可疑病人观察室。有的单位在居住区周围架起了防鼠网、隔离墙，有效地防止老鼠及旱獭进入生活区，保障了人身安全。全线建立了报告病死鼠、獭，报告疑似鼠疫病人，报告不明原因的高热病人、急死病人的“三报”制度，以及不捕猎、不剥食疫源动物、不私自携带疫源动物及其产品出疫源区的“三不”制度，使鼠疫防治措

施落到实处。

(四)畅通信息渠道,联控突发疫情

按照鼠疫防治属地管理原则和重大疫情通报制度,青藏总指加强与青藏两省区疫情疫病防控部门、地方病研究部门和鼠防队的联系,密切关注地方监测动物鼠疫情况,及时向各施工单位通报疫情信息,根据疫情动态指挥全线鼠防工作。同时,实行鼠疫疫情"零"报告制度。青藏铁路参建人员发现不明原因死亡动物应立即按规定上报,并由青藏总指和拉萨分指挥部及时向当地政府有关部门报告。做到鼠疫疫情及时发现,迅速报告,严密监控,有效预防。

2004 年,青藏铁路沿线施工全面展开,沿线地区均为鼠疫自然疫源较严重路段,鼠疫防治形势严峻。6 月下旬,青海省二道沟地区、西藏自治区山南地区措美县、那曲地区郡曲县、安多县相继发现动物间鼠疫,其中,安多县扎木镇发现动物间鼠疫的地点距青藏铁路建设工地仅 200 m,对青藏铁路建设者构成严重威胁。卫生部及时派出专家赶赴发现动物间鼠疫地进行考察。铁道部领导要求加强宣传教育和鼠疫防治措施。青藏两省区加强鼠疫监测工作。西藏自治区卫生厅于 7 月 9 日下发了《关于进一步加强青藏铁路沿线鼠疫防治工作的紧急通知》。青藏两省区和青藏总指鼠防专职人员组成联合督查组,深入鼠疫疫情高发的唐古拉山越岭地段,严密监控鼠疫疫情,指导灭鼠灭獭工作,防止动物间鼠疫向人间传播。青藏总指和各参建单位采取的切实有力措施,确保了动物间鼠疫未向建设队伍传播。

与此同时,青藏两省区卫生行政部门还经常开展检查,适时组织演练,及时发现防控工作中存在的问题。发生疫情时,卫生行政部门能及时组织抢救队伍赶赴现场,并根据情况的发展组织人力和物力支援。沿线各级政府卫生部门认真开展青藏铁路沿线鼠疫防治工作,重点负责自然疫源地的疫情监测,及时掌握并通报疫情动态,开展当地居民和流动人口的鼠疫防治管理和宣传教育工作,督促、指导辖区内的铁路建设单位做好鼠防工作。

(五)严密监测鼠疫疫情,开展交通卫生检查

各参建单位加强与地方政府的沟通联系,畅通信息渠道,及时掌握动态,共享卫生资源,建立了 24 小时疫情电话值班制度,形成了统一的疫情报告制度和信息网络。当工地发现不明原因死亡的猫、狗、獭等野生动物时,青藏总指及时报请地方防疫部门到现场查明原因。各工地医院配合地方鼠防队监测沿线鼠疫疫情,确保"早发现、早报告、早隔离、早治疗"鼠疫病人。同时,在每年夏秋季节,路地卫生防疫部门在交通要道出口设置检查站,进行交通卫生检查,严格查堵违法携带和贩运旱獭等野生动物行为,防范疫情扩散。通过交通卫生检查,有效地防止和控制了疫情的发生与播散。

(六)严格日常检查考核,及时整改存在问题

青藏总指和各参建单位鼠防领导小组进行了定期、不定期、经常、反复和突击等形式的检查监督,有效促进了鼠防工作及时、高效地开展。检查内容翔实全面,包括组织机构、规章制度、防治档案是否建立,各项鼠防措施是否逐一落实等。就一项专项工作而言,检查频率之高、力度之大,在铁路建设史上极为罕见。与此同时,青藏铁路建设总指挥部还定期对鼠防工作进行评比,对鼠疫防治工作好的单位以文件、通讯报道等形式予以通报表扬,对有突出贡献的单位和个人给予表彰奖励,对落实鼠防措施不力的单位实行"问责制",按有关规定严肃追究领导者的责任。2003 年 5 月,中铁五局第五标段五公司门岗和卫生所同时脱岗,被处以 4.5 万元的重罚。实践证明,在特殊地区、特殊时期,采取特殊的强有力手段是完全正确的。

五、青藏铁路鼠疫防控工作的主要特点

(一)依靠法律、法规和规章开展防治鼠疫工作

五年建设期,依照《中华人民共和国传染病防治法》《国家鼠疫控制应急预案》《突发公共卫生事件应急条例》《青藏铁路卫生保障若干规定》《青藏铁路卫生保障措施》《青藏铁路建设鼠疫防治实施办法》《青藏铁路建设鼠疫防治技术方案》等法律、法规、规章开展鼠防工作,使青藏线鼠防工作进入了法制化和规范化的良性循环。各参建单位都制定了鼠疫防治方案、预案及相关配套制度,中铁五局还制定了《隔离病房工作责任制度》,使青藏铁路鼠疫防治工作规章制度在实践中不断充实、完善,使之更细化、更具操作性和实用性。

(二)建立独具特色的铁路建设单位鼠疫防治体系

按照青藏总指的要求,各参建单位都设立了卫生防疫部门。在累计上线的近2 000名医疗卫生人员中,有近百名卫生防疫专职人员。与其他铁路新线建设比较,这是前所未有的重大举措。这一措施的实行,为青藏铁路建立完整的鼠疫防治体系提供了技术与人员保障。青藏铁路鼠疫防疫体系的特点之一是适应青藏铁路建设单位鼠疫防治工作,建立了鼠疫防治领导小组、办公室和鼠疫防治技术小组。

(三)全线实行统一管理

在青藏高原鼠疫疫区特殊的环境中实行特殊的管理是完全必要的,是非常正确的。青藏铁路全线各单位鼠防工作相互联系,又互相影响,牵一发而动全身。统一管理避免了管理理念、认知深浅差异造成的决策、布置、投入、组织实施、效率及效果的差异。统一管理主要包括以下几个方面:

1. 实行法规、规章、技术方案、文件及通知的统一,同时提倡结合本单位的实际,在不违反上位法规、规章的前提下补充完善规章、方案及制度。
2. 建立鼠疫防治体系的统一。
3. 鼠防工作的布置、组织实施、落实措施的统一。
4. 统一将民工的鼠防工作纳入所在单位。
5. 防疫药品、器械等由各局统一采购调拨,原则上基层单位不得自行采购;由青藏总指根据具体情况适时统一调拨防疫药品和器械。
6. 为防止私自宰杀牲畜和自由购买肉类食品,保障食品供给及食品安全和卫生,各单位均采取了食品集中配送和定点采购方式。
7. 为了保障参建员工尤其是劳务工预防药品及物品的经费投入,各单位对所需经费实行统一计划、统一调拨;铁道部根据全线总体需求予以适当的卫生专项经费补贴。

(四)全线实行封闭式管理

加强对鼠疫、传染性非典型肺炎等传染病的预防,采取以防为主、以堵为辅、防堵结合的方针。“堵”就是实行封闭式管理。封闭式管理主要有两个方面:

1. 驻地的封闭式管理。增设门岗,实行24 h值班、访客登记制度。外来人员就诊,如有发热、皮肤淤血、不明原因的昏迷、半昏迷患者,尤其是游牧民患者,要先指定到驻地外的隔离病房诊治。特殊时期,如传染病流行时期,要拒绝参观、采访,控制出差,减少集会、聚会等公共活动。因工作必须的来访者,要对其车辆及人员采取消毒措施。

2. 生产场所的封闭式管理。生产场所附近如发生动物间鼠疫疫情，必须立即告知所有生产人员。同时圈定人机活动区域。圈定的原则是尽可能远离疫点。各局的做法形式多样，主要有三种：一是插警示标识牌；二是取适当间隔距离插彩旗条；三是用绿色纱网搭建围墙。其目的是限制人机活动，警示人员不要进入疫区，切断传播途径，减少感染几率。2003 年 7 月，西大滩发生动物间鼠疫疫情，20 多只旱獭自毙，经格尔木市疾控中心检验证实，死因为感染了鼠疫。疫点距中铁五局三公司和五公司生产场所仅 1 km。施工单位立即采取封闭式管理措施，用绿色纱网围墙圈定了人机活动区域，并向所有员工通报了疫情，通告员工不要进入疫区，同时格尔木市疾病控制中心对疫区进行了疫情处理。由于措施得当，宣传到位，在地方政府的大力支持下化解了险情。

（五）重点加强民工管理

参加青藏铁路建设的 10 多万员工中，其中有相当一部分是民工。他们绝大多数承担体力劳动，为青藏铁路的建设做出了重要的贡献。但是民工文化素质普遍不高，卫生观念相对薄弱，带有一些不良生活习惯，全线曾发生数起民工捕食旱獭的事件。在加强民工管理方面，各单位主要采取了以下措施：

1. 施工单位必须负责民工鼠疫防治工作的管理和教育；

2. 各施工单位制定了加强民工管理的办法；

3. 提高民工生活福利，统一发放工作服、被褥、帽子、手套、毛巾等生活用品和劳动保护用品，加强了内务管理；

4. 每天吸氧 30 min 以上，口服红景天、诺迪康增氧药物，医疗和伙食标准与职工相同，居室温度达 16 ℃以上；

5. 食品采购必须由所在单位统一配送，严禁民工私自宰杀动物、私购肉类食品；

6. 严禁捕食旱獭，违者严肃处理；

7. 加强民工驻地卫生管理，实行定期消毒制度；

8. 加强对民工防病知识的宣传教育；

9. 对民工实行半军事化管理，有的单位还对民工进行了军训。

（六）加强与地方政府的合作

铁路建设队伍进入鼠疫疫区施工初期，既无经验，也无鼠疫防治的人才。因此要掌握疫情，了解流行病学规律，采取前期预防措施，进行技术人员的培训和员工的教育，以及疫情的监测，病人的确诊，疫情的确认，疫情的控制，隔离与解除隔离等鼠疫防治工作，都离不开地方政府、地方疾控机构和地方病防治机构的大力支持。五年的工作实践说明：要迅速地、保质保量地做好鼠疫防治工作，必须加强与地方政府的紧密合作，这是一条最基本的经验。

第二节　传染性非典型肺炎（SARS）防控

2003 年春，传染性非典型肺炎（SARS，简称“非典”）肆虐，举国面对严峻的防控形势，铁道部及青藏两省区政府按照党中央、国务院的统一部署，迅速采取严防各项措施，全力开展防控工作。铁道部高度重视青藏铁路建设的防控工作，对青藏铁路建设者的健康和安全非常关心，紧急部署多项工作。4 月下旬，铁道部派青藏办和劳卫司的有关人员，前往青海省政府汇报并联系青藏铁路建设防控工作，明确属地化管理原则前提下的各部门分工。青藏总指迅速落实铁道部的要求，全力以赴配合青藏两省区政府开展防控工作。

1. 高度重视

为落实铁道部关于加强非典防控工作的有关要求，青藏总指及时成立预防传染性非典型肺炎及突发事件领导小组，下发了《关于高度重视非典型肺炎防治工作的通知》和《青藏铁路非典型肺炎防治预案》等文件，对全线防控工作提出了具体要求。2003 年 5 月 2 日至 3 日，青藏总指召开党工委扩大会议，对加强预防“非典”工作再次进行专题研究；孙永福同志详细听取了青藏总指和各参建单位防控“非典”工作汇报，与大家一起研究完善预防措施和应急处理预案，对做好全线预防工作提出了明确要求；会议期间，铁道部劳卫司还对工地医院院长和医务人员进行了防控知识的培训。同月青藏总指召开防治非典型肺炎电视电话会议（图 5-6）。

图 5-6　2003 年 5 月青藏总指召开防治非典电视电话会议

2. 有序应对

“非典”期间，青藏铁路沿线工地上场人员点多线长，队伍分散，加之远离城市大医院，公路运输紧张，使防控工作面临很多困难。为了切实做好预防工作，坚决打胜这场硬仗，青藏总指及参建单位克服各种困难，采取了下列强有力措施：

（1）切实加强领导。青藏总指及各参建单位指挥长亲自抓、负总责。各单位建立逐级负责制，每一个项目、每一个工点明确责任人。建立覆盖全线、快捷准确的信息网络，及时报告疫情控制情况，杜绝漏报、瞒报、迟报、误报。领导同志坚守岗位，认真负责。同时，对擅离职守、工作不实、措施不力的进行严肃处理。“非典”期间，撤销了 1 名指挥长的职务。

（2）深入宣传教育。对全体参建人员进行预防知识的普及教育，消除恐惧心理，克服麻痹思想，形成人人参与预防的态势（图 5-7）。对医务人员进行专业培训，熟悉防治“非典”的基本知识

图 5-7　2003 年 5 月中铁十五局开展预防控制“非典”知识讲座

和应急措施，加强自我保护，确保不受感染。

(3)切断传播途径。各单位严格把关，严控人员出入。对个别单位急需的工程技术人员，必须在格尔木或拉萨留观后再上工地。“非典”期间一律停止参建人员探亲和家属来工地。同时，在当地政府统一领导下，在格尔木和拉萨开展24小时不间断交通卫生检疫，严格过往人员及交通工具的检查和消毒，严防疫情输入。

(4)改善参建人员生活条件。搞好施工现场和营地卫生，加强宿舍、食堂等重点部位的消毒工作，每天定时给职工和民工量体温，改善民工居住条件，减少房间居住人员数量，改通铺为单床，保证民工一人一床，减少相互感染机会。改善职工和民工伙食，由铁道部和施工单位发放补贴，提高伙食标准，增强参建人员体质。

(5)备足药品器械。对于全线急需的防治“非典”药物和器材，青藏总指及时申请铁道部紧急调拨，同时请求青藏两省区和相关铁路局给予支援，保证了防控“非典”的物资供应。

3. 路地联控

按照防治工作实行属地管理的要求，青藏两省区政府加强对青藏铁路建设防控“非典”工作的领导，统筹安排，积极协调，开展联防联控，狠抓措施落实，确保青藏铁路沿线不受疫情侵袭。

(1)成立领导小组。青藏两省区都成立了由政府领导担任组长的重点建设项目预防“非典”协调领导小组，把青藏铁路建设预防“非典”工作摆在重中之重的位置，派出督查组赴沿线工地检查指导非典防控工作。由青海省建设厅、卫生厅、国土厅、司法厅、疾控中心组成的非典防治督查组在铁道部青藏办、劳卫司、青藏总指负责同志的陪同下检查、指导了中铁一局、中铁五局、中铁十二局工地(图5-8)。青藏两省区政府主要领导分别赴青藏铁路沿线工地、营区、医院检查预防“非典”工作，慰问一线职工，提出明确要求。鉴于青藏高原公路改造、输油管线建设与青藏铁路建设同时展开施工，人员很多，情况复杂，青海省政府责成省支铁办在格尔木主持召开了有青藏兵站部、青藏公路局、青藏总指等单位参加的重点建设项目预防“非典”工作协调会，明确各自的活动范围和责任。西藏自治区重点建设领导小组办公室与青藏铁路拉萨指挥部和西藏境内17家铁路施工单位签订了《西藏自治区重点建设项目非典型肺炎防治责任书》。

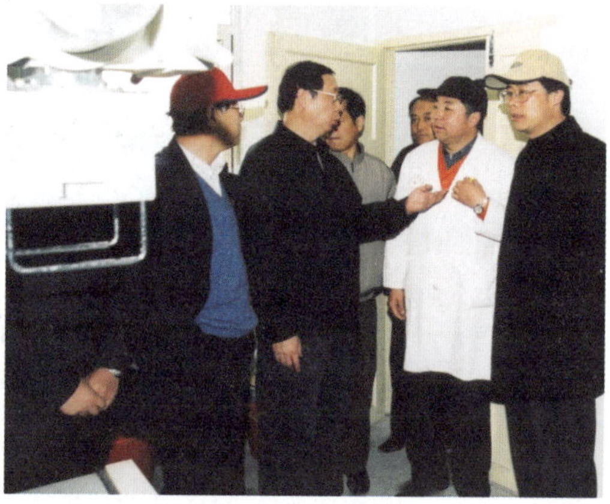

图5-8　2003年5月初青海省和铁道部对中铁十二局预防非典工作进行现场督导

(2)加强信息沟通。青藏两省区预防“非典”领导小组办公室加强与青藏总指的联系，配置值班电话，实行24小时疫情值班和“日”报告、“零”报告制度。青藏两省区政府都制定了青藏铁路建设《非典型肺炎防治预案》，指定收治“非典”病人和疑似病人的专门医院，在青藏铁路沿线建立应急处理医疗点，一旦突发疫情能够快速反应、正确处置，使早发现、早报告、早隔离、早治疗的防治措施落到实处。

(3)开展巡回指导。西藏自治区卫生厅于2003年5月1日至7日派出由16人组成的医疗组，对青藏铁路各参建单位进行了检查，重点抽查了参建单位预防“非典”的医疗设备和各项预防措施，并对施工现场公共卫生，提出了改进意见。青海省卫生厅于5月12日至18日，派出由省心血管医院、省人民医院、省医学院附属医院和青海地方病研究所等单位专家组成的医疗组，深入青藏铁路建设工地，对各参建单位预防工作进行巡回指导，讲授“非典”预防、诊断、隔离、急救常识，对医务人员进行现场指导。

(4)实行交通检疫。青藏两省区政府把预防“非典”重点放在坚决切断疫情传播途径上。青海省政府根据青藏铁路劳务人员已满足施工需要的实际，在互联网和各新闻媒体上发布信息，劝阻劳务人员不要盲目来青。格尔木市政府实行划片逐级负责制，在市区路口、车站设立检疫站，进行严格检查、消毒。西藏自治区青藏公路交警支队在南山口、那曲、堆龙德庆设立检查站，对上山车辆和人员进行严格检查，对外购材料、机械设备进行严格消毒，对参建人员所需粮食、蔬菜和肉、蛋实行定点供应、定点检疫，确保青藏铁路建设顺利进行。

4. 成效明显

由于领导重视，措施得力，在青藏两省区政府的大力支持下，青藏铁路建设受“非典”的影响降低到了最低程度，实现了“三无”目标，即无高原病死亡事故，无鼠疫，无“非典”疫情发生。

第三节　爱国卫生运动

青藏铁路建设期间，数万人的筑路大军参加了青藏铁路的施工建设，沿线各种公共卫生问题也随之而来，再加上高原恶劣环境影响对人群的慢性损害和导致其抗病能力下降，这种情况下，在青藏铁路沿线全面开展爱国卫生运动，对保障建设大军身体健康，减少疾病的发生，保护劳动力，提高生产效率，确保青藏铁路建设的顺利进行，具有十分重要的作用。

对于此项工作，在青藏两省区爱卫会的协调帮助下，在青藏总指和拉萨分指挥部医疗卫生部的直接领导下，各参建单位均对此给予了充分的重视，开展了大量卓有成效的工作。

一、加强组织领导，建立健全各项卫生保障制度

各单位均把爱国卫生工作纳入到当年的卫生保障工作计划中，成立本单位爱国卫生领导小组，制定了切实可行的年度工作计划，建立了日常的监督检查机制，使爱国卫生工作在生产、生活中得以具体落实，切实实现“以人为本”的思想。

二、加大宣传力度，深入开展健康教育活动

除进行普通健康教育活动外，针对高原环境特色制定宣传计划，以宣传单、黑板报、举办讲座等切合实际的宣传方式，开展“四防”健康教育活动，预防高原疾病的发生。

三、开展经常性的灭鼠活动，预防鼠疫传染病的发生

各参建单位在对施工沿线及驻地鼠患及鼠疫疫情进行详细调查的基础上，按照卫生部、铁道部及地方卫生部门的文件要求，并在地方鼠疫防治机构的指导下大力开展鼠防宣教工作，普及鼠防有关知识，采取挖防鼠沟、拉防鼠网、投鼠药、堵獭洞、预防性服药等具体措施，严防鼠疫的发生与流行。

四、注重生活饮用水和食品卫生监督，防止水污染和食物中毒的发生

各参建单位建立健全了食品卫生管理组织和岗位责任制，认真贯彻落实《食品卫生法》，制定规章制度。食品的采购采取集体定点采购、保鲜下送的做法，保证优质、无腐败的食品进入工地。对饮用水源进行定期检测，并加强水源保护，防止人为或自然环境造成的污染。加大职工食堂硬件方面的投入，保证食堂具有防盗、防鼠、防蝇、防尘功能。经验收合格后发放食品卫生许可证。对食品加工人员定期体检，发放从业人员健康证，保证了青藏铁路建设期间无集体食物中毒事件的发生。

第六章　生活后勤保障

青藏铁路沿线环境恶劣、物质匮乏、条件艰苦，有效的生活后勤保障是青藏铁路建设的基础，是确保参建人员上得去、站得住、干得好的重要保证。建设期间，各参建单位在住房防寒、营养保障、饮水安全、生活供应、环境卫生等方面进行了富有成效的探索和实践，总结出了很好的高原生活后勤保障工作经验。

第一节　生活保障措施

一、住房建设和防寒措施

在落实《青藏铁路卫生保障若干规定》《青藏铁路卫生保障措施》文件中，沿线各建设单位本着实事求是、因地制宜和尊重科学的原则，针对青藏高原高寒低压低氧、气候多变、环境恶劣、自然疫源性疾病威胁的客观条件，把住房建设和防寒措施作为落实生活保障措施的重点。

(一)房屋选址与建设的卫生要求

1. 房址选择和建设要求

①防风、向阳、避雷；②距离施工现场、公路、饮用水水源较近；③避开泥石流、危石坠落可能发生的地段；④禁止在鼠、獭密集区建立生活区；⑤在永久冻土基础上建房，采取架高的设计方案，增设防寒保暖措施。

2. 职工宿舍要求

宿舍内设常年取暖设备，室温不低于16 ℃。采用燃油暖风设备供暖；如用煤炉取暖，应采取排烟通风措施，预防一氧化碳中毒(图6-1)。

3. 辅助设施

①建立有防寒措施的公共卫生厕所，注意清扫和消毒。②宿舍周围必须挖防鼠沟，定期投放毒饵灭鼠。③有条件的工区内设置洗澡间；隧道施工单位设置工作服烘干房；现场设立更换工作服的场所。

4. 驻地环境

①保持驻地环境整洁(图6-2)，减少对环境植被的破坏。②生活区相对集中，周围设置围栏，避免牛、羊及野生动物进入生活区。③严禁随地丢弃生活垃圾，设可降解和不可降解两个垃圾池(这是青藏铁路建设又一特点。环境保护在青藏铁路建设期间是非常严格的，单设青藏铁路环境保护监理站，它不受青藏总指的领导，可以直接对各施工单位进行检查，对违反环境保护规定的单位可以直接进行处罚)。④生活垃圾需有封闭式容器收集，可降解废弃物在距离食堂、宿舍较远处掩埋；不可降解废弃物如塑料袋等集中收集，运至附近城市指定垃圾处理地点统一处理。⑤如有野生动物在垃圾

堆觅食,需对垃圾及时消毒后用土覆盖。

5. 饮用水条件:符合国家生活饮用水卫生标准。

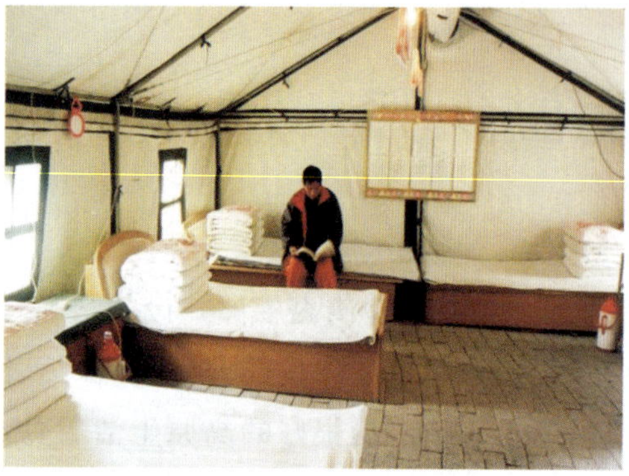

图 6-1　职工宿舍

图 6-2　环境整洁卫生

(二)防寒措施要求

1. 防寒、防护用品要求

① 防寒服:防寒性能应达到 GB/T 13459—1992《劳动防护服防寒保暖要求》中总保暖量 6.0 clo 的要求。质量按 LD 61—94《劳保羽绒服》的要求执行。防寒帽、防寒手套材料选用动物毛皮。防寒鞋选用牛皮面,毛毡棉内衬。

②护目镜:镜片对紫外线的透过性能应达到 GB/T 3609.1—94《焊接眼面防护具》中遮光 4 号的要求,颜色宜选"灰绿色"。质量按 GB 14866—93《眼面护具通用技术条件》要求执行。

③防晒油:卫生理化指标应达到 GB/T 13641—93《劳动护肤剂通用技术条件》的要求。防晒因子应不低于 20。

④防冻防裂膏:卫生理化指标应达到 GB/T 13641—93《劳动护肤剂通用技术条件》的要求。防裂性能应达到 GB/T 2610—94《铁路防皲裂型劳动护肤剂供货技术条件》中高效级的要求。

⑤对于特种劳动防护用品如安全帽、安全带、绝缘护品、防毒面具、防尘口罩等,必须根据生产需要配备齐全,选购时审核其产品生产许可证、产品合格证和安全鉴定证。对国家未列入生产许可证管理范围的防护用品,一律采取路用产品许可证制度进行质量管理。

由于高原地区气温低,温差较大,多数地区"一日四季分明,一年四季难分"。在海拔 4 000 m 以上地区需长年穿棉衣,在青藏高原四季盖棉被。室外作业的防寒措施主要是个体防护,个体防护措施中防寒服最为重要。各单位都能按时、定期给员工发放防寒皮衣、皮裤、皮背心、棉衣、棉裤、棉皮鞋、雨衣、防寒手套、棉帽、耳套、冻疮膏、防紫外线、防晒霜等用品,以保障员工的健康。

2. 集中供暖与局部供暖措施

防寒的主要措施是采暖和保暖,采暖措施多用于室内,目的是提高室内温度。按照铁道部《青藏铁路卫生保障措施》(铁劳卫〔2001〕51 号文件)规定,室温不低于 16 ℃。采暖方式分为集中供暖和局部供暖。集中供暖主要采用水暖、气暖;局部供暖主要采用电热器、燃煤、回风炉取暖。各单位集中居住地和宿营车都采取了集中供暖措施。

集中供暖既可以节约能源、减少环境污染、又可以防止 CO 中毒。对远离指挥部住在施工现场的队伍都配备了电暖气、火炉取暖。为了防止 CO 中毒,对火炉的安装制定统一标准,要求统一安装,房间必须安装风斗,烟管必须直,烟管与烟管、烟管与火炉连接必须密封。对于火炉取暖用煤严格筛选燃烧充分、热量高、烟排放量少的优质煤。担负铺轨任务的中铁一局和中铁十一局还给宿营车加穿了保温篷，窗户上装上了双层玻璃，白天可以打开窗户通风，让空气对流，夜间又可以保暖。

二、饮水卫生和水源洁净技术

青藏铁路格拉段沿线分布有大大小小的热融湖塘，其水量随季节变化、水质流经区域的影响变化大。丰水期 pH 值高，浊度较大，硬度、细菌量、碱度等相对较低；枯水期则相反。难以直接就近为大规模施工人员提供稳定的饮用水。

建设初期，各参建单位按照《青藏铁路建设卫生保障实施意见》，派遣专业人员对施工沿线开展卫生学勘察，选择适合的饮用水源。但是基本采用的是远距离运水，这种供水方式耗费很大的人力物力，加上青藏高原特有的风沙、冰雹、雨、雪等恶劣自然条件的影响，不能保证职工的及时足量供水。

（一）饮水卫生基本情况

青藏铁路承建单位有 23 个之多，大多数选择远距离车运泉水的供水方式，其余单位饮用地表水。泉水水质基本达到饮用水源Ⅱ级标准，主要问题是肉眼可见物、总硬度、耗氧量、总大肠菌群、挥发酚类等超标；地表水的主要问题是色、混浊度、铁和锰超标。

（二）饮水卫生要求

（1）选用为饮水的源水应采取滤、净化、消毒等处理措施，经过抽样检测；（2）水源只有经过防疫部门检验，感官、理化、微生物指标符合饮水卫生要求后方可饮用；（3）严禁职工、民工饮用生水，要求各单位为宿舍和工地提供煮沸的饮用水，饮水加热器具宜使用压力烧水设备；（4）远距离送水的单位，送水、储水器具等要符合卫生要求并定期消毒。

（三）饮水供应情况

绝大多数单位都购买矿泉水或纯净水，营地日常用水是使用自来水，施工现场用水均经卫生检测合格后才供使用。建设期间卫生防疫部门对各项目部 22 份水样进行了采样检验，确定了可以饮用的水源，并完成了全线水质分析报告；同时向各项目部发放了消毒净片 215 瓶，指导开展饮用水的消毒工作。对经检查合格的生活饮用水经净化、沉淀、消毒、煮熟后方可饮用。

为解决参建人员的就近供水难题，铁道部及各参建单位首先组织对青藏铁路施工沿线水源水质进行调研，根据调研结果提出针对性的技术处理技术方案，并科研攻关，研制便捷快速、经济适用的饮用水处理设备。

中国铁道建筑总公司牵头，联合军事医学科学院、中铁十二局集团有限公司在沿线水质调查的基础上开展研究，积极探索符合施工实际需要而又经济、快捷便利的相对长期（一般每个标段 2～3 年）的饮水处理方案，并在青藏铁路清水河边建立了第一个野外饮水处理站，使青藏铁路饮水难的问题得到了较圆满的解决，并在青藏线推广应用。

图 6-3　中铁十二局使用的饮水洁治处理器

（四）水质处理方法

水源水质技术处理方法包括物理、化学、生物方法及其组合处理方法。鉴于青藏高原环保要求和环境条件变化、降水影响等因素，主要考虑以物理方法为主，杜绝对高原环境的污染和多变的水质情况对饮水洁治效果的影响（图 6-3）。

1. 处理方案选择

铁科院劳卫所通过对青藏铁路施工现场及沿线地表水水质调查,依照国家饮用水卫生标准和相关水源水质标准,结合相关水质技术处理方法,提出现场就近取水应采取的水质技术处理方案:

一是针对Ⅰ级水质的水源,如为地下水只需消毒处理,如为地表水需经简易过滤、消毒净化处理,可满足供水要求;二是对Ⅱ级水质的水源(纳赤台泉水),采取常规絮凝、沉淀、过滤、消毒净化处理,可以达到供水要求;三是大于Ⅱ级水质的水源,包括西大滩、昆仑河、楚玛尔河、清水河、沱沱河、通天河、雁石坪(布曲河)、乌丽、三岔河、不冻泉等,污染相对较严重,宜采取相应组合处理方法,即三级过滤(粗滤+超滤+纳滤),碱度高时选用"粗滤+微滤+反渗透+紫外"的深度洁治工艺。

2. 处理技术的选择

青藏铁路高原饮水处理技术主要采取了以下方法:即原水经过格栅后截留水中的大漂浮物,再进入砂滤器截留水中粒径约80 μm以上的细小颗粒、浊度等,之后进入微滤器,进一步截留水中粒径约5 μm以上的微小颗粒、浊度等,随着浊度的去除,吸附在微粒和胶体上的有机物也被去除,溶解于水中的有机物、无机盐离子、细菌等通过反渗透过滤器被去除,最后通过紫外线消毒器进一步杀灭水中的微生物,从而生产出合格的饮用水。

(五)青藏铁路高原饮水处理技术研究

1. 研究目的

探索处理被污染地表水的膜组合新工艺、新装备,并使其设备小型化、智能化,为青藏铁路施工单位提供野外饮水卫生保障。

2. 技术指标

基本指标:产水量可自由设计,以7 000 L/h计算;有自备电源,全自动操作,启动时间短,随用随产;出水水质达到国家《生活饮用水水质卫生规范》(卫法监发〔2001〕161号文件)的要求;经济实用、设备体积小、便于易地使用。

适应性指标:本研究主要为青藏铁路施工单位研制,制备日常生活所需饮用水,使其装置适合野外水源水及被有机物污染的江河湖塘水的处理,包括苦咸水的处理。不受气候(水温不得低于0 ℃)和地区的限制,可长期连续使用。接受过简单培训的人员均可操作。在一定使用期限后,可通过清洗或更换滤芯重新使用。

3. 研究内容

(1)实验室方案设计与小试研究:设计传统工艺与膜分离技术相结合的小试净化模型,确定合理的工艺流程、运行方式和运行参数,观察该模型对被污染地表水的处理效果、膜污染机制。

(2)样机研制:优化样机的结构,使其具有高度一体化、智能化和小型化。进一步确定合理的运行方式和参数,观察样机对微污染地表水的处理效果、膜污染机制。

(3)现场效果评价与样机的调试改进:进行青藏铁路的水处理现场试验,观察该样机对微污染地表水的实际处理效果及膜的使用寿命等。

4. 试验工艺方案的筛选

(1)净化工艺的选择

从水处理技术现状及高原野外水处理难点分析中可得知,最适合采用的技术是膜分离组合工艺,而膜技术应用的关键是要解决膜的堵塞问题。影响膜堵塞的主要因素是水的浊度、有机物浓度及硬度,通过强化前处理,来解决膜的堵塞问题,如下述方案:

原水→泵→格栅→砂滤器→微滤器→增压泵→反渗透过滤→紫外线消毒→出水

（2）工作原理

按上述方案的设计，原水经过格栅后截留水中的大漂浮物，再进入砂滤器截留水中粒径约 80 μm 以上的细小颗粒、浊度等，之后进入微滤器，进一步截留水中粒径约 5 μm 以上的微小颗粒、浊度等，随着浊度的去除，吸附在微粒和胶体上的有机物也被去除，溶解于水中的有机物、无机盐离子、细菌等通过反渗透过滤器被去除，最后通过紫外线消毒器进一步杀灭水中的微生物，从而生产出合格的饮用水。

5. 生产性装置的设计

（1）主要净化单元的结构设计

①砂滤器

砂滤是一种结构简单、操作简便、经济有效的常用水处理单元，截留野外水中粒径约 80 μm 以上的细小颗粒，去除浊度，而且对吸附在悬浮性微小颗粒和胶体上的有机物、细菌及病毒等有去除作用。

本项目设计为双层滤料。上层采用密度较小、粒径较大的轻质滤料——无烟煤，下层仍采用密度较大、粒径更小的重质滤料——石英砂。实验结果表明双层滤料的含污能力、滤速、过滤周期、微滤膜更换频率和反渗透膜的清洗频率等符合设计要求。

②微滤器

微滤（MF），又称精密过滤，其滤膜的孔径为 0.1～10 μm，介于常规过滤和超滤之间，操作压力为 0.01～0.2 MPa，以去除微米级的水中杂质，如水中的悬浮物、细菌与浊度，多用于生产高纯水时的终端处理和作为超滤、反渗透或纳滤的预处理设施。

本项目设计考虑到更换方便性及产品性价比，选用错流式 PE 管式微滤膜与 0.5 μm 微滤膜元件串联组合使用。结果符合设计要求。

③反渗透（RO）

反渗透（RO）是以压力为推动力，利用反渗透膜只能透过水而不能透过溶质的选择透过性，从含有各种无机物、有机物和微生物的水体中，提取纯水的物质分离过程，孔径为 5×10^{-10}～15×10^{-10} m。

经反复论证，选用美国海德能公司生产的节能型聚酰胺膜（ESPA）作为反渗透用膜、8040 膜元件、进口水泵（德国 WILO 公司 MVI812 型高压泵）。结果符合设计要求。

④紫外线消毒技术（UV）

消毒是饮水处理必不可少的一个重要水处理单元，可分为物理消毒方法和化学消毒方法。物理消毒方法有煮沸、紫外线、超声波等。选用紫外线消毒具有消毒快速、不污染水质等优点。

经反复试验，选用中心辐射波长 253.7 nm 紫外线灯，在总进水量 10.5 t/h、水温 3.7 ℃、总出水量 6.7 t/h、电压 380 V 的条件下，消毒效果达到设计要求。

（2）注意事项

在室外水温不超过 0 ℃且停机时间超过 1 h 时（尤其是晚上），应使位于室外的各进水水管和出水水管排空，不使其管内有残余水，否则管内水体会结冰，引起管道冻裂，无法再使用。其进水管排空方法如下：当系统的停机操作完成后，打开相应阀门，此时从流量计至潜水泵之间的进水管路内的水即开始流回至河中，用手抖动该管内残余的水，使之完全排尽即可。其出水管排空方法如下：当系统的停机操作完成后，开启紫外线杀菌器上的排空阀，此时出水管路内的水即开始排出，同上，用手抖动该管内残余的水，使之完全排尽即可。

应一直保持室内气温在 8～35 ℃以内，切勿使残余在装置内的水体结冰，否则会引起管道等部件的冻裂，无法再使用。停用 30 天以内时，应每天启动系统一次，使系统运行 30 min 以上，以防止反渗透膜上滋生细菌，侵蚀破坏 RO 膜。停用 30 天以上时，应使用杀菌液（0.4%～0.8% 的甲醛溶液）充满系统，切勿排空反渗透过滤器内的贮存水,否则其反渗透膜因干燥而会损坏。须特别指出的是:当系统重新投入使用时,开启系统务必运行60 min以上,使产品水中不含有杀菌液,方可作为饮用水正常使用。

(3)经济与社会效益分析

总机造价:17.8万元/台;

运行费用和药剂费:无;

电耗:1.0~1.2 kWh/t。

生产成本以实际应用仅500天计算2.5元/t,维护成本0.3元/t,取得了明显的经济和社会效益。

三、宿舍安全供氧

宿舍内供氧是减轻高原反应、防治高原病、减轻缺氧对人体的慢性危害、缓解疲劳、保障睡眠、恢复体力、增强机体免疫功能和提高抗病能力的措施之一。青藏铁路建设各参建单位都采取了宿舍内供氧措施。综合全线各单位的情况,宿舍内供氧方式主要有6种(参看本书第三章第六节相关内容)。

四、厕所建设

厕所选址应尽可能远离河水、山泉等水源,在饮用水源的下方;厕坑尽可能深,容积不能太小,要考虑几年时间不用清除;厕所应修建排气管道,以利于坑厕内废气排出;厕所背侧的厕坑用涂黑漆的铁板遮盖,便于阳光暴晒;厕所应按直坑式修建,避免内地常用的斜坑式修建,厕所修建不能离居住地太远,注意保护草甸。由于青藏高原特有的寒冷期长和复杂多变的气候,即便是夏天,夜晚也会降至-10℃,职工夜间外出上厕所容易引起风寒感冒。在高原感冒是诱发脑水肿、肺水肿等急性高原病的因素之一。因此,厕所应有保暖设备,以防止如厕人员感冒。中铁十二局自行设计制造了高原流动厕所,较好地解决了厕所保暖问题:厕所高2.5 m,宽1 m,长1.2 m,采用铝合金框架结构,双层铝塑板围墙,内设电暖气、灯管、冲刷器;下部安装坐便器,底部设翻斗式便桶。厕所四角底部安装了转动式四轮,中间安装两个推拉手。在厕所一侧安装一扇门,每当夜幕降临,由值班员将厕所推到职工宿舍走廊门口,厕所门对着走廊门,职工半夜上厕所不用外出。次日早上再由值班员拉出去冲洗。

五、环境卫生和垃圾处理

(一)青藏铁路沿线生活及生产垃圾种类

1. 生活垃圾。是垃圾中最多的一种,产生量大,具有持续产生、易污染驻地环境与公共场所、不利于传染病防治等特点。

2. 医用垃圾。属有毒有害垃圾,产生量小,但各参建单位都有,是必须经过消毒等特殊处理的垃圾。

3. 生产垃圾。种类较多,产生量大的有水泥纸袋、编织袋、塑料袋;产生量小的有油污棉纱、油脂、废弃矿物油等,属有毒垃圾。

4. 生产性粉尘。各单位均有路基施工,会产生大量粉尘污染空气和周围植被。

5. 泥浆。沿线各单位建桥桩基施工采用旋挖钻机、冲击钻作业时会产生大量泥浆。

6. 生产性废砟。各单位路基、隧道、桥涵施工产生大量的废砟。

7. 生活污水。由参建人员日常生活和食堂加工食品产生。

8. 生产废水。主要由隧道湿式开挖作业及露天预制桥梁、轨枕产生。

（二）各单位垃圾及排污处理的措施

1. 垃圾深埋处理法。适合于生活垃圾与无毒生产垃圾。垃圾填埋选择远离山泉水、溪水、河水、井水等水体，并且低洼、无植被、无地表径流、远离线路的荒地，深埋深度不低于 1.5 m。禁止随地焚烧以免污染空气。

2. 垃圾集中转运处理法。适合于医用垃圾、有毒生产垃圾的处理。医用垃圾还需先行消毒灭菌处理，再装袋，集中到指定地点码放，统一运送到当地指定垃圾场。

3. 洒水法。路基施工时，各种车辆来回穿梭，会造成尘土漫天飞扬，污染周围植被、草甸和草原，易使绿色环境变成土黄色。各施工单位配备了洒水车，在路基上不停地来回喷洒水雾，使施工场地只见车水马龙，不见了遮天蔽日的黄沙尘土。

4. 泥浆沉淀法。所有参建单位采用冲击钻桩基作业时均设泥浆沉淀池，避免了泥浆对邻近绿色植被等环境的污染。

5. 弃砟选择法。各单位充分配合当地环保部门，邀请设计、监理进行勘查，多次优化，选择了低洼、无植被、无地表径流，远离线路、河水、山泉水、井水、溪流的荒地作为弃砟场。隧道的弃砟部分用于路基填筑，其余运往弃砟场。

6. 沉淀消毒法。适用于处理生活污水、医院污水、隧道开挖的生产废水。具体做法是修建污水处理池，容积 5 m^3，距底高 20～30 cm 处安装排水阀门。盛满污水时，按每 50 kg 水投入硫酸铝 5 g、每 1 m^3 水投放漂白粉 12 g，沉淀 24 h 后排放。视池底淤物情况而定期清淤。

7. 无渗透蒸发处理法。此种方法仅适用量较少的各种工业污水，其原理是充分利用高原气候干燥、风大、强辐射等气候特点，使工业污水中的水分快速蒸发，对余下的不蒸发油污等固体物进行定期清理。具体做法是用水泥铸造一个长 4 m、宽 2 m、池高 25 cm 的蒸发处理池，将工业污水倒入池中，任阳光暴晒、风吹和干燥。通过实际观察，一次倒入 50 kg 工业污水 3 个晴天日可基本干燥，一次倒 150 kg 工业污水需 21 个晴天日可干燥。此种方法成本极低，方法简便，防止了工业污水对山泉水、河水、溪水、雪水等水体和高原大地的环境污染。使用时注意雨雪天要对蒸发处理池进行遮盖。

第二节　营养保障与食品卫生

一、参建人员营养保障措施

高原低压低氧条件下的膳食营养，是保障青藏铁路建设者充沛体力的新课题。高原作业的劳动者，由于受低压低氧、寒冷等气候的影响，无论基础代谢、休息和运动时的能量消耗都高于平原，营养素的需要与平原相比也有增加的趋势。铁道部组织专家多方论证，并收集西格线建设期间积累的经验，结合高原营养消耗并按膳食营养平衡要求，对青藏铁路建设者膳食营养提出了建设性指导意见，并下发了《青藏铁路膳食营养指导书》。

（一）营养配餐方案

实行食堂集中供应餐饮办法，合理配餐、集体用餐。建立高海拔区伙食标准，提出了高原体力劳动者能量和主要营养素供给量标准（见表 6-1）。

表 6-1　高原体力劳动者能量和主要营养素供给量标准

劳动强度	能量 (kJ)	蛋白质 (g)	V_A iu	V_{B1} mg	V_{B2} mg	V_C mg	V_D mg	V_E mg	Fe mg	Zn mg	I mg	Ca mg
轻度劳动	11 297 ~ 13 389	95	3 500	1.5	1.3	60	15	10	15	15	15	800
中度劳动	13 389 ~ 15 481	105	4 000	2.0	1.5	75	20	10	15	15	15	800
重度劳动	15 481 ~ 17 573	125	4 500	2.5	2.0	100	25	10	15	15	15	800
过重度劳动	17 573 ~ 20 083	145	5 000	3.0	2.5	150	30	10	15	15	15	800

1. 习服期的配餐方案：初入高原的习服期配餐遵循"高糖、低脂、适量蛋白"的原则，维持正氮平衡，防止体重过度减轻，确定蛋白质、脂肪、碳水化合物的基本比例为 1∶1∶7。此时期的能量和营养素供给参照中度体力劳动者的供给量标准，工人每人每日食物摄取量具体可参见表 6-2。还应注意调整食欲，并补充复合维生素，以增强对缺氧的适应。

表 6-2　工人每人每日食物摄取量　　g

谷类	蔬菜	水果	肉蛋类	大豆	奶类	纯热能食物	调味品	合计
750	550	100	53	25	20	53	30	1 581

2. 施工期的配餐方案适当提高脂肪和蛋白质的比例，确定蛋白质、脂肪、碳水化合物的基本比例为 1∶1.5∶5。该期的能量和营养素供给参照重度体力劳动者的供给量标准，工人每人每日食物摄取量参见表 6-3。

表 6-3　工人每人每日食物摄取量　　g

谷类	蔬菜	水果	肉蛋类	大豆	奶类	纯热能食物	调味品	合计
810	650	150	95	45	30	75	30	1 885

3. 长期施工人员的配餐方案进一步增加脂肪和蛋白质的比例，确定蛋白质、脂肪、碳水化合物的基本比例为 1∶1.5∶4。该期的能量和营养素供给参照重度体力劳动者的供给量标准，工人每人每天食物摄取量参见表 6-4。

表 6-4　工人每人每日食物摄取量　　g

谷类	蔬菜	水果	肉蛋类	大豆	奶类	纯热能食物	调味品	合计
720	650	150	215	65	35	85	30	1 950

(二)食品卫生保障措施

加强饮食管理、保证营养素供给十分重要。职工食堂(图 6-4)饮食卫生管理要严格按照《食品卫生法》要求，并符合高原条件。食品制作保证饭菜烧熟、营养合理。食品制作人员必须进行培训，了解高原食品制作特点和要求，严格实行食品卫生监督和管理。

图 6-4　职工食堂做好后勤保障

1. 食品采购：采购人员必须具备较丰富的食品卫生知识，具备甄别食品优劣的能力。禁止采购腐败变质的食品，特别是水产品和肉类制品。采购动物制品时必须查验动物检疫部门的检疫、检验合格证。

2. 食品运输:①运输鱼、肉、虾等食品时采用冷冻措施。如用冷藏车、冰柜等。②运输工具定时清洗、消毒。③重视包装,根据不同的食品选择牢固、无毒的包装材料。④装运蔬菜时防止日晒、雨淋,避免挤压。生菜与熟菜,蔬菜与肉类,根茎类与叶菜类,最好不要混装。⑤采购应快装、快运,尽量缩短在车上或仓库堆放的时间,运输时要通风。⑥使用专用的车辆或工具。车厢要有罩盖,冬季要防冻,食品不与药品、毒物、有强烈气味的物品同时装运,以防污染食品。

3. 食品的贮存与保管:①贮存室保持清洁、干燥、通风、凉爽、无蝇、无鼠、无其他害虫,有条件时安装贮藏防范设备,食品库内禁止存放杀虫、灭鼠药物。②各类主副食品分类、分堆、隔墙、离地存放。贮藏粮食的容器离地面 30 cm 以上、距墙壁 20 cm。③新鲜鱼、虾、肉类加盐炒熟后置阴凉处保存,一般新鲜肉不用水洗,可泡在酱油里存放数天。或将新鲜肉切成小块长条,用盐腌制存放一定时间。④酱油、醋、咸菜、油类等调料分别贮存于坛或缸内,严密加封。⑤咸鱼、咸肉等放在通风、干燥处,防止发霉、腐烂。⑥叶菜类及瓜茄类蔬菜松散地放在竹、木架上,保持阴凉通风,葱存放在湿沙上,土豆埋于沙中,大白菜和莲花白在窖前侧立地面,晒 1 ~ 2 天,除去叶球内积水,入窖后经常检查,及时倒菜。⑦对于一些需要保持干燥的食品,采用塑料袋密封包装保存。⑧对于蔬菜要采取保暖措施以防冻害。⑨对罐头食品经常检查有无变质腐败现象,注意有无鼓盖、有无空音者、有无罐头铁皮生锈或内容物浸出等现象,凡有上述情况之一者禁用。⑩冷冻食品解冻后应及时食用。

4. 食物的烹调方法:①利用高压锅做饭。②为保持维生素,面食以烙和蒸为好,尽量不采用炸和烤。③蔬菜先洗后切,水冲不用手搓,切好后不宜放久,更不宜挤汁。做菜时锅的温度宜高,短时急炒,以减少维生素的损失。④鱼、肉类食品,尤其是海产品必须彻底煮熟。熟鱼、熟肉切好后若放置超过 2 h,必须重新烧熟煮透,方可食用。在当地购入的牛羊奶必须煮沸后方可饮用。⑤淘米的次数不宜过多。⑥一般在开餐前 10 ~ 30 min 做好菜。在天气热时,为增进食欲,适当选用酸、辣、香的调料。⑦食物要易消化,品种多样化,力争色味俱佳,以增加食欲防止或减轻缺氧引起的厌食效应。

5. 烹调过程中保护营养素的方法:食物烹调时营养的损失虽不能完全避免,但在烹调过程中应尽量设法保存食物中原有的营养素,以达到合理烹调的目的,具体方法有:

①上浆挂糊。原料先用淀粉或鸡蛋上浆挂糊,一则可避免原料中的水分和营养素的溢出,又可减少营养素的氧化损失;再则原料受浆糊层的保护,不会因高温而使蛋白质变性太大,又可使维生素少受高温破坏。

②勾芡。勾芡也可减少营养维生素的损失,因为生粉中含有的谷胱甘肽具有保护维生素 C 的作用。肉类中也含有谷胱甘肽,所以肉类同蔬菜一起烹调也是一种好方法。

③加醋。醋能保护食物原料中维生素少受氧化。需加醋的菜肴应提前加醋,先放醋,既可保护维生素少受损失,还可促使原料中的钙溶解,以促进人体对钙的吸收。

④酵母发酵。制作面食时,应尽量使用酵母发酵面团,面团经过酵母发酵后,不仅可增加面粉的 B 族维生素等,还可破坏面粉所含的植酸盐,以减少对某些营养素消化吸收的不良影响。

(三)合理膳食的基本卫生要求

合理膳食应由多种食物构成,它所提供的热能和各种营养素能充分满足人体需要,而且各种营养素数量之间保持适当比例。合理膳食的基本卫生要求是:

1. 食品应满足机体所需的热量和营养素需求。膳食中应含有机体所需要的热能和各种营养素,而且各种营养素间数量比例适宜。蛋白质、脂肪、碳水化合物、无机盐、维生素和水,应按不同机体、不同年龄、性别、不同的生理和健康状况以及不同作业人群的需要调整。

2. 食物存放必须符合国家卫生标准。食物在贮存、加工过程中易受到微生物或化学物的污染,或由于食物在贮存过程中产生或增加某种有毒物质。因此,食品存放必须符合国家食品卫生标准。

3. 加工烹调应科学,提高消化率,减少营养素的损失。充分利用食品本身的营养特点,对食物进行合理的加工和烹调,可提高食物消化率,减少营养的丢失和损失。如大豆加工制成豆腐、豆浆等提高了消化率;蔬菜要先洗后切,以减少水溶性维生素和无机盐的丢失;烹调食物时要急火快炒等等。

4. 食物要多样化,感官性状良好。多样化有利于营养素种类齐全并发挥蛋白质的互补作用;良好的感官性状指具有诱人的色、香、味、形,它能增进食欲,并有利于消化吸收。

5. 有合理的膳食制度。

①定时定量。膳食制度中以定时定量为重要。食物在胃内停留时间不超过4~5 h,所以每餐相隔4~5 h为宜。每餐不宜过饱,更不能暴饮暴食。过饱会使血液过多过久地集中于肠道,造成心、脑等重要器官相对缺血,以致产生头晕、困倦、饱胀不适,工作能力低下;冠心病人还可能引起心绞痛发作;而饱食终日,热量过剩,可使人发胖并易罹患高血压、冠心病、糖尿病、胆结石、胆囊炎等疾病,以致未老先衰。

②注意早餐质量。早餐的质量能影响人们整天的工作和劳动效率;早餐不仅要有足够的糖作为能量来源,而且还要有一定数量的蛋白质和脂肪。蛋白质、脂肪本身除对身体有重要作用之外,还因为它们能减缓糖的吸收和消耗,防止胰岛素的过度分泌,从而有助于维持血糖的水平。通常空腹血糖量降至3.33~3.89 mmol/L,就可能出现饥饿感,四肢无力,思维迟钝,面色苍白、心慌、心烦、多汗等低血糖症的表现。

③合理分配三餐膳食热量和营养素。以每天的热量为100%计,则早餐应占30%,午餐40%,晚餐30%。对于肥胖者晚餐量应少于20%。

(四)进驻高原的合理营养

1. 高原营养需要量。人体在高原地区,无论基础代谢,还是休息和运动时的能量消耗都高于平原。其原因有:

①气温每降低10 ℃(参考标准温度为10 ℃)需增加能量3%~5%,才能维持热平衡。

②呼吸加快,失热增加。据估算,高原(海拔4 540 m)产热量的21.0%从呼吸丢失,比平原(18.3%)丢失得多。

③基础代谢率增高,消耗能量增多。

④着装笨重、重体力劳动时,能量消耗可增加6.9%~25%。动物实验的结果也表明,在缺氧环境中,摄取足够的热量,对维持体重和氮平衡十分重要。

高原低氧环境对三大营养素的需求与平原有所不同。从高原人体营养调查结果来看,在高原地区从事正常劳动和生存,营养素的比例宜为:蛋白质10%~13%,脂肪11.1%~43%、碳水化合物44%~77.8%,能量12 550~22 220 kJ。摄入一定量的蛋白质对久居高原的人是比较重要的。

2. 维生素需要量。高原维生素的需要量有增高的趋势,应适当补充维生素A、C、B等。

3. 矿物质需要量。人体进驻高原后,促红细胞生成素分泌增加,造血机能亢进,红细胞增加,有利于氧的运输和缺氧的适应。铁是血红蛋白的主要成分，所以铁的供应量应当充足。如体内铁贮备正常，每日膳食供给 10 ~ 15 mg 铁，可以满足高原人的需要。

4. 水的需要量。高原空气干燥，肺的通气量增大，人每天失水相对增加。为维持日尿排出量在 1 ~ 1.5 L，使代谢产物排出体外，每日应饮水 3 ~ 4 L，如维持体液平衡则需水约 5 L。初入高原，常无口渴感而不愿饮水，可能因失水对人体健康构成威胁，应引起重视。在剧烈登山运动中，每小时应饮水 1 L。久居高原适应以后，饮水量则与平原基本相同。

（五）初入高原者的营养供给与膳食保障

1. 进入高原前，应通过体育锻炼或体力劳动进行体力适应，消除对高原的顾虑，保持良好的心理状态。如果能够保持高度的精神振奋状态和良好的体力状态，进入高原时就有可能维持正常食欲。

2. 供给营养合理而且容易接受的饮食。①热能。一般主张，初入高原者应减轻体力活动，并避免剧烈运动或重体力劳动。热能供给量一般按平原地区轻度或中等体力劳动的标准供给即可，重要的是要使机体保持良好的食欲。②蛋白质、脂肪和碳水化合物供给比例。初入高原者一般可采用蛋白质 10% ~ 15%、脂肪 20% ~ 25% 和碳水化合物 60% ~ 70% 的比例供给热能，习服后脂肪可提高到约 35%；在 6 200 m 高度，以蛋白质占 10%、脂肪占 10% 和碳水化合物占 80% 的比例为好。阿巴谢夫等报告（1979 年），在 2 500 m 高度上，膳食蛋白质、脂肪和碳水化合物的质量比由 1∶1∶4 换成 1∶0.8∶5，膳食蛋白中动物性蛋白质含量由 36% 提高到 50%，用容易消化的双糖代替部分多糖和补充多种维生素，可以提高人的适应能力。③维生素。以较大剂量补充多种维生素制剂为最好。如果条件有限，按平原地区维生素供给量标准额外补充几种主要维生素也有好处。

3. 膳食保障。①提高食品的接受性。为了维持正常食欲，供给的食品既要符合初入高原者的饮食习惯，也要适合高原饮食喜爱性的变化，如喜欢甜味和酸味食品、不喜欢油腻食品等。既要有一定品种的食品供人们选择，又要保证食品的质量。②主食宜多米食。根据高原上食宿站工作人员的经验，米饭和大米粥（尤其是加白糖的甜粥）可抑制恶心呕吐，相反面食易诱致恶心呕吐。烹调副食时，可适当加用香味调料以促进食欲，但要少用食盐。根据条件，适量供给动物性蛋白质食品，如瘦肉和乳制品等。如果可能，应供应一定量的果酱。③供应酸甜饮料有利于纠正碱中毒和补充热能及水分。以酸味鲜果汁为最好，或用柠檬酸、维生素 C 和糖调制饮料。因为高原味觉敏感度有所降低，饮料中加糖量可适当增加。浓茶有抑制恶心呕吐和腹泻的作用。④少吃多餐，避免暴饮暴食。每餐吃七成饱，餐间补充糖食和酸甜饮料。晚餐更宜少吃，以免腹痛腹胀影响睡眠。⑤避免易产气食物和含大量粗纤维的食品。⑥避免生冷饮食，蒸煮食物采用高压锅。⑦节制烟、酒。

4. 配膳原则：

①供给充足热能。在高原习服期，每日热能摄入量 11 715 ~ 13 389 kJ；习服后，热能供给量以 14 644 ~ 16 736 kJ 为宜。高热能可以提高机体对低气压和高原环境的耐受力及抵抗力。

②供给优质蛋白质。以动物性蛋白质占总蛋白质的 30% ~ 50% 为宜。

③增加富含糖类的食物。高糖食品既可适应机体的可接受性，又可使机体动脉血中氧含量增加，提高机体换气能力。

④供给丰富的多种维生素。各种维生素的供给量一般为平原中度劳动强度的 3 ~ 5 倍。

⑤限制食盐的摄入量。每日 4 ~ 6 g 为宜，以预防急性高山反应。

⑥提倡少量多次就餐。每日以 3～5 餐,每餐以七成饱为宜。

（六）高原体力劳动者的营养膳食

初到高原,突出的问题是缺氧,当机体对高原习服适应后,缺氧问题退居第二位,寒冷成为主要问题。所以习服后应按体力劳动及寒区施工人员的营养要求调配膳食(图 6-5)。

图 6-5　加强饮食供应和营养

1. 供给高原热能膳食。一般按重度劳动或极重劳动热能需要量供给优质适量蛋白质和高热能膳食。每日蛋白质摄入量在 100～120 g 为宜,动物性蛋白质来源宜占总蛋白质的 30% 以上。在脂肪供应上,植物性脂肪应高于动物性脂肪,以减轻胃肠道的负担,同时保证膳食有较强的适口性。野外施工人员的食物供应要保证各种营养按配比摄入。施工中营养不足不仅直接影响劳动效率,影响职工身体健康,而且一旦发生营养不良症,纠正起来较为困难。

2. 增加维生素的供给。要注意增加足量的各种维生素,特别是维生素 B_1、维生素 C、维生素 A、维生素 D 和钙的摄入量应增加,并保证新鲜蔬菜的供应。

3. 保证饮水和热食供给。劳动强度大,两餐相距时间超过 4 h,可增加中间餐。夜间作业人员的膳食,要按正常供应,质与量均予以保证;任何季节都应保证各餐有热饭、热菜和足够的美味汤。进餐时间一般为上班前 0.5～1 h 或下班后 0.5～1 h 后进餐,以利于食欲的恢复。

（七）低温环境中的饮食供应与营养

1. 低温环境膳食安排。①增加热量。应比高温地区适当增加粮食和食油的供应量,并在副食品的配备中选用脂肪含量较高的食品。②保证蛋白质的需要量。应注意肉类、蛋类、鱼类、大豆和豆制品的供应。③保证维生素 C、胡萝卜素、钙、钾等无机盐的供应。膳食中应有充分的蔬菜;适当增加动物肝、蛋类、瘦肉的供应以保证身体对维生素 A、核黄素和硫胺素等的需要。④控制食盐的供应量。

2. 解决好冬季蔬菜的供应问题。①冬季来临前,通过窖藏等传统贮藏方法有选择性地大量贮藏萝卜、白菜、土豆、大葱等是切合实际而行之有效的办法。②发展冷冻脱水菜的生产和贮藏。但价格较高,推广使用将有一个过程。③发展暖房蔬菜生产:成本高、价格较贵,但仍是可以发展的冬季菜源之一。

3. 供应热食。低温环境中人体散热增加,除采取各种防寒保暖措施外,在饮食上也要注意供应热食。在气候寒冷的冬季饭菜极易冷却,因此要采取一些措施来做好饭菜的保温工作。

二、食品供应与配送

保证食品和蔬菜供应,保障参建人员健康体质。为支持青藏铁路建设,青海省格尔木市和西藏自治区拉萨市都建立许多塑料薄膜大棚,内种植有芹菜、黄瓜、西红柿、茄子、辣椒等各种蔬菜,品种齐全,数量充足,完全可以满足青藏铁路建设大军供给需求(图 6-6)。总指考察了两市生猪和牛羊屠宰场,选定了格尔木市八一农贸市场、河西农贸市场及拉萨市布达拉宫相邻的农贸市场等为定点单位。各铁路建设单位必须到指定的农贸市场购买加盖有食品卫生检验检疫验章的猪、牛、羊肉。

1. 集中采购

图 6-6　蔬菜供应基地

青藏铁路建设改变以往铁路建设中以食堂为单位的采购供应方式，采取集中采购的食品供应新模式。各参建单位在做好考察的前提下，与各供应商签订长期供应合同，建立长期战略伙伴关系，保证优质、及时、足量食品供应。如中铁二局、三局、五局、十六局、二十局集团青藏铁路指挥部等都采取专人、统一、定点采购模式，中铁十二局集团青藏铁路指挥部先后同青海省丁香粮油集团、格尔木园艺场等单位签订了供需协议，确保每天所需粮、油、蛋、禽、菜的供给。

通过集中采购降低了采购成本，相对提高了膳食供应标准，确保青藏铁路建设中规定的每人每日15元标准不降低，且增加了花色品种供应，保证质量。集中采购应严格把好三关：一是采购关，即采购人员具有质量第一的意识；二是验收关，验收人在质量验收时对不合格食品坚决拒收和退换；三是经质量监督员检验合格后方可入库，另外还有监督小组不定期的抽查。集中供应减轻了施工项目部的压力。事实证明，集中供应的结果既能及时、足量、保质，而且提高了建设者的生活标准，有效地保证了施工人员的身体健康，解除了施工管理人员的后顾之忧，使他们能够集中精力建设青藏铁路，促进了施工生产任务的完成。

2. 合理加工

青藏高原低压、低氧的特殊自然环境条件下，水的沸点只有70 ℃左右，米饭只能用高压锅蒸，建设者常吃的馒头、包子等更不易蒸熟，主食品供应困难；而青藏高原特殊的环保要求和饮水供应条件下，不适合大量消耗水资源清洗蔬菜，蔬菜择洗产生的大量垃圾也会很大程度地增高处理成本和运输成本。各建设单位采取多种供应方式，为高原环保着想，为建设者着想，为生产经营着想，千方百计把保障服务工作做深做细，确保建设者吃好、吃饱。

图 6-7　食品合理加工

中铁三局、中铁五局、中铁十四局、中铁十二局集团有限公司等单位都能结合本单位施工生产的实际情况，充分论证，在格尔木建立净菜和主副食品加工基地（图6-7）。根据施工现场总供应量，改建加工主食和净菜的生产车间，配备足够的加工人员；购置大型冷柜、冷藏柜，用以保鲜冷藏加工后的主副食品；蔬菜做到随购、随加工、随送，或者头天晚上采购，第二天一早送往施工现场，保证每天蔬菜、干鲜副食品、燃气和馒头、包子、饼子、油条等食品的配送任务，并根据情况及时调整计划，保障供应。一方面有利于环保，减少了施工现场的生活垃圾处理量，另一方面也确保了一线施工人员有新鲜的食品供应。

3. 物流配送

青藏铁路格拉段沿线人烟稀少，物流配送距离远、运时长，为保证食品质量要求必须冷藏运输。如采取分散配送运输，冷藏车需要数量多，消耗成本高，且增加安全管理难度。最佳方案是采取集中采购和集中配送方式。各参建单位吸取现代物流配送的先进管理经验，根据本单位所处地理位置、运距、运输量等因素，合理规划，设计最佳配送方案，保证食品及时足量供应。沿线各建设单位都配备了2～3辆食品配送保温车，配备专业司机4名，制定了合理的配送路线和时间安排，加强安全教育，强化车辆维修保养并签订责任状等，全部实现了集中、统一配送。2004年8月，在第六届世界高原医学大会期间,与会部分代表深入到位于西藏当雄乌玛塘中铁十三局青藏铁路建设工地医院考察。来自美国的一名食品营养专家在查看工地医院食堂后感慨地说:"你们真了不起,能在海拔4300多m的高原上配备和供应品种齐全、搭配合理、营养丰富的各种食品和蔬菜,令人难以置信。"

三、食品卫生监督管理

1. 严格准入制度。特定施工环境下,参建人员抵抗力下降,食品卫生更要严格管理。各参建单位严格按照《食品卫生法》的要求,合理布局,规范食品加工工艺流程,组织食堂从业人员健康体检,认真实行卫生许可、健康准入和食品卫生管理制度,严把"病从口入"关,确保食品卫生安全。

2. 严格卫生标准。青藏线的食品及卫生保障工作,管理是关键。各单位认真落实卫生防疫部门对食堂日常管理的有关规定,具体要求如下:①防尘。面食和肉类加工房应采用封闭式作业,防止室外灰尘进入;加工房顶采用塑料扣板吊顶,四壁贴1.5 m高白瓷砖,其余裸露墙壁采用仿瓷涂料粉刷,地面铺地砖,以消除室内灰尘。②防霉。面食和肉类加工房、贮藏室的前后壁3 m高处,各安装一个密封式排风扇,定时通风以利防潮防霉,食品架要离墙10~25 cm、离地10~25 cm。③防蝇。面食和肉类加工房、贮藏室、厨房各安装一个电子灭蝇器,并安装纱门、纱窗。④防鼠。排水沟、排水洞要用铁栅遮拦或铺金属网,防止老鼠进入。各房间布四个粘鼠板或鼠夹,禁止使用鼠药灭鼠。⑤防菌。面食和肉类加工房、厨房、贮藏室各安装两支100 W石英紫外线消毒灯,每天定时消毒灭菌。修建专用消毒池,以便各种用具每天消毒灭菌。

3. 完善自身管理制度建设。各参建单位管理人员分工明确,责任到人,制度健全,并不断完善,充分体现人本管理的新理念。同时还成立了生活物资采购与加工监督领导小组,先后制定了《生活物资供应管理办法》《安全运送管理办法》《食品卫生管理办法》《净菜加工管理办法》《面点加工管理办法》《采购人员测评管理办法》和《红旗食堂评比办法》等多种措施。中铁十二局还将各道工序的管理和监督量化到每个食堂、班组,局指挥部分管领导、综合处、格尔木办事处及各项目部分管后勤工作的领导、生活供应科长(办公室主任)参加,定期考察格尔木供应市场,还抽调各单位食堂管理员到加工厂轮流值班,共同参与对采购、加工过程的监督,保证了采购价格、食品卫生、加工质量,降低了供应成本。

4. 强化卫生监督队伍的专业督导作用。各参建单位根据参建人员数量、食堂分布分别配备2~3名卫生防疫专业管理人员,强化食品卫生管理,对生活供应管理及从业人员进行卫生知识专业培训,组织健康体检,严格执行行业准入制度,杜绝有职业禁忌证者从事饮食行业服务,发放《中华人民共和国食品卫生法》宣传挂图及各项卫生制度材料,实施行业监督(图6-8)。

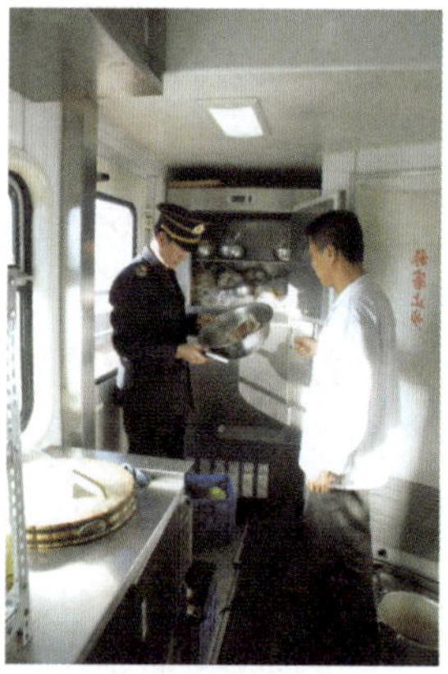

图6-8 青藏铁路公司防疫站对沿线进行食品卫生监督

5. 高度重视食品卫生安全工作。

加强施工工地的食品卫生安全是一项十分重要的工作。由于工地生活区现场条件的局限性,对于流动、分散的野外生活方式,必须建立有效的食品安全管理制度,规范食品加工环节环境卫生,改善食品加工贮藏条件,规范食品加工操作,特别是针对高原低氧条件,增加施工人员的营养,保证施工人员的健康。2003年羊八井铁路建设工地民工误食"毒鼠强"中毒事故,引起了管理者的高度警觉,通过认真检查,整改进一步强化了工区食品安全工作。

①事故过程

2003年5月20日下午，在青藏铁路西藏境内羊八井，配合中铁二局第五项目部施工的民工队伍发生一起7人中毒事故，其中6人死亡，1人经抢救康复，经鉴定中毒物为“毒鼠强”。

2003年1月，民工李某从拉萨回四川过年，将自家物品存放于同乡胡某在拉萨的蔬菜大棚中。胡某曾托人买“毒鼠强”在蔬菜大棚内灭鼠，剩余鼠药放在塑料袋内，置于大棚窗台上。4月13日，李某夫妇回到拉萨，当日将寄放物品连同装有“毒鼠强”的塑料袋一起搬到新租房屋里。4月17日，李某之妻邓某死亡。4月20日，李某的嫂子及内弟、妻妹等4人帮助清理物品，误将塑料袋中的“毒鼠强”当作食用淀粉放到装有炒菜佐料的塑料盆内。5月20日上午，李某请3个民工（均为中毒事故当事人）帮其将拉萨租用房里的物品运至羊八井工地。中午李某约同乡民工等7人一起吃饭，炒菜时误将“毒鼠强”当作淀粉使用。15分钟后，7人相继出现中毒症状。经驻地医生抢救，1人死于现场，1人死于于工地医院，5人送西藏军区总医院，其中途中死亡4人，1人经抢救脱险。

②教训和整改措施

这次中毒事故是发生在刚进场的民工队伍中，暴露出施工中对民工队伍管理的漏洞，主要表现在民工食堂卫生制度不健全，监督检查不严格，没有认真执行《食品卫生法》有关规定。事故发生后，青藏总指经过认真分析检查，针对一些施工单位存在的问题，吸取深刻教训，举一反三，认真整改，采取了以下控制措施。

第一，在青藏铁路全线开展食品卫生大检查，落实食品安全责任制。一是切实加强食品安全卫生管理，将食品安全纳入合同管理内容。二是明确责任制度，指挥长负总责，加强组织领导工作；分管生活卫生的领导为主要责任人，炊管人员为直接责任人。三是建立健全工地食品卫生安全管理制度，工地医疗卫生人员组织开展食品卫生知识培训。

第二，青藏铁路建设总指规定：一要严把食品卫生管理关，食堂要依法申请卫生许可证；炊管人员要经过严格的卫生培训，定期进行健康检查，坚持持证上岗。二要严把食品采购供应关，坚持从卫生防疫部门许可的经营点集中采购食品。三要严把食品运输关，采购冷藏车辆专车专用。四要严把食品保管，按照食品品种分类存放，严禁熟食品与生食品放在一起、食品与非食品存放在同一库房，定期对库房和厨具进行清洁消毒。五要加强对所有食堂、水井和食品仓储库贮存关。要对所有食堂、水井、仓储库加盖上锁，专人管理负责。同时，要加强民工食堂管理，对不符合卫生条件的民工食堂坚决关闭。严禁非炊管人员和个人采购的食品进入食堂，禁止任何人开设小锅灶。

图6-9　青藏铁路公司防疫站进行卫生防疫宣传

5月26日，青藏铁路建设总指挥部组织两个组检查，分别在青海境内和西藏境内开展为期一周的食品卫生安全及卫生保障大检查，同时，组织全体参建人员认真学习《食品卫生法》，大力宣传食品卫生知识，增强全员自我保护意识（图6-9）。在检查中要求对发现的问题，认真进行了整改，并追究了相关领导的责任。

第七章　运营时期卫生保障管理

2006 年 7 月 1 日，青藏铁路正式通车运营。运营期间青藏铁路面临的任务十分艰巨，其中，如何减轻高原低气压低氧环境对沿线职工和进藏旅客健康的影响，仍是需要探索攻克的难题。胡锦涛总书记在青藏铁路通车典礼上讲话中指出："铁路部门要切实管好、用好青藏铁路，牢固树立以人为本和安全发展的理念，确保广大职工劳动安全，确保广大乘客身体健康，确保青藏铁路运输安全。"铁道部以胡锦涛总书记的讲话为动力，牢固树立科学发展观，全面落实党中央、国务院领导的指示，认真借鉴建设时期卫生保障工作的成功经验，坚持"以人为本，卫生保障先行"和"预防为主，防治结合"的卫生保障方针，以防控高原病和鼠疫传播为重点，紧密结合运营实际，创建了青藏铁路运营卫生保障体系；通过通车以来的不断探索与实践，有效地保证了运营期间广大旅客和职工的生命安全与身体健康。

第一节　卫生保障前期准备工作

一、青藏铁路格尔木至拉萨段运营基本情况

（一）站区设置及运输组织管理

格尔木至拉萨段全长 1 142 km，全线共设立车站 45 座，其中南山口、沱沱河、安多、那曲、当雄、拉萨西、拉萨属于有人值守车站。为满足运营线路维护和安全管理的需要，青藏公司在拉萨、拉萨西、羊八井、当雄、那曲、安多、扎加藏布、雁石坪、沱沱河、秀水河、清水河、不冻泉、纳赤台共 13 个地区分别设立了 7 个警务区、7 个电务工区、4 个通讯工区、12 个线路维护工区、13 个医疗点、两列救援列车及 1 个保洁整备车间等。工作人员主要集中在拉萨、当雄、那曲、安多和沱沱河地区。

运营初期，格尔木至拉萨段每日开行北京至拉萨、成都/重庆至拉萨、上海/广州至拉萨、西宁/兰州至拉萨共 4 对旅客列车和 2 对货物列车，旅客列车运行速度达 100 km/h。

（二）职工生产生活基本特点

1. 站区职工实行 24 小时集中管理。由于格拉段是新开通线路，各工种均从格尔木和西宁等地区居住职工选派，劳务工多从甘肃、陕西等省招聘，使用当地世居人员较少，职工大多数从低海拔到高海拔地区。为便于管理，加强监护，切实保证作业人员的身体健康和生命安全，青藏线对站区职工实行 24 小时集中管理，同吃、同住、同劳动。

2. 生活物资依靠远距离运输。由于格拉段大部分线路处于无人区，缺少社会服务机构，职工生活必需品完全从格尔木远距离运输。青藏公司不定期开行生活列车，指定格尔木房建生活段负责生活物资的统计、采购、分配，并安排人员随生活列车为沿线各站区运送。

3. 高原环境对职工健康有影响。青藏高原低压低氧、强紫外线照射、生活物资短缺等不利因素，对职工健康构成严峻的考验。同时，列车司乘人员、流动作业人员、临时上山人员，必须经受间歇性低氧反应带来的影响。

(三)沿线医疗资源分布情况

青藏铁路沿线医疗资源主要分布在格尔木、拉萨和唐古拉山以南地区，与内地相比，医疗技术力量相对薄弱，尤其是唐古拉山以北至昆仑山口约500 km 沿线，医疗资源十分匮乏。

1. 地方政府和部队医疗资源分布情况。三级医院2所(西藏军区总医院、西藏自治区第一人民医院)，各有医务人员1 000人、病床500张左右，属大型综合性医院；二级医院6所(解放军第22医院、格尔木市人民医院、海西州第二人民医院、那曲地区医院、西藏自治区第二人民医院、武警部队医院)，各有医务人员200～400人、病床200～500张，具有一定的规模和设备，可以收治高原病患者和开展内、外科诊治工作。

一级医院3所(安多县医院、那曲藏医院、当雄县医院)，均有医务人员50～100人、病床50～80张，只能开展一般性疾病诊治工作。

乡卫生院3所(唐古拉山中心卫生院、宁中乡中心卫生院、羊八井乡中心卫生院)，均有医务人员4～10人，无常设病床，只能开展简单的急诊业务。

2. 青藏铁路公司卫生资源情况。2004年铁路医疗机构已经完成属地移交。目前，青藏公司所属卫生机构有疾病控制和卫生监督所，现员66人，主要负责公司管内的疾病预防和卫生监督工作。

二、运营期间卫生保障工作的前期筹划

针对格拉段恶劣的自然环境和缺医少药的情况，铁道部领导在青藏铁路建设时期，就对青藏铁路投入运营后的卫生保障工作进行了部署。2005年5月，青藏铁路公司在铁道部劳动和卫生司的指导下，着手对青藏铁路运营期间的卫生保障工作进行超前谋划。

1. 组建卫生保障筹备工作组。2005年底，青藏铁路公司成立了卫生保障筹备工作组。主要任务是通过调查研究，提出运营期间卫生保障工作的基本思路及建立卫生保障体系的初步设想。同时在铁道部劳动和卫生司的组织协调下，召开高原卫生咨询会议，请部队及青藏两省区的高原医学、劳动生理学、医学管理学领域的著名专家，对青藏铁路高原病防治、高原职业卫生和劳动保护等问题提供技术咨询。

2. 开展医疗卫生资源及自然环境调查。青藏铁路公司卫生保障筹备工作组对沿线地方、军队医疗机构分布、医疗设备、技术水平及救治能力等进行了详细调查，同时对沿线水源水质、地方病、鼠疫传染病的流行趋势、分布情况等进行了摸底和卫生监测。

3. 确定卫生保障工作的总体思路。在铁道部的指导下，青藏铁路公司卫生保障筹备工作组在借鉴建设期间经验的基础上，明确提出了运营时期卫生保障工作的总体思路。即：坚持“以人为本，卫生保障先行”的原则，以预防和治疗急、慢性高原病与防止人间鼠疫借铁路传播为工作重点，全面落实“预防为主，防治结合”的方针。在责任分工上提出，预防急、慢性高原病以青藏铁路公司为主，治疗高原病依靠地方、部队医院；鼠疫防控由地方政府主导，青藏铁路公司配合。加强格拉段职工生产生活基础设施建设，基础设施建设与职工职业卫生、劳动保护、健康监护等统筹安排。要把建立适合职工生产、生活的富氧环境作为重点，从根本上预防职工慢性高原病发生。同时强调，卫生保障工作是一个复杂的系统工程，涉及面广、关系到职工切身利益，各部门要认真负责，相

互配合，齐抓共管。

4. 制定卫生保障措施。为规范管理，建立青藏铁路运营卫生保障工作长效管理机制，铁道部、卫生部下发《关于做好青藏铁路卫生保障工作的通知》（铁劳卫发〔2005〕90号）、《关于进一步加强青藏铁路卫生保障工作的通知》（铁劳卫发〔2006〕49号）、《青藏铁路鼠疫防控工作方案》（卫应急发〔2006〕196号）等文件。青藏铁路公司在充分论证的基础上，制定了《青藏铁路卫生保障办法》、《青藏铁路卫生保障工作奖惩考评办法》、《青藏铁路公司鼠疫疫情防治应急预案》、《青藏铁路公司突发公共卫生事件应急预案》、《青藏铁路运营试验期间职工卫生保障实施细则》、《青藏铁路公司格拉段职工疗、休养暂行管理办法》和《格尔木至拉萨段铁路职工就医报销暂行规定》等文件和办法。2006年12月10日，青藏铁路公司召开了有吴天一院士、格日立教授等高原病专家参加的论证会，对青藏铁路公司出台的一系列文件措施进行了充分的论证和修订，使其更具有科学性、指导性和操作性。卫生保障办法的制定和出台，从制度上、机制上使青藏铁路卫生保障工作有章可循，为实现制度化、规范化、有序化管理提供了完善的制度保证。

5. 与地方政府建立联防联控机制。青藏铁路公司多次与青藏两省区卫生厅进行工作沟通，并与青藏两省区分别建立了青藏铁路卫生保障联动联防工作机制，明确了双方的职责和任务。通过定期沟通和协调，达成了路地双方共建和谐铁路共识。地方政府在青藏铁路沿线医疗机构设置、绿色通道建设、突发事件医疗救援、职工医疗、卫生防疫、鼠疫防控等方面，均给予了青藏铁路公司大力支持。公司制订了突发事件医疗救治预案，并先后参与了鼠防和列车脱轨救援演练，保证在发生突发事件时，能够迅速启动相关预案，及时组织、协调、指导相关单位开展现场医疗救治工作。

第二节　建立符合高原铁路运输特点的卫生保障体系

根据中央领导的指示精神和铁道部的文件要求，青藏铁路公司紧紧围绕"管好用好青藏铁路，确保广大职工劳动安全、确保广大乘客身体健康"这一根本宗旨，加强领导，强化基础设施建设，建立和完善工作机制，狠抓各项措施的落实，建立了符合高原铁路运输特点的卫生保障体系。

一、建立健全卫生保障工作管理机构

青藏铁路公司成立了以总经理、党委书记任组长，主管副总经理任副组长，机关各业务处部室负责人为成员的青藏铁路卫生保障领导小组，明确了各部门、各单位卫生保障工作职责。卫生保障领导小组定期召开会议，专题研究和解决青藏铁路卫生保障问题。同时，各基层站段也成立了相关的卫生保障领导小组，设立了专（兼）职卫生保障管理人员，形成了公司上下各部门对卫生保障工作齐抓共管的局面。

二、强化基础设施建设

1. 职工宿舍统一为砖房或板房，人均居住面积在3 m^2 以上。宿舍设有常年取暖设备，室温不低于16 ℃。宿舍按需配置氧气瓶，同时配备了卫星接收电视、VCD等文化设施。

2. 建造专用职工食堂。食堂地面硬化，后厨四壁瓷砖围栏，有上下水设施及烹饪、冷藏、消毒设备，并根据就餐人数配置了相应数量的餐具及桌椅。

3. 办公场所有足够的采光、照明、保暖设施。大的站区办公场所还设上下水设施和水冲式厕所，并符合环保要求。

4. 分别在拉萨、格尔木地区确定了制氧企业，并指定专门的机构负责管理，定期向格拉段各站区配送氧气，保证职工（劳务工）用氧需求。

5. 定期开行或加挂生活列车，保证格拉段职工生活物资、日常用品及时供应，同时生活列车还将沿线的生活垃圾定期回收，避免造成高原环境污染。

三、完善职工健康监护制度和劳动保护措施

1. 职工健康监护制度。由于运营是一个长期永恒的过程，青藏铁路工作人员必须坚持常年驻守，因此，保障职工身体健康、避免慢性高原病的发生成为青藏铁路卫生保障工作的重点和难点，青藏铁路公司在借鉴建设时期成功经验并走访国内高原医学专家的前提下，经过探索，制定并落实以下健康监护制度：

①健康体检。进入高原工作的人员，在进入高原前必须进行岗前体检；在高原工作半年以上的人员，每半年进行一次岗间体检；高原工作结束后，进行离岗后体检。体检结果由用人单位存入职工健康档案。

②岗前习服。职工进驻高原坚持阶梯式升高原则，在海拔 2 800 m 的格尔木市建立高原习服基地，习服适应 3 ~5 天方可进入海拔 4 000 m 以上地区，以防止或减少高原反应和高原疾病的发生。

③健康教育。健康教育以认识高原气候特点、了解人体适应能力、掌握个人防护知识和鼠疫疾病防治为重点，由各单位红十字卫生员通过板报、宣传栏、健康教育手册等形式在站区、工区开展职工健康教育，并组织职工进行高原卫生知识考试。通过教育，提高职工卫生保护意识，克服高原恐惧心理和麻痹思想。车站、旅客列车定时开展高原旅行卫生知识宣传，向广大旅客提供青藏铁路旅行安全注意事项和高原病预防常识等。

④健康问询。每日出工和收工前，由红十字卫生员对班组职工进行全员健康问询，并将问询情况向公司疾控所报告。各工区每晚进行夜间查铺，及时发现身体状况不适的职工。职工身体不适时，由红十字卫生员停止其工作并督促就医。旅客列车乘务人员及各类临时上山人员出发前，由各单位进行健康问询，并进行体温、血压和血氧测定，身体不适、不宜出乘的，停止乘务工作。

⑤低转下送。职工突发重病，尤其是感冒（胸闷、心悸或体温在38 ℃以上），必须按照低转的原则由红十字卫生小组或兼职卫生监督员迅速组织下送就医。危重病人下送时必须有医生陪同。

⑥动态监护。青藏铁路公司建立了“站段—疾控所—劳卫部”三级职工健康监护网络管理系统。各用人单位负责将职工体检信息及时输入计算机网络系统，由疾控所对职工健康状况实行动态监督，并定期向公司写出统计分析报告。职工生理指标发生改变时，疾控所及时向用人单位提出处理建议。

2. 劳动保护措施。劳动保护措施是维护职工正当权益，提高劳动生产率，降低高原病发病率的重要手段，通过规范有序的劳动组织和完善的社会保障体系，使职工能够安心于高原工作。

①规范劳动组织管理，实行高原职工定期轮休制度。高原职工连续工作一个月后，脱离高原进行轮休，休息一个月后方可再次进驻高原工作，严禁职工在高原超期限工作。严格按照国家有关规定认真做好女职工（重点是妊娠期、哺乳期和经期）的健康监护和劳动保护工作。

②降低劳动强度，控制劳动时间。高原作业 6 h 为一个工作日，并通过采用先进技术和机械作

业，保持体力劳动强度在中等强度以下。

③改善劳动环境。公司疾控和环保部门，定期对格拉段各工作职场进行环境质量指标监测和环境质量评价，指导有关单位不断改善劳动作业环境。配备个人防寒、防晒劳保用品，生活区和工区配备一定数量的氧气瓶及防病药物。

④患病职工及时调离。职工因健康原因不宜继续在高原作业的，由单位及时调离高原工作岗位。患病职工调离后，各单位及时安排治疗或休养，并进行健康状况随访。职工高原累计工作时间满一年后，调离高原工作岗位，另行安排工作。

⑤严格执行膳食标准。制定严格的膳食标准，站区实行餐饮集中调运、合理配餐、集体用餐制度。高原作业人员伙食统一标准，以高糖、低脂肪、适量蛋白质膳食为主，限制饮酒，保证蔬菜供应。加强食品卫生工作，杜绝食物中毒发生。

⑥严格执行社会保险政策。青藏铁路公司为格拉段职工建立了补充医疗保险，提高沿线职工医疗保障水平。用人单位雇用临时或长期劳务工，均按照属地管理原则，为劳务工办理了医疗保险和工伤保险手续。

四、制定并落实进出藏旅客安全保护措施

确保青藏铁路旅客运输安全，是青藏铁路运营成功与否的关键所在。青藏铁路通车前，铁道部就着手研究高原铁路旅客运输安全问题。青藏铁路投入运营后，青藏铁路公司又在实践中探索了一些有效做法，为旅客安全提供了保障。概括起来主要包括以下几个方面。

1. 旅客列车全列供氧。青藏铁路投入运营的旅客列车全部为全封闭供氧列车。目前使用的列车为加拿大庞巴迪公司和国内四方车辆厂根据铁道部的要求设计的列车。列车均配置车载制氧设备，并且密封性能好。在高原运行时，车载制氧设备启用，能有效补充车内耗氧需要，提高车内氧气含量，缓解旅客因缺氧导致的不适。

2. 严格实行进出藏旅客填写《健康申报卡》制度（图 7-1）。铁道部借鉴“非典”时期做法，对进出藏旅客实行健康申报卡制度。进出藏旅客在购票时均领到一张健康申报卡，健康申报卡用中英文注明乘坐进出藏旅客列车的注意事项，并要求旅客按规定填写。各次进出藏旅客列车员负责《健康申报卡》的回收、保存工作，并对患有高原禁忌证的旅客进行劝阻，避免旅客在列车上发病。

图 7-1　旅客健康申报卡

图 7-2　进藏列车红十字卫生员给藏族旅客测血压

3. 进出藏旅客列车均配备随车医护人员（图 7-2）。各次进出旅客列车均成立了由列车长、随车医生、乘警组成的列车卫生小组，开展格拉段旅客列车全程医疗服务工作。列车卫生小组每隔 3 h 对全列车旅客进行医学巡视，及时发现和处置身体状况异常的旅客。同时，各车厢乘务人员加强巡视，

随时掌握本车厢旅客健康状况，发现旅客身体状况异常时（如头痛、呕吐、昏睡等），及时报告列车卫生小组处置。

4. 建立患重病旅客救治的绿色通道。青藏铁路公司与青藏铁路沿线地方医疗机构均建立了联动机制，对列车上处置不了的重病旅客，按照低转下送的原则，由前方最近的医院负责接到医院进行救治。同时，青藏铁路公司在沱沱河地区设置了医疗救治站，配备了救治设备和救护车，对在唐古拉山以北运行区段患重病旅客进行救治或快速下送至格尔木医院治疗。

5. 严格按规定做好列车的服务工作。铁道部制定了进出藏旅客列车管理规定，要求各次旅客列车在格拉段运行期间不得超员，并保证生活饮用水充足供应，保证车厢供氧设备正常运转和环境卫生。列车工作人员定时进行全列巡视，及时处置突发情况。

五、建立三级医疗服务体系

1. 建立格拉段三级医疗服务体系（图 7-3）。一级医疗服务体系由承担线路维护的单位建立（按区段设置医疗点）；二级医疗服务体系由公司以合同方式，委托沿线地方医疗机构建立（主要有沱沱河医疗救治站，安多、那曲、当雄医院）；三级医疗服务体系由公司以合同方式，委托拉萨、格尔木两地医疗机构建立（主要有格尔木市人民医院、解放军 22 医院、海西州第二人民医院、西藏军区总医院、西藏自治区人民医院）。

图 7-3　建立三级医疗体系

2. 明确各级医疗服务体系职责。一级医疗服务体系职责：负责区域内职工的健康教育、健康监护、岗间体检；常见病、多发病的诊断和治疗；急症、外伤的早期抢救和转送；管内医疗巡诊和流动跟班医疗服务等。二级医疗服务体系职责：负责辖区内下送病人的抢救和危重病人的转院护送；承担铁路突发事件的现场医疗救治；对各医疗点进行业务指导和技术支援等。三级医疗服务体系职责：承担伤病员急诊、住院治疗任务；接纳各医疗点、沿线医院的病人转院及重症救护；对各医疗点、沿线医院进行业务指导和技术支援；参与铁路突发事件的现场医疗救护等。

3. 建立格拉段医疗巡诊制度。定期选派医护人员携带相关医疗设备及药品，对格拉段全线各站区开展医疗巡视、巡诊及职工岗间体检服务（图 7-4、图 7-5）。

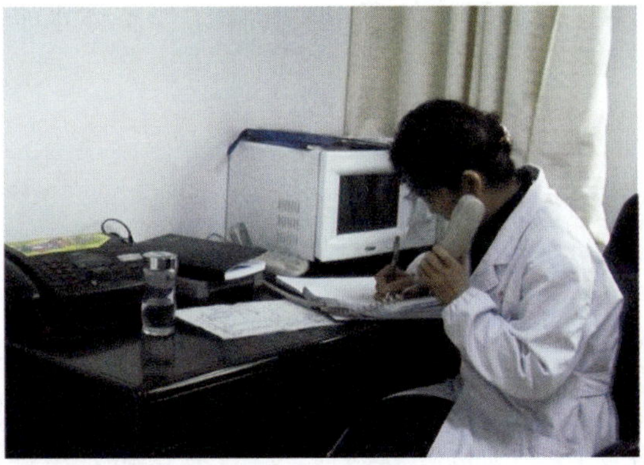

图 7-4　沿线问诊

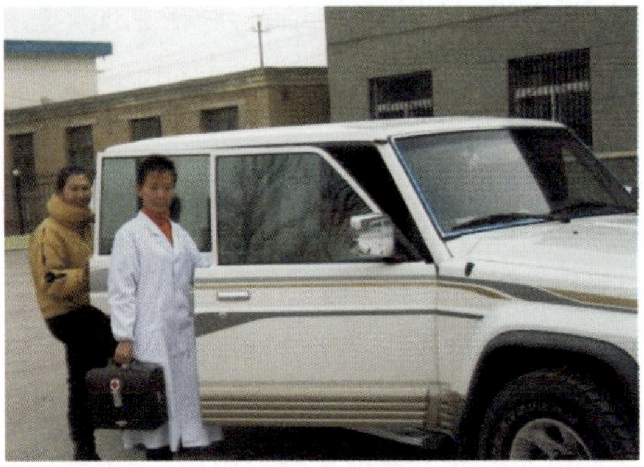

图 7-5　沿线巡诊

六、加强卫生防疫工作

1. 向职工及旅客开展“三不三报”宣传工作〔即:不私自捕猎疫源动物,不剥食疫源动物,不私自携带疫源动物及其产品出疫区;报告病死獭(鼠),疑似鼠疫病人、急死病人〕,提高职工和旅客的自我防护意识。

2. 严查通过铁路站、车非法运输、携带的疫源动物(包括制品)和未经动物检疫处理的动物皮张。发现禁运物品,严格按照规定处理。

3. 在交通卫生检疫期间,配合地方政府卫生部门做好铁路交通卫生检疫工作,严防疫情借铁路交通工具传播。

4. 疾控所定期对旅客列车及沿线有人活动区域进行鼠密度监测,及时指导各单位开展灭鼠工作。

5. 所有进(出)藏旅客列车配备高效环保灭鼠、灭蟑药械,并定期更换,保证列车达到无鼠蟑要求。

6. 铁路发生鼠疫疫情时,各单位在卫生保障领导小组的统一指挥下,按照卫生部制定的《青藏铁路鼠疫控制应急预案》规定的职责,配合地方政府开展防控工作。举行多次鼠疫防治演习,提高突发事件的应急能力(图 7-6)。

图 7-6　青藏铁路公司疾控所参加鼠疫防治演习

发生除鼠疫外的其他传染病疫情时,由卫生保障领导小组办公室依照《中华人民共和国传染病防治法》、《国家突发公共卫生事件应急预案》等法律法规及青藏两省区的相关规定处理。

7. 卫生监督所安排卫生监督员,每月两次对格拉段各站区的食品卫生、环境卫生及卫生保障工作进行检查指导,及时发现隐患,防止公共卫生事件发生。

七、全面落实考核措施

为进一步落实各项卫生保障措施,青藏公司制定了《青藏铁路卫生保障工作奖惩考评办法》,每季度开展对格拉段卫生保障工作进行平推检查和考评,及时发现问题,督促现场单位进行整改。同时,公司根据综合考评结果,严格兑现奖惩措施,有力地促进了格拉段卫生保障工作整体水平的提高。

第三节　青藏铁路运营期健康保障科学研究

铁道部高度重视在运营期间的安全保障工作,适时向国家提出了青藏铁路运营期安全保障重点科研项目。2007 年 3 月,科技部批复青藏铁路运营期防治高原病及健康保障关键技术研究的立项申请。通过专家充分论证和精心组织,中国铁道科学研究院(以下简称“铁科院”)、青藏铁路公司等科研运营单位经 2 年半协作攻关,取得重要进展和技术成果。

一、科学技术研究主要内容

1. 青藏铁路运营期高原危害因素评价体系及高原病防治对策

列车乘务人员长期间断性低氧高海拔大跨度作业，可能引发高原反应及远期健康损伤。持续长期的高原铁路运营维护作业，加重机体生理心理负荷，累积效应可能引发驻点人员慢性高原病。列车长时间在高海拔线路运行，低氧环境也可能导致出现旅客高原卫生健康问题。有必要对高原铁路职业病危害因素和高原旅行健康卫生影响因素加以研究鉴定，提出有效的高原病防范控制对策措施，从而开发高原铁路运营环境体检鉴定技术，建立青藏铁路运营卫生保障体系及其健康监护信息支持系统。

2. 高原铁路站车环境富氧技术及可靠性

在海拔 3 000 m 以下地区，正常人一般不会出现严重高原反应，应用富氧技术使格拉段站车环境中氧的含量升高，达到相当于海拔 3 000 m 时氧含量水平，就能从根本上解决高原环境对职工和旅客身体健康影响问题。研究确定列车及站区富氧环境技术参数，站区工作生活场所供氧配置方式，创建高原站车富氧环境技术模型，制定站车环境富氧技术规范标准，开发适应高原铁路站车特点的富氧及安全保证技术，研制工作生活室供氧系统，建立站区富氧样板工程，是推动解决站车富氧环境的关键环节。

3. 高原列车旅客和乘务员健康医疗救治技术

青藏铁路沿线地区医疗资源匮乏且集中在唐古拉山以南，唐古拉山以北至昆仑山约 500 km 无人区没有固定的医疗资源可供利用，一旦发生重大突发公共事件，难以完成紧急医疗救援任务。为有效预防、及时控制和消除青藏铁路旅客列车突然发生的严重急性高原病、突发群体性疾病可能造成的严重危害，需要研究列车快速通过高原过程中环境因素变化与诱发急性高原病的相关程度，人体高原反应重要生理指标动态监测分析技术。从而开发适用的动态生理监控装置，建立高原列车乘员生理信息监控系统，提出群发高原病紧急医疗救援技术方案，建立旅途安全紧急医疗救援系统，全面实施应用高原列车旅客健康紧急医疗救治技术。

4. 高原旅客列车客运乘务员职业健康状况研究

针对旅客列车乘务员频繁往返于高原和平原之间的作业特点，运用综合调查问卷对高原旅客列车客运乘务员对高原作业工作感受和高原反应症状进行调查，对乘务员在高原作业状态下高原适应性生理指标进行跟踪监测，同时根据乘务员在高原工作以来的体检资料，并结合乘务人员的基本情况，以及列车在高原运行时车厢环境质量对乘务员的健康状况进行全面分析。探讨高原作业环境对其健康的影响程度，提出科学的岗位轮换和体检周期，制定高原旅客列车客运乘务员健康监护制度，有效预防高原病的发生。

二、取得的主要进展与关键技术成果

铁科院、青藏铁路公司等课题承担和参加单位在铁道部领导下，精心组织安排，努力协同工作，3 年间主要完成以下 10 项研究任务：①完成运营期高原危害因素调查研究及现场监测，完成高原危害因素评价鉴定体系数学模型研究；②研制职工健康监护信息管理模型，开发了职工健康监护信息管理软件，完成现场应用试验；③完成运营卫生保障体系研究和实施，开展效果评价体系研究；④完成高原铁路站车环境富氧技术条件研究；⑤研究高原站区富氧室模型，建立那曲站区富氧室系统工程；⑥完成低压舱间断性低氧动物模型试验；⑦完成高原列车乘员健康信息监控系统实用装置研制；⑧完成高原列车旅行环境对健康的影响与对策；⑨开展了人员健康远期影响研究与前瞻性试验研究；⑩完成高原列车旅客医疗救治技术研究。

科学研究形成以下 3 项技术成果：

1. 青藏铁路运营高原病预防监控技术

通过危险度特征描述和危险度评价方法，建立青藏铁路高原病危害因素评价鉴定体系和高原铁路职工健康危险性预警数学模型，确立生理指标控制因子。

通过间断低氧动物模型试验和现场人体试验，掌握了高原列车车内乘员高原反应、呼吸、脉搏、血压、血氧饱和度等主要生命指征，以及体力劳动强度、睡眠、高原应激精神心理指标随海拔增高、大气压下降、氧分压下降而变化的规律，间断性低氧对机体血液因子、心肺功能的影响程度，提出职业适应性指标，建立高原列车乘务人员车内快速检测技术标准。

建立铁路运营健康监护岗前、适应性、岗间三级体检鉴定技术模式和体检鉴定技术规范，构建青藏铁路运营职业健康监护信息管理系统，形成站车人员健康信息适时监控与长期影响监控相结合的技术信息平台。

2. 青藏铁路站车环境富氧技术

建立高原旅客列车富氧技术条件：提出高原旅客列车富氧技术条件参数，采用基本标准和舒适性标准解决列车富氧问题的基本思路，建立单纯弥漫性供氧车内最小供氧量估算公式，建立在海拔3 000 ~ 4 000 m、4 000 ~ 5 000 m 高度状况下高原列车供氧技术标准，高原列车 CO_2 容许浓度标准。

建立那曲富氧环境工程技术示范区：用变压吸附法制氧技术，研究确定制氧规模、工艺流程和技术要求，在那曲车站建立高原铁路站区中心制氧站，形成车站运转室、职工宿舍、职工集体活动处所高原站区富氧环境技术应用示范。

3. 青藏铁路运营疾病医疗救治技术

建立运营卫生保障管理体系，形成集高原病预防、救治为一体，列车、中心站、基地点线面相结合的医疗救治协作网络。确定旅客列车重点预防的病种、列车发病高峰区段和季节，提出急性高原反应控制方案，建立高原旅客列车紧急医疗救治体系和青藏铁路紧急医疗救治预案。

技术成果可形成知识产权专利 4 项：①青藏铁路运营期职业健康监护信息管理软件；②高原铁路站区工作生活富氧室技术及供氧系统；③高原列车健康监控系统；④高原列车医疗救治技术。

形成技术标准与规范 7 项：①《青藏铁路格拉段运营卫生保障管理办法》；②高原铁路职业健康监护技术规定；③青藏铁路旅客列车富氧技术标准；④高原列车乘务人员体检鉴定生理指标体系；⑤高原列车乘务人员体检鉴定技术规范；⑥高原列车乘员健康生理信息监控技术规程；⑦青藏铁路运营突发事件紧急医疗救援预案。

科研项目实施过程中，在青藏铁路公司和北京铁路局建立了高原铁路运营卫生保障组织和实施机制，建立了高原作业人员职业健康监护信息管理示范基地；在青藏铁路公司建立了高原铁路站区富氧环境，高原铁路环境紧急医疗救援系统等示范基地。通过科学技术研究，建立一支保障青藏铁路运营安全的高原医学、高原职业病防治和健康监护、高原列车生命指征监控，旅途高原病急救，高原铁路医疗卫生保障体系管理的专业人才队伍。同时加快相应学科的理论和技术装备建设。

第四节　运营期间卫生保障工作阶段性成绩

通车以来，在铁道部的正确领导和青藏两省区政府部门的大力支持下，青藏铁路卫生保障工作取得了明显效果，实现了“职工高原病零死亡，鼠疫零传播，患病旅客得到及时救治”的卫生保障阶段性目标，得到了广大旅客的认同和职工的充分肯定。

1. 改善了职工生产生活环境。青藏铁路公司领导高度重视基础设施建设工作，想尽一切办法为格拉段职工改进生产生活条件。在2006年底前，所有格拉段劳务工住进固定保暖住房。

2. 提高了职工生活水平。青藏铁路公司强制执行高原职工伙食最低标准，保证职工每天伙食标准达到25元以上。职工宿舍配备了娱乐设施，丰富了职工业余文化生活，缓解了职工紧张单调情绪，使职工安心于高原工作。

3. 职工自我防护能力和卫生保障意识显著提高。通过健康教育和红十字卫生知识的强化培训（图7-7），有效地减轻职工和旅客的恐慌心理，同时也增强了职工处理突发事件的能力。红十字卫生员在创造和谐高原、和谐列车中发挥出了十分重要的作用。2007年1月2日，青藏铁路公司的N918次列车运行格尔木至西宁段时，一名孕妇早产，情况十分危急。在列车广播找不到医生的情况下，列车红十字卫生员王丽娜在列车长的配合下，训练有素地拿出列车配备的接产包和红十字药箱，顺利为产妇接生，保证了母子平安，受到了旅客及家属的高度赞扬。此事全过程被旅客摄录下来，并在中央电视台当晚新闻联播中播出。

图7-7　青藏铁路公司举办红十字卫生员培训班

4. 患病职工和旅客得到了及时救治（图7-8）。医疗网络体系的建立，有效地解决了进出藏旅客和格拉段职工就医问题，确保了患病旅客和职工在2 h内得到医生的救治和低转下送。

5. 提高了突发卫生事件的处理能力。通过举行多次不同内容的应急演练，锻炼了卫生系统的应急能力，也积累了处置突发公共卫生事件的经验（图7-9）。与此同时，青藏铁路公司疾病预防控制所实行24小时疫情值班，人员、物品、器材处于待命状态，做好随时应对突发事件的准备。

6. 体检筛查有效防止了职工高原疾病的发生，确保了职工身体健康。仅通车头一年，青藏铁路公司及各委外施工单位共对赴格拉段职工(劳务工)6 890 人进行了岗前体检,其中 437 人因体检不合格而停止上山。对 3 462 人进行岗间体检,其中 149 人因体检不合格被调离高原岗位。通过体检筛查,有效地降低了职工发生高原病的风险,确保了职工身体健康。

图 7-8　北京至拉萨列车上随车医务人员救治患病旅客

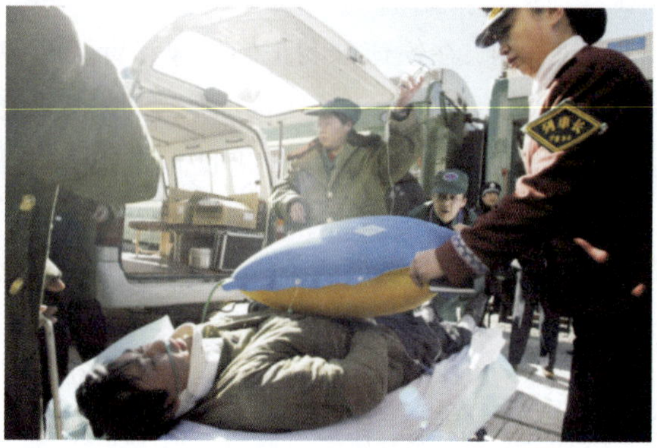

图 7-9　青藏铁路公司组织突发事件医疗救治演习

附录　卫生保障文件汇编

一、建设时期

文件1:青藏铁路卫生保障若干规定

文件2:青藏铁路卫生保障措施(暂行)

文件3:青藏铁路建设鼠疫防治技术方案

文件4:青藏铁路建设期间防治高原病管理办法

文件5:关于建立青藏铁路格尔木至拉萨段建设期间高原地区工资补贴、流动施工津贴、休假制度的函

文件6:转发《劳动保障部关于建立青藏铁路格尔木至拉萨段建设期间高原地区工资补贴、流动施工津贴、休假制度的复函》的通知

文件7:青藏铁路建设卫生保障实施办法

文件8:青藏铁路建设病人后送规定

文件9:医用高压氧舱安全使用管理规则

文件10:青藏铁路鼠疫防治工作办法

文件11:青藏铁路建设鼠疫防治预案

文件12:青藏铁路建设非典型肺炎防治预案

文件13:青藏铁路建设突发公共卫生事件应急预案

文件14:2003年期间三级卫生机构明细

文件15:高原病诊断标准

二、运营时期

文件16:关于做好青藏铁路卫生保障工作的通知

文件17:关于进一步加强青藏铁路卫生保障工作的通知

文件18:关于印发《青藏铁路鼠疫防控工作方案》和《青藏铁路鼠疫控制应急预案》的通知

文件19:青藏铁路卫生保障办法

文件20:青藏铁路格拉段卫生保障工作奖惩考评办法

文件21:青藏铁路格拉段劳动生产组织方案(试行)

文件22:青藏铁路公司补充医疗保险格拉段医疗补助暂行办法

文件23:青藏铁路公司突发公共卫生事件应急预案

文件1：

铁道部、卫生部文件

青藏铁路卫生保障若干规定

铁劳卫〔2001〕39号

一、充分认识青藏铁路卫生保障的重要性

青藏铁路地处高原，低气压、低氧、低温、干燥、风大、强日光辐射和自然疫源等严酷的自然环境，对人体健康和劳动能力带来较大影响。青藏铁路卫生保障直接关系到工作人员的生命安全，对生产建设的顺利进行和队伍的稳定有着至关重要的作用。创造适宜的劳动、生活环境和保护工作人员的身体健康，是青藏铁路建设的重要条件。青藏铁路建设有关省、自治区政府卫生行政部门，铁路各级卫生主管部门，以及青藏铁路工程建设、施工、设计、监理、运营等单位，要充分认识青藏铁路卫生保障的重要性，以高度负责的精神，认真落实好卫生保障的各项措施，努力克服高原严酷自然环境对建设和运营工作带来的困难，保障青藏铁路建设的顺利进行。

二、切实做好施工现场卫生学勘察和预评价

各施工单位在队伍进入工地之前，必须组织有关人员对承包施工区段进行现场卫生学勘察。针对高原特殊环境，收集施工区段的气象、水文资料，传染病、地方病、自然疫源性疾病流行和卫生资源分布等情况，并提出卫生学预评价，为施工队伍选址和进驻工地后落实卫生保障措施提供科学依据。

三、认真落实高原劳动卫生和劳动保护措施

全面实行健康体检，严格掌握高原准入标准。各单位对进入高原工作的人员执行工前、工中和工后的健康检查，建立健康档案，实行全程动态健康监护。

进入高原和重返高原的工作人员，必须坚持阶梯升高的原则，遵守进驻高原的生理适应措施。施工准备阶段，为保证大批施工人员进入高原后立即得到休整，应选派身体好、适应高原环境的人员，先遣进入施工地区，作好食宿安排。工作人员进入工地后一周内，要保证充分休息，逐步从事少量的轻体力活动。工作期间禁止开展激烈的体育活动。夜间认真实行“查铺”制度。

高原施工要规范劳动组织，合理安排作业季节和工时，严格控制劳动时间和劳动强度，避免感冒和过度疲劳。大力采用机械化作业，提高工作效率。对于劳动强度较大的作业，应尽可能缩短一次持续劳动时间，增加劳动、休息的交替次数，必要时配备补氧设备和服用提高缺氧适应、增强劳动能力的保健药品。

施工单位要建立粉尘、毒物、物理因素等职业危害的监测和隧道氧分压检测制度。综合治理作业环境危害，实施湿式作业，使有害因素浓度控制在国家规定的卫生标准范围内，杜绝健康危害事故的发生。

依据工作人员防护用品配置原则，做好高原环境的劳动保护工作，为工作人员配齐必要的劳动保护用品。

实行高海拔区伙食标准，按照高糖、低脂肪、适量蛋白质的原则合理配餐，提高烹调技术，达到营养要求。食品加工要配备所需的增压、保温设备和消毒设施，保证工作人员吃到熟饭、热饭。尤其要

注意饮用水的卫生，水质要符合国家饮用水卫生标准。限制饮酒、吸烟。杜绝食物中毒事故的发生。

四、加强传染病的预防、控制和监督工作

认真贯彻落实《中华人民共和国传染病防治法》，针对青藏铁路沿线存在鼠疫等自然疫源地和其他传染病、地方病的特点，建立鼠疫等传染病的定期监测、报告制度。省、自治区政府卫生行政部门负责传染病监督指导，掌握疫情态势，确定疫情严重程度，提出控制措施建议，协助铁路建设单位组织施工区域内重大疫情处理。铁路建设单位负责建立、健全传染病防治自身管理制度和网络，掌握各施工区段传染病发病情况，及时向政府卫生行政部门报告，组织施工区域内重大疫情处理。施工单位要做好施工辖区的传染病防治、食品卫生、饮水卫生等公共卫生监测和管理工作，承担疫情报告和疫区处理任务。真正把“预防为主”的方针落实到每个单位，每个岗位。

五、建立医疗卫生保障体系

青藏铁路施工期间，组建三级医疗保障机构。一、二级医疗机构由施工单位建立，负责施工现场工作人员医疗、预防、保健、初期抢救和传染病疫区处理。三级医疗机构由建设单位做出安排，可委托有关医院和防疫单位实施，承担门诊、急诊、住院和一、二级医疗机构转诊重症病人的治疗及疫区处理支援。根据工程进展和需要，在沿线设立派出医疗机构和流动医疗救治中心，负责重症患者的急诊抢救、留观治疗和转送工作。施工阶段组建的三级医疗卫生保障体系，要考虑与运营的衔接。

施工单位要配备足够数量的卫生人员，选拔思想品质好、技术水平高、具有医师以上职称或相应水平的卫生人员开展现场医疗救治和疫区处理工作。医疗机构要配备必要的设备和药品，建立严格的医疗规章制度，坚持早发现、早报告、早治疗和早向低海拔地区转送的原则，确保伤病人员得到及时救治和安全后送。

六、开展健康教育和高原卫生保障知识培训

进入高原前，各单位要开设工作人员健康教育课，使工作人员了解高原环境及自然疫源分布特点，提高自我防护意识，克服对高原病和自然疫源性疾病的恐惧心理和麻痹思想。健康教育以《青藏铁路卫生防病知识健康教育手册》为培训教材。工作期间也要组织开展健康教育活动，使工作人员充分掌握高原及野外环境下个人防护知识，解决心理适应的问题。

对参加青藏铁路建设的各级领导干部、管理、技术人员和卫生人员，分别举办高原卫生保障知识讲座和高原病、自然疫源性疾病防治培训班，有针对性地进行强化培训，提高干部和管理人员卫生保障工作的法律意识和科学合理组织施工的能力，提高医务人员对高原病和自然疫源性疾病的诊治水平。要发挥专家的指导作用，针对工作人员健康状况，及时提出防治对策。

七、加强领导，切实做好卫生保障工作

卫生保障工作是建设青藏铁路的关键因素之一，各级领导要树立以人为本的思想，防止因追求工作进度而损害职工身体健康。

要建立卫生保障工作责任制，真正做到卫生保障工作组织落实、制度健全、措施得力。按照谁主管谁负责的原则，发生问题要追究领导人的责任。省、自治区卫生行政部门要加强铁路施工沿线传染病、地方病的监督，加大卫生监督执法力度，指导和协助建设单位做好卫生保障体系建设。建设单位负责管理、协调工程施工期间的卫生保障工作，组织并监督施工单位落实各项卫生保障措施。施工单位对卫生保障工作中应负的责任，要作为合同条款纳入施工招投标文件；要有一名领导分管卫生保障工作，同时还要发挥工会组织和群众监督作用。

要认真落实好青藏铁路卫生保障的各项措施，依据实际情况制定具体实施办法。同时，要以修建格尔木—望昆段为基础，及时总结经验教训，不断完善卫生保障措施。

文件 2:

青藏铁路卫生保障措施(暂行)

铁劳卫〔2001〕51 号

一、导 则

为克服青藏高原地理、气候环境和自然疫源性疾病对人体的危害,保护青藏铁路建设者与工作人员的身体健康,保障青藏铁路建设和运输的顺利进行,依据铁道部、卫生部颁布的《青藏铁路卫生保障工作若干规定》(铁劳卫〔2001〕39 号),制定《青藏铁路卫生保障措施》。

《青藏铁路卫生保障措施》坚持“预防为主”的方针,提出卫生防疫、劳动卫生和劳动保护、医疗保障工作的技术规范,指导高原医疗、防疫保障体系的建立,旨在保护工作人员的劳动能力和身体健康。要求进入青藏高原的铁路设计、施工、监理、运输、服务等各有关部门认真贯彻执行,结合本单位情况制定具体办法。

贯彻《青藏铁路卫生保障措施》应当注意工作人员存在的个体差异差别,加强现场的医疗巡诊工作和动态观察,及时处理疑难问题,防止意外事故。在特殊情况下,工作人员劳动强度或作业时间可能超出规定标准时,应征求卫生专业人员的意见,采取必要劳动保护措施,并加强现场医疗监护工作。

二、青藏铁路施工期间的卫生防疫工作

为防止传染病的发生和流行,保障职工健康和铁路建设,提出卫生防疫工作基本要求如下:

1. 施工单位在进驻工地前,必须组织人员进行现场的卫生学勘察,收集施工标段的气象水文环境资料,掌握当地自然疫源性疾病、传染病、地方病的流行分布等情况,提出预防控制疾病、净化水质等切实可行的对策和卫生学预评价。

施工单位应当负责管辖区域内的卫生防病工作。承担日常食品卫生、饮水卫生、环境卫生、劳动卫生和传染病、地方病防治的管理和监测监督工作,落实好防治措施,做好职工的健康教育工作。对辖区内出现的疫情信息,及时向上级卫生防疫部门报告,并按要求做好疫区处理工作。

2. 建设单位应在青海省、西藏自治区卫生行政部门的指导下,委托有关卫生防疫部门以格尔木、拉萨为基地,承担青藏铁路施工现场的卫生防病、卫生监督和疫区处理的具体工作。受委托的卫生防疫部门在建设单位和省、自治区卫生行政部门的领导下,负责指导沿线铁路施工单位的卫生防病工作,督促卫生防病措施、要求的落实,及时传达地方各级卫生行政部门提供的疫情疫病信息,对施工单位的食品、饮水、环境、劳动卫生及防治传染病、地方病工作定期进行卫生监测和监督,对施工单位报告的疫情疫病信息,进行必要的检测和核实,组织完成疫区处理任务,及时向建设单位和省、自治区政府卫生行政部门报告,业务上接受沿线地方政府各级卫生防病、卫生监督机构的指导。

建设单位应组织沿线施工单位积极开展爱国卫生活动,在施工工地和生活区创造清洁卫生的生产、生活环境。

3. 建设和施工单位都要以鼠疫等传染病的防治作为重点,对工作人员进行健康教育,了解其危害性、传播途径、临床症状及预防办法。按照青海省、西藏自治区卫生行政部门的统一部署,施工单位在施工区域内要定期有组织地开展保护性灭獭。任何人不得私自捕猎、食用旱獭及其他宿主动物,不得采购、携带旱獭等动物的皮、肉、油或肢体等进出施工工地或生活区,不要接触病、死旱獭及其他野生

动物。在施工区域内发现不明原因的高烧可疑患者,或发现病、死旱獭及其他野生动物,要及时报告本单位医务人员,由医务人员负责向上级卫生防疫部门报告。施工中,职工选择临时休息地点要注意避开旱獭等动物的洞穴,人员坐卧、衣物堆放要采取措施,防止跳蚤叮咬。职工宿舍内要定期喷洒药物杀灭蚊虫及跳蚤。

4. 按照《中华人民共和国传染病防治法》、《中华人民共和国国内交通检疫条例》和《国家鼠疫控制应急预案》的有关规定,建设单位应当制定紧急疫情防治处理办法,在施工现场或周围地区出现突发疫情时,迅速报告青海省、西藏自治区的卫生行政部门,并立即组织力量,采取措施,进行应急处理,迅速控制消灭疫情,并将结果按有关规定上报。

三、施工期间医疗卫生保障措施

(一)组建三级医疗卫生保障体系

青藏铁路施工期间,组建三级医疗卫生保障体系。一、二级医疗机构由施工单位建立。三级医疗机构由建设单位建立。

1. 一级医疗机构(保健站)。由工程项目部建立,可设医务人员3~5人。在人数较多、危险性较大的工地要派驻医务人员。

2. 二级医疗机构(卫生所)。由工程局建立,依附于工地指挥机构,可设医务人员8~12人,根据需要可设2~3张观察床。

3. 三级医疗机构(基地医院)。由建设单位作出安排,依托现有铁路、地方和军队医疗资源,在拉萨和格尔木设立基地医院。根据工程进展和需要,由基地医院在沿线设立派出机构和流动医疗救治中心。

(二)各级医疗卫生机构职责

1. 一级医疗机构职责。负责本单位工作人员的医疗、预防、保健和早期抢救,保证伤病员在一小时内得到有效救治,具体任务:(1)开展健康教育;(2)卫生防病和卫生监护,防止传染病、地方病和自然疫源性疾病的发生、流行和开展疫区处理;(3)常见病、多发病的诊断和治疗;(4)急症、外伤的早期抢救和转送;(5)工地巡诊医疗。重点是急性高原病的预防、早期诊断和初期抢救。

2. 二级医疗机构职责。负责管区范围内伤病员的抢救和医疗后送,保证伤病员在2小时内得到有效救治;承担管辖范围内工作人员的健康监护和体检,重点工地的巡诊治疗;在危险性较大的工程时,做好紧急救护准备,对一级医疗机构的业务指导和技术支援等任务。

3. 三级医疗机构职责。承担伤病员急诊、住院治疗任务,接纳一、二级转院、重症救护和运送,对一、二级医疗机构的业务指导和技术支援等任务。派出机构和流动医疗救治中心,负责重病治疗、急诊和转送工作,参与重点工程的现场医疗救护服务。在群体伤亡或其他特殊情况下,要及时报告,由建设单位与当地政府及部队联系,采取应急措施。

(三)加强管理,提高医疗质量

1. 高原卫生和烈性传染病知识培训。医务人员在进驻高原前要接受进行为期一周左右的"高原医学"、医疗保障政策和传染病知识培训。重点掌握高原缺氧环境和自然疫源对人体的影响,急慢性高原病、传染病、及其医疗、预防措施,急救、保健设备的使用。

2. 医务人员的选拔。承担医疗卫生保障的医务人员要具备良好的身体素质,高度的事业心和责任心,一专多能,一职多用。开展现场医疗服务的医务人员要具备医师以上职称或相应水平。

3. 医疗设备和药品的配备。一级医疗机构应配备医用供氧设备，常用的内、外科诊疗急救箱，常见病、多发病、传染病和高原特需的药品；二级医疗机构除一级医疗机构配备以外，还应配备抢救用医疗、交通、通信设备。

（四）做好进驻高原初期的医疗保障工作

1. 医务人员应在施工队伍进驻高原前，携带必要的设备和药品，提前进入高原，做好医疗保障的准备工作。

2. 初上高原两周内，是急性高原反应和急性高原病的高发期，要认真做好这一阶段卫生保障工作，督促工作人员充分休息，逐步增加劳动强度。了解当地鼠疫等自然疫源性疾病及其宿主、媒介存在的情况。

3. 进一步开展健康宣传教育，既要消除职工对急性高原病、鼠疫等传染病的恐惧心理，又要要求广大施工人员如实反映病情，积极采取防治措施，防止贻误病情。

4. 加强巡诊，及时发现病人，医务人员除白天坚持巡诊外，夜间也要轮流值班，以便及早发现早期急性高原病病人。

5. 对有严重急性高原反应的人员要及时采取必要的治疗措施，减轻症状，防止急性高原病的发生。

（五）搞好病人后送，保证病人安全

1. 后送范围：(1)高原脑昏迷、高原肺水肿、急性高原心功能不全，经抢救治疗病情稳定者；(2)慢性高原特发病，经体检不能继续留高原者；(3)脑出血、脑血栓形成、高血压脑病、脑损伤、经抢救病情稳定者；(4)骨折、严重创伤，经抢救病情稳定并经妥善包扎固定者；(5)失血性休克已治愈，但需对原发病进一步治疗；反复、小量消化道出血已停止，但需继续治疗者；(6)空腔脏器穿孔、经保守治疗病情平稳，需进一步治疗者；(7)急性高原反应严重，经各种治疗，疗效不显著者；(8)其他不适宜留高原疾病患者；(9)鼠疫、霍乱病人一般应就地隔离治疗，不宜后送。

2. 后送原则：必须后送的，要向低海拔后送，要保持供氧，及时、果断，根据病情和条件确定后送方式，保证病人途中的生命安全。

3. 后送具体要求：(1)掌握好后送指征，病情极危重病人，应先组织就地抢救治疗，待病情稳定后再后送。如因技术设备条件限制，可请求上级医疗机构派人支援。(2)做好后送各项准备工作，携带后送病人登记卡，健康档案，必要的药品及抢救器材；联系好接收医院；配备好参加后送的医生和护士。后送病人登记卡应包括姓名、单位、初步诊断、初步处理、血型、药物过敏史等内容。(3)后送途中密切观察病情变化，随时做好抢救准备。如需连续治疗的病人，后送途中要保证治疗的连续性。(4)较多病人后送时，可组织专门车辆，同时派其他人员协助照顾好后送病人，注意防冻伤、防颠簸、防事故。

四、劳动强度分级与劳动作息时间

高海拔体力劳动加剧了人体生理负荷，海拔愈高生理负荷愈重，劳动能力下降愈明显。为保护工作人员的健康，提高工作效率，应制定合理的劳动组织和劳动作息方案。

（一）高原劳动强度分级标准

1. 按照国家体力劳动强度分级标准，以及高原环境对人体生理机能和能量代谢率的影响，提出在青藏高原工作时的体力劳动负荷要求。高原工种体力劳动强度采用劳动强度指数进行分级，劳动强度指数计算公式为：

$$I = 3T + 7M(1 + K)$$

I:劳动强度指数

T:劳动时间率,为纯劳动时间/工作日时间

M:工作日能量代谢率

K:不同海拔高度能量代谢校正系数,2 000 米为 0.4,3 000 米为 0.56,4 000 米以上时为 0.72。

依据劳动强度指数,将高原体力劳动强度分为 5 个级别如下表 1。

表 1　体力劳动强度分级

强度分级	I	强度分级	I
轻	~15	重	~30
中	~20	过重	>30
次重	~25		

2. 单项体力劳动强度分级标准,依据心率来划分单项体力劳动强度等级,分为 6 个级别,如下表:

表 2　单项体力劳动强度分级

强度分级	心率(次/分)	强度分级	心率(次/分)
轻	<92	重	130~150
中	92~110	过重	150~165
次重	110~130	超重	>165

海拔每上升 1 000 米,劳动强度增加一个强度等级,可依此来对比平原同等单项劳动强度确定高原单项劳动强度等级。

3. 高原铁路施工劳动强度分级:高原铁路施工中几种主要劳动项目的劳动强度参考分级如表 3:

表 3　高原铁路施工中主要工种劳动强度参考分级

工　种	单项动作	劳动强度制定
铺轨	抬钢轨	重
	抬枕木	次重
	钉道	重
备料	轧钢筋	轻
	装石子(装车)	重
	铲石子	次重
	筛砂	中
	上砂(装车)	极重
混凝土	抬水泥	中
	推拉车	中
	拌料	重
其　它	零杂工作	中
	步行	中
	站立	轻
	坐位休息	轻
	开汽车	轻

（二）高原体力劳动卫生学限度

高原铁路施工应尽量采取机械化作业手段，使劳动强度保持在中等强度以下。

必须从事大强度劳动时，应采取必要的劳动保护和现场医疗监护措施，缩短一次大强度劳动时间，增加劳动、休息的交替次数。

（三）劳动作息时间

按国家规定，8 小时为一个工作日，每个工作日能量消耗 6 278 千焦耳作为卫生学限度。海拔高度 4 000 米以上时，桥梁、线路、站场等野外作业劳动日以 5 ~ 6 小时为宜，隧道洞内作业工时不应超过 4 小时。

（四）作业期限

施工季节宜集中在 4 至 11 月，工作人员一次在高原连续作业时间不应超过 8 个月，留守人员最长不宜超过一年。休整期间，要坚持工后体检制度，对心脏、血象改变没有恢复者应暂缓继续参加高原施工。

五、工作人员的健康检查

进入青藏高原的工作人员应当进行健康检查，具体安排如下：

（一）体检安排

准备在高原工作半年以上的人员应在进入高原前（工前）、高原工作期间（工中）、结束高原工作后（工后）进行体检。

1. 工前体检：目的是严格掌握高原准入标准，筛选不适应高原环境的人员。工前体检可在平原地区和中转基地进行两次体检。平原地区体检要全面详细，根据禁忌证范围筛选合格人员。中转基地体检应在进入一周左右进行，针对高原反应程度，对不适应高原环境的人员进行进一步筛选。

2. 工中体检：目的是尽早发现慢性高原病及具有职业有害因素早期损害征象的人员，以便及时采取有效措施。工中体检每 4 个月进行一次。

3. 工后体检：目的是发现慢性高原病患者，以便加强随访。工后体检在返回低海拔地区时进行。

4. 临时进入高原工作或工作时间不足半年的人员，体检项目或检查次数可根据医务人员的意见适当精简。

（二）体检项目

体检内容包括一般项目、必检项目和参考项目。

1. 一般项目：身高、体重、体温、心率、呼吸、血压等；

2. 必检项目：心电图，胸部 X 线，血、尿、便常规，血型等；

3. 参考项目：根据病史和体检中发现的问题，增查 B 超、超声心动、肺功能、血气分析、肝功能、肾功能、血糖等。

（三）高原禁忌证

凡有下列疾患之一者，不宜进入高原工作。

1. 有明显心脑血管疾病者：如高血压（血压增高明显或有靶器官心、脑、肾受损）、冠心病、风湿性心脏病、心肌病、显著心律失常、有过脑血栓或脑出血病史者。

2. 中度以上慢性阻塞性肺病、频繁发作的支气管哮喘、支气管扩张症、活动性肺结核、职业性尘肺。

3. 各种类型明显的贫血、血小板减少性紫癜或其他凝血功能障碍的出血性疾病。

4. 胃、十二指肠溃疡病活动期,急性传染性肝炎,慢性肝炎活动期,其他慢性肝病、脾脏疾病。

5. 急、慢性肾脏疾病,炎症活动期或伴有肾功能障碍。

6. 癔病、癫痫、精神分裂症。

7. 糖尿病未获控制、肥胖症(体重指数≥30者)。

8. 妊娠期。

9. 现患重症感冒、上呼吸道感染,体温38℃以上,或体温38℃以下,但全身及呼吸道症状明显者,在病愈以前,应暂缓进入高原。

10. 曾经确诊患过高原肺水肿、高原脑水肿、血压增高明显的高原高血压症、高原心脏病及高原红细胞增多症者,一般不宜再入高原。因工作需要,必须再进高原时,应采取严密的医疗监护措施。

(四)体检要求

1. 体检由各单位组织进行。

2. 工前体检合格人员,要建立健康档案,并确定健康监护观察指标;工中、工后体检按健康监护要求进行,认真记录,以便随访观察。

3. 体检应选派有经验的医务人员进行,体检内容应侧重于心血管、呼吸、血液、神经系统,对体检规定项目要全面、准确填写,计量单位符合国家现行标准。

六、进驻高原的生理适应方法

从平原地区进入高原地区,应当采取“习服”适应的措施,缓解高原反应,加速人体对高原环境的适应,具体措施如下:

(一)准备工作

1. 开展健康教育,学习掌握青藏高原卫生防病知识,了解高原的地理、气候特点,高原环境对人体健康的影响,熟悉高原多发病、常见病和自然疫源性疾病的防治措施,掌握各种适应性锻炼及特殊伤病的自救、互救方法,了解高原生产、生活的注意事项,克服恐惧心理和麻痹思想。

2. 进驻高原和重返高原要采取阶梯升高的原则,可将西宁或格尔木设为工作人员的中转基地,由低海拔进入海拔4000米以上的地区时,要在中转基地“习服”一周左右。

3. 在中转基地“习服”期间,初期宜开展轻度体育活动,如早操、散步,以后可采用常速快步—常速—跑步—常速,或常速—快步—跑步—常速的锻炼方式,切忌大运动量及高速率运动。对高原反应明显的人员要检查脉搏、呼吸、血压。

4. 要根据进入季节气象条件做好物资准备,除了各单位准备的物资,个人要准备雨具、水壶、草帽、耳套、围巾、棉鞋垫等物品和预防高原反应、感冒、呕吐、腹泻、头痛、晕车、冻伤的药品。

(二)进入高原安排

1. 进入高原的载人车辆禁止超载,每日行车不宜超过8小时,中途应当适当休息,人员下车时应当顺序下车,不得拥挤,下车要稳,不得猛跳。行车前可适当发放服用防晕车、镇静药物。

2. 必须在短期内进入高原地区的人员,可在医务人员的指导下使用药物预防高原反应。一般在进入高原前3日开始用药。常用的种类如:(1)促进机体正常代谢的药物,如复合维生素片;(2)提高机体缺氧耐力的药物,如红景天类;(3)其他用于治疗高山头痛的氨扑苯、索米痛及乙酰氨基酚,用于防止呕吐的消呕宁药物等。

3. 进入工地一周内,必须保证充分休息,保证充分睡眠,可从事少量的轻体力劳动,一周后劳动强度要逐步提高,防止过度疲劳。

4. 要注意预防感冒,重视防寒保暖,应保持室温在16 ℃以上,可使用板蓝根、大青叶、野菊花、金银花等制作饮料定期服用。要注意预防腹泻、菌痢等消化道疾病。

5. 初入高原,饮食要有足够的热量,以高糖、适量蛋白质、低脂肪食物为主,增加蔬菜、水果的供应,保证职工身体营养需求。

6. 进入高原初期,必要时对工作人员进行合理补氧和服用提高缺氧适应的保健品,以消除缺氧症状,缓解高原不适过程。

7. 进入高原初期,要加强卫生监护措施,限制饮酒和抽烟,严禁酗酒。坚持夜间查铺制度,及时发现、适时唤醒可疑发病人员。

8. 开展适宜的文体活动,调节紧张、疲劳、单调对心理情绪的不良影响。

七、劳动防护用品的配置

青藏铁路施工和运营期间,工作人员的通用劳动防护用品和个人卫生防护用品的配置种类和基本技术要求如下:

(一)防护用品配置

高原防护用品配置种类如下表,提出的配置种类中不包括专业工种必须配备的特种劳动防护用品。各单位要根据实际情况制定相应的高原防护用品发放标准,并指导、督促工作人员正确使用。

1. 劳动防护用品

防护部位	防护用品	防护部位	防护用品
头	遮阳帽	手	防冻防裂膏
	防寒帽	脚	防寒鞋
	护目镜		雨 靴
身体	防寒服		防寒棉袜
	雨 衣		毛毡鞋垫
手	防寒手套	皮肤	防晒油

2. 个人卫生用品

类 别	防 护 用 品	类 别	防 护 用 品
防 病	陷甲膏	防蚊	防蚊帽
			蚊 帐
皮肤清洁	省水洁身剂		防蚊水

注:根据工作需要,每班组配备若干数量个人补氧器、管,以备急需。

(二)防护用品技术要求

1. 防寒服

防寒性能应达到 GB/T 13459—92《劳动防护服防寒保要求》中总保暖量 60 clo 的要求。

质量按 LD 61—94《劳保羽绒服》的要求执行。

2. 防寒帽、防寒手套

材质选用动物毛皮。

3. 防寒鞋

选用牛皮面，毛毡棉内衬。

4. 护目镜

镜片对紫外线的透过性能应达到 GB/T 3609. 1—94《焊接眼面防护具》中遮光号 4 的要求，颜色宜选“灰绿色”。质量按 GB 14866—93《眼面护具通用技术条件》的要求执行。

5. 防晒油

卫生理化指标应达到 GB/T 13641—93《劳动护肤剂通用技术条件》的要求。

防晒因子应≥20。

6. 防冻防裂膏

卫生理化指标应达到 GB/T 13641—93《劳动护肤剂通用技术条件》的要求。

防裂性能应达到 TB/T 2610—94《铁路防皲裂型劳动护肤剂供货技术条件》中高效级的要求。

7. 对于特种劳动防护用品如安全帽、安全带、绝缘护品、防毒面具、防尘口罩等，必须根据生产需要配备齐全，选购时审核其产品“生产许可证”、“产品合格证”和“安全鉴定证”。对于本原则规定的国家未列入“生产许可证”管理范围的防护用品，一律采取“路用产品许可证”制度进行质量管理。

八、施工生活区基本卫生要求

青藏铁路建设期间，施工单位的生活设施基本卫生要求如下：

（一）职工宿舍

1. 职工宿舍选址应遵循以下原则

（1）防风、向阳、避雷；

（2）距离施工现场、公路、饮用水源较近；

（3）避开泥石流、危石坠落可能发生的地段；

（4）在永久冻土上建房，应采取架高的设计方案，采取防寒保暖措施。

2. 职工宿舍内要设常年取暖设备，室温不低于 16 ℃。如采取煤炭取暖应注意排烟通风，预防一氧化碳中毒。

3. 应建立有防寒措施的公共厕所，注意卫生清扫和消毒。

4. 宿舍周围必须挖防鼠沟，定期投放毒饵灭鼠。

5. 有条件时工区内可设置洗澡间；隧道施工单位应设置工作服烘干房，现场应设立更换工作服的场所。

（二）驻地环境

1. 保持驻地环境整洁，减少对环境植被的破坏。

2. 生活区要相对集中，周围设置围栏，避免牛、羊及野生动物进入生活区。

3. 严禁随地丢弃生活垃圾。

4. 收集生活垃圾需使用封闭式容器，可降解废弃物可在距离食堂、宿舍较远处掩埋；不可降解废弃物如塑料袋等应集中收集，运至附近城市指定垃圾处理地点统一处理。

5. 如有野生动物在垃圾堆放处觅食，需对垃圾及时消毒后用土覆盖。

(三)饮水条件

1. 饮用水源必须经过防疫部门检验，感官、理化、微生物各项指标符合饮水卫生要求后方可饮用；检验不合格的必须经过过滤、净化、消毒等措施洁净处理，检验合格后才能饮用。

2. 禁止饮用生水，要保证宿舍和工地的饮水烧开后饮用，饮水器具宜使用压力烧水设备。

3. 远距离送水的单位，送水、储水器具要符合卫生要求并定期消毒。

九、营养配餐及食品卫生管理

保障高原工作人员营养供给，加强食品卫生管理，是增强工作人员对高原的适应能力，提高劳动效率的重要环节，据此提出高原营养配餐原则及食品卫生管理要求。

(一)配餐原则

1. 高原工作人员营养保障和配餐原则

初入高原适应期的配餐应遵循“高糖、低脂、适量蛋白”的原则。应注意适当使用调味品以调整食欲，并补充复合维生素。

在度过适应期后，工作期间的配餐应适当提高脂肪和蛋白质的比例，按照重体力工作人员的标准供给能量和营养素。在高原工作、生活一年以上的工作人员，应进一步增加脂肪和蛋白质的比例，保证足够的热量和营养。每人每日食物摄取量标准可参照下表。

表1　工人每人每日食物摄取量(g)

时间	谷类	蔬菜	水果	肉蛋类	大豆	奶类	热能食物	调味品	合计
适应期	700	600	150	53	30	20	58	30	1 641
工作期	810	650	150	95	45	30	75	30	1 885
长期	720	650	150	215	65	35	85	30	1 950

2. 高原配餐要坚持早吃好，中吃饱，晚吃少的原则。应当增加蔬菜和水果的供应，尽可能提供热的食物和饮料，应当配备食物保温设备，加强伙食管理，改善烹饪技术，提倡食谱多样化。

3. 要保障熟食的提供，烹饪器具要配备压力容器，炊事人员要了解压力容器的使用要求，以及使用压力容器制备食品的方法。

(二)食品卫生管理

1. 食品采购

采购人员要具备食品卫生知识，食品的采购，特别是水产品和肉类，要保证新鲜，禁止采购腐败变质的食物。

2. 食品运输

鱼、肉、虾等食品运输时应采用冷冻措施。运输工具要清洁、定期清洗消毒。蔬菜运输要注意防冻，避免挤压，避免日晒雨淋。生菜与熟菜运输时要分别包装，不得混装混运。食品运输不得搭载药品、毒物，或汽油、煤油及其他化学品等有强烈气味的物品，防止食品污染。

3. 食品贮备与保管

食品贮存室应保持清洁、干燥、通风,采取防鼠措施。食品保管提倡使用容器,分类、分堆存放。注意食品的存放期限,防止变质腐败。存放新鲜鱼肉禽蛋类食品要有冷藏设施,或采取加工防腐措施后存放。蔬菜要采取保暖措施防止冻害。

(三)职工食堂

1. 严格按照《食品卫生法》的要求设计符合高原环境条件的职工食堂。

2. 食品制作人员必须进行培训,了解高原食品制作特点和要求。

3. 严格按照《食品卫生法》进行监督和管理。

十、《青藏铁路卫生保障措施》名词解释

1. 施工单位:经过招投标后,取得青藏铁路建设施工资格的国营、集体及其他类型企业单位。

2. 建设单位:代表国家负责青藏铁路建设的经营管理单位,如青藏铁路有限责任公司。本线由设在格尔木的青藏铁路建设总指挥部负责建设管理。

3. 疫情:国家规定报告管理的传染病,现阶段主要指甲类传染病的鼠疫、霍乱及乙类传染病中的艾滋病和肺炭疽病。任何人发现国家规定管理的传染病人或疑似病人,以及疑似染疫动物,均视为疫情,应及时向施工和建设单位的医疗机构及附近的卫生防疫部门报告。

4. 疫情疫病信息:国家规定报告的传染病信息,特指"3·疫情"中所规定的鼠疫等传染病信息。

5. 自然疫源性疾病:虫媒性传染病在自然条件下和一定的地理环境中,病原体、媒介、宿主长期共存的一种生物学现象称为自然疫源性,引起的传染病叫自然疫源性疾病,这里主要指鼠疫。

6. 医疗卫生保障体系:指青藏铁路建设中,由建设单位、施工单位、铁路、地方、部队医疗卫生单位共同组成,有明确的责任和分工。

7. 基地医院:指设在格尔木、拉萨等地,由建设单位确定,或与施工单位签订协议,为青藏铁路建设提供医疗救护服务的铁路、部队或地方医院。

8. 流动医疗救治中心:由基地医院派出,在青藏铁路沿线提供医疗救护服务的医疗小分队。

9. 高原反应:初入高原后,人体对高原缺氧状态产生的生理反应,可以产生一些不适症状,如头痛、头昏、食欲不振、睡眠障碍等,绝大多数人经过适应过程,采取预防措施,辅以药物治疗在一周左右内可以消除或减轻不适症状。

10. 高原病:进入高原,因攀登过快、过度疲劳或感冒等诱发的高原疾病,主要指高原肺水肿、高原脑水肿、高原心脏病以及高原红细胞增多症等。

11. 健康检查:按照规定项目进行的预防性体检。

12. 高原禁忌证:不适合进入高原的疾病。

13. 习服:初进高原者,由于低氧而刺激机体的神经体液感受器,间接刺激呼吸中枢,增加了空气通气量,更多的吸入氧气;经血液重新分配,而使脑、心、肺等重要器官的血流量增加,以进行代偿。这一过程即人体对高山低氧的适应过程,约需1~3个月可逐渐过渡到稳定适应,称为高山习服。已习服者离开高原后重上高原,还要重复"习服"过程。

14. 缺氧适应:长期在低氧环境中生活,人群或动物群系发生了可以遗传的,并具有遗传基础的解剖上和生化上的特征,因而能很好地生活在高原环境的过程。

15. 劳动强度:体力劳动时人体生理负荷的大小。劳动强度大小以工作日劳动时间率,能量代谢率计算的劳动强度指数来衡量。

16. 劳动强度分级：应用劳动强度指数将体力劳动划分等级的方法和标准。

17. 劳动作息时间：也称劳动制度，是指工作与休息交替安排的时间规定。

18. 劳动防护用品：保护劳动者在劳动过程中的安全和健康所必需的预防性装备。

19. 个人卫生用品：职工个人生活中用于自身清洁、消毒、预防卫生害虫，保障健康、防病的用品。

20. 特种劳动防护用品：用于特殊岗位，特别防护目的，或用特种材料制作的个人劳动保护用品。

21. 营养配餐：根据特殊环境，特种作业人体营养标准需求，依据食物的营养素含量，制定合理的膳食结构食谱，以增加食欲，满足营养素供给。

附件1：　　中华人民共和国国家标准鼠疫诊断标准

Diagnoetic criteria of plague　　GB 15991—1995

根据《中华人民共和国传染病防治法》及《中华人民共和国传染病防治法实施办法》制定本标准。

1 范　围

本标准规定了我国七种类型疫源地内由宿主、媒介和其他染疫动物、动物制品感染的，或与鼠疫实验室及其实验用品接触而感染的鼠疫病例，以及由国外鼠疫流行区进入我国的检疫留验病例，确定诊断之标准。

本标准适用于鼠疫监测及确定鼠疫动物病。

2 引用标准

下列标准所包含的条文，通过在本标准中引用而构成为本标准的条文。本标准出版时，所示版本均为有效。所有标准都会被修订，使用本标准的各方应探讨使用下列标准最新版本的可能性：

GB 15978—1995 人间鼠疫疫区处理标准及原则；

GB 15992—1995 鼠疫控制及其考核原则与方法。

3 诊断原则

3.1 患者具有流行病学线索。

3.2 患者除具有鼠疫临床症状和3.1外，必须具有鼠疫细菌学诊断或被动血凝试验(PHA)血清F1抗体诊断阳性结果方可确诊。

4 诊断标准

4.1 流行病学线索

患者发病前10天到过鼠疫动物病流行区或接触过鼠疫疫区内的疫源动物、动物制品及鼠疫病人，进入过鼠疫实验室或接触过鼠疫实验用品。

4.2 突然发病、高热、白细胞剧增，在未用抗菌药物(青霉素无效)情况下，病情在24 h内迅速恶化并具有下列症候群之一者：

4.2.1 急性淋巴结炎、肿胀、剧烈疼痛并出现强迫体位。

4.2.2 出现重度毒血症、休克症候群而无明显淋巴结肿胀。

4.2.3 咳嗽、胸痛、咯痰带血或咳血。

4.2.4 重症结膜炎并有严重的上下眼睑水肿。

4.2.5 血性腹泻并有重症腹痛、高热及休克症候群。

4.2.6 皮肤出现剧痛性红色丘疹，其后逐渐隆起，形成血性水泡，周边呈灰黑色，基底坚硬。水泡破溃，创面也呈灰黑色。

4.2.7 剧烈头痛、昏睡、颈部强直、谵语妄动、脑压高、脑脊液浑浊。

4.3 患者的淋巴结穿刺液、血液、痰液，咽部和眼分泌物以及尸体脏器或管状骨骨骺取材标本，分离到鼠疫菌。

4.4 患者2次。(间隔10天)采集血清，用PHA法检测F1抗体呈现4倍以上增长。

5 疑似病例

具备4.1加4.2中任一项。

6 确诊病例

疑似病例加4.3或4.4。

7 隐性感染者

有鼠疫流行病学线索，没有明显的鼠疫临床表现，没有接种过鼠疫菌苗，有PHA检测其血清出现1:40以上F1抗体滴度者。

8 追溯诊断病例

在有过鼠疫流行病学线索的人群中，曾出现过鼠疫临床表现，没接种过鼠疫菌苗，其血清经PHA检测出现1:40以上F1抗体滴度者。

9 病　　型

9.1 确诊鼠疫病例，有4.2.1临床表现者，为腺型鼠疫。

9.2 确诊鼠疫病例，有4.2.2临床表现者，为败血型鼠疫。

9.3 确诊鼠疫病例，有4.2.3临床表现者，为肺型鼠疫。

9.4 确诊鼠疫病例，有4.2.4临床表现者，为眼型鼠疫。

9.5 确诊鼠疫病例，有4.2.5临床表现者，为肠型鼠疫。

9.6 确诊鼠疫病例，有4.2.6临床表现者，为皮肤型鼠疫。

9.7 确诊鼠疫病例，有4.2.7临床表现者，为脑膜炎型鼠疫。

附件2：　中华人民共和国国家标准人间鼠疫疫区处理标准及原则(摘录)

National criterion and principle of treatment of human plague area in China

GB 15978—1995

1 主题内容与适用范围

本标准规定了人间鼠疫现疫区的封锁隔离，疫区处理，病人及其直接接触者处理和解除封锁隔离等。

本标准适用于各级人民政府、卫生主管部门、医疗保健机构、卫生防疫机构及疫区处理有关的单位、住户和个人。

2 术　　语

2.1 人间鼠疫疫区

划分为历史疫区和现疫区两种。历史疫区系指已定为鼠疫疫源地，并曾经发生过人间鼠疫，现在已停止或没有人鼠间鼠疫流行的地区或地点；现疫区系指在鼠疫疫源地内正在发生人间鼠疫的地区或地点。

2.2　疫区处理

对现疫区所采取的各种技术对策和职责，包括对现症病人、死者、直接接触者等的处理与管理。

2.3　封锁隔离

鼠疫病人及其直接接触者，以及可能被污染的地区或地点的人群及各种物品与未被污染地区或地点的人群和各种物品相隔绝。

2.4　健康隔离

对与鼠疫病人、尸体及被鼠疫菌污染的各种物品直接接触者，包括小隔离圈内未患鼠疫的人员进行的隔离处理。

2.5　直接接触者

与鼠疫病人、尸体及被鼠疫菌污染的物品和空气直接接触的人。

3　人间鼠疫疫区封锁隔离标准

3.1　凡确定为疑似鼠疫病人（或尸体）者，在病人（或尸体）排除鼠疫之前，均需按鼠疫病人处理。

3.2　诊断为鼠疫病人（或尸体）的疫区，必须划定小隔离圈封锁隔离。以鼠疫病人（或尸体）所在住处为中心，将其周围被污染的邻舍划定为小隔离圈。小隔离圈内人员实行健康隔离。

3.3　肺鼠疫病人（或尸体）发生在人烟稀少，居住分散的山区或牧区时，只划定小隔离圈；发生在人口密集，居住较集中的地区时，必须划定大、小隔离圈。以鼠疫病人住房为中心，将所在村屯、街道等的一部分或全部划定为大隔离圈。

3.4　在人口密集地区人间鼠疫多点同时暴发流行时，可不划大隔离圈，根据病人分布可将整个村寨或几个村寨划定封锁隔离区域。

3.5　鼠疫病人发生在旅途或医院时，先将病人所在车厢及车站或医院等被污染的场所迅速封锁隔离，立即与非污染场所人群分开。

3.6　迅速查清鼠疫直接接触者，并就地隔离留验。

4　人间鼠疫现疫区处理标准及原则

4.1　鼠疫病人、疑似鼠疫病人及其直接接触者，必须各自设立单独病房和隔离室。鼠疫病人中肺鼠疫、肠鼠疫病人各自设立单独病房。隔离圈或隔离区域内人员禁止外出，每天检诊 2 次，早晚各 1 次。

4.2　肺鼠疫、肠鼠疫病人的小隔离圈内必须首先进行消毒；对咳痰、排泄污物等要及时消毒；大、小隔离圈或隔离区域内灭鼠、灭蚤；所污染的场所、物品、炊具、食具等进行消毒或焚烧；各种物品禁止外运。

4.3　腺型及其他型鼠疫隔离圈内灭蚤、灭鼠，病房及隔离室每天消毒 1 次。

4.4　各型鼠疫隔离圈或隔离区域内的猫狗实行管制，猫狗体灭蚤。

4.5　疫区封锁隔离的同时，必须迅速开展流行病学调查，追查传染源，查清直接接触者、污染物品及污染范围。

4.6　传染源为动物时必须按《鼠疫防治手册》规定处理；人剥食染疫动物被感染时，其动物的皮张、油肉、骨骼、污染的各种物品及场所必须进行消毒或焚烧。

4.7　鼠疫尸体及其污染场所必须消毒，灭鼠、灭蚤，尸体消毒后就地焚烧或深埋，严禁举行各种形式的葬礼。

5　病人及直接接触者的解除隔离标准和处理原则

5.1　对鼠疫病人迅速抢救治疗，专人护理，注意病情变化，适时调整治疗方案。

5.2　肺鼠疫病人经治疗体温恢复正常，全身症状及体征明显好转，再治疗3～5天，停止治疗后，对其痰及咽喉分泌物连续检查鼠疫菌3次，隔3天检查1次，均为阴性时，可解除隔离。

5.3　腺型及其他型鼠疫病人经治疗体温恢复正常，全身症状消失，肿大淋巴结完全吸收或残留小块硬结，可解除隔离。

5.4　皮肤鼠疫及肿大淋巴结破溃者，创面洁净并已基本愈合后，患病局部连续3次检查鼠疫菌，每隔3天检查1次均为阴性时，可解除隔离。

5.5　直接接触者必须就地隔离留验，并行预防性治疗9天；去外地者迅速追查，就地隔离留验预防治疗9天；9天后无新发鼠疫病人及疑似鼠疫病人时，解除隔离；留验期间有新发鼠疫病人时，其直接接触者重新隔离留验9天，9天后无新发鼠疫病人时，解除隔离。

6　人间鼠疫现疫区封锁隔离的解除标准

6.1　封锁隔离区内达到灭鼠灭蚤标准，最后1例病人治愈后无新发鼠疫病人及可疑者；病房、隔离室、污染物及污染场所进行终末消毒，可解除封锁隔离。

6.2　鼠疫病人未痊愈者，只对病人及其病房封锁隔离，大小隔离圈或隔离区域可如期解除封锁隔离。病人痊愈，病房衣物等必须终末消毒后，方可解除封锁隔离。

附件3：高原病诊断标准（参考）本推荐标准刊登于中华医学会《高原医学杂志》1996，6(1)

1　急性轻症高原病诊断评分及分度标准

症状分度及评分见表1；病情分度及标准见表2。

表1　急性轻症高原病症状分度与评分

症　状	分度	评分
头　痛		
1. 头痛不明显，无痛苦表情，不影响日常活动	±	1
2. 头痛较轻，有痛苦表情，服一般止痛药后明显好转，不影响日常活动	+	2
3. 头痛较重，有痛苦表情，服一般止痛药后有所缓解，影响日常活动	++	4
4. 头痛很重，不能忍受，卧床不起，服一般止痛药无效	+++	7
呕　吐		
1. 日呕吐1～2次，呕吐物以食物为主，服一般止吐药后明显好转，不影响日常活动	+	2
2. 每日呕吐3～4次，最后呕吐物为胃液，服一般止吐药后有所缓解，影响日常活动	++	4
3. 每日呕吐5次以上，卧床不起，服一般止吐药无效	+++	7
其他症状		
头昏、恶心、心慌、气短、胸闷、眼花、失眠、食欲减退、腹胀、腹泻、便秘、口唇发绀、嗜睡、手足发麻	各计1分	

表2 急性轻症高原病分度及标准

分度	标准
基本正常(±)	总计分1~4分
轻度(+)	头痛(+),或呕吐(+),或总计分5~10分
中度(++)	头痛(++),或呕吐(++)或总计分11~15分
重度(+++)	头痛(+++),或呕吐(+++),或总计分16分以上

2 高原肺水肿诊断标准

2.1 现场诊断标准

2.1.1 发病:近期抵达高原(一般在海拔3000 m以上)。

2.1.2 症状:静息时呼吸困难,胸闷压塞感。咳嗽,咳白色或粉红色泡沫状痰,无力或活动能力减低。

2.1.3 体征:一侧或双侧肺野出现湿性罗音或喘鸣,中央性紫绀,呼吸过速,心动过速。

症状、体征各至少具两项始可作诊断。

2.2 临床诊断标准

2.2.1 近期抵达高原(一般在海拔3000 m以上),出现静息时呼吸困难、咳嗽、咳白色或粉红色泡沫状痰。

2.2.2 中央性紫绀、肺部湿性罗音。

2.2.3 胸部X线是诊断的主要依据。可见以肺门为中心向单侧或两侧肺野呈点片状或云絮状浸润阴影,常呈弥漫性、不规则性分布,亦可融合成大片状阴影。心影多正常。但亦可见肺动脉高压及右心增大征象。

2.2.4 经临床及心电图等检查排除心肌梗死、心力衰竭等其他心肺疾患,并排除肺炎。

2.2.5 经卧床休息、吸氧等治疗或低转,症状迅速好转,X线征象可于短期内消失。

3 高原脑水肿诊断标准

3.1 现场诊断标准

3.1.1 近期抵达高原,一般在海拔3000 m以上发病。常先患AMAD并为重度AMAD。

3.1.2 患AMAD后出现精神状态改变及/或共济失调,或并未患AMAD但同时出现精神状态改变及共济失调(神经精神症状按程度依次分为冷漠/倦怠、定向障碍/精神混乱,昏睡/半意识,昏迷。共济失调按程度分为反应在平衡技巧失调,步幅出线、跌倒,不能站立)。

3.2 临床诊断标准

3.2.1 近期抵高原后发病,在海拔3000 m以上。

3.2.2 神经精神症状:剧烈头痛、呕吐、表情淡漠、精神忧郁或欣快多语、烦躁不安、步态蹒跚、共济失调(Romberg征阳性)。随之神志恍惚,意识蒙眬、嗜睡、昏睡以致昏迷,也可直接发生昏迷。可出现肢体功能障碍、脑膜刺激征及/或锥体束征阳性。

3.2.3 眼底:可出现视乳头水肿及/或视网膜出血、渗出。

3.2.4 脑脊液:压力增高,细胞及蛋白无变化。偶有血性脑脊液。

3.2.5 排除急性脑血管病、急性药物或一氧化碳中毒、癫痫、脑膜炎、脑炎。

3.2.6 经吸氧、脱水剂、皮质激素等治疗及低转症状缓解。

4 高原衰退症诊断标准

4.1 发生于久居海拔3000 m以上的移居者或长期逗留海拔5000 m以上的登山人员。

4.2 脑力衰退表现为头痛、头昏、失眠、记忆力减退、注意力不集中、思维、判断能力降低、情绪不稳和精神淡漠等。

4.3 体力衰退表现为食欲减退、体重减轻、疲乏无力、劳动及工作能力降低、性功能减退、月经失调等。

4.4 伴随症状有血压降低、脱发、牙齿脱落、指甲凹陷、间歇浮肿、轻度肝大等。

4.5 不伴有红细胞增多和显著肺动脉高压。

4.6 病程迁延,呈波动性,但逐渐加重,出现持续进行性衰退,但至海拔低处或海平地区,症状逐渐减轻消失。

5 高原红细胞增多症诊断标准

5.1 一般在海拔3000 m以上高原发病,多为移居者,少数世居者可罹患。病程呈慢性经过。

5.2 临床表现:主要是头痛、头晕、乏力、睡眠障碍、紫绀、结合膜充血、皮肤紫红等多血症病状。

5.3 血液学参数:有以下三项RBC≥16.5×1 012/L,Hb≥200 g/L,Hct≥65%。

5.4 除外真性红细胞增多症和其他继发性红细胞增多。

5.5 转至海拔低处,症状减轻,病情逐渐好转,RBC、Hb、Hct值逐渐降低。

6 成人高原心脏病诊断标准

6.1 高原发病,一般在海拔3000 m以上。移居者易患,世居者亦可罹患。

6.2 临床表现主要为心悸、胸闷、呼吸困难、乏力、咳嗽、紫绀、P2亢进或分裂,重症者出现尿少、肝大、下肢水肿等右心衰竭症。

6.3 肺动脉高压征象表现以下4项:心电图(心电轴右偏及明显右心室肥厚);超声心动图(右室流出道≥33 mm,右室内径≥123 mm);X线胸片(右肺下动脉干横径≥17 mm及或右肺下动脉干横径与气管横径比值≥1.10);心导管(肺动脉平均压≥3.3 kPa,25 mmHg)。无肺动脉压测定时,需具有两项以上始可诊断。

6.4 排除其他心血管疾病,特别是慢性阻塞性肺疾患、肺心病。

6.5 转至海拔低处病情缓解,肺动脉高压及心脏病损逐渐恢复正常。

7 混合型慢性高原病诊断标准

7.1 发病一般在海拔3000 m以上,发生于久居高原的平原移居者和少数高原世居者,曾经一度适应高原,其后逐渐发病,呈慢性经过。

7.2 无其他心肺疾患和尘肺。

7.3 临床表现为HAPC和HAHD症状、体征的综合。

7.4 符合HAHD诊断中肺动脉高压的条件。

7.5 符合HAPC诊断中血液学参数的条件。

7.6 转至海拔低处病情逐渐好转。

附件4：

青藏铁路工作人员体检表

一般情况	单位				工种		编号	
	姓名		性别		出生日期		民族	
	籍贯	省(区)		市(县)			婚否	
	高原生活史	第　次到高原 海拔高度 中间返回平原			所到地点 停留时间 停留时间			
	检查日期							
	职业史	开始时间	结束时间	单　位	工　种	本工种工龄		
	既往史 个人史 家族史							
	身高		体重		血压			
	心率		呼吸		体温			
内科	心脏							
	肺							
	肝				脾			
	神经系统				其他			
	建议				医师签名			

续上表

外科	甲状腺		乳腺	
	脊柱		四肢关节	
	淋巴腺		肛门	
	泌尿生殖系统		皮肤	
	建议		医师签名	
妇科			建议	
			医师签名	
胸部X线			医师签名	
心电图			医师签名	
化验检查	血型		血常规	
	尿常规			
	便常规		医师签名	
特殊检查				
体检小结				

附件5：　病人后送卡

姓名	性别	年龄
单位	工区段	海拔
血型	药物过敏史	接种史
基本病情	病状： T：　P：　R：　BP： 体征：	
初步诊断		
初步处理		
转诊中病情及处理		
后送时间：	年　月　日　时　分	
抵达时间：	年　月　日　时　分	
护送医师签字：		接收医师签字：

附件6：　医疗机构设备配置参考目录

为了适应高原医疗保障的特点，保证医疗机构工作正常开展，对青藏铁路一、二级医疗机构基本医疗设备提出以下配置意见，供各单位参考。

一级医疗机构站基本医疗设备配置表

序号	品　名	型号规格	备注	序　号	品　名	型号规格	备注
1	个人补氧器			11	心电图机		
2	小型制氧机	智能型		12	五官科检查仪		
3	氧气瓶			13	简易呼吸机		
4	诊断治疗床			14	高压消毒锅		
5	骨折夹板			15	喷雾消毒器		
6	二折担架			16	手术弯头灯		
7	综合急救箱			17	隔离消毒衣		
8	内科急救箱			18	显微镜		
9	外科急救箱			19	对讲机		
10	出诊箱						

二级医疗机构基本设备配置表

序号	品　名	型号规格	备注	序　号	品　名	型号规格	备注
1	个人补氧器			15	出诊箱		
2	小型制氧机	智能型		16	简易手术床		
3	氧气瓶			17	简易无影灯		
4	心电监护、除颤仪			18	显微镜		
5	简易呼吸机			19	高压消毒锅		
6	便携式 x 光机			20	喷雾消毒器		
7	便携式 B 超			21	骨折夹板		
8	血球计数仪			22	担架		
9	诊断治疗床			23	床单位用品		
10	心电图机			24	消毒隔离衣		
11	五官科检查仪			25	救护车		
12	外科手术箱			26	汽油发电机		
13	内科急救箱			27	对讲机		
14	外科急救箱						

文件3：

卫生部办公厅、铁道部办公厅文件

青藏铁路建设鼠疫防治技术方案

卫办疾控发〔2002〕97号

建设青藏铁路是党中央、国务院做出的一项重大决策。它对于促进青海、西藏与内地的经济文化交流，加强民族团结、巩固国防建设具有重大的历史意义。青藏铁路格尔木至拉萨段全长1 142公里，途经青海境内的昆仑山、五道梁、二道沟、沱沱河和西藏境内的安多、那曲、当雄、堆龙德庆等地区。这些地区都是青藏高原喜马拉雅旱獭鼠疫自然疫源地的组成部分。该地区自1966年被证实为鼠疫自然疫源地以来，多次发生动物鼠疫及人间鼠疫的流行。为了落实铁道部、卫生部下发的关于《青藏铁路卫生保障工作若干规定》的精神，防止鼠疫发生和流行，确保青藏铁路建设的顺利进行和施工人员的生命安全，根据《传染病防治法》及其《实施办法》和我国鼠疫防治有关预案及标准，特制定"青藏铁路建设鼠疫防治技术方案"。

一、鼠疫预防

（一）责　　任

1. 青藏铁路各施工单位负责职工、民工鼠疫防治工作的管理和教育。

2. 当地政府应负责做好当地居民和流动人口的鼠疫防治管理和宣传教育工作，并督促、指导辖区内的铁路建设单位做好鼠防工作。

（二）宣传教育

1. 青藏铁路建设总指挥部负责对各施工单位的干部、职工和民工进行预防鼠疫知识的宣传教育，以"三不三报"〔不私自捕猎疫源动物、不剥食疫源动物、不私自携带疫源动物及其产品出疫区；报告病死鼠（獭）、报告疑似鼠疫病人、报告不明原因的高热病人、急死病人〕为重点，提高他们的自我防护意识。

2. 青藏铁路沿线的地方各级卫生防疫部门负责行政区域内群众鼠防知识的宣传教育。

3. 鼠防知识的宣传应采取多种形式，如宣传画、板报、广播电视、录像等，青海省和西藏自治区的卫生行政部门和疾病预防控制中心可向铁路建设单位提供有关宣传材料，并积极配合做好宣传教育工作，使所有干部、职工和民工都了解鼠疫的危害和预防措施。

（三）医疗卫生人员培训

青海省地方病预防控制所和西藏自治区地方病防治研究所，负责对铁路建设单位和沿线地方的各级医疗卫生人员进行对鼠疫病人的诊断、治疗、隔离、取材和紧急疫情处理的基础培训，使他们掌握鼠疫防治的基本知识，及时发现鼠疫病人和疑似病人，做到早发现、早报告、早控制，防止疫情扩散蔓延。

（四）严格管理

铁路建设各级管理部门要加强对职工和民工的管理，严格遵守预防鼠疫的各项规定：

1. 严禁非法捕猎旱獭和其他野生动物。

2. 定点采购检疫合格的肉制品。

3. 在野外施工时，不在旱獭洞附近坐卧。

4. 不准饲养狗、猫等动物。

5. 不参与旱獭皮张的倒卖与运输。

（五）居住区及施工区域内的卫生处理

1. 居住区选定后，应进行彻底的灭鼠（獭）、灭蚤和消毒处理，并根据周围环境的具体情况，采取一些有效的隔离防鼠措施。居住区内应定期进行灭鼠、灭蚤，保证居住区内达到无鼠无蚤，搞好环境卫生。

2. 如果在施工区域内发现有动物间鼠疫流行时，应在一定范围（5～10公里）内进行灭鼠（獭）与灭蚤处理后，再进行施工作业。

二、开展鼠疫监测

监测是鼠疫防治工作的基础，是主动发现疫情、及时处理疫区、减少动物间鼠疫波及人间以及防止疫情扩大蔓延的必要手段。通过鼠疫监测，可以系统收集分析人间鼠疫和动物间鼠疫的有关信息，尽早发现和预报疫情，掌握疫情动态，及时采取预防措施。青海省地方病预防控制所、西藏地方病防治研究所、格尔木卫生防疫站、那曲地区卫生防疫站、拉萨市卫生防疫站分别成立鼠疫监测工作队。各鼠疫监测工作队要结合本地区实际情况，制定本地区的鼠疫监测方案，认真开展鼠疫监测工作。

（一）人间鼠疫监测

1. 地方鼠疫防治专业部门要督导铁路施工单位对鼠疫防治知识宣传及疫情报告等措施的落实。

2. 建立健全鼠疫监测疫情报告网，发现疫情随时报告。

3. 地方鼠疫防治专业部门负责疑似鼠疫病人的检验及诊断工作。

4. 铁路施工单位及地方医院实行“首诊责任制”，即第一接诊的医生，要对病人做出初步诊断，如疑似鼠疫病人，就地隔离，立即按规定程序报告，根据不同病型采取标本送检。

（二）动物间鼠疫监测

1. 各鼠疫监测工作队是根据实地调查及掌握的情况在旱獭密度高、对人类威胁较大的地区进行监测工作，以检验病死獭为主，负责疫区处理的指导工作。

2. 监测范围：以施工人员生活居住区和人员活动频繁的施工区域为重点，以青藏铁路沿线为中心每侧各扩展5公里为鼠疫监测区。

3. 监测时间：在青藏铁路施工期间的每年5至9月开展鼠疫自然疫源地监测工作。

4. 监测内容。

（1）旱獭数量调查：每年5月和7月各调查一次，选择具有代表性的生态环境，以路线法调查旱獭数量，调查面积每个工作队不少于2 000公顷，以5千米×100米为一点的多点调查法进行。

（2）青海田鼠数量调查：由于青海田鼠是新确定的鼠疫主要贮存宿主，据文献记载在五道梁、二道沟、沱沱河等地有青海田鼠的分布，因此，青海省地方病预防控制所在进行旱獭数量调查的同时，应在上述地区开展青海田鼠数量调查。

（3）媒介昆虫监测。

鼠体蚤：5～7月每月捕活獭20只，单匹装袋，乙醚麻醉，毛刷梳检进行分类、鉴定，计算平均指数、分类指数和染蚤率。

洞干蚤：5～7月用探蚤棒每月探旱獭洞50个，每洞探蚤3次，对探得的蚤进行分类鉴定，计算平均指数、分类指数和染蚤率。

其他野生动物寄生蚤：对捕获的其他小型鼠类及其野生动物进行检蚤，分类鉴定。

（4）病原学监测。

细菌学监测：获得的旱獭全部按常规四步检验法单只进行检验，以检病死獭为主；对获得的其他小型鼠类及所收集的体外寄生物，除少量的留做标本外，均做细菌学检验。

血清学监测:用试管法做被动血凝试验,以监测中获得的旱獭、牧犬及藏系绵羊血清为主,对腐败的动物材料,应做反向血凝试验;尽可能收集其他动物进行血清学检验。

(5)对发现的不明原因病死动物进行检验,如确定染疫,在发现不明原因病死动物地点的周围地区重点开展鼠疫监测工作,掌握动物间鼠疫流行情况。

三、疫情信息的报告与通报

各铁路施工单位在居住区及施工区域周围发现不明原因病死动物或疑似鼠疫病人时,应立即向当地卫生防疫机构报告,并同时向青藏铁路建设总指挥部或拉萨分指挥部报告,青藏铁路建设总指挥部或拉萨分指挥部应立即向青海省卫生厅或西藏自治区卫生厅报告。

青海省卫生厅、西藏自治区卫生厅及时将青藏铁路沿线的动物间和人间鼠疫疫情及对策建议向青藏铁路建设总指挥部或拉萨分指挥部通报。青藏铁路建设总指挥部或拉萨分指挥部根据需要向有关施工单位通报情况,并负责落实保密责任,做好保密工作。

四、青藏铁路鼠疫紧急事件处理及物资储备

根据青藏铁路的具体情况,鼠疫紧急事件处理由第一接诊医师及单位,鼠疫病人治疗抢救组,疫情处理组三部分组成。

(一)第一接诊医师及单位

1. 职责

发现鼠疫病人并承担最初的调查、取样及隔离治疗任务。

2. 要求

(1)发现可疑为鼠疫的病人并作出临床诊断。

(2)按规定报告疫情。

(3)作出紧急安排,尽一切可能减少病人与其他人员的接触。

(4)将病人隔离在适当的场所,采样并开始治疗。

(5)了解病人发病的时间和地点,并尽可能收集自病人发病起接触者的名单。

3. 准备

(1)青藏铁路沿线的所有医疗单位,都需要按照以上要求了解医师诊断鼠疫病人的警觉性和能力。

(2)各医疗单位应作出设置隔离室的计划。预定的隔离场所不要求空置,但必须适合隔离病人,并有迅速腾空收治病人的计划。

(3)各医疗单位应准备抢救、治疗鼠疫病人和病房及其周围消毒用的药物。药物不必闲置,但必须保持为同时抢救2例肺鼠疫病人48小时必须的数量,随使用随补充。

(4)各医疗单位必须常备消毒注射器,以供采样之用。要求医师先采样后开始抗菌治疗。所有病人都必须采取血液标本,根据发生的症状和体征分别采取淋巴结吸取物、痰液、咽拭子、脑脊液及有关标本。如没有常备的无菌容器,标本可以就保存在注射器中。

(5)接触者的范围为自病人发病起,曾与病人同处一室,或接近至5米之内的所有人员。第一接诊医师所在单位应在发现病人后立刻开始调查,以便提供名单,尽可能做到不漏一人。

(二)治疗抢救组

治疗抢救组由青海省卫生厅或西藏自治区卫生厅组织并派出,每一起鼠疫事件至少由一名负责的医师和2名护士组成。

1. 职责

接到报告后24小时内到达现场，接收病人，并负责病人的诊断、治疗、抢救及观察直到解除隔离。

2. 要求

除承担鼠疫病人的抢救、治疗外，还应承担继续询问病人、了解情况、隔离区域消毒等任务。同时，要注意自身的防护。

3. 准备

(1)青海省卫生厅和西藏自治区卫生厅在格尔木和拉萨两市的主要医院中组织鼠疫病人治疗抢救组。需要落实到人，并在预计执行该任务的人员变化时及时更换和补充。

(2)指定参加该任务的人员应熟悉鼠疫的治疗和抢救工作，并根据自身的医疗经验，决定必须携带的药品种类和数量。

(3)所需的药品按同时治疗和抢救2例肺鼠疫病人7日准备。不要求这些药品闲置，但必须实际存在，并有固定的存放地点。发生情况时，必须在2小时内准备完毕并出发。

(4)按同样条件准备消毒药械。

(5)准备自身防护用品和预防用药。防护服装必须每人3套，预防药品必须足够治疗抢救组人员服用14日。

(三)疫情处理组

疫情处理组分别由疫情发生地的省、地、县卫生行政部门和鼠防专业机构有关领导与技术人员组成，铁路相关单位配合工作。

1. 职责

接到报告后24小时内到达现场，为鼠疫诊断提供检验，确定感染来源，负责鼠疫发生地的疫情控制工作。

2. 要求

(1)检查第一接诊医师单位提供的接触者名单是否完整，并对鼠疫的流行情况提出报告。如确信所有的接触者都得到隔离观察，应要求发生疫情的单位停止人员外出，而单位内的生产和生活可以照常进行；如果接触者已经无法查清，或继续发生人与人之间的传播，必须对整个单位实行封锁。

(2)对被隔离的接触者进行医学观察和预防性投药，发现发病迹象，立即转入隔离治疗。

(3)从病人采集样品，进行诊断所必需的检验工作。

(4)根据病人感染地点的情报，在感染地点附近开展鼠疫监测工作，确定动物间鼠疫流行情况。

(5)强化居住区域内卫生状况，开展杀虫和灭鼠工作。

3. 准备

(1)按照300人的单位规模准备消毒、杀虫、灭鼠药品。这些药品必须到位，随时可以装运出发。

(2)青海省地方病预防控制所、西藏自治区地方病防治研究所、格尔木市卫生防疫站、那曲地区卫生防疫站按照抢救治疗组的要求准备自身的防护装备和预防用药。

五、组织与协调工作

青海省卫生厅和西藏自治区卫生厅承担领导、组织和协调的责任。按本方案的要求，检查准备工作的落实情况，适时组织演练以发现准备工作中存在的问题。发生情况时，指派抢救队伍赶赴现场，并根据情况的发展组织人力和物力的支援。

青藏铁路建设总指挥部和拉萨分指挥部要配合做好组织和协调工作。

文件 4：

铁道部、卫生部文件

关于发布《青藏铁路建设期间防治高原病管理办法》的通知

铁劳卫〔2004〕111 号

青藏铁路公司：

为了落实“以人为本”、“人与自然和谐发展，”的指导思想，进一步控制和减少高原病危害，保护青藏铁路建设人员健康及其相关权益，现将《青藏铁路建设期间防治高原病管理办法》发给你们，请认真贯彻执行。

二○○四年十月十一日

青藏铁路建设期间防治高原病管理办法

第一章　总　　则

第一条　为在青藏铁路建设期间控制和减少高原病危害，依法防治职业性高原病，保护青藏铁路建设人员身体健康及相关权益，根据《中华人民共和国职业病防治法》、《工伤保险条例》，制定本办法。

第二条　本办法所称高原病，是依据卫生部颁布的《职业性高原病诊断标准》（GBZ 92—2002，见附件 1）认定的高原环境所致人体急、慢性损伤引起的职业性高原病。

第三条　高原病防治工作，要坚持“预防为主、防治结合”的方针，切实加强管理，提高防治高原病水平。

第四条　用人单位要高度重视高原病防治工作，认真执行国家有关法律法规，建立防治工作责任制，依法参加工伤保险，对本单位建设人员在青藏铁路建设期间发生的高原病负有积极治疗与善后处理的责任。

第五条　青藏铁路建设人员享有高原职业卫生保护的权利和遵守国家法律法规、执行企业规章制度的义务。

第六条　铁道部会同卫生部对建设单位和用人单位防治高原病工作进行监督检查。

第七条　任何单位和个人有权对违反本办法的行为提出意见或举报。

第八条　对防治高原病成绩显著的单位和个人，应当给予表彰或奖励。

第二章　工前预防管理

第九条　用人单位应设置或指定职业卫生管理机构（组织），配备专职或兼职的职业卫生专业人员，负责本单位的高原病防治工作。

第十条　建设人员进入工地之前，建设单位和用人单位需对工作场所及驻地的大气压、氧分压、温度、湿度等进行监测，并对环境做出预评价。

用人单位应按高原病危害因素的申报制度规定，及时、如实申报，并接受监督。

第十一条　用人单位应当制定防治高原病管理措施：

（一）防治计划和实施方案；

（二）管理制度和操作规程；

（三）管理档案和建设人员身体健康监护档案；

（四）工作场所高原病危害因素监测及评价制度；

（五）急性高原病应急救治预案。

第十二条 用人单位必须为建设人员提供符合预防高原病要求的防护用品、房屋和一定的供氧设施。

第十三条 用人单位应优先采用有利于预防高原病和保护建设人员身体健康的新技术、新设备。

第十四条 用人单位与建设人员订立劳动合同（含聘用合同，下同）时，应当将工作过程中可能产生的高原病危害因素及其后果、高原病防护措施和待遇等如实告知建设人员，并在劳动合同中写明，不得隐瞒或者欺骗。

第三章 劳动过程中的防治管理

第十五条 用人单位必须对从事高原作业的建设人员组织上岗前、在岗期间和离岗时的职业健康检查，并将检查结果如实告知建设人员。职业健康检查费用由用人单位承担。

用人单位不得安排未经职业健康检查或有高原禁忌证（见附件2）的建设人员从事高原作业，对初上高原的建设人员应采取阶梯升高、习服方式进入施工现场，坚持工中巡诊、查铺制度，对在岗期间出现不适应高原工作体征的人员要早发现、早治疗和低转下送。对工作一段时间或有不适应高原工作体征的人员，适时进行轮换。

第十六条 用人单位应当按照规定为建设人员建立职业健康监护档案，并妥善保存。

职业健康监护档案应包括建设人员的职业史、高原工作史、职业健康检查结果等有关个人身体健康资料。

建设人员离开用人单位时，有权索取本人职业健康监护档案复印件，用人单位应当如实、无偿提供，并在所提供的复印件上签章。

第十七条 建设人员上岗前，用人单位应当组织进行岗前高原病防治培训；在高原工作期间，进一步普及高原卫生知识，指导建设人员掌握预防高原病的措施，正确使用防护设备和防护用品。

用人单位负责人应接受高原病防治培训，遵守职业病防治法律、法规，依法做好本单位的职业病防治工作。

第十八条 建设人员有义务接受高原病防治培训，学习和掌握相关的高原卫生知识，遵守职业病防治法律、法规、规章和操作规程，正确使用、维护高原病防护设备和个人防护用品。

第十九条 用人单位要按照防治高原病的需要设置工地医疗机构。医疗机构应具备急性高原病的诊断、抢救、留观治疗和转送的能力。

第二十条 用人单位按照职业病防治要求用于预防和治疗高原病、工作场所卫生检测、健康监护和职业卫生培训等费用，按照国家有关规定，在企业成本中据实列支。

第四章 职业性高原病的诊断与管理

第二十一条 用人单位应当及时安排对疑为职业性高原病的建设人员进行诊断；在诊断或者医学观察期间，不得解除或者终止与其订立的劳动合同。

疑为职业性高原病的建设人员在诊断、医学观察期间的费用，由用人单位承担。

第二十二条 职业性高原病的诊断，依据卫生部颁布的《职业性高原病诊断标准》（GDZ92—2002），并综合分析下列因素：

（一）病人的职业史；

（二）高原环境危害接触史和现场危害调查与评价；

（三）临床表现以及辅助检查结果等。

没有证据否定高原环境危害因素与病人临床表现之间的必然联系的，在排除其他致病因素后，应当诊断为高原病。

第二十三条　有关职业性高原病的诊断、鉴定资质和程序，按卫生部《职业病诊断与鉴定管理办法》等有关规定执行。

第二十四条　对于职业性高原病的诊断与鉴定，用人单位和建设人员应当如实提供有关高原环境危害和健康监测资料。

第二十五条　对确诊为职业性高原病的建设人员，用人单位应及时调离高原工作岗位，妥善进行安置。

第二十六条　用人单位应当安排患有职业性高原病的人员进行治疗、康复和定期检查，相关费用按照工伤保险的规定执行。用人单位没有参加工伤保险的，其医疗和生活保障等方面所发生的费用，由用人单位承担。

第二十七条　用人单位发现职业性高原病病人，应当及时向所在地卫生行政部门和劳动保障部门报告。

第二十八条　诊断为职业性高原病的建设人员依法享受国家和地方政府规定的职业病待遇，建设人员工作单位发生变动时，已享有的有关待遇不变。

第二十九条　青藏铁路建设期间，用人单位发生分立、合并、解散等情形的，应对从事高原作业的建设人员进行健康检查，一旦发现慢性高原病患者，按照国家有关规定予以妥善安置。

第五章　监 督 检 查

第三十条　青藏铁路公司对用人单位高原病防治工作及高原病危害检测、评价活动进行定期检查。

第三十一条　青藏铁路公司要根据工程的进展和需要，统筹安排、合理布局，完善和调整卫生保障体系。

第三十二条　铁道部委托青藏铁路公司对用人单位工伤保险实行监督，保证建设人员依法享受工伤保险待遇。

第六章　附　　则

第三十三条　本办法适用于青藏铁路建设期间高原病防治工作。

第三十四条　本办法未尽事宜由卫生部、铁道部另行规定。

第三十五条　本办法由铁道部、卫生部负责解释。

第三十六条　本办法发布之日起实行。

附件：1. 职业性高原病诊断标准

2. 青藏铁路建设人员进入高原的禁忌证

附件 1：

职业性高原病诊断标准

GBZ 92—2002

Diagnostic Criteria of Occupational High Altitude Disease 2002—04—08 发布　2002—06—01 实施

职业性高原病诊断标准

职业性高原病是在高原低氧环境下从事职业活动所致的一种疾病。高原低气压性缺氧是导致该病的主要病因，机体缺氧引起的功能失代偿和靶器官受损是病变的基础。临床上根据发病急缓可分为急性和慢性高原病，转至低海拔地区后可获改善。

1 范 围

本标准规定了职业性高原病的诊断标准及处理原则。

本标准适用于在高原低氧环境下从事职业活动所致的高原病的诊断与处理。非职业性高原病的诊断与处理可参照本标准执行。

2 诊断原则

职业性高原病的诊断应根据进抵海拔3 000米以上高原，连续工作一段时间，经临床有关检查结果，结合劳动卫生学调查及必要的动态观察，进行综合分析，排除其他疾病引起的类似改变后方可诊断。

3 急性高原反应

由低海拔进抵海拔3 000米以上地区数小时到数天内发病，常有头痛、头昏、恶心、呕吐、心悸、胸闷、气短、发绀、乏力、食欲不振、睡眠障碍、外周水肿、尿少等。一般经休息或对症处理后数日内即可缓解或消失。

4 诊断及分型

4.1 急性高原病(Acute mountain sickness AMS)

4.1.1 高原脑水肿(High altitude cerebral edema HACE)

急速进抵高原一般在海拔4 000米以上发病，少数人可在海拔3 000米以上发病。

具有以下中枢神经系统表现之一者：

a)剧烈头痛、呕吐、表情淡漠、精神忧郁或欣快多语、烦躁不安、步态蹒跚、共济失调。

b)不同程度意识障碍(神志恍惚、意识蒙眬、嗜睡，甚至昏迷)可出现脑膜刺激征及锥体束征阳性。

c)眼底：可出现视乳头水肿和(或)火焰状出血。

4.1.2 高原肺水肿(High altitude pulmonary edema HAPE)

近期抵达海拔3 000米以上高原。

a)出现静息状态时呼吸困难、咳嗽、咯白色或粉红色泡沫状痰。

b)中央性紫绀，肺部湿性罗音。

c)肺部X射线检查：可见以肺门为中心向单侧或双侧肺野呈点片状或云絮状浸润阴影。常呈弥漫性、不规则性分布，亦可融合成大片状阴影。心影多正常，亦可见肺动脉高压及右心增大征象。

4.2 慢性高原病(Chronic mountain sickness CMS)

4.2.1 高原红细胞增多症(High altitude polyeythemia HAPC)

a)在海拔3 000米以上高原发病，病程呈慢性经过。

b)临床表现：主要是头痛、头晕、乏力、睡眠障碍、紫绀、眼结合膜充血、皮肤紫红等多血症病状。

c)血液学参数：具有以下三项，RBC≥6.5×1 012/L、Hg≥200 g/L、Hct≥65%。一般在1~3个月内检查3次以上方可做出诊断。

4.2.2 高原心脏病(High altitude heart diseaseHAHD)

a)一般在海拔3 000米以上高原发病。

b)临床表现主要为乏力、心悸、胸闷、呼吸困难、咳嗽、发绀、肺动脉瓣第二心音亢进或分裂，重症者出现尿少、肝脏肿大、下肢水肿等右心衰竭症。

c)具有肺动脉高压征象。

5　治疗原则

5.1　急性高原病

5.1.1　早期发现、早期诊断、适当休息并就地给予对症治疗。

5.1.2　大流量给氧、高压氧、糖皮质激素、钙通道拮抗剂等治疗或转至低海拔区。

5.2　慢性高原病

5.2.1　转至低海拔区治疗，一般不宜再返高海拔地区工作。

6　正确使用本标准的说明见附件A（资料性附件）

附件A（资料性附录）　名词术语解释

A.1　在医学上，高原是指使人体产生明显生物学效应的海拔3 000米以上地域。本标准适用于在海拔3 000米以上地区从事职业活动的在职职工，体育竞赛和军事训练时所发生的高原病。

A.2　诊断职业性高原病，应了解患者作业或工作场所的海拔高度、移居时间、劳动强度及其他有毒有害因素。

A.3　高原病按发病时间可分为急性高原病和慢性高原病两大型。本标准提出的高原肺水肿、高原脑水肿应多是近期抵达高原在现场发生，属急性高原病；高原虹细胞增多症、高原性心脏病，病程呈慢性经过，属慢性高原病。

A.4　慢性高原病还有混合型、高原高血压、高原低血压等类型，考虑影响诊断的混杂因素较多，本标准暂未将其列入。

A.5　本标准将"急性高原反应"单独列为一个类型，不作为急、慢性高原病诊断，类同职业病诊断中的"观察对象"目的在于早期预防发病。

A.6　有关鉴别诊断

a）高原脑水肿：排除急性脑血管病、急性药物或一氧化碳中毒、癫痫、脑膜炎、脑炎。

b）高原肺水肿：排除心肌梗塞、心力衰竭、肺炎等心肺疾患。

c）高原红细胞增多症：除外真性红细胞增多症和其他继发性红细胞增多症。

d）高原心脏病：排除其他心血管疾病，特别是慢性阻塞性肺疾患、肺心病及原发性肺动脉高压症。

A.7　肺动脉高压：心电轴明显右偏及明显右心室肥厚；超声心动图检查右心室流出道≥33 mm，右室内径≥23 mm；X射线胸片右肺下动脉干横径≥17 mm及（或）右肺下动脉干横径与气管横径比值≥1.10；心导管检查肺动脉平均压≥3.33 kPa无肺动脉压测定时，须具有以上两项始可诊断。

附件2：　青藏铁路建设人员进入高原的禁忌证

凡有下列疾患之一者，不宜进驻高原：

1. 有明显心脑血管疾病者：如高血压、冠心病、风湿型心脏病、心肌病、显著心率失常、有过脑血栓或脑出血病史者。

2. 中度以上慢性阻塞性肺病、频繁发作的支气管哮喘、支气管扩张症、活动性肺结核、职业性尘肺。

3. 各种类型明显的贫血、血小板减少性紫癜、或其他凝血功能障碍的出血性疾病。

4. 胃、十二指肠溃疡病活动期、急性传染性肝炎、慢性肝炎活动期、其他慢性肝病、脾脏疾病。

5. 急、慢性肾脏疾病炎症活动期或伴有肾功能障碍。

6. 癔病、癫痫、精神分裂症。

7. 糖尿病未获控制、肥胖症(体重指数≥30者)。妊娠期妇女不宜进入高原。

8. 现患重症感冒、上呼吸道感染,体温38 ℃以上或体温在38 ℃以下,但全身及呼吸道症状明显者,在病愈以前,应暂缓进入高原。

9. 曾确诊患过高原肺水肿,高原脑水肿、血压增高明显的高原高血压症、高原心脏病及高原红细胞增多症,一般不宜再入高原。因工作需要必须再进高原时,应采取严密的医疗监护措施。

文件5：

关于建立青藏铁路格尔木至拉萨段建设期间高原地区工资补贴、流动施工津贴、休假制度的函

铁劳卫函〔2001〕326号

劳动和社会保障部：

2001年6月，国家已批准青藏铁路格拉段动工建修。为做好职工工资待遇工作，给施工概算综合工费标准制定提供依据，我们根据西藏自治区和青海省的政策规定，结合铁路建设期间施工的生产特点及实际情况，经反复测算研究，拟定《青藏铁路格尔木至拉萨段高原地区工资补贴规定》、《青藏铁路格尔木至拉萨段流动施工津贴标准》、《青藏铁路格尔木至拉萨段职工高原休假制度》等三个规定。有关情况如下：

一、建立青藏铁路格拉段工资补贴、流动施工津贴和高原休假制度的必要性和指导思想

青藏铁路格拉段设计全长1 110公里，海拔均在3 000米以上，其中4 000米以上的地段达965公里，长年冻土地段达550公里；沿线高寒缺氧、紫外线强、风沙大，自然环境十分恶劣；绝大多数站区都荒无人烟，工作、生活条件极为艰苦。

为了鼓励广大职工积极参加青藏铁路格拉段建设，有必要在待遇上给予特殊优惠，我们参照西藏自治区和青海省的有关政策规定，结合铁路的特点，研究制订了一个既能与铁路现行待遇规定相衔接，又能体现高原差别、基本涵盖地方、行业水平的一套政策规定。

二、青藏铁路格拉段建设期间的待遇规定

据我们了解，西藏自治区、青海省制定的特殊津贴、艰苦边远地区津贴、地区生活费补贴、高原地区临时补助等各项补贴以及休假天数都是按照不同的海拔高度和艰苦程度制定的。有关行业如邮政局、公路局除执行国家和行业制定的基本工资制度外，各种津贴、补贴和福利待遇也是按照西藏自治区和青海省的规定执行的，这对我们研究青藏铁路格拉段职工待遇提供了政策参考和借鉴。

1. 关于高原地区工资补贴问题

西藏自治区机关、事业单位特殊津贴，根据西藏自治区人事厅《关于调整西藏特殊津贴标准有关问题的通知》(藏人字〔2001〕9号)规定，按职工本人基本工资乘所在地工资类区的百分比计发。其工资类区划分，原则上是根据所在地海拔高度分为二、三、四类工资区，特殊津贴的比例分别为职工本人基本工资的140%、170%、200%。

西藏自治区企业单位实行艰苦边远地区津贴，其标准：二类地区为基本工资(十一类区)的71.82%，三类地区为基本工资的80.66%，四类地区为基本工资的87.65%。由于机关、事业单位调整了特殊津贴标准，企业反响很大，西藏自治区劳动和社会保障厅也准备研究企业的工资补贴调整问题。

青海省企业单位实行在十一类工资区基本工资基础上另加地区生活费补贴，生活费补贴按职工本人基本工资的一定比例计发，其标准为：南山口—望昆57%、望昆—二道沟72%、二道沟~唐古拉75%。

结合青藏铁路格拉段的实际情况，对铁路高原地区工资补贴的建立，拟采取“基数不动、区别情况、比例提高、项目保留”的原则制定。

"基数不动",即建立高原地区工资补贴,以职工本人现行铁路岗位技能工资制八区(相当于地方十一类区)工资标准中基本工资为基数(包括岗位工资、技能工资、在青藏两省区工作满20年增加的工资和学历,专业技术职务增加的工资)。

"区别情况",即按照青藏铁路格拉段各站区不同海拔高度和地理环境,划分六个区段,分别规定一、二、三、四、五类不同的工资补贴比例。

"比例提高"即按照海拔高度和地理环境由低向高,提高工资补贴比例。

"项目保留"即实行高原地区工资补贴后,除西藏艰苦边远地区津贴和青海的地区生活费补贴停止执行外,其他津贴、补贴项目仍按青海省、西藏自治区现行有关规定继续执行。

适用地区	工资补贴比例
南山口—纳赤台(不含)	70%
纳赤台—望昆 乌玛塘(不含)—拉萨	100%
休玛(不含)—乌玛塘	130%
望昆(不含)—雀巧(不含)	140%
雀巧—休玛	165%

2. 关于流动施工津贴问题

铁路现行流动施工津贴没有适用于西藏的标准,1996年12月29日铁道部铁劳函〔1996〕457号文调整后的流动施工津贴标准是青海、新疆为:一类人员每天9.75元,二类人员每天4.5元。我们参照西藏自治区在野外作业津贴标准13元、17元的水平,对青藏铁路格拉段高原地区流动施工津贴标准,在铁路现行标准的基础上,根据海拔高度,套用高原地区工资补贴的类别划分和适用站区,规定不同的标准。

适用区段	流动施工津贴标准(元/月)	
	一类人员	二类人员
南山口—纳赤台(不含)	10.00	5.20
纳赤台—望昆 乌玛塘(不含)—拉萨	11.70	6.90
休玛(不含)—乌玛塘	13.70	9.30
望昆(不含)—雀巧(不含)	14.90	10.10
雀巧—休玛	15.90	12.20

根据上述工资补贴比例,按照西宁分局哈尔盖—格尔木段2000年职工现行岗位技能工资标准中基本工资平均为629元(因为施工人员队伍相对年轻,实际水平要低一些)测算,与西藏自治区机关事业单位实行的特殊津贴、西藏自治区企业单位实行的艰苦边远地区津贴以及青海省实行的地区生活费补贴相比,结果如下:

南山口—纳赤台现行地区生活费补贴执行的是青海省规定的57%,实行高原地区工资补贴后比例为70%,每月实际增加81.77元,按月标准工作日21天计算,平均每天3.89元,雀巧—休玛区段只有三个站区的职工,处在海拔5 000米左右的高原,每工作日补贴26.96元;望昆—雀巧(不含)、休玛(不含)—乌玛塘的站区都是处在4 500米以上的高原,每工作日补贴12.68~20.36元;处在3 600~4 300米高原的乌玛塘—拉萨区段,每工作日只补贴5.73~8.44元,加上地方企业都是驻在城镇居民集中的地区,环境、生活条件都比铁路沿线要好得多,故我们确定采取比西藏自治区机关、事业单位的特殊津贴水平略低、较地方企业略高的工资待遇政策,是符合青藏铁路格拉段高寒缺氧、荒无人烟的实际情况的。

我们制定的上述标准,一是工资补贴水平低于西藏自治区,略高于青海省,比较符合铁路的实际;二是标准基本控制在概算之内,比较可行。

三、关于高原地区职工休假问题

西藏自治区规定在西藏连续工作一年半,一般干部和工人休假3个月,县处级干部、中级专业技术人员休假4个月,地厅级以上干部、高级专业技术人员休假5个月。据我们了解,西藏自治区人事厅拟改为以工作一年为计算单位,一般干部、工人休假2个月,县处级干部休假2.5个月,地厅级干部休假3个月。

青海省规定在海拔2 000~3 000米地区,每两年休假一次,假期为30天;海拔3 000米以上的地区,每年休假一次,假期30天。

结合青藏铁路格拉段地处青藏高原,为使职工在高原缺氧地区工作一定时期后能得到充分休息,恢复体质,以便坚持在高原正常工作,建议对在青藏线格拉段工作满一个工作年度(规定的施工月数)的职工,根据不同工作站区,每年实行30、45、60天的休假制度。

现将我们拟订的《青藏铁路格尔木至拉萨段高原地区工资补贴规定》、《青藏铁路格尔木至拉萨段流动施工津贴标准》、《青藏铁路格尔木至拉萨段职工高原休假制度》报上,请审批。

附件:1. 青藏铁路格尔木至拉萨段高原地区工资补贴规定

2. 青藏铁路格尔木至拉萨段流动施工津贴标准

3. 青藏铁路格尔木至拉萨段职工高原休假制度

二〇〇一年九月十日

附件1: 青藏铁路格尔木至拉萨段高原地区工资补贴规定

为了激励青藏铁路格拉段职工工作积极性,本着“基数不动、区别情况、比例提高、项目保留”的原则,根据不同海拔高度和地区艰苦程度,建立高原地区工资补贴,有关问题规定如下:

一、青藏铁路格拉段高原地区职工工资制度,执行现行铁路企业岗位技能工资制度的八类工资区标准。

二、青藏铁路格拉段高原地区工资补贴以职工本人现行铁路企业岗位技能工资制八类工资区标准(包括岗位工资、技能工资、在青藏两省区工作满20年增加的工资和学历、专业技术职务工资)为基数,乘以下列补贴比例,按月发放。

适用地区	工资补贴比例
南山口—纳赤台(不含)	70%
纳赤台—望昆 乌玛塘(不含)—拉萨	100%
休玛(不含)—乌玛塘	130%
望昆(不含)—雀巧(不含)	140%
雀巧—休玛	165%

三、高原地区工资补贴是基本工资的组成部分,要随着职工工作地区的变动及时进行调整,调离

上述适用地区应及时停发。

四、企业要采取灵活多样的分配形式,如计件工资、定额工资等,搞活内部分配,使职工的收入与本人的工作业绩和实际贡献紧密挂钩。

五、实行高原地区工资补贴后,不再执行青海省和西藏自治区现行的地区生活费补贴和艰苦边远地区津贴。其他津贴、补贴仍按青海省、西藏自治区现行有关规定执行。

附件2:　青藏铁路格尔木至拉萨段流动施工津贴标准

为做好青藏铁路的建设工作,根据青藏铁路格尔木至拉萨段海拔高度和地理环境,现对各区段流动施工津贴标准规定如下:

一、流动施工津贴标准

适用区段	流动施工津贴标准(元/日)	
	一类人员	二类人员
南山口—纳赤台(不含)	10.00	5.20
纳赤台—望昆 乌玛塘(不含)—拉萨	11.70	6.90
休玛(不含)—乌玛塘	13.70	9.30
望昆(不含)—雀巧(不含)	14.90	10.10
雀巧—休玛	15.90	12.20

二、发放办法

按照现行规定,流动施工津贴自职工到达工地或工作地次日起至离开工地或工地或工作地前日止,按实际工作日数计发,整日的停工、请(休)各种假及入学等,不发给津贴。

附件3:　青藏铁路格尔木至拉萨段职工高原休假制度

青藏铁路地处高原,全线高寒缺氧,紫外线强,风沙大,直接影响人体劳动生理和劳动能力。为了使职工在高原工作一定周期后,能够得到充分休息,恢复体质,坚持正常工作,现对在青藏铁路格尔木至拉萨段工作的职工实行高原休假制度,规定如下:

一、凡在青藏铁路南山口至拉萨段工作满一个工作年度的职工(学徒、熟练期人员除外),可按以下规定享受高原休假制度。

1. 南山口至望昆,每年休假一次,假期30天。
2. 望昆(不含)至雀巧(不含),休玛(不含)至拉萨,每年休假一次,假期45天。
3. 雀巧至休玛,每年休假一次,假期60天。

上述休假日期均包括公休假日和法定假日,不另加路程假。

二、职工当年既有高原休假又有探亲假的,应当利用高原休假探亲,不再享受当年的探亲假,往返路费可按探亲假规定的办法给予报销。探望配偶的假期可延长10天,往返路费可按探亲假规定的办法给予报销。

三、职工休假应根据工作生产情况统筹安排。享受高原休假期间,工资照发。

文件6：

转发《劳动保障部关于青藏铁路格尔木至拉萨段建设期间高原地区工资补贴、流动施工津贴、休假制度的复函》的通知

铁劳卫函〔2001〕390号

兰州铁路局，工程管理中心，青藏铁路有限责任公司筹备组：

现将劳动保障部《关于青藏铁路格尔木至拉萨段建设期间高原地区工资补贴、流动施工津贴、休假制度的复函》（劳社部函〔2001〕168号）转发给你们，请按照执行。

二〇〇一年十月二十六日

关于青藏铁路格尔木至拉萨段建设期间高原地区工资补贴、流动施工津贴、休假制度的复函

劳社部函〔2001〕168号

铁道部：

你部报来的《关于建立青藏铁路格尔木至拉萨段建设期间高原地区工资补贴、流动施工津贴、休假制度的函》（铁劳卫函〔2001〕326号）收悉。经研究，现答复如下：

原则同意你部提出的《青藏铁路格尔木至拉萨段高原地区工资补贴规定》、《青藏铁路格尔木至拉萨段流动施工津贴标准》以及《青藏铁路格尔木至拉萨段职工高原休假制度》。

请参加青藏铁路格拉段建设的企业认真贯彻落实上述三个文件（附后），确保高原地区职工工资补贴、流动施工津贴和休假制度落到实处。实施过程中遇到的问题请及时向我部报告。

新的工资补贴、流动施工津贴、休假制度从青藏铁路格拉段开工之日起执行。

劳动和社会保障部

二〇〇一年十月十九日

文件7:

青藏铁路建设卫生保障实施办法

青藏铁路建设总指挥部

依据铁道部、卫生部《青藏铁路卫生保障若干规定》(铁劳卫〔2001〕39号)和《青藏铁路卫生保障措施(暂行)》(铁劳卫〔2001〕51号),制定本实施办法。

一、提高认识、加强领导、认真作好卫生保障工作

1. 青藏铁路格拉段大都在海拔4000米以上,是世界海拔最高的铁路。由于高原严寒缺氧,对人体健康和劳动能力带来较大影响。保护参建职工的身体健康、改善劳动、生活环境,是青藏铁路建设的重要条件。青藏铁路卫生保障直接关系到参建职工的生命安全,对生产建设的顺利进行和队伍的稳定有着至关重要的作用。

2. 切实做好参建职工的健康保障,各参建单位必须高度重视,加强领导,要有一名领导分管卫生保障工作,并建立责任制,真正做到医疗卫生保障组织落实,制度健全,措施得力。按照谁主管谁负责的原则,发生问题追究领导人的责任。

3. 青藏铁路设计、施工、监理及其他单位,都要认真贯彻执行铁道部、卫生部《青藏铁路卫生保障工作若干规定》和铁道部《青藏铁路卫生保障措施》,按照卫生防疫、劳动卫生和劳动保护、医疗保障工作的技术规范,在医疗卫生保障体系中各负其责,确保进场工作人员的劳动能力和身体健康。

4. 参加青藏铁路建设的各级领导干部,管理、技术人员和卫生人员,要分别参加高原卫生保障知识讲座和高原病、自然疫源性疾病防治的培训,同时还要进行有针对性的强化培训,不断提高并深化各级干部和管理人员的医疗卫生保障工作的法律意识和科学组织施工的能力。要发挥专家的指导作用和工会组织及群众的监督作用,保护好青藏铁路建设者与工作人员的身体健康,保障青藏铁路建设的顺利进行。

二、坚持“预防为主”的方针,建立卫生防疫体系

5. 预先安排卫生防疫工作。以鼠疫等传染病为防治重点,严防传染病的发生和流行。委托青海省和西藏自治区的有关卫生行政部门分别承担唐古拉山南北段的传染病的预防、控制和监督工作。针对青藏铁路沿线存在鼠疫等自然疫源地和其他传染病、地方病的特点,由地方防疫部门建立鼠疫等传染病的定期监测、报告制度;负责传染病监督指导,掌握疫情态势,确定疫情严重程度,提出控制措施建议,协助铁路施工单位组织施工区域内重大疫情处理;负责建立、健全传染病防治管理制度和网络,掌握各施工区段传染病发病情况,及时向政府卫生行政部门和总指报告,组织施工区域内重大疫情处理。

6. 施工单位要以鼠疫等传染病的防治作为重点,对参建职工进行健康教育,了解其危害性、传播途径、临床症状及预防办法。按照当地卫生行政部门的统一部署,施工单位在施工区域内要定期有组织地开展保护性灭獭。任何人不得私自捕猎、食用旱獭及其他宿主动物,不得采购、携带旱獭等动物的皮、肉、油或肢体等进出施工工地或生活区,不要接触病、死旱獭及其他野生动物。在施工区域内发现不明原因的高烧可疑患者,或发现病、死旱獭及其他野生动物,要及时报告本单位医务人员,由医务人员负责向上级卫生防疫部门报告。施工中,职工选择临时休息地点要注意避开旱獭等动物的洞穴,

人员坐卧、衣物堆放要采取措施,防止跳蚤叮咬。职工宿舍内要定期喷洒药物杀灭蚊虫及跳蚤。

7. 施工单位负责管辖区域内的卫生防病工作。承担日常食品卫生、饮水卫生、环境卫生、劳动卫生和传染病、地方病防治的管理和监测监督工作,落实好防治措施,做好职工的健康教育工作。对辖区内出现的疫情信息,及时向上级卫生防疫部门报告,并按要求做好疫区处理工作。

三、医疗保障先行、完善三级医疗体系

8. 施工期间,组建三级医疗保障机构。一、二级医疗机构由施工单位建立,负责施工现场工作人员医疗、预防、保健、初期抢救和传染病疫区处理。委托兰州铁路局、西宁铁路分局及加强个别二级医疗机构和西藏军区总医院分别承担唐古拉山南北段的三级医疗救治任务。承担门诊、急诊、住院和一、二级医疗机构转诊重症病人的治疗。根据工程进展和需要,在沿线设立派出医疗机构(医疗救治站),负责重症患者的急诊抢救、留观治疗和转送工作。

9. 一级医疗机构,由施工单位在工程项目部设立保健站,配备医务人员3~5人和医疗器材。对人数较多、危险性较大的工地要酌情派驻医务人员。负责本单位工作人员的医疗、预防、保健和早期抢救,保证伤病员在1小时内得到有效救治,并完成好以下工作:

(1)对全体职工适时地进行高原卫生防病和健康常识教育;

(2)进行卫生防病和卫生监护,防止传染病、地方病和自然疫源疾病的发生、流行,并开展疫区处理;

(3)及时对常见病、多发病进行诊断和治疗;

(4)做好急症、外伤的早期抢救和转送;

(5)坚持工地巡视医疗,对急性高原病进行预防、早期诊断和初期抢救。

10. 二级医疗机构,由中标承担施工任务的工程局,按投标承诺依附工地指挥机构设立卫生所,配全医疗设备、器材,其中医用高压舱以6~8人舱为宜。配备医务人员8~12人,并根据上场职工情况,配设观察床。负责标段范围内伤病员的抢救和医疗后送,保证伤病员在2小时内得到有效救治;承担标段范围内工作人员的健康监护和体检,重点工地的巡诊治疗;在危险性较大的工程施工时,做好紧急救护准备;对一级医疗机构进行业务指导和技术支援。积极预防和治疗高原病。

11. 三级医疗救治机构。三级医疗救治机构设置以伤病员2小时内得到三级医疗救治为原则。唐古拉山北段三级医疗救治站有西宁铁路分局格尔木铁路医院等。格望段修建期间,西大滩设立临时医疗救治站。随着工程的进展和需要,在五道梁、沱沱河、雀巧(或雁石坪)建立永临结合医疗救治站。高原病防治中心2001年8月底竣工,十月底全部投资购置的主要设备要投入使用。西大滩临时医疗救治站2001年6月底前建成并投入使用。西藏军区总医院为唐古拉山南段三级医疗救治基地医院。随着工程的进展和需要在安多、那曲、当雄建立医疗救治站。

12. 选拔承担医疗卫生保障的医务人员,必须具备良好的身体素质,高度的事业心和责任心,一专多能,一职多用。安排到现场医疗服务的医务人员要具备医师以上职称或相应水平。选定的医务人员在进驻高原前要接受一周左右的"高原医学"、医疗保障政策和传染病知识培训;掌握好高原缺氧环境和自然疫源对人体的影响,急慢性高原病、传染病的医疗和预防措施,急救、保健设备的使用等。

13. 各参建单位的医务人员,在分工保障各自标段的职工身体健康的前提下,要本着人道主义的原则,服从青藏铁路建设总指挥部的统一协调,相互支援配合,不失时机地救治每一个参建职工,杜绝贻误抢救时机造成的职工死亡。

遇有亟待后送治疗的危重病人,各级医疗卫生保障机构要密切配合,必须按照后送的具体要求、

救治范围和后送原则组织后送,并通报沿途医疗卫生机构必要时给予支援,确保病员途中生命安全。

四、以人为本,认真落实高原劳动卫生和劳动保护措施

14. 参建青藏铁路的各级领导要树立以人为本的思想,深刻认识高原严寒缺氧的自然环境对人体健康和劳动能力带来的较大影响,自觉地把高原施工中的劳动卫生、劳动保护、生活管理等工作真正落到实处。严防因追求工程进度而损害职工身体健康的情况发生。

15. 设计、施工、监理及其他单位,在进驻工地前,必须组织专业人员进行现场的卫生学勘察,收集驻地和施工标段的气象水文环境资料,掌握当地自然疫源性疾病、传染病、地方病的流行分布等情况,提出切实可行的对策和卫生学预评价。

16. 对进入高原的工作人员要建立健康档案,严格执行健康体检制度,实行全程动态健康监护;进行高原卫生保健知识的教育,增强自我保护能力;进驻高原要坚持阶梯式适应制度;在高原工作期间,严格控制劳动时间和劳动强度,禁止开展激烈的体育活动。对工作人员存在的个体差异要给予足够的重视,加强现场的医疗巡诊工作和动态观察,及时处理疑难问题,防止意外事故。在特殊情况下,工作人员的劳动强度或作业时间可能超出规定标准时,应征求卫生专业人员的意见,采取必要的劳动保护措施,并加强现场医疗监护工作。

17. 高原施工要科学规范劳动组织,合理安排作业季节和工时,严格控制劳动时间和劳动强度,综合治理作业环境危害,大力采用机械化作业提高工作效率。对于劳动强度较大的作业,应尽可能缩短一次持续劳动时间,增加劳动休息的交替次数,精心组织,文明施工。

18. 高度重视高原环境的劳动保护工作,按照《青藏铁路卫生保障措施(暂行)》的规定配置劳动保护用品;实行食堂集中供应餐饮办法,科学配餐、保证膳食营养和食品、饮水卫生;积极开展爱国卫生活动,切实按规定管理好施工工地和生活区,创造舒适、整洁、优美的生产、生活环境。

19. 贯彻落实好《职业病防治法》,保障施工人员身体健康,各参建单位要领导重视加强管理,配齐人员,配足医疗设备,严格按照规章制度管理,规范医疗准则、行为,积极预防和救治病人,防止职业病发生。

五、加强管理,认真落实医疗卫生保障措施

20. 青藏铁路建设总指挥部(总指)负责管理、协调工程施工期间的卫生保障工作,组织并监督参建的设计、施工、监理及其他单位全面落实各项医疗卫生保障措施,确保全线的医疗卫生保障体系高效运作,具体工作由医疗卫生部落实。

21. 医疗卫生部负责建立卫生保障管理网络和信息报告制度。掌握信息动态,定期召开卫生保障工作会议,通报情况、交流经验,预防可能发生的问题;对委托单位协议实施情况及施工单位在施工招投标文件中对卫生保障工作的承诺进行监督、检查;重大疫情、群体伤亡或其他特殊情况下,与当地政府、铁路、部队及时联系,作好协调工作,以便采取应急措施;涉及有关卫生保障重大政策问题,及时向部有关部门请示汇报。

22. 检查参建单位卫生工作的具体要求:卫生防疫和医疗保障体系的各项工作组织落实,制度健全;人员、药品、器械、通信器材、交通工具到位,性能良好;卫生防疫和医疗救护措施得力;各级医疗保障机构始终处于临战状态,遇有紧急情况,招之即来,及时救治,安全后送。

各委托单位和参建单位要认真落实好青藏铁路卫生保障的各项措施,依据实际情况制定具体实施办法,并在实践中及时总结经验教训,不断完善和提高卫生保障水平。

文件8：

青藏铁路建设病人后送规定

青藏铁路建设总指挥部

为了保障参建工作人员的身体健康和患病后能得到及时抢救和治疗，并保证病人在转送途中的生命安全，根据部铁劳卫〔2001〕51号文件精神，结合施工现场地理和海拔高度实际，特制定青藏铁路建设病人后送规定。

一、后送范围

1. 高原脑昏迷、高原肺水肿、急性高原心功能不全，经抢救治疗病情稳定者；
2. 慢性高原特发病，经体检不能继续留高原者；
3. 脑出血、脑血栓形成、高血压脑病、脑损伤，经抢救病情稳定者；
4. 骨折、严重创伤，经抢救病情稳定，并经妥善包扎固定者；
5. 失血性休克已治愈，但需对原发病进一步治疗，反复、小量消化道出血已停止，但需继续治疗者；
6. 空腔脏器穿孔，经保守治疗病情稳定，需进一步治疗者；
7. 急性高原反应严重，经各种治疗，疗效不显著者；
8. 其他不适宜高原疾病患者；
9. 鼠疫、霍乱病人和急性传染病患者，一般应就地隔离治疗，不宜后送。

二、后送原则

1. 工作人员患病需后送的，必须遵循由高海拔地区向低海拔地区后送的原则；
2. 待病情稳定后再后送；

现规定为：

1. 五道梁以北工作人员患病后如病情许可，可送到格尔木市内二级乙等以上医院（如格尔木铁路医院、格尔木市人民医院、市第三医院和解放军22医院）。
2. 风火山至五道梁区间工作人员患病应送到五道梁三级医疗救治站。
3. 沱沱河至风火山区间工作人员患病应送到沱沱河三级医疗救治站。
4. 雁石坪至沱沱河区间工作人员患病应送到沱沱河三级医疗救治站。
5. 唐古拉山以北地段工作人员患病应送到沱沱河三级医疗救治站。
6. 唐古拉山以南至安多区间（西藏境内）工作人员患病应送到安多三级医疗救治站。
7. 安多至那曲区间工作人员患病应送到那曲三级医疗救治站。
8. 谷露至达琼郭区间工作人员患病应送到当雄三级医疗救治站。
9. 羊八井至拉萨区间工作人员患病应送到西藏军区总医院或拉萨市内二级乙等以上医院。

三、要　　求

1. 转送病人时注意保暖；
2. 后送途中尽量减少颠簸；

3. 在转送的同时与被接受的医院取得联系，以做好接诊的准备；
4. 保证有充足氧气供应；
5. 医疗人员须随行，密切观察病情变化，随时采取救治措施。

文件9：

医用高压氧舱安全使用管理规则

青藏铁路建设总指挥部

一、总　　则

为保障医用氧舱的安全使用，防止和减少医疗事故的发生，保障全线工作人员的健康和生命财产安全，特制定本规则。

青藏铁路建设各氧舱使用单位必须遵照本规则和国家有关氧舱安全管理的法规法律，加强对高压氧舱安全使用领导、监督、支持和管理，建立健全安全管理责任制，完善安全操作规程，工作人员必须按规章操作，确保氧舱的安全使用，充分发挥高压氧舱的特殊治疗作用。

二、人员配备及职责

每个高压氧舱配备专职或兼职医生、护士各一名，如有条件最好配备一名具有中专或相当于中专以上学历机电专业水平的医用氧舱维护保管人员，负责氧舱日常维护保养。

专(兼)职医生负责组织和具体实施对病人的高压氧治疗，包括检诊、提请必要的辅助检查、申请会诊、书写病历、制订治疗方案、做好观察记录、决定是否需专科医生陪舱治疗及其他应急处理，并负责检查督促氧舱工作人员按规程操作，按标准对氧舱进行安全检查、保养和定期维修，严防差错事故，确保治疗安全。

专(兼)职护士应在医生指导下进行高压氧治疗护理工作，并做好清洁卫生和消毒隔离工作。

医生、护士兼做操舱人员，应持上岗证操舱，能熟练掌握高压氧舱系统各主要设备和装置的结构性能及使用操作方法，负责设备日常保养。熟悉高压氧对人体各系统的生理影响及可能产生的副作用。

开舱前应认真检查各种设备、仪表、供养系统，确保正常运转。严格遵守各项规章制度及操作规程，坚守岗位、禁止无关人员进入氧舱厅室及操作台。严格执行进舱须知和各项要求。

在加压过程中，应及时指导病人做耳咽管调压动作(又称吞咽动作)，防止各种气压伤。准确填写操舱记录(包括压力，加、减压，稳压时间，氧浓度等)。

治疗结束后，应进行舱内清扫工作，彻底通风消毒，并保证各种设备仪器处于完好状态，以供随时使用。

熟练掌握氧舱应急情况处理规则，并定期进行演练。

三、管理制度

(一)首　　则

1. 在工地医院院长等领导下，开展各项管理工作。

2. 由器材或设备管理负责人负责氧舱室内安全管理和监督检查。

3. 高压氧治疗场所需设消防器材，严禁吸烟，严禁明火、电火。

4. 应设兼职消防安全员，定期检查各处消防器材和安全状况，及时消除隐患，确保氧舱各部安全。

(二)进舱须知

1. 病人和陪舱人员必须经高压氧舱医生检诊同意,并登记后方可入舱治疗。

2. 进舱前应排尽大、小便,不得穿化纤衣物入舱。

3. 严禁携带火种及其他易燃、易爆物品及 BP 机、手机等杂物入舱。

4. 治疗中出现不适,应及时报告医生处理。

5. 保持舱内卫生,不得随地吐痰或乱扔纸屑等。

6. 不得扳弄氧舱内设备。

7. 减压过程中严禁屏气。

(三)氧舱消毒隔离制度

1. 压缩空气和氧气必须符合卫生学标准。

2. 每人专用面罩,每次用后及时清洗,用前酒精擦拭。

3. 每次治疗结束后应通风换气,及时清扫、拖地,舱内用紫外线照射 30 分钟。

4. 舱内使用的痰盂、便盆、垃圾筒每天应进行清洗。

5. 氧舱体表应定期清洁,内壁应定期用消毒液擦拭。

6. 病人专用衣服、鞋子,每疗程应更换一次。

7. 确诊为气性坏疽、破伤风、芽孢杆菌感染者,严禁与带有伤口的其他人员同时进舱。病人出舱后,舱室必须进行严格消毒处理:

(1)空气消毒:每 100 mm^3 体积用乳酸 12 mL 熏 30 分钟,通风后,再用紫外线消毒 30 分钟;

(2)舱室内壁、地板和舱内物品用 1% 过氧乙酸溶液擦拭;

(3)舱室经彻底扫除消毒后,作空气培养,3 次阴性方可供他人使用;

(4)被 1% ~2% 过氧乙酸溶液浸泡 120 分钟,煮沸 60 分钟,再送洗衣房洗涤方可使用;

(5)所有敷料彻底烧毁。

8. 每周清洗、消毒呼吸三通管及吸排氧软管一次,用 1:200“84”消毒液浸泡后,再用洗衣粉擦洗,然后用清水冲净,晾干备用。

9. 每月进行舱内空气培养。

10. 传染病人严禁与其他病人同舱治疗,治疗后应进行消毒处理。

(四)机房管理制度

1. 无关人员不得擅自进入机房。

2. 机房内不得存放易燃物和其他物品。各种油料应放入专用容器,存入油库或指定地点。

3. 机房内应设有消防器材,并定期维修保养及检查更换。

4. 机房内严禁吸烟,明火作业时应有专人警戒。

5. 机房内的机械设备必须有专人负责管理,使机械设备保持完好状态,出现故障要及时排除。

6. 机器运转过程中,操作人员应经常监视各种仪表的工作情况并做好记录,不得擅自离开岗位。

7. 机房管理人员离开机房时,应切断电源,关好门窗。

8. 保持设备和室内清洁整齐。

(五)配电屏和配电箱管理制度

1. 配电屏间不得存放其他物品。

2. 配电屏和配电箱操作人员,必须了解和掌握配电原理、安全操作知识和维修保养技术。

3. 配电屏和配电箱应经常擦拭,保持清洁。

4. 配电屏和配电箱附近应备有消防器材，并对其加以维修保养，以防失效。

5. 配电屏应装栅门，周围铺设绝缘胶板。

6. 检查时，特别是检修时，应设有“正在检修，切勿合闸”的标牌，以防止发生意外事故。

7. 配电屏和配电箱内的部件，不得随意拆卸，如要改变线路，须经设备组负责人批准。

（六）供氧间管理制度

1. 无关人员不得入内，氧气设备应指定专人负责管理操作。

2. 室内应经常通风。冬季室内温度应保持在 18 ℃。

3. 严禁烟火。设备检修需明火作业时，必须将所有氧气瓶移出供氧间，系统内的氧气必须彻底排除。

4. 操作人员不得穿带钉鞋，不得带火种和易燃物进入供氧间。室内应备有灭火器材。

5. 供氧间的照明应使用防爆灯及开关，或者将开关设在室外。门窗应朝外开，并加防护。

6. 操作人员必须熟悉供氧流程和减压器的使用方法，具有熟练安全操作技术。

7. 严禁双手及衣服沾有油脂或戴有油脂手套去操作氧气设备，所使用的工具须经脱脂处理。

8. 供氧间的工具应固定专用，不得随意挪作他用，以免沾有油污。

9. 氧气瓶在装入汇流排之前，应将气瓶出口清理干净，以免尘土等带入供氧系统。

10. 开关氧气阀门时，动作应缓慢。使用后瓶内应留有不低于 0.4 MPa 的余氧。

11. 用后的氧气瓶和待用的氧气瓶应有明显标记分开存放，并避免烤晒。

12. 氧气瓶在运送和装卸时，应戴好瓶帽，并应避免碰撞。

13. 严格执行交接班制度，作好使用记录和统计。

14. 严格按照《气瓶安全监察规程》的有关规定管理和使用氧气瓶，并定期检查。使用前应检查氧气合格证、瓶色（天蓝色）及有无异味。

（七）贮气罐间管理制度

1. 贮气罐、油水分离器和空气过滤器应按规定办理压力容器使用登记手续。过滤器内的填料应定期更换（每年至少一次）。

2. 指定专人负责使用管理。

3. 罐内的空气贮量，应满足每天开舱治疗的需要，并应贮存，净化 12 小时后方可使用。

4. 开排气阀时动作应缓慢柔和。

5. 定期进行排污保养。

6. 保持室内和设备的整洁。

7. 定期（每年一次）检验、分析罐内气体卫生质量，确保压缩气体清洁无害。

（八）氧舱设备保养与维修制度

1. 日常保养制度

（1）保证各舱室正常开舱使用所必备的条件。

（2）保证氧舱各附属系统设备正常运行所必备的条件。

（3）保证压缩空气系统和供氧系统所规定的压力值及贮气量。

（4）定期对动力机械系统添加或更换润滑油，并对空调装置添加制冷剂。

（5）操作人员应严守岗位，随时巡视设备运行情况，并对各系统设备在安全运行中进行外部巡视。

（6）设法排除设备在运行中出现的一般性故障。

(7)对贮气罐、油水分离器、空气过滤器、空气冷凝器等,定期进行排污处理。

(8)开机及停机时应检查各阀门开关位置是否正确。

(9)经常擦拭设备以保持清洁,不得留有油污及水滴。

(10)各种仪表应按期送检。

(11)做好每班工作记录。

2. 维修工作制度

(1)维修工作要尽量保持设备的完整性。安装时,要注意清除异物;安装后,注意检查有无漏装、错装,特别要注意电气设备的正确接线。

(2)维修时,带电设备一定要先断电源,并挂上警示标志,以防他人合闸,带电作业时,除选用合适的安全工具外,并由一人监护,一人工作。

(3)拆卸压力容器时,一定要先行卸压,防止伤人事故。加压舱系统需维修时,一定要在病人出舱后,方可进行。

(4)机器设备安装完毕后,须反复试机。试机前,应清理好场地;试机时,要有专业人员在场。大修后的空气压缩机还要进行磨合运行。

(5)机器设备大检修时,对调整或更换的器材、零件,改换的项目等,均应详细记录,作为本单位高压氧舱治疗设备的技术档案资料。

四、操作规程

(一)高压氧舱操作规程

1. 加压前的准备

(1)检查压缩空气贮量,检查管道阀门是否良好,待使用时再打开。

(2)检查氧气系统是否良好,有无泄漏,检查贮量及其压力是否正常,管道阀门是否良好。检查舱内供氧装置是否正常。

(3)检查舱门、递物筒、观察窗玻璃和舱内所有装置。关闭舱门的平衡阀,关闭递物筒内外门及平衡阀。

(4)检查控制台各监测仪表及指针的位置,检查各开关、按钮是否良好以及位置是否正确。

(5)打开电源开关,打开舱内照明,打开对讲机及应急通讯装置,打开测氧仪及记录装置,检查其工作是否正常,检查各信号指示是否正常。

(6)打开电视监视装置,检查控制器、摄像机和监视器的工作是否正常。

(7)按照操作程序启动空调装置,判明其工作是否正常。

(8)病人进舱后,介绍舱内附属装置的使用方法和舱内的注意事项。

(9)关闭舱门,确保密闭状态。

2. 加压

(1)用对讲机装置通知舱内人员作好加压准备,打开气源,打开进气阀,缓慢加压。

(2)升压速率在0.03 MPa以下时宜缓慢加压,以适应舱内人员咽鼓管的调压。

(3)不断督促舱内人员做耳咽管调压动作,经常询问有无不适感觉,如有耳痛等不适时,应降低升压速度,甚至暂停加压,待感觉好转后方可继续加压。

(4)注意舱内温度变化,打开通风机,必要时打开舱室制冷系统。

3. 稳压

(1)当加压到预定治疗方案的舱压时,关闭进气阀,并打开氧气阀,通知舱内病人戴上面罩开始吸氧,并同时打开排氧调节阀,按吸氧人数及舱压控制排氧流量。

(2)保持舱压稳定,如有升高或降低时,应及时排气或补气。

(3)舱内空气中氧气浓度必须严格控制在25%以下,超过规定值时应及时通风换气。

(4)根据治疗方案,严格掌握吸氧时间及中间休息时间。当吸氧时间结束后,应及时关闭氧气阀门,并通知患者取下吸氧面罩。

(5)时刻监听、监视舱内情况,如有特殊情况,及时报告。

4. 减压

(1)应先通知舱内病人做好有关准备,而后开始减压。减压中停留站及停留时间严格按照规定的减压方案执行。

(2)注意舱内温度的变化,如舱温低于18℃时,应打开加热装置。

(3)随时注意舱内病人的感觉,如有不良反应时,应立即停止减压,并报告值班医生。

(4)认真填写操舱记录。

5. 出舱后的清理

(1)检查舱内各种装置是否完好,清理舱内各种物品,打扫舱内卫生,并进行消毒处理。

(2)关闭压缩空气和氧气气源,排除系统内剩余压力,关闭进气阀和排气阀。

(3)关闭照明、监测、监控系统电源,关闭控制台总电源开关。

(4)打开递物筒门和氧舱门,使橡胶密封圈处于松弛状态。

(二)递物筒操作规程

1. 由舱内向舱外传递物品

(1)由舱外操作人员关闭并锁紧外门,关闭压力平衡阀。

(2)由舱内操作人员打开内门压力平衡阀,以便向筒内充气加压。

(3)当平衡阀气流声消失时,或筒外门上压力表与舱内压一致时,表明筒内压力已与氧舱压力平衡,即可松开闭锁装置,打开内门。

(4)放入需要递出的物品,关好并锁紧内门,关好平衡阀。

(5)报告舱外操作人员,可行取物操作。

(6)舱外操作人员得到舱内报告后,先打开外门压力平衡阀,进行减压。当递物筒压力表指针回零或平衡阀门气流声已消失,即可松开闭锁装置,打开外门,取出物品。

(7)由于递物筒外门是外开式结构,在开门操作时必须注意安全。

①必须在筒内压力彻底解除后,方可松开闭锁装置;

②操作人员应站在筒外开口一侧操作,以防筒内的余压或操作错误时,因筒内压力而造成伤害。

2. 由舱外向舱内传递物品

(1)操作人员应检查舱递物筒外门处于何种状态,如处于关闭时,应按“1.”中“(6)”的程序操作。

(2)放入需要递进的物品。

(3)关好外门,关好压力平衡阀。

(4)报告舱内操作人员可行取物操作。

(5)舱内操作人员得到舱外的报告后,进行取物操作其程序按“1.”中“(2)”、“(3)”操作。

(6)取出物品后应及时关好内门和压力平衡阀。

(三)氧舱应急情况处理规则

当舱内发生火灾意外事故时,操作人员应沉着果断地作出如下处理:

1. 迅速打开排气阀,操作安全阀手柄及舱外紧急排气阀应急排气,2 分钟内快速减至常压。

2. 迅速关闭供氧、供气入舱的阀门,关闭总电源开关。

3. 打开舱门,迅速救出病人。

4. 打开灭火器,将余火熄灭。

5. 组织医院相关科室进行抢救,如发生减压病应设法救治。

6. 立即如实报告上级。

7. 保护现场。

8. 查清起火事故原因。

9. 及时总结并向高压氧医学分会报告,以便在学术界进行通报,吸取教训。

五、排　污

1. 油水分离器每天排水。

2. 贮气罐每周放一次水。

3. 空气过滤器半月放一次,其中棉纱 2 年换一次。

4. 舱内阀针、膜易破损,应及时检查更换。

5. 测压仪探头一年一换。

6. 排氧、测氧仪探头半年一换。

附:设备中修和大修具体内容

(一)中修,一般 3 ~5 年一次

1. 对氧舱机械设备进行部分或总体解体、检查、清洗、换油、修复或更换超限的易损零件、部件,并测试机械性能。

2. 清洗氧舱空气循环系统、更换空气净化的过滤填料。

3. 检查氧舱外观有无破损,保温层是否完好,焊缝、管道接头、阀门等有无泄漏。

4. 检查舱门、递物筒、观察窗密封垫圈有无老化,必要时进行更换。

5. 检查、检修氧气减压器、调压器截止阀。

6. 检查、检修电气系统。

7. 校验各压力系统的压力仪表(每年 1 次)。

8. 检查、校验各系统安全阀(每年 1 ~2 次)。

9. 检查各舱室加减压性能,进行气密性试验和紧急减压试验。

(二)大修,一般 10 年一次

1. 完成中修的各项内容。

2. 对氧舱机械设备进行解体,全面检查、修理和试验。

3. 对所有电动机进行检修、清洁和轴承换油。

4. 从外观看氧舱有无局部变形等异常情况,如有严重锈蚀,应进行彻底除锈防腐,同时进行壁厚测量或焊缝无损探伤检验。

5. 更换观察窗有机玻璃。

6. 检修各系统阀门。

7. 检修氧舱全部电气设备，测试电源线路绝缘电阻，检查配电屏内电气元件的固定和接触是否良好，性能是否正常。

8. 氧舱总体测试。

9. 氧舱总体重新喷漆。

10. 氧舱的贮气罐、过滤器、油水分离器按压力容器安全监察规程进行检验、登记。

文件10：

青藏铁路鼠疫防治工作办法

青藏总指〔2002〕123号

第一章 总 则

第一条 为了实现在施工期间不发生鼠疫，确保青藏铁路施工的顺利进行，保障施工人员的生命安全与健康，根据国家和卫生部的有关法规，制定青藏铁路施工期间鼠疫防治工作办法。

第二条 青藏铁路施工期间鼠疫防治工作办法适用于青藏铁路所有参建施工单位。

第三条 各施工单位要高度重视青藏铁路施工期间鼠疫防治工作，将鼠疫防治纳入工程项目管理中，做到领导到位、保障经费、制度健全、措施落实。

第二章 机构与职责

第四条 青藏铁路建设总指挥部负责施工期间鼠疫防治工作的领导，制定鼠疫防治工作远期规划和工作计划。各建设单位卫生保障工作领导小组负责本单位的鼠疫防治工作，并成立专门防疫机构，配置专职防疫人员，实施青藏铁路鼠疫防治工作办法。

第五条 层层分解任务，责任到人，结合实际制定本单位考核办法和奖罚措施。每月定期召开例会，总结工作布置任务，抓好鼠疫防治工作的落实。

第六条 按照地方卫生行政部门和青藏铁路建设总指挥部的统一安排，有计划地开展鼠疫防治工作。

第七条 各施工单位卫生防疫部门在青藏铁路建设总指挥部医疗卫生部的指导下开展业务工作，负责本单位鼠疫防治措施的实施，按《传染病防治法》的要求时限上报疫情。

第八条 各施工单位施工队成立鼠疫防治督导队，由3～4名经过培训的兼职人员组成，负责本单位施工期间鼠疫防治工作及信息上报。

第三章 培训与健康教育

第九条 专（兼）职防疫人员必须经过鼠疫防治专业培训，掌握相关知识、法律、法规，做好鼠疫防治工作。

第十条 医务人员必须参加鼠疫诊治知识相关培训，掌握鼠疫病人的处理原则。

第十一条 施工人员在习服期间，由专业人员组织培训，重点掌握鼠疫防治的“三不、三报”制度和相关管理规定，教育要循环往复，强化自我防护意识，消除麻痹思想。

第十二条 学习掌握《地方病防治知识》，在生活区设置鼠疫防治知识宣传栏，定期宣传，并将宣传内容存档。

第十三条 青藏铁路建设总指挥部医疗卫生部可会同当地防疫部门适时携带宣传资料、实物标本及影像图片，深入施工沿线进行宣传教育。

第四章 鼠疫预防措施

第十四条 对施工沿线和生活区进行鼠、獭洞穴密度调查，施工和生活区临建前对鼠、獭洞穴投放灭鼠专用熏蒸剂并堵洞，实施保护性灭鼠、灭獭；或投放0.005%溴敌隆谷物毒饵，形成以居住点和施工沿线为中心的100米灭鼠、灭獭隔离带，每天巡视，发现鼠、獭洞及时投药、堵洞。

第十五条　宿舍、办公室、库房生活区围墙内外投放抗凝血型鼠药（如立克命等）。房间每5平方米放置1～2袋，生活区围墙每2～3米投放一袋，每天检查，随时补充药物。

第十六条　每天检查宿舍和居住环境灭鼠情况，发现死鼠等野生动物，以该点为中心3米内用灭蚤药物消毒，在消毒区内树立"灭蚤消毒区"标志1天后深埋。

第十七条　在居住区周围架设防鼠网，垒防鼠墙或在不破坏环保的同时挖防鼠沟，沟内撒放毒饵。防鼠网底端应填实，不留空隙。居住区内应定期监测鼠密度，鼠密度应控制在5%以下，监测可采用鼠笼法、鼠夹法或粉迹法。

第十八条　严禁捕猎、食用旱獭及其他野生动物，不得购买、携带旱獭等动物的皮、肉、油或肢体等进入施工工地或生活区。

第十九条　严格执行"三报"、"三不"制度。即：发现病（死）旱獭和其他病（死）动物要立即报告；发现鼠疫病人或疑似鼠疫病人应立即报告，发现不明原因的高热病人立即报告。不接触、不剥皮、不煮食（死）旱獭及其他动物；不在旱獭洞、鼠洞周围坐卧，以防跳蚤叮咬；不私自携带疫源动物及其产品出疫区。

第二十条　严格执行"首诊负责制"，对鼠疫病人或疑似鼠疫病人就地隔离，立即按规定程序报告，根据不同病型采取标本送检。特别防止施工以外的流动人群鼠疫病人成为传染源，危害铁路施工人员安全。

第二十一条　做好鼠疫疫情处理应急药品、器械、个人防护装备（鼠夹、喷雾器、鼠疫防治包）储备，结合施工单位的实际情况，卫生人员防护服每人不少于三套，灭鼠灭蚤器械药品、预防用药、治疗用药、消毒用药储备要满足区域9天应急需用量，各施工单位在距离营区100米外或可隔离管理的地方设置隔离房屋，以备发生疫情紧急隔离使用。隔离房屋一是方便治疗病人，二是便于消毒，三是要有警示标志。

第二十二条　不准在施工现场、牧区就地购买牛、羊等牲畜屠宰，要到拉萨、那曲、格尔木等地农副产品市场购买带有卫生检疫印章的牛、羊肉等食品。

第二十三条　维护施工生活区环境卫生，消灭鼠类、媒介昆虫孳生地。

第五章　鼠疫的治疗

第二十四条　接触鼠疫患者的人、检诊病人与解剖尸体的参加者，预先口服复方新诺明进行预防性投药，同时口服等量的碳酸氢钠，连服5日。非经专职检疫人员许可，不许探视。

第二十五条　首选药物链霉素。腺鼠疫首次肌肉注射1g，以后每4～6小时注射0.5g，一般退热后继续给药3天，每天1～2g，分2～4次注射，淋巴腺局部对症治疗。肺鼠疫首次肌肉注射2g，以后每4～6小时注射1g（日用量最多不超过7g），一般体温接近正常后继续给药3～5天，每天2g。预防链霉素的毒副作用，可同时投用强心剂和中枢神经兴奋剂并注意加强营养。

第六章　疫 情 报 告

第二十六条　施工生活区发现病死动物要及时逐级上报，由施工单位卫生行政部门核实情况后，向地方鼠疫监测队报告，根据检材化验、培养结果，做出相应处理。

第二十七条　发现鼠疫病人或疑似鼠疫病人要及时向上报告，现规定为：个人向施工单位卫生部门报告;施工单位向青藏铁路建设总指挥部报告、同时向附近当地鼠疫防治专业部门报告,请求处理;青藏铁路建设总指挥部向青海省、西藏自治区卫生厅、格尔木市卫生局、那曲地区卫生局报告,当地卫生行政部门指定鼠疫防治专业机构在最短时间内赶赴现场处理,施工单位积极做好配合。

第七章　疫情监测

第二十八条　各施工单位建立健全鼠疫疫情监测报告网,设置专职鼠防人员值班,并设立24小时疫情值班专用电话。

第二十九条　根据当地鼠疫监测队负责疑似鼠疫病人的检验及诊断,在每年5至9月份,以施工人员居住区和人员活动频繁的施工区为重点,开展鼠疫自然疫源地监测工作。做至早发现,早预防。

第八章　突发疫情处理

第三十条　各施工单位要成立主管领导、防疫、医疗、公安、后勤等部门组成的突发疫情应急处理办公室,制定符合单位实际的鼠疫疫情控制应急预案,在发生动物间鼠疫或人间鼠疫时,采取及时有效的措施,防止疫情扩散而发生大面积流行,并及时报告青藏铁路建设总指挥部或地方鼠疫疫区应急预备队。

第三十一条　发生动物鼠疫流行时,根据污染范围,对直接接触着限制外出,监视9天,每天检诊。

第三十二条　发生人间鼠疫时,鼠疫病人及其直接接触者,以及可能被污染的地区或地点的人群及各种物品与未被污染地区的人群和各种物品需隔离,按照当地政府防疫部门意见处理。

第三十三条　迅速查清与鼠疫病人、尸体及被鼠疫菌污染的各种物品直接接触者,并就地健康隔离,严禁外出,每天早晚各检诊1次。

第三十四条　鼠疫病人或疑似鼠疫病人进入隔离室前要用0.1%新洁尔灭擦洗全身,穿上专用服装。换下来的棉衣、被褥用蒸汽消毒或高压消毒,单衣、夹衣用0.5%来苏尔水溶液浸泡24小时,洗净后晒干。

所用餐具煮沸消毒,排泄物、分泌物用5%来苏尔浸泡或漂白粉(200~400克/公斤)消毒24小时后掩埋,垃圾焚烧后掩埋。尸体用5%来苏尔浸泡的棉花堵塞尸体有孔处,用5%来苏尔水溶液浸泡过的布单包裹后火葬,骨灰深埋。

第三十五条　鼠疫患者房间,每天用5%来苏尔消毒1次,肺鼠疫病人每天2次,喷洒浓度300 ml/m^2。

第三十六条　护送尸体、埋葬人员或进入隔离室医护人员必须穿戴防护服装,送葬结束或离开隔离室时,用5%来苏尔喷洒消毒,依次脱下防护服装,按第三十二条执行。

第三十七条　一旦发生人间鼠疫,建设、施工单位应按照政府的“鼠疫防治预案”服从统一调度指挥,提供人员、交通工具、药械等物资。

第九章　附　　则

第三十八条　本办法由青藏铁路建设总指挥部负责解释。

第三十九条　本办法自2002年8月23日起执行。

第四十条　本办法如有与国家标准法规不符之处,按国家相关标准法规执行。

文件 11:

青藏铁路建设鼠疫防治预案

青藏总指〔2003〕177 号

为确保在发生鼠疫疫情时,能够及时、高效、科学、有序地处理疫情,保障参建人员身体健康,保持建设队伍稳定,根据《中华人民共和国传染病防治法》、《中华人民共和国传染病防治法实施办法》、《突发公共卫生事件应急条例》等有关法律法规,在《青藏铁路建设鼠疫防治实施办法》、《青藏铁路建设鼠疫防治技术方案》等文件的基础上,结合青藏铁路建设的实际情况,为了确保青藏铁路建设施工任务的顺利完成,防止鼠疫在参建人员中发生,特制定本预案。

一、疫情的管理

依据《中华人民共和国传染病防治法》规定,鼠疫为甲类传染病,因此,按照法定传染病进行疫情报告。鉴于鼠疫为传染性和致病力强,死亡率相对较高的特点,各级医疗防疫机构和卫生人员如发现本单位内发生鼠疫诊断病例或疑似病例后,要立即用电传等通信方式报告青藏两省区疾病控制中心,同时上报青藏铁路建设总指挥部或青藏铁路建设总指挥部拉萨指挥部鼠疫防治领导小组办公室,青藏铁路建设总指挥部要在 2 小时内报告铁道部和卫生部。

二、疫情的确认与鼠疫分型

(一)青藏铁路施工沿线首例鼠疫病例(包括非参建人员去各单位卫生机构就诊者)由青海省或西藏自治区卫生行政部门组织流行病学、临床医学和病原学专家组成的专家组确认。非首例病例由所在地地、市级以上疾病预防控制机构确认。

(二)目前,鼠疫病例分四类情况报告:疑似病例,确诊病例,隐性感染者,追溯诊断病例。诊断标准是:

1. 患者发病前 10 天到过鼠疫动物病流行区或接触过鼠疫疫区内的疫源动物、动物制品及鼠疫病人,进入过鼠疫实验室或接触过鼠疫实验用品。

2. 突然发病,高热,白细胞剧增,在未用抗菌药物(青霉素无效)情况下,病情在 24 小时内迅速恶化并具有下列症候群之一者:

2.1 急性淋巴结炎,肿胀,剧烈疼痛并出现强迫体位。

2.2 出现重度毒血症、休克症候群而无明显淋巴结肿。

2.3 咳嗽、胸痛、咯痰带血或咳血。

2.4 重症结膜炎并有严重的上下眼睑水肿。

2.5 血性腹泻并有重症腹痛、高热及休克症候群。

2.6 皮肤出现剧痛性红色丘疹,其后逐渐隆起,形成血性水泡,周边呈灰黑色,基底坚硬。水泡破溃,创面也呈灰黑色。

2.7 剧烈头痛、昏睡、颈部强直、谵语妄动、脑压高、脑脊液浑浊。

3. 患者的淋巴结穿刺液、血液、痰液,咽部和眼分泌物以及尸体脏器或管状骨骨骺取材标本,分离到鼠疫菌。

4. 患者 2 次(间隔 10 天)采集血清,用 PHA 法检测 F1 抗体呈现 4 倍以上增长。

疑似病例：具备1加2中任一项

确诊病例：疑似病例加3或4。

隐性感染者：有鼠疫流行病学线索，没有明显的鼠疫临床表现，没有接种过鼠疫菌苗，有PHA检测其血清出现1∶40以上F1抗体滴度者。

追溯诊断病例：在有过鼠疫流行病学线索的人群中，曾出现过鼠疫临床表现，没接种过鼠疫菌苗，其血清经PHA检测出现1∶40以上n抗体滴度者。

（三）病　　型

1. 确诊鼠疫病例，有2.1临床表现者，为腺型鼠疫。
2. 确诊鼠疫病例，有2.2临床表现者，为败血型鼠疫。
3. 确诊鼠疫病例，有2.3临床表现者，为肺型鼠疫。
4. 确诊鼠疫病例，有2.4临床表现者，为眼型鼠疫。
5. 确诊鼠疫病例，有2.5临床表现者，为肠型鼠疫。
6. 确诊鼠疫病例，有2.6临床表现者，为皮肤型鼠疫。
7. 确诊鼠疫病例，有2.7临床表现者，为脑膜炎型鼠疫。

三、指挥系统与技术指导组

（一）成立鼠疫防治领导小组。各单位第一负责人任领导小组组长。党工委、医疗卫生、宣传及综合办公室和部门领导人员作为领导小组成员。其职责是：贯彻党中央、国务院、铁道部及地方政府有关鼠疫防治工作的方针、政策。负责指挥、组织、部署鼠疫防治工作。

领导小组下设办公室。其职责为：在鼠疫防治领导小组的领导下，负责领导小组日常工作，组织实施、检查、落实国家、铁道部、当地政府以及青藏铁路建设总指挥部有关鼠疫防治工作的方针和部署，制定防治预案和各种预防、控制疫情措施。负责与上级部门和当地政府鼠疫防治领导小组办公室的工作联系，坚持疫情上报制度。

（二）成立鼠疫防治技术小组

各单位要成立防治鼠疫的技术工作组，由各单位临床医师（主治医师以上职称）、卫生防疫人员及护士组成。一旦发生鼠疫疫情，能有条不紊地做好疫情检测和流行病学调查、临床救治、实验室检测、隔离、消毒等疫情预防控制工作。

四、机构职责与任务

各单位要加强与当地卫生行政部门、鼠疫防治领导小组及青藏铁路沿线其他施工单位的联系，密切配合，依法开展防治工作。

（一）制定本单位管区内医疗救治、预防控制等实施方案，并组织实施。

（二）组织、协调卫生技术力量，防治和控制疫情的发生和蔓延。

（三）组织开展卫生科普知识的宣传工作，作好卫生技术人员的培训：开展鼠疫宣传教育工作，确保青藏铁路发生鼠疫疫情时，能及时、科学、有效、有序地进行处理。

（四）做好疫情的监测、报告，开展流行病学调查，迅速对疫情做出全面评估。

（五）疫情核实，提出疫点和疫区划分，启动或停止本预案的建议，并参与组织实施。

（六）组织实施疫点、疫区消毒隔离等预防控制措施。

（七）做好紧急疫情控制的物资储备，储备消毒药品测试剂、急救车辆、器械、防护用品等。

（八）做好预防控制人员的培训。

五、防治鼠疫技术小组职责

（一）组织实施疫点、疫区消毒隔离等预防措施卫生行政部门应该组织制定本单位医疗救治、预防控制等实施方案，并组织实施；

（二）组织、协调卫生技术力量，防止和控制疫情的发生和蔓延；

（三）完善各项预防方案，做好鼠疫知识的普及宣传等工作；

（四）建立紧急疫情控制物资储备，如：消杀灭药品、检测试剂，器件、防护用品等。

六、突发疫情的应急处理

（一）人间鼠疫疫区处理标准及原则

1. 主题内容与适用范围

规定了人间鼠疫现疫区的封锁隔离，疫区处理，病人及其直接接触者处理和解除封锁隔离等。

2. 人间鼠疫疫区

划分为历史疫区和现疫区两种。历史疫区系指已定为鼠疫疫源地，并曾经发生过人间鼠疫，现在已停止或没有人间鼠疫流行的地区或地点；现疫区系指在鼠疫疫源地内正在发生人间鼠疫的地区或地点。

3. 疫区处理

对现疫区所采取的各种技术对策和职责包括对现症病人、死者、直接接触者等的处理与管理。

4. 封锁隔离

鼠疫病人及其直接接触者，以及可能被污染的地区或地点的人群及各种物品与未被污染地区或地点的人群和各种物品相隔绝。

5. 健康隔离

对与鼠疫病人、尸体及被鼠疫菌污染的各种物品直接接触者，包括小隔离圈内未患鼠疫的人员进行的隔离处理。

6. 直接接触者

与鼠疫病人、尸体及被鼠疫苗污染的物品和空气直接接触的人。

（二）人间鼠疫疫区封锁隔离标准

1. 凡确定为疑似鼠疫病人（或尸体）者，在病人（或尸体）排除鼠疫之前，均需按鼠疫病人处理。

2. 诊断为鼠疫病人（或尸体）的疫区，必须划定小隔离圈封锁隔离。以鼠疫病人（或尸体）所在住处为中心，将其周围被污染的邻舍划定为小隔离圈。小隔离圈内人员实行健康隔离。

3. 肺鼠疫病人（或尸体）发生在人烟稀少，居住分散的山区或牧区时，只划定小隔离圈；发生在人口密集，居住较集中的地区时，必须划定大、小隔离圈。以鼠疫病人住房为中心，将所在村屯、街道等的一部分或全部划定为大隔离圈。

4. 在人口密集地区人间鼠疫多点同时暴发流行时，可不划大隔离圈，根据病人分布可将整个村寨或几个村寨划定封锁隔离区域。

5. 鼠疫病人发生在旅途或医院时，先将病人所在车厢及车站或医院等被污染的场所迅速封锁隔离，立即与非污染场所人群分开。

6. 迅速查清鼠疫直接接触者，并就地隔离留验。

（三）人间鼠疫现疫区处理标准及原则

1. 鼠疫病人、疑似鼠疫病人及其直接接触者，必须各自设立单独病房和隔离室。鼠疫病人中肺鼠疫、肠鼠疫病人各自设立单独病房。隔离圈或隔离区域内人员禁止外出，每天检诊2次，早晚各1次。

2. 肺鼠疫、肠鼠疫病人的小隔离圈内必须首先进行消毒；对咳痰、排泄污物等要及时消毒；大、小隔离圈或隔离区域内灭鼠灭蚤；所污染的场所，物品、炊具、食具等进行消毒或焚烧；各种物品禁止外运。

3. 腺型及其他型鼠疫隔离圈内灭蚤灭鼠病房及隔离室每天消毒1次。

4. 各型鼠疫隔离圈或隔离区域内的猫狗实行管制，猫狗体灭蚤。

5. 疫区封锁隔离的同时，必须迅速开展流行病学调查，追查传染源，查清直接接触者、污染物品及污染范围。

6. 传染源为动物时必须按《鼠疫防治手册》规定处理；人剥食染疫动物被感染时，其动物的皮张、油肉、骨骼、污染的各种物品及场所必须进行消毒或焚烧。

7. 鼠疫病人尸体及其污染场所必须消毒，灭鼠灭蚤，尸体消毒后就地焚烧或深埋，严禁举行各种形式的葬礼。

（四）病人及直接接触者的解除隔离标准和处理原则

1. 对鼠疫病人迅速抢救治疗，专人护理，注意病情变化，适时调整治疗方案。

2. 肺鼠疫病人经治疗体温恢复正常，全身症状及体征明显好转，再治疗3至5天，停止治疗后，对其痰及咽喉分泌物连续检查鼠疫菌3次，隔3天检查1次，均为阴性时，可解除隔离。

3. 腺型及其他型鼠疫病人经治疗体温恢复正常，全身症状消失，肿大淋巴结完全吸收或残留小块硬结，可解除隔离。

4. 皮肤鼠疫及肿大淋巴结破溃者，创面洁净并已基本愈合后，患病局部连续3次检查鼠疫菌，每隔3天检查1次均为阴性时，可解除隔离。

5. 直接接触者必须就地隔离留验，并行预防性治疗9天；去外地者迅速追查，就地隔离留验预防治疗9天；9天后无新发鼠疫病人及疑似鼠疫病人时，解除隔离；留验期间有新发鼠疫病人时，其直接接触者重新隔离留验9天后无新发鼠疫病人时，解除隔离。

（五）人间鼠疫现疫区封锁隔离的解除标准

1. 封锁隔离区内达到灭鼠灭蚤标准，最后1例病人治愈后无新发鼠疫病人及可疑者；病房，隔离室、污染物及污染场所进行终末消毒，可解除封锁隔离。

2. 鼠疫病人未痊愈者，只对病人及其病房封锁隔离大小隔离圈或隔离区域可如期解除封锁隔离。病人痊愈，病房衣物等必须终末消毒后，方可解除封锁隔离。

（六）封锁隔离和解除封锁隔离程序与责任

1. 人间鼠疫疫区封锁隔离工作程序

1.1　施工项目卫生人员接到人间鼠疫疫情报告后，必须在1小时内出发，迅速赶赴现场，将单位和病人初步封锁隔离，对重危病人及时抢救治疗。并立即上报政府主管部门或鼠疫防治专业机构（以下简称专业机构）。青藏铁路建设总指挥部。

1.2　青藏铁路建设总指挥部接到疫情报告后，必须在2小时内出发，乘快速交通工具迅速赶赴疫区，配合当地政府检查和完善初步封锁隔离措施。

1.3　县（旗）二、三级医疗专业机构在现场确定疑似鼠疫病人的同时，立即向县（旗）、青藏铁路建设总指挥部、地方政府主管部门和上级专业机构报告。上报专业机构接到报告后,必要时,专业人员必须在2小时内出发,乘快速交通工具赶赴现场步检查和完善初步封锁隔离措施。

(七)人间鼠疫疫区处理组织及责任

1. 初步诊断人间鼠疫病例时,由县(旗)人民政府决定对疫区实行封锁隔离,迅速开展疫区处理工作。

2. 人间鼠疫疫区处理,在当地县(旗)或县(旗)以上人民政府领导下,组成有政府领导、主管部门、卫生防疫、公安等有关人员参加的临时指挥部,其主要任务是实施疫区处理及各项防治鼠疫措施,并维护封锁地区的生产、生活秩序和治安。

3. 疫区县(旗)及其以上各级人民政府根据疫情情况,按《防治鼠疫规定》决定疫区封锁隔离范围,由当地公安部门负责警戒,并同时以最快的方式,逐级上报疫情,直至报告中华人民共和国卫生部。

4. 在本省、市、自治区内实行交通封锁和交通检疫时,应由本省、市、自治区人民政府批准,并报送中华人民共和国卫生部、铁道部、交通部、民航总局等备案;属跨省(市、区),需经有关省(市、区)人民政府和国家有关部、委、局批准,由当地人民政府及有关部门执行。

5. 疫区县(旗)及其以上各级人民政府,根据疫情态势,可决定在疫区及其附近地区的车站、港口、机场、公路等设立临时卫生检疫站,对来往车辆及旅客、货物实行检疫。对可能污染的货物,经检疫合格方可外运。不准车辆在疫区停留;或实行凭检疫证购票登车(船、机)。

(八)各级专业机构的任务及职责

1. 各级专业机构在地方政府和指挥部的统一领导下,参加疫区处理并负责技术业务工作。

2. 专业人员对鼠疫病人要及时抢救治疗;对直接接触者必须逐一登记,实行健康隔离和预防性治疗,直接接触者前往外地时,有关地区卫生部门必须协助追踪,并行留验措施。

3. 人间鼠疫疫区小隔离圈内的人员及其健康隔离人员,在封锁隔离期间一律不得外出,严禁与其他人员接触,由专业人员每日检诊2次。

4. 人间鼠疫疫区大隔离圈,经疫区处理达到标准后,大隔离圈内的人员可有组织地进行生产活动;由专业人员对大隔离圈内的所有人员每日检诊2次,直至解除封锁隔离为止。

5. 及时组织开展消毒、灭蚤、灭鼠和流行病学调查工作追查传染源。

(九)解除人间鼠疫疫区封锁隔离的程序和责任

1. 疫区处理已按标准要求全部完成,经验收大、小隔离圈内已达到灭鼠、灭蚤及环境卫生标准,连续9天内无继发病人,疫区处理指挥部可提出解除疫区封锁报告,经县以上人民政府批准,方可宣布解除封锁,并上报卫生部备案。

2. 排除人间鼠疫时,应立即解除封锁隔离。

七、消　　毒

消毒的目的是将传染媒介上的病原微生物杀灭或消除,使之无害化。消毒也是防止鼠疫疫情扩散的重要措施,是疫区处理的主要项目之一。

(一)用5%来苏儿或石炭酸水溶液喷雾消毒鼠疫患者房间,所需消毒液为300 mL/M^2,每天消毒一次。肺鼠疫房间每天消毒两次。

(二)棉衣、被褥等棉制品用蒸气消毒或0.105 MPa 20 min高压消毒。单衣、夹衣可用5%来苏儿水溶液浸泡24小时,洗净后晒干。

不能用浸泡或蒸汽消毒的衣物、皮毛类、书籍,可用甲醛熏蒸,药量为50 mL/件,密闭24小时,或用环氧乙烷熏蒸,所需药量为1.5~2.0 mL/L。方法是待消毒的物品装入塑料袋内,倒入环氧乙烷,用铝夹封好袋口,于大于15度的室温作用16~24小时自然气化消毒。

手表、收音机等贵重物品用75%酒精擦拭,或用环氧乙烷熏蒸,作用16~24小时。

(三)餐具煮沸消毒,粮食、食品用炒、煮和曝晒方法消毒。

(四)患者的排泄物、分泌物,用5%来苏儿水溶液浸泡或漂白粉(200~400 S/kg)消毒24小时后掩埋。垃圾焚烧后掩埋。

(五)运送患者的车辆用5%来苏儿水溶液喷雾消毒。鼠疫患者入隔离室前用0.1%新洁尔灭擦洗全身,穿上专用服装。换下来的衣物按规定消毒。解除隔离时,换上消毒过的服装方可出院。

(六)鼠疫尸体消毒用5%来苏儿水溶液浸泡的棉花堵塞尸体有孔处(口、鼻、耳、肛门、阴道等)。用5%来苏儿水溶液浸泡过的布单包尸体,用车送至火葬场或坟地。尸体火葬烧成灰后用土掩埋。土葬时,必须远离水源,深埋2 m以上,尸体周围撒入生石灰后立即掩埋。

(七)护送尸体和埋葬人员均需戴口罩、穿防护服,送葬结束后按规定进行消毒。

(八)出入隔离室的医护人员必须按规定着装,做好个人防护,离开隔离室用5%来苏水或5%石炭酸水溶液喷雾消毒,依次脱下防护服装(眼镜、衣服、口罩、手套、胶靴等),装入指定容器,按规定消毒。

(九)解除隔离前,衣物、用具、污物必须按规定消毒。房间密封后用甲醛或环氯乙烷按要求的用量及作用时间消毒。

十一、保障措施

(一)人员保障

各单位要组织鼠疫防治的医疗性应急预备人员,随时待命参加病人的救治、疫情的预防控制工作。

(二)技术保障

各单位医疗卫生机构要组织医务人员认真学习鼠疫诊治及技术操作常规,并定期演练。

(三)物资保障

各单位根据需要储备应急设备、器械、治疗药品、消毒药品、急救车辆、检测试剂等。

(四)资金保障

保障预防、治疗药品及物品的经费投入尤其要保障对劳务工的预防及治疗经费。

(五)机构保障

鼠疫防治办公室实行24小时值班制度。

(六)宣传保障

大力宣传,普及鼠防知识

1. 各级领导务必充分认识鼠防治工作的重要性和复杂性,切实加强领导,开展综合防治。各单位要因地制宜,采取会议宣传、黑板报、宣传单、标语等多种形式,反复、经常地对参建人员进行鼠防知识的教育,不断加深理解,并定期考核,做到人人了解鼠疫的危害和防治措施,树立起鼠疫可防可治的信心,进而严格遵守鼠疫防治的各项规定。

2. 参建人员"三报"、"三不"知识〔报告病死鼠(獭),报告疑似鼠疫病人,报告不明原因的高热病人、急死病人;不私自捕猎疫源动物,不剥食疫源动物,不私自携带疫源动物及其产品出疫区〕的普及率要求达到100%。总指挥部鼠防领导小组将不定期抽查各单位鼠防宣传和鼠防知识普及率的情况。对不达标者，实行处罚和通报。

3. 各单位医务工作者必须熟知鼠疫防治知识并积极组织本单位的鼠防宣教工作。

4. 预防为主，切断传播途径

(1)各单位要严格执行总指及本单位下发的“鼠防措施”，并在实践中不断完善。对落实鼠防措施不力，致使引起鼠疫发生和流行的单位，按有关规定追究领导者的责任。

(2)在施工点和生活区临建前，要对周围的鼠、獭洞穴密度开展调查，不能在鼠、獭密集的地方建生活区，并在地方鼠防机构的指导下，进行灭鼠、保护性灭獭和堵洞，形成以生活居住区和施工沿线为中心的100米灭鼠灭獭隔离带。要每天巡视灭鼠灭獭隔离带，发现鼠、獭洞要立即投药、堵洞。

(3)对生活居住区内部要加强环境卫生管理，保持清洁卫生；要实行经常性的灭鼠，把鼠、獭密度控制在0.1只/亩以下。要每天检查隔离带、宿舍和居住环境的灭鼠情况，发现死鼠，立即深埋，并以死鼠为中心2米范围内进行消毒和灭蚤，并树立“消毒区”警示牌。

(七)监督保障

鼠防领导组织机构是否健全，相关管理文件是否齐全；各基层项目部是否建立防范措施。

1. 各单位要与管段内的公路、管线等其他施工队伍积极联系，在落实鼠防措施和参建人员的管理等方面进行协作，开展联合防疫。

2. 各单位务必要建立健全鼠疫防治档案。要求鼠防档案对管段内人员的自然分布情况、驻地周围的染疫动物活动情况、鼠防工作的开展及措施的落实情况、健康教育的开展情况、鼠防工作所需药品和器械的储备等情况有准确的动态记录。

3. 各单位每月要定期检查鼠防措施落实情况，对鼠防药物要实行专人、专柜保管，专人投放、回收。

4. 在施工点和生活区临建前，要对周围的鼠、獭洞穴密度开展调查，并在地方鼠防机构的指导下，进行灭鼠、保护性灭獭和堵洞，形成以生活居住区和施工沿线为中心的100米灭鼠灭獭隔离带。要每天巡视灭鼠灭獭隔离带，发现鼠、獭洞要立即投药、堵洞。

5. 办公室、宿舍每周进行一次灭蚤；生活区周围每月进行一次灭蚤。教育职工、民工培养良好的个人卫生习惯，要求宿舍整洁，衣物及床上用品勤洗勤晒。

6. 各医疗卫生单位要坚持经常性的内部环境消毒工作，保证日消毒两次，并做好记录。

各级领导要充分认识到鼠疫的危害性及严重性，要把鼠疫防治工作提升到体现“三个代表”和关乎青藏铁路建设整体荣誉的高度，当作一件大事来抓。各单位要由第一管理者亲自抓，负主要责任。各级领导在鼠防工作中要职责明确，做到对本单位鼠防工作情况明了，措施清楚。

文件12：

青藏铁路建设非典型肺炎防治预案

青藏总指〔2003〕72号

为确保在发生非典型肺炎疫情时，能够及时、高效、科学、有序地处理疫情，保障参建人员身体健康，保持建设队伍稳定，根据《中华人民共和国传染病防治法》《中华人民共和国传染病防治法实施办法》等有关法律法规，结合青藏铁路建设的实际情况，参照《西藏自治区非典型肺炎防治预案》，《格尔木市传染性非典型肺炎防治预案》特制定本预案。

一、防治原则

预防为主，严防死守，封闭管理，措施到位，确保安全卫生部已将传染性非典型肺炎列入法定传染病，并按照甲类传染病进行疫情报告。鉴于非典型肺炎传染性和致病力强，且目前尚无特效疗法，死亡率相对较高的特点，各级医疗机构和卫生人员如发现本单位内发生非典型肺炎病例或疑似病例后，要在4小时内上报青藏铁路建设总指挥部或青藏铁路建设总指挥部拉萨指挥部非典型肺炎防治领导小组办公室。

目前，非典型肺炎病例分三类情况报告，一是诊断病例，二是疑似病例，三是观察病例。要求各施工单位发现诊断和疑似病例后尽快报告，并做好记录，没有发现病例的单位实行零报告日报制度。

二、预防措施

公共场所是人群聚集的地方，人与人之间的接触密切而频繁，所以，加强在公共场所的个人防护将十分有助于抑制“非典”的流行。

（一）改善环境质量，加强通风、消毒

尽量避免去空气流通不畅、人口密集的公共场所。如必须去办公室、会议室等公共场所，应尽可能打开门窗，进行自然通风；保持办公用具和器材的清洁；保持环境卫生清洁，及时清理垃圾，减少灰尘飞扬。要保证室内充足的新鲜空气，在使用分体空调的房间，也要经常开窗通风；使用集中空调的场所，要尽可能关闭回风道，采用全新风工作方式，所有排风要直接排到室外，并经常清洗空调的隔尘网。在必要时，可对整个供气设备和送气管路用500～1 000 mg/L的含氯消毒剂溶液擦拭消毒。

（二）注意个人卫生，加强个人防护

1. 保持良好的个人卫生习惯，注意个人卫生，加强个人防护，应采取以下措施：

2. 打喷嚏或咳嗽时不要对着人群，应用手、手绢或纸巾等掩住口鼻；

3. 勤洗手，保持双手清洁，双手被呼吸系统分泌物弄污后（如打喷嚏后）应洗手；切勿与他人共用毛巾；实行分餐制，进餐使用自己的专用餐具；

4. 出现呼吸道感染病症的人员、照顾呼吸道感染病人的人员、医护人员应戴上口罩；与证实患上严重急性呼吸系统综合征的病人有密切接触后，由最后接触之日起计算至少十天内要戴上口罩；

5. 尽量避免直接用手揉眼睛，接触鼻子和口腔，以免通过眼、鼻腔和口腔粘膜感染非典型肺炎病毒；杜绝随地吐痰的不良习惯；

6. 预防“非典”人畜共患，定时对宠物进行消毒处理，尽量减少和宠物的接触等；

7. 在上述措施中，要重点防“病经手入”和“病从口入”，也就是科学洗手和正确使用口罩。

（三）科学洗手

1. 一般情况下，人的一只手上大约会沾附有40多万个细菌，而一些人经常抠鼻子、揉眼睛，可能会造成鼻子、眼睛粘膜的破损，致使呼吸道中的病菌、手上的病菌乘虚而入，因此科学洗手是防止“病从口入”的重要措施。

2. 以下情况需要洗手：饭前饭后；便前便后；吃药之前；接触过血液、泪液、鼻涕、痰液和唾液之后；做完清扫工作后；接触钱币后；户外运动、作业、购物后；抱孩子之前；接触眼、鼻、口前；戴口罩前和摘口罩后；接触共用物件如扶手、门柄、电梯按钮、共用电话等之后；从外面回家后；与患者接触后（接触过传染物品后更要经过反复消毒清洗）等。

3. 正确的洗手方法应该是用流动的水冲洗手部；使用肥皂或洗涤液均匀涂抹，反复搓揉不少于30秒；重复两到三遍；用流动的水冲洗干净，冲洗时手指尖向下，双手下垂，这样不会使脏水再次污染手和前臂。洗手时应注意清除容易沾染致病菌的指甲、指尖、指甲缝、指关节等部位、戴戒指的部位和水龙头开关。手洗净后，应用干净的个人专用毛巾、手绢、一次性消毒纸巾或“自动干手器”擦干或烘干双手，并注意手巾的清洗、消毒和及时更换。

（四）正确使用口罩

一般情况下，在室外的公共场所不需要戴口罩，但要注意避免直接接触其他人的喷嚏等呼吸道分泌物。以下人员被要求戴上口罩：出现呼吸道感染病症的人员；照顾呼吸道感染病人的人员；与证实患上严重急性呼吸系统综合征的病人有密切接触后，由最后接触之日起计算，至少十天内要戴上口罩；医护人员。一般推荐戴12～16层的口罩，戴口罩可对吸入的空气起到过滤作用。非典型肺炎主要通过飞沫和近距离接触传播，一般供外科手术使用的口罩和N95口罩，都有预防飞沫传播的功效，正确戴口罩，对预防非典型肺炎有一定作用。

戴口罩应注意佩戴前后必须清洗双手；口罩要紧贴面部，完全覆盖口鼻和下巴，使用外科手术专用口罩的，把口罩上的金属片沿鼻梁两侧压紧，防止病菌、粉尘、污物从口罩的边缘或鼻两侧的间隙中进入；口罩的两面不能交替使用，否则外层沾染的污染物在直接紧贴面部时吸入人体，成为传染源；口罩不戴时，应叠好放入清洁的纸袋内，将贴口鼻的一面向里折好；如果口罩被呼出的热气或唾液弄湿，会降低透气作用，也使得阻隔病菌的作用大大降低，因此，应每4～6小时要更换口罩；戴过的口罩应每日清洗一次，洗涤时应用开水烫5分钟，再用肥皂搓洗，清水洗净后在烈日下暴晒或用熨斗高温熨烫。

（五）加强锻炼，提高免疫能力

提高免疫能力十分重要。时值春季，气温冷暖不定，应根据天气变化，注意增减衣物；要保持正常的生活规律，注意均衡饮食；定时休息，避免过度劳累导致免疫力下降；经常到户外运动，呼吸新鲜空气，增强体质。以上都是增强免疫能力的有效方法。也有人为增强免疫力注射和服用提高免疫能力的针剂和药物，但这些都不是防治非典型肺炎的特效药，只可根据情况酌情使用。

以上措施看起来十分简单，但确实是最有效的，尤其是易感人群特别要注重日常的防护工作。需要强调的是，非典型肺炎的疑似病人要及时自我隔离、咨询和就医，不要与亲友近距离接触，也不要到公共场所去，最好立即请救护车将疑似病人送至医院确诊，不要打出租车或自行前往，以避免在去医院的途中增加感染其他人的可能。

（六）防堵查措施

1. 总指要在南山口设铁路公安值勤人员，进行24小时值班，对每一辆进出藏的车辆进行严格登记消毒，并对每个人体温测试，证件检查登记，严格查堵上山打工人员，对各施工单位上下山车辆和人员都要求有相关过卡介绍信才能放行。

2. 针对防堵中出现的新情况,及时采取应对措施,要求各单位坚持文明执勤,严格执法,尽职尽责,严防死守,坚决阻断"非典"传播渠道,确保青藏铁路建设的安全。

3. 施工单位要对本单位已上场协议工群体,进行逐个身份证登记,严禁个别人员通过不正当渠道混入施工生活区,一经发现单位领导及"非典"防治负责人要及时组织说服清退。

4. 各施工单位技术骨干及必要上场人员,或前期已上场人员休假及出差返回青藏线时,要严格执行上场前的封闭隔离规定。

5. 各单位"非典"防治机构要与上级管理部门及地方政府、医疗、交管部门密切协作,互通信息,达到群防群治,依靠各种手段严防死守,保证地区与施工队伍的安全。

(七)各施工单位要加强对重点部位、重点环节、重点人群的管理。特别是职民工宿舍、食堂、电梯间、卫生间及公众经常接触,使用的器具,包括柜台、桌椅、沙发、门把手、水龙头、公用电话、电梯开关、公厕、交通工具内部等的消毒。

(八)各单位"非典"防治机构要与上级管理部门及地方政府、医疗、交管部门密切协作,互通信息,并且要求服从当地政府、党委的统一领导、统一指挥、统一管理、统一行动,做到联防联控。依靠各种手段严防死守,保证地区与施工队伍的安全。

三、疫情的确认与分级

(一)非典型肺炎的确认

青藏铁路施工沿线首例病例(包括非参建人员去各单位卫生机构就诊者)由青海省或西藏自治区卫生行政部门组流行病学、临床医学和病原学专家组成的专家组确认。非首例病例由所在地地、市级以上疾病预防控制机构确认。

(二)疫情的分级

依据非典型肺炎发生的例数、传播速度、流行范围和趋势,将非典型肺炎疫情划分为三级:

一级疫情:管区内发生首例输入性病例,但未有继发病例发生。

二级疫情:管区内发生继发病例或发生多例输入性病例。

三级疫情:管区内发生 2 例以上继发病例。

四、指挥系统与技术指导组

(一)成立非典型肺炎防治领导小组

各单位第一负责人任领导小组组长。党工委、医疗卫生、宣传及综合办公室的有关人员或部门负责人为成领导小组成员。其职责是:贯彻党中央、国务院、铁道部、青藏铁路建设总指挥部有关非典型肺炎防治工作的方针、政策和工作部署。负责指挥、组织、协调非典型肺炎的防治工作。

领导小组下设办公室。其职责为:在非典型肺炎防治领导小组的领导下,负责领导小组日常工作,组织实施、检查、落实国家、铁道部、当地政府以及青藏铁路建设总指挥部有关非典型肺炎防治工作的方针和部署,制定防治预案和各种预防、控制疫情措施。负责与上级部门和当地政府非典型肺炎领导小组办公室的工作联系,坚持疫情上报制度。

各单位要加强与当地卫生行政部门、非典型肺炎防治领导小组及青藏铁路建设总指挥部、拉萨指挥部的联系,密切配合,依法开展防治工作。

（二）成立防治非典型肺炎技术小组

各单位要成立防治非典型肺炎的技术小组，由临床医师（主治医师以上职称）、卫生防疫人员及护士组成。一旦发生非典型肺炎疫情，能有条不紊地做好疫情检测和流行病学调查、临床救治、实验室检测、隔离、消毒等疫情预防控制工作。经过相应处理后及早下送格尔木或拉萨市指定的收治非典型肺炎医疗机构，并做好下送人员的防护措施及车辆、物品的消毒工作。

1. 制定本单位管区内医疗救治、预防控制等实施方案，并组织实施。

2. 组织、协调卫生技术力量，防治和控制疫情的发生和蔓延。

3. 组织开展卫生科普知识的宣传工作，作好卫生技术人员的培训；开展"非典"宣传教育工作，为了确保总指发生非典型肺炎疫情时，能及时、科学、有效、有序地进行处理。

4. 做好疫情的监测、报告，开展流行病学调查，迅速对疫情做出全面评估。

5. 疫情核实，提出疫点和疫区划分，启动或停止本预案的建议，并参与组织实施。

6. 组织实施疫点、疫区消毒隔离等预防控制措施。

7. 做好紧急疫情控制的物资储备，储备消毒药品、检测试剂、急救车辆、器械、防护用品等。

8. 做好预防控制人员的培训。

防治非典型肺炎技术小组职责是：

1. 组织实施疫点、疫区消毒隔离等预防措施卫生行政部门应该组织制定本单位医疗救治、预防控制等实施方案，并组织实施；

2. 组织非典病人隔离消毒、下送，完善各项预防方案，非典型肺炎知识的普及宣传等工作；

3. 建立紧急疫情控制物资储备和消杀灭药品、检测试剂、器件、防护用品等；

五、突发疫情的应急处理

各单位如果发现非典型肺炎病例或疑似病人采取就地隔离，立即报告格尔木市或拉萨市疾病控制中心，由疾病控制中心专车到场接送。路途较远（距拉萨、格尔木市距离超过150公里）时，经总指或拉萨指同意后，可以直接下送，并作好有关防护，避免交叉感染。

密切接触者与一般接触者的判定：

（一）密切接触者

1. 飞机

（1）一般情况下，民用航空器舱内非典病人或疑似病人座位的同排和前后各三排座位的全部旅客以及在上述区域内提供客舱服务的乘务员。

（2）乘坐未配备高效微粒过滤装置的民用航空器，舱内所有人员。

2. 铁路旅客列车

（1）乘坐全封闭空调列车，病人或疑似病人所在硬座、硬卧车厢或软卧同包厢的全部乘客和乘务人员。

（2）乘坐非全封闭的普通列车，病人、疑似病人同间软卧包厢内，或同节硬座（硬卧）车厢内同格及邻格的旅客，以及为该区域服务的乘务人员。

3. 汽车

（1）乘坐全密封空调客车时，与病人或疑似病人同乘一辆汽车的所有人员。

（2）乘坐通风的普通客车时，与病人或疑似病人同车前后3排座位的乘客和架乘人员。

4. 轮船

与病人或疑似病人同一舱室内的全部人员和为该舱室提供服务的乘务人员。

5. 日常生活、学习、工作中，曾与非典病人或疑似病人自其出现症状前3天起，有过较长时间近距离接触的下列人员：

(1)与病人或疑似病人共同居住的人员；

(2)与病人或疑似病人在一个教室内上课的教师和学生；

(3)与病人或疑似病人在同一工作场所(如办公室、车间、班组等)的人员；

(4)与病人或疑似病人共餐的人员；

(5)护送病人或疑似病人去医疗机构就诊或者探视过病人或疑似病人的亲属、朋友、同事或一般汽车司机；

(6)未采取有效保护措施，接触过病人或疑似病人的医护人员；

(7)其他已知与病人或疑似病人有密切接触的人员。

如与病人或疑似病人接触期间，病人有高热、打喷嚏、咳嗽、呕吐等剧烈症状，不论时间长短，均应作为密切接触者。

(二)一般接触者

1. 民用航空器内除了密切接触者之外的其他人员。

2. 乘坐非全封闭的普通列车，病人或疑似病人活动范围内除了密切接触者之外的其他乘客。

3. 乘坐通风的普通客车，同一车上除了密切接触者之外的其余人员。

4. 乘坐轮船时，病人或疑似病人活动范围内，除了密切接触者之外的其他乘客和乘务人员。

5. 日常生活、学习、工作中，除了密切接触者之外，其他曾与非典病人或疑似病人短暂接触的人员。

(三)处理原则

1. 密切接触者的处理原则

(1)隔离观察期限为14天(自最后接触之日算起)。

(2)交通工具中的密切接触者，离开交通工具后，应对其进行隔离观察。具体隔离地点可以根据具体情况安排在统一地点隔离观察或在家隔离观察。

(3)日常生活、学习、工作中曾接触非典病人或疑似病人的密切接触者，如接触时间是在非典或疑似病人出现症状后，应尽量安排集中隔离观察。如接触时间是在非典病人或疑似病人发生症状前，可在家隔离观察。

(4)在家隔离者不得外出并要注意家人的防护。隔离观察期间应采取如下措施：

由卫生行政部门指定的医疗卫生人员每日对病人的健康状况进行视察或电话联系并给予健康教育和指导；密切接触者应每天早晚各测试体温1次。

2. 一般接触者的处理原则

一般接触者原则上可以正常工作、学习。

(1)对交通工具中的一般接触者，留验站人员应登记所有有关信息，并通报旅行者目的地疾病预防控制机构。同时应向一般接触者讲明情况，告知其回到家中或住地后，应及时与当地疾病控制机构联系，由当地疾病控制机构指定的社区医务人员对其实施2周的观察。在观察期间，一般接触者应尽量减少与他人的接触，每天早晚各测量体温1次，并向基层或社区医务人员报告，医务人员应每天与他们取得联系，并给予必要的健康教育和指导。

(2)日常生活、学习、工作中曾接触非典病人或疑似病人的一般接触者应在接触后的14天内尽量减少与他人的接触,每天早晚各测量1次体温。

六、隔离措施

(一)基本要求

1. 医务人员要加强学习,掌握传染性非典型肺炎的临床特征、诊断标准、治疗原则,及时发现病人;要学习、掌握消毒、隔离和个人防护知识和措施。

2. 医院在易于隔离的地方设立相对独立的发热门(急)诊、隔离留观室,指定收治传染性非典型肺炎的医院设立专门病区。室内与室外自然风通风对流,自然通风不良则必须安装足够的通风设施(如排气扇),禁用中央空调。使用单机空调的消毒按照《关于做好建筑空调通风系统预防非典型肺炎工作的紧急通知》(建办电〔2003〕13号)有关规定执行。

3. 坚持首诊负责制。传染性非典型肺炎病人和疑似病人应当转到指定医院进行治疗。

4. 医院要重视消毒隔离工作,各部门要密切协作,确保消毒隔离措施和防护设施落实到位。要定期做好消毒监测,保证消毒效果。

5. 医院要合理安排医务人员力量,增强医务人员体质,避免过度劳累。

6. 医院普通诊室和其他病区要注意环境卫生、通风换气,做好消毒、清洁工作。

(二)隔离工作指导原则

1. 发热门(急)诊要独立设区,与其他门诊、急诊相隔离,有明显标识,按照流行病学要求,一般半径在50~100米。诊室消毒期间,应当有备用诊室,近距离内有隔离卫生间。

2. 有条件的,可以指定专门的检验室和放射检查室。

3. 隔离留观室按照流行病学要求,一般半径在50~100米,独立设区,有明显标识;分设清洁区、半污染区、污染区,各区无交叉;医务人员办公室与留观室分隔无交叉,并尽可能保持一定距离。

4. 留观病人一人一室,病人戴口罩,不得离开留观室,严禁病人间相互接触。

5. 积极进行鉴别诊断,排除上感、流感、细菌性或真菌性肺炎等。对暂时诊断不明,不能排除传染性非典型肺炎时,均需隔离留观。

(三)传染性非典型肺炎疑似病人病区

1. 通风良好,独立设区,与其他病区相隔离,有明显标识。

2. 分设清洁区、半污染区、污染区,各区无交叉。

3. 医务人员办公室与病房分隔无交叉,并尽可能保持一定距离。

4. 疑似病人一人一室,戴口罩,不得离开病房,严禁病人间相互接触。室内应当具备洗漱、排泄条件。

5. 严格探视制度,不设陪护,不得探视;如有病人危重等情况确需探视的,探视者必须严格按照本指导原则要求做好个人防护。

6. 病区出入口应当有专人检查出入人员是否符合本指导原则要求。

(四)传染性非典型肺炎病人病区

1. 通风良好,独立设区,与其他病区(包括疑似病人病区)相隔离,有明显标识。

2. 分设清洁区、半污染区、污染区,各区无交叉。

3. 病人戴口罩,不得离开病区。

4. 重症病人应当收治在重症监护病房或者具备监护和抢救条件的病室,收治传染性非典型肺炎病人的重症监护病房或者具备监护和抢救条件的病室不得收治其他常规病人。

5. 医务人员办公室与病房分隔无交叉,并尽可能保持一定距离。

6. 严格探视制度,不设陪护,不得探视;如有病人危重等情况确需探视的,探视者必须严格按照本指导原则要求做好个人防护。

7. 病区出入口应有专人检查出入人员是否符合本指导原则要求。

8. 消毒工作指导原则消毒范围:发热门(急)诊(包括指定的专门检验室和放射检查室)、隔离留观室和专门病区。未指定专门的检验室和放射检查室的,应当加强对检验室和放射检查室的消毒。

七、突发疫情具体处理措施

(一)各个单位根据指挥部下发的防治非典型肺炎预案,结合本单位的实际,制订防治非典型肺炎应急措施,保证在发生疫情时,能够采取及时果断的有效措施,防止疫情扩散。

(二)建立隔离病房。发生非典型肺炎时,根据污染的范围进行严格的隔离控制,并迅速查清与非典型肺炎病人或其分泌物品直接接触者,就地隔离观察。做好登记报告后及时下送格尔木指定的收治非典型肺炎医疗机构。

(三)对使用过的被服、口罩等要及时消毒。无纺布帽子、衣物、口罩、鞋套等用后应该放于污物袋内集中进行无害化处理。

(四)棉质衣、被、帽子、口罩等,可用500 mg/L有效氯消毒液浸泡30 min消毒,亦可以使用压力蒸气121 ℃ 20 min灭菌。浴盆使用1 000 mg/L有效氯消毒液浸泡30 min消毒。

(五)对不耐热的毛衣、毛毯、被褥、化纤尼龙制品等,可采用过氧乙酸熏蒸消毒。熏蒸消毒时,将需消毒的衣物悬挂在室内,密闭门窗。按每立方米使用15%过氧乙酸7 mL(1 g/m^3)折算,加热熏蒸1~2 h。

(六)对用过的纸、书报可以采用过氧乙酸气体熏蒸,方法同空气消毒。无应用价值的纸、书报可以焚烧处理。

(七)餐饮具应专用,用后单独消毒处理。剩余的食物煮沸15~20 min后方可弃倒。餐饮具消毒应该采用物理消毒方法,煮沸消毒15~30 min;红外线消毒碗柜,在温度达到125 ℃时,维持15 min。

(八)对不具备热力消毒的单位可以采用化学消毒。使用250~500 mg/L的含氯消毒液、0.5%过氧乙酸溶液浸泡食饮具,消毒作用30 min,消毒后用清水冲洗、空干保存备用。

(九)职民工每日测体温,体温计使用后即可以用有效氯为1 000 mg/L消毒液浸泡30 min;听诊器、血压计等物品,每次使用完后应该立即用75%的酒精擦拭消毒。

(十)生活垃圾要采用双层垃圾袋及时进行无害化处理,存放容器必须加盖,避免造成污染。

(十一)门卫人员应该配备隔离服、眼罩、手套、鞋套等个人防护用品,严格登记。配备体温计,并进行体温测定,体温正常后方可进入机关或营区。

(十二)执行堵截人员应该配备隔离服、眼罩、手套、鞋套等个人防护用品,确实作好非典型肺炎的个人防护。

八、医务人员防护

医务人员防护采取分级防护原则。

(一)一级防护

1. 适用于发热门(急)诊的医务人员。

2. 穿工作服、隔离衣,戴工作帽和12层以上棉纱口罩。

3. 每次接触病人后立即进行手清洗和消毒。手消毒用0.3%～0.5%碘伏消毒液或快速手消毒剂（洗必泰醇、新洁尔灭醇、75%酒精等）揉搓1～3 min。

（二）二级防护

1. 适用于进入隔离留观室和专门病区的医务人员，接触从病人身上采集的标本、处理其分泌物、排泄物、使用过的物品和死亡病人尸体的工作人员，转运病人的医务人员和司机。

2. 进入隔离留观室和专门病区必须戴12层以上棉纱口罩，每4 h更换1次或感潮湿时更换；穿工作服、隔离衣、鞋套，戴手套、工作帽。

3. 每次接触病人后立即进行手清洗和消毒。手消毒用0.3%～0.5%碘伏消毒液或快速手消毒剂（洗必泰醇、新洁尔灭醇、75%酒精等）揉搓1～3 min。

4. 对病人实施近距离操作时，戴防护眼镜。

5. 注意呼吸道及粘膜防护。

（三）三级防护

1. 适用于为病人实施吸痰、气管切开和气管插管的医务人员。

2. 除二级防护外，还应当加戴全面型呼吸防护器。

转运病人的医务人员和司机的消毒隔离防护按照本预案和《卫生部办公厅关于做好传染性非典型肺炎病人和疑似病人转运工作的通知》有关规定执行。

九、保障措施

（一）人员保障。各单位要组织非典型肺炎疫情防治的医疗性应急预备人员，随时待命参加病人的救治、就近下送和疫情的预防控制工作。

（二）技术保障。各单位医疗卫生机构要组织医务人员认真学习非典型肺炎的诊治及技术操作常规，以便在下送前和下送途中进行临时救治。

（三）物资保障。各单位根据需要储备应急设备、器械、治疗药品、消毒药品、急救车辆、检测试剂等。

（四）资金保障。保障预防、治疗药品及物品的经费投入，尤其要保障对劳务工的预防及治疗经费，对“非典”患者和疑似患者（含劳务工）实行免费治疗。

（五）机构保障。青藏铁路建设总指挥部、拉萨指挥部及各参建单位均成立非典型肺炎防治领导小组，并设办公室，实行24小时值班制度。格尔木市人民医院及西藏自治区第二人民医院为非典型肺炎定点收治单位。

（六）宣传保障。建立健全组织机构，作好职民工的宣传教育，做到“四早”即早发现、早报告、早隔离、早治疗，“四不漏”即每天测定体温不漏，每天环境消毒不漏，每天医务人员查铺不漏，每天上报疫情不漏。对药品器材以及消毒用品备足备全，对留观及疑似病人建立隔离制度。

（七）监督保障。防治领导组织机构是否健全，相关管理文件是否齐全；各基层项目部是否建立防范措施；非典防治报告制度是否建立，并执行日登记；对于职工及协议工是否执行每日测定体温规定，并且有记录；工作生活居住区是否执行每日消毒规定；对留观及疑似病人是否建立隔离制度；对预防性药品、器材及消毒隔离设施储备是否充足；对于必须上场的技术骨干是否执行隔离两周的规定；抽查职民工非典预防知识掌握情况；医疗单位对职民工是否认真执行夜间查铺制度；是否认真执行非典防预24小时值班制度；生活居住环境是否良好，民工宿舍是否规范整洁；公共食堂是否符合食品卫生要求，营养配餐是否合理；抗缺氧及增强免疫保健药品发放是否到位；对施工人员是否执行免疫接种；对无业流动打工人员是否执行杜绝进入施工、办工生活场所。

文件13：

青藏铁路建设突发公共卫生事件应急预案

为了有效预防、及时控制和消除突发公共卫生事件的危害，保障青藏铁路建设者身体健康与生命安全，保证青藏铁路建设的顺利进行，依照《中华人民共和国传染病防治法》、《突发公共卫生事件应急条例》和其他有关法律的相关规定，在总结前阶段防治非典和鼠防等工作实践经验的基础上，结合青藏铁路实际情况，特制定青藏铁路突发公共卫生事件应急预案。

一、工作原则

突发公共卫生事件（以下简称突发事件），是指突然发生，造成或者可能造成社会公众健康严重损害的重大传染病疫情、群体性不明原因疾病、重大食物和职业中毒以及其他严重影响公众健康的事件。突发事件应急工作，应当遵循预防为主，常备不懈的方针，贯彻统一领导、分级负责、反应及时、措施果断、依靠科学、加强合作的原则。

二、组织保障

（一）突发事件应急处理领导小组

青藏总指成立突发事件应急处理领导小组，由总指主管领导担任组长，小组成员由医疗卫生部和有关部门负责人组成。其职责是：贯彻党中央、国务院、铁道部有关突发事件应急工作的方针、政策。负责对青藏铁路突发事件应急处理的统一领导、统一指挥。

领导小组下设办公室。其职责为：在突发事件应急处理领导小组的领导下，负责开展突发事件的日常监测，组织实施、检查、落实国家、铁道部、当地政府以及青藏铁路建设总指挥部有关突发事件应急工作的方针和部署，确保监测和预警系统的正常运行。制定防治预案和各种预防、控制疫情措施。负责与上级部门和当地政府突发事件应急处理领导部门的工作联系。

（二）突发事件应急处理技术小组

青藏总指成立由各参建单位医疗骨干组成的突发事件应急处理技术小组，各施工单位要组织由临床医师（主治医师以上职称）、卫生防疫人员及护士组成。其职责是：一旦发生突发事件，及时赶赴做好疫情检测和流行病学调查、临床救治、实验室检测、隔离、消毒等疫情预防控制工作。

（三）突发事件应急处理体系

1. 青藏铁路建设各参建单位要成立相应的突发事件应急处理领导机构，明确领导负责人。

2. 组织制订突发事件应急预案，要结合实际情况制订预防和控制传染病和食物中毒等处理方案。

3. 建立突发事件的应急队伍，定期开展突发事件应急处理相关知识、技能的培训，定期进行突发事件应急演练，推广最新知识和先进技术。组织医疗卫生人员深入工点防病治病和进行技术指导。

4. 做好必需药品、器械、物资的准备工作，加强急救医疗服务网络的建设，配备相应的医疗救治药物、技术、设备和人员，提高医疗卫生机构应对各类突发事件的救治能力，一旦发生突发事件，及时采取果断措施，力求迅速把疫情控制和扑灭在初发阶段。

5. 建立健全应急工作制度，在青藏铁路建立起“信息畅通、反应快捷、指挥有力、责任明确”的处理突发公共卫生事件的应急机制，依靠当地政府的配合，对突发公共卫生事件能够及时、高效、科学、有序地处理。

三、突发事件的分级

根据突发事件性质、危害程度、波及范围，突发事件划分为一般突发事件、重大突发事件和特大突发事件。

（一）一般突发事件是指在局部地区发生，尚未引起大范围扩散或传播，还没有达到规定的重大突发事件标准的事件。

1. 在边远、地广人稀、交通不便的局部地区发生肺鼠疫、肺炭疽病例，流行范围在一个乡及一个施工营地以内，一个平均潜伏期内病例数未超过5例；

2. 发生传染性非典型肺炎病例；

3. 发生腺鼠疫病例并在施工区段内局部流行病例数未超过20例；

4. 霍乱在施工区段内发生，1周内发病10～30例；或疫情波及2个及以上施工区段，发病15～50例；或首次在地级以上城市的市区发生；

5. 一周内在一个施工区段内乙、丙类传染病发病水平超过5年同期平均发病水平1倍以上；

6. 动物间鼠疫流行猛烈，可能影响公众健康和社会稳定；

7. 在一个施工区段内发现群体性不明原因疾病；

8. 食物中毒30人以上100人以下，无死亡病例报告；或食物毒30人以下，但事故发生在一个施工区段内；

9. 预防接种或职工、民工预防性服药出现群体性反应或其他中毒等不良反应；

10. 个人全身受照剂量≥1 Gy且受危害人数10人以下，或个人全身受照剂量≥0.5 Gy、受照人员剂量之和≥20 Gy的放射性突然发事件；

11. 发生急性职业病10人以上50人以下，死亡5人以下的；

12. 其他对公众健康可能造成危害的突发事件。

（二）重大突发事件是指突发事件在较大范围发生，出现疫情扩散，尚未达到规定的特大突发事件标准的事件。

1. 在边远、地广人稀、交通不便地区发生肺鼠疫、肺炭疽病例，疫情波及2个及以上施工区段，一个平均潜伏期内发病5例及以上；或其他地区出现肺鼠疫、肺炭疽病例；

2. 发生传染性非典型肺炎续发病例；或疫情波及2个以上施工区段；

3. 腺鼠疫发生流行，流行范围波及2个及以上施工区段，在一个平均潜伏期内多点连续发病20例及以上；

4. 霍乱在一个施工区段范围内流行，1周内发病超过30例；或疫情波及2个及以上施工区段，1周内发病超过50例；

5. 乙、丙类传染病疫情波及两个以上施工区段，一周内发病水平超过前5年同期平均发病—水平1倍以上；

6. 发生群体性不明原因疾病，扩散到县以外的地区；

7. 预防接种或职工、民工预防性服药出现人员死亡；

8. 食物中毒人数超过100人的或死亡1人以上；

9. 个人全身受照剂量≥1 Gy且受危害人数10以上，或个人全身受照剂量≥0.5 Gy、受照人员剂量之和≥40 Gy的放射性突发事件；

10. 发生急性职业病50人以上或者死亡5人以上；

11. 丢失放射性物质，其放射性活度(Bq)密封型≥4×10^6，非密封型≥4×10^5；

12. 鼠疫、炭疽、传染性非典型肺炎、艾滋病、霍乱、脊髓灰质炎等菌种、毒种丢失；

13. 省级以上卫生行政部门认定的其他重大突发事件。

（三）特大突发事件是指影响大，波及范围广，涉及人数多，出现大量病人或多例死亡，危害严重的突发事件。

1. 肺鼠疫、肺炭疽在城市发生；或人口稀少和交通不便地区，1个施工区段范围内在一个平均潜伏期内发10例及以上；或疫情波及2个及以上的施工区段；

2. 传染性非典型肺炎，疫情波及2个及以上省份，并有继续扩散的趋势；

3. 群体性不明原因疾病或新发传染病，同时涉及多个省份，并有扩散趋势，造成重大影响；

4. 重大生物和化学污染、放射事故，出现大量人员伤亡；

5. 国务院卫生行政部门认定的其他特大突发事件。

四、突发事件的报告与通报

（一）突发事件的报告

建立突发事件信息报告系统，青藏铁路建设总指挥部医疗卫生部制定突发事件报告管理制度

1. 突发事件的责任报告单位和责任报告人

(1)青藏铁路建设三级医疗机构；

(2)参建单位卫生行政部门；

(3)有关单位，主要包括突发事件发生单位、与群体健康和卫生保健工作有密切关系的机构，如质量监督及检验检疫机构、环境保护监测机构和药品监督检验机构等；

(4)执行职务的医疗卫生机构的医务人员为责任报告人。

2. 任何单位和个人有权向总指及各级人民政府及其有关部门报告突发事件及其隐患，有权向上级政府部门举报不履行或者不按照规定履行突发事件应急处理职责的部门、单位及个人。

3. 突发事件的报告时限和程序

突发事件监测报告机构、医疗卫生机构和有关单位发现突发事件，应当在2h内向所在地县级人民政府卫生行政部门报告。同时报告青藏铁路建设总指挥部医疗卫生部或拉萨指医疗卫生部。

青藏总指或拉萨指医疗卫生部接到报告应当在2h内向当地人民政府报告，并同时向铁道部卫生行政部门报告。

（二）突发事件的通报与信息发布

1. 突发事件发生后，由青藏总指根据省、自治区人民政府卫生行政部门通报的突发事件的情况，及时向可能波及的施工单位通报；

2. 接到有关突发事件可能波及青藏铁路建设的情况通报后，总指医疗卫生部应及时组织各参建单位医疗卫生机构做好防范工作；

3. 总指医疗卫生部，对已经发生的突发事件或者发现可能引起突发事件的情形时，应当及时向当地人民政府卫生行政部门通报。

五、预防监测

（一）各参建单位建立完善的突发事件监测与预警系统，加强疾病监测和疫情报告。

（二）做好水源保护和饮水消毒。保障饮水卫生是预防控制肠道传染病的关键措施。要着重做好分散式饮用水消毒，要鼓励职工、民工喝开水，在没有条件的地方，要推行用漂白粉及漂白粉精片对饮水进行消毒。饮水消毒措施要落实到各工点。要划定临时饮水水源区域，并做好水源保护工作。加强对饮用水的消毒处理，定期进行水质检验。

（三）要组织各施工单位项目部，大力开展爱国卫生运动，搞好环境卫生，组织专人指导职工、民工，及时清除、处理垃圾、人畜粪便消毒和卫生处理。

（四）消灭蚊蝇鼠害。为保护聚集人群，应重点实施对民工帐篷、临时垃圾点、厕所的蚊蝇、鼠类的消毒杀灭工作。并对生活工作区内垃圾、粪便进行药物喷洒消毒处理。

（五）做好食品卫生监督管理工作，防止食物中毒发生。要对职工、民工进行宣传教育，防止食用腐败变质的食品，误食被农药和其他化学工业品污染的食品及毒蕈。严格执行《食品卫生法》以保障食品安全。

（六）利用各种宣传手段，做好职工、民工的卫生防病宣传教育工作。各参建单位要结合实际情况，因地制宜地把简便易行的各种防治措施和卫生知识教给职工、民工。组织职工、民工制订突发公共卫生事件爱国卫生公约，促进职工、民工自觉地提高自我防病和自我保护能力。

（七）充分发挥三级医疗机构的作用，层层负责，配备一定的药品器材，开展群防群治，使各项宣传教育、防病治病的技术措施在各个环节得到落实，做到防病治病到位。

（八）做好突发事件的应急准备，把突发疫情、灾害事故的伤亡控制在最低限度。为此，各参建单位都要制订相应的应付突发事件的预防控制和医疗急救救护的各种预案，充分做好组织协调、队伍配备训练、药械物资供应等准备工作，随时准备处理突发事件的发生。

六、突发事件的应急反应

（一）一般突发事件的应急反应

1. 青藏总指的应急反应

青藏总指在接到疫情报告后，立即组织有关部门协助医疗卫生部做好疫情信息收集、人员的隔离、依法进行疫区的确定与封锁、公共卫生设施的落实和卫生宣传教育工作；启动应急储备基金和物资；保证突发事件应急处理所需的医疗救治和防护设备、药品、医疗器械等物资的生产、供应；保障因突发事件致病、致残人员得到及时、有效治疗，必要时可向当地人民政府提出启动省级突发事件应急预案的建议，使各有关部门处于应急，准备状态，做好处理准备。

2. 参建单位应急反应

参建单位在接到卫生行政部门、医疗机构的突发事件报告后，立即组织应急卫生救治队伍和有关技术人员到达现场，并调集应急物资和设备。并及时向当地卫生行政部门和总指医疗卫生部报告突发事件的情况。根据突发事件类别、性质和严重程度，决定是否向兄弟单位或当地卫生行政部门请求支持和指导。

（二）重大突发事件的应急反应

1. 青藏总指的应急反应

（1）成立青藏铁路应急处理指挥部，迅速组织应急卫生救治队伍和有关人员到达突发事件现场，配合自治区、省人民政府卫生行政部门进行采样与检测、流行病学调查与分析等，判定事件的性质、类别和严重程度，同时分析突发事件的发展趋势，提出应急处理工作建议，及时向省人民政府和铁道部卫生行政部门报告有关情况。

(2)配合当地政府制定和实施突发事件应急处理技术方案,组织开展医疗救治、传染病人及其密切接触者的隔离,开展突发事件病因查找和确证工作。

(3)对重大中毒突发事件危害范围做出判断,判明引起事件的毒物种类及数量,提出现场处置方案,指导和组织群众采取各种措施进行自身防护。

(4)建议省、自治区人民政府是否启动突发事件应急预案。

2. 参建单位的应急反应

(1)各参建单位接到突发事件报告后,根据卫生行政部门的建议,启动本单位的突发事件应急预案,成立突发事件应急处理指挥部,服从当地人民政府应急处理的统一领导和指挥,配合总指及当地人民政府的应急处理工作。

(2)紧急调集和征集有关人员、物资、交通工具以及相关设施、设备;进行现场隔离、疫区的确定与封锁;启动应急贮备基金和物资;协助当地卫生行政部门实施必要的措施。

未发生突发事件的施工区段,要服从上级突发事件应急处理指挥部的调度,支援突发事件发生地的应急处理工作。同时,采取必要的预防控制措施,防止突发事件在本辖区内发生。

(三)特大突发事件的应急处理

1. 青藏总指的应急反应

青藏总指根据突发事件的类别和性质成立突发事件应急处理指挥部,在国家及省、自治区应急指挥部的统一领导和指挥下,结合本地区的实际情况,组织协调各施工单位开展突发事件的应急处理工作。

2. 参建单位的应急反应

各施工单位卫生部门负责对本施工区段突发事件的监测和报告、分析和预警:组织和协调医疗卫生机构开展现场调查、医疗救治和预防控制等措施。

公安干警要做好维护社会治安工作,严厉打击各种违法犯罪活动,组织、协调、配合地方公安机关做好突发事件区域的治安管理,协助实施对病人和密切接触者的隔离。

根据突发事件处理的需要,做好上级应急处理指挥部交办的相关工作等。

任何单位和个人应当积极配合、支持突发事件应急处理专业机构进行现场调查处理、采样、技术分析、检验以及应急处理技术指导等工作,不得以任何理由拒绝或妨碍工作开展。

文件 14：

2003 年期间三级卫生机构明细

青藏铁路三级医疗机构名细（2003 年）

序　号	名　称	地　址
1	五道梁三级医疗救治站（格铁医院承担）	五道梁
2	沱沱河三级医疗救治站（中铁三局承担）	沱沱河
3	唐古拉冰站三级医疗救治站（中铁十九局承担）	唐古拉冰站
4	安多三级医疗救治站（中铁十八局承担）	安多县
5	那曲三级医疗救治站（西藏军区总院承担）	那曲辽宁北路
6	当雄三级医疗救治站（西藏军区总院承担）	当雄县

青藏铁路二级医疗机构名细（2003 年）

序　号	名　称	地　址
1	中铁五局青藏铁路医疗救治中心	格尔木石化小区
2	中铁十二局青藏铁路工地医院	清水河
3	中铁十四局青藏铁路工地医院	五道梁
4	中铁二十局青藏铁路工地医院	风火山
5	中铁三局青藏铁路工地医院（兼三级医疗）	沱沱河
6	中铁一局青藏铁路工地医院	沱沱河
7	中铁四局青藏铁路工地医院	通天河
8	中铁十六局青藏铁路工地医院	雁石坪
9	中铁十七局青藏铁路工地医院（兼三级医疗）	唐古拉兵站
10	中铁十八局青藏铁路工地医院（兼三级医疗）	安多县城
11	中铁十一局青藏铁路工地医院	安多县城
12	中铁十九局青藏铁路工地医院	那曲扎仁镇
13	安能公司青藏铁路工地医院	青藏铁路 DK1452
14	新疆建设兵团青藏铁路工地医院	青藏铁路 DK1630
15	中铁隧道局青藏铁路工地医院	那曲县
16	中铁二十一局青藏铁路工地医院	那曲桑雄岭
17	中铁十三局青藏铁路工地医院	当雄乌玛塘
18	中铁五局青藏铁路工地医院	当雄县
19	中铁十五局青藏铁路工地医院	当雄县
20	中铁二局青藏铁路医疗中心	羊八井
21	中铁八局青藏铁路保健站	堆龙得庆加热乡
22	中铁大桥局卫生所	拉萨市
23	中铁建厂局卫生所	拉萨市

青藏铁路一级医疗卫生机构名细(2003年)

序　　号	单 位 名 称		地址(青藏铁路或公路里程)
1	中铁五局(5标)	一项目部卫生所	GK2895
2		二项目部卫生所	GK2900+500
3		三项目部卫生所	GK2886+500
4		四项目部卫生所	DK947+400
5		五项目部卫生所	GK2906+900
6		六项目部卫生所	大干沟电站
7		七项目部卫生所	DK1005+700
8	中铁十二局	一项目部卫生所	GK2919+700
9		二项目部卫生所	GK2982+800
10		三项目部卫生所	GK2937+200
11		四项目部卫生所	GK2931+500
12		六项目部卫生所	GK2984+300
13		七项目部卫生所	GK2991+700
14		制梁厂卫生所	GK2803
15		物资储备基地卫生所	GK2917
16	中铁十四局	一公司卫生所(3标)	DK935
17		二公司卫生所(3标)	DK929
18		三公司卫生所(3标)	DK921
19		五公司卫生所(3标)	DK942
20		六公司卫生所(3标)	DK954
21		七公司卫生所(3标)	DK948
22		一公司卫生所(12标)	DK1093
23		二公司卫生所(12标)	DK1085
24		三公司卫生所(12标)	DK1097
25		四公司卫生所(12标)	DK1103
26		六公司卫生所(12标)	DK1108
27	中铁二十局	机械一队卫生所	GK3055
28		机械二队卫生所	GK3084
29		路桥一队卫生所	GK3068+600
30		路桥二队卫生所	GK3071+800
31		路桥三队卫生所	GK3049+300
32		隧道一队卫生所	GK3074+100
33		隧道二队卫生所	GK3078+400
34		预制厂卫生所	GK3065
35	中铁三局	一项目部卫生所	GK3415+000
36		二项目部卫生所	GK3088+500
37		三项目部卫生所	GK3034+100
38		四项目部卫生所	GK3121+900
39		五项目部卫生所	GK3041+000
40		六项目部卫生所	GK3106+500

续上表

序　号	单 位 名 称		地址（青藏铁路或公路里程）
41	中铁一局	一项目部卫生所	GK3197 + 500
42		二项目部卫生所	GK3168 + 500
43		三项目部卫生所	GK3160 + 600
44		四项目部卫生所	GK3168 + 800
45		铺架卫生所	铺架车
46	中铁一局	制梁厂卫生所	南山口
47	中铁四局	一队卫生所	GK3206
48		二队卫生所	通天河
49		三队卫生所	GK3231 + 500
50		四队卫生所	GK3231 + 800
51		五队卫生所	雁石坪
52		六队卫生所	GK3238
53		七队卫生所	GK3212
54	中铁十六局	一项目部卫生所	GK3245
55		二项目部卫生所	GK3265
56		三项目部卫生所	GK3278
57		四项目部卫生所	GK3269
58	中铁十七局	第一卫生所	DK1401
59		第二卫生所	DK1407
60		第三卫生所	DK1417
61		第四卫生所	GK3306
62		第五卫生所	唐古拉兵站
63	中铁十八局	一项目部卫生所	DK1486
64		二项目部卫生所	DK1493
65		三项目部卫生所	DK1503
66		四项目部卫生所	DK1524
67		五项目部卫生所	DK1443
68		六项目部卫生所	DK1427
69		六项目部石砟厂卫生所	GK3450
70	中铁十一局	株洲桥梁厂卫生所	南山口
71		铺架项目部卫生所	安多县
72		制梁项目部卫生所	安多县
73	安能公司	一项目部卫生所	DK1458 + 250
74		二项目部卫生所	DK1466 + 600
75		三项目部卫生所	DK1474 + 430
76		四项目部卫生所	DK1471 + 430
77	中铁十九局	一项目部卫生所	DK1639 + 800
78		二项目部卫生所	DK1654 + 300
79		机工处项目部卫生所	DK1585 + 000
80		四公司项目部卫生所	DK1538 + 400
81		五公司项目部卫生所	DK1671 + 200

续上表

序　号	单位名称		地址(青藏铁路或公路里程)
82	新疆建设兵团	一项目部卫生所	DK1612
83		二项目部卫生所	DK1628
84		三项目部卫生所	DK1598
85	中铁隧道局	一工区保健站	DK1673 +360
86		二工区保健站	DK1688 +750
87		三工区保健站	DK1702 +050
88	中铁二十一局	一项目部卫生所	DK1739 +434
89		二项目部卫生所	DK1712 +050
90	中铁十三局	一项目部卫生所	DK1766 +100
91		二项目部卫生所	DK1781 +100
92		三项目部机械队卫生所	DK1802 +100
93		三项目部施工一队卫生所	DK1805 +000
94	中铁五局(27标)	二项目部卫生所	DK1819 +360
95		三项目部卫生所	DK1847 +005
96		七项目部卫生所	DK1829 +400
97	中铁十五局	一项目部卫生所	DK1882 +330
98		二项目部卫生所	GK3738 +600
99		三项目部卫生所	DK1864 +460
100		四项目部卫生所	DK1870 +800
101		五项目部卫生所	DK1855 +250
102		机械设备项目部卫生所	DK1852 +250
103		都匀制枕厂卫生所	南山口
104	中铁二局	一项目部卫生所	DK1927
105		二项目部卫生所	DK1931
106		机筑项目部卫生所	DK1922
107		四项目部卫生所	DK1929
108		五项目部卫生所	DK1933
109	中铁八局	加热保健站	DK1980
110		中桥保健站	DK1987
111	中铁大桥局	一工区卫生所	DK1996 +200
112		三工区卫生所	拉萨河大桥工地
113		二工区卫生所	拉萨
114	中铁建工集团	车站工地卫生所	拉萨火车站
115		指挥部卫生所	拉萨

文件 15：

高原病诊断标准

1. 急性轻症高原病诊断评分及分度标准

症状分度及评分见表 1；病情分度及标准见表 2。

表 1　急性轻症高原病症状分度与评分

症　状	分度	评分
头痛		
1. 头痛不明显，无痛苦表情，不影响日常活动	±	1
2. 头痛较轻，有痛苦表情，服一般止痛药后明显好转，不影响日常活动	+	2
3. 头痛较重，有痛苦表情，服一般止痛药后有所缓解，影响日常活动	+ +	4
4. 头痛很重，不能忍受，卧床不起，服一般止痛药无效	+ + +	7
呕吐		
1. 日呕吐 1 ~ 2 次，呕吐物以食物为主，服一般止吐药后明显好转，不影响日常活动	+	2
2. 每日呕吐 3 ~ 4 次，最后呕吐物为胃液，服一般止吐药后有所缓解，影响日常活动	+ +	4
3. 每日呕吐 5 次以上，卧床不起，服一般止吐药无效	+ + +	7
其他症状		
头昏、恶心、心慌、气短、胸闷、眼花、失眠、食欲减退、腹胀、腹泻、便秘、口唇发绀、嗜睡、手足发麻	各计 1 分	

表 2　急性轻症高原病分度及标准

分　度	标　准
基本正常(±)	总计分 1 ~ 4 分
轻度(+)	头痛(+)，或呕吐(+)，或总计分 5 ~ 10 分
中度(+ +)	头痛(+ +)，或呕吐(+ +)，或总计分 11 ~ 15 分
重度(+ + +)	头痛(+ + +)，或呕吐(+ + +)，或总计分 16 分以上

2. 高原肺水肿诊断标准

2.1　现场诊断标准

2.1.1　发病：近期抵达高原（一般在海拔 3 000 m 以上）。

2.1.2　症状：静息时呼吸困难，胸闷压塞感。咳嗽，咳白色或粉红色泡沫状痰，无力或活动能力减低。

2.1.3　体征：一侧或双侧肺野出现湿性罗音或喘鸣，中央性紫绀，呼吸过速，心动过速。

症状、体征各至少具有两项可作出诊断。

2.2　临床诊断标准

2.2.1　近期抵达高原（一般在海拔 3 000 m 以上），出现静息时呼吸困难、咳嗽、咳白色或粉红色泡沫状痰。

2.2.2　中央性紫绀、肺部湿性罗音。

2.2.3　胸部 X 线是诊断的主要依据。可见以肺门为中心向单侧或两侧肺野呈点片状或云絮状浸润阴影，常呈弥漫性、不规则性分布，亦可融合成大片状阴影。心影多正常，但亦可见肺动脉高压及右心增大征象。

2.2.4　经临床及心电图等检查排除心肌梗死、心力衰竭等其他心肺疾患，并排除肺炎。

2.2.5 经卧床休息、吸氧等治疗或低转,症状迅速好转,X线征象可于短期内消失。

3. 高原脑水肿诊断标准

3.1 现场诊断标准:

3.1.1 近期抵达高原,一般在海拔3000 m以上发病。常先患急性轻症高原病,并为重度急性轻症高原病。

3.1.2 患急性轻症高原病后出现精神状态改变及/或共济失调,或未患急性轻症高原病但出现精神状态改变及共济失调(神经精神症状按程度依次分为冷漠/倦怠、定向障碍/精神混乱,昏睡/半意识,昏迷。共济失调按程度分为平衡技巧失调,步幅出线,跌倒,不能站立)。

3.2 临床诊断标准

3.2.1 近期抵达高原后发病,在海拔3000 m以上。

3.2.2 神经精神症状:剧烈头痛、呕吐、表情淡漠、精神忧郁或欣快多语、烦躁不安、步态蹒跚、共济失调(Romberg征阳性)。随之神志恍惚,意识蒙眬、嗜睡、昏睡以致昏迷,也可直接发生昏迷。可出现肢体功能障碍、脑膜刺激征及/或锥体束征阳性。

3.2.3 眼底:可出现视乳头水肿及/或视网膜出血、渗出。

3.2.4 脑脊液:压力增高,细胞及蛋白无变化。偶有血性脑脊液。

3.2.5 排除急性脑血管病、急性药物或一氧化碳中毒、癫痫、脑膜炎、脑炎。

3.2.6 经吸氧、脱水剂、皮质激素等治疗及低转症状缓解。

4. 高原衰退症诊断标准

4.1 发生于久居海拔3000 m以上的移居者或长期逗留海拔5000 m以上的登山人员。

4.2 脑力衰退表现为头痛、头昏、失眠、记忆力减退、注意力不集中、思维、判断能力降低、情绪不稳和精神淡漠等。

4.3 体力衰退表现为食欲减退、体重减轻、疲乏无力、劳动及工作能力降低、性功能减退、月经失调等。

4.4 伴随症状有血压降低、脱发、牙齿脱落、指甲凹陷、间歇浮肿、轻度肝大等。

4.5 不伴有红细胞增多和显著肺动脉高压。

4.6 病程迁延,呈波动性,但逐渐加重,出现持续进行性衰退,但转至海拔低处或海平地区,症状逐渐减轻消失。

5. 高原红细胞增多症诊断标准

5.1 一般在海拔3000 m以上高原发病,多为移居者,少数世居者亦可罹患。病程呈慢性经过。

5.2 临床表现:主要是头痛、头晕、乏力、睡眠障碍、紫绀、结合膜充血、皮肤紫红等多血症病状。

5.3 血液学参数具有以下三项:$RBC \geq 6.5 \times 10^{12}/L$,$Hb \geq 200\ g/L$,$HCT \geq 65\%$(目前的诊断标准:男性$Hb \geq 210\ g/L$,女性$\geq 190\ g/L$)。

5.4 除外真性红细胞增多症和其他继发性红细胞增多。

5.5 转至海拔低处症状减轻,病情逐渐好转,RBC、Hb、Hct值逐渐降低。

6 成人高原心脏病诊断标准

6.1 高原发病一般在海拔3000 m以上。移居者易患,世居者亦可罹患。

6.2 临床表现主要为心悸、胸闷、呼吸困难、乏力、咳嗽、紫绀、P_2亢进或分裂,重症者出现尿少、肝大、下肢水肿等右心衰竭体征。

6.3 肺动脉高压征象表现为下4项:心电图(心电轴右偏及明显右心室肥厚);超声心动图(右

室流出道≥33 mm，右室内径≥23 mm)；X 线胸片(右肺下动脉干横径≥17 mm 及或右肺下动脉干横径与气管横径比值≥1.10)；心导管(肺动脉平均压≥3.3 kPa，25 mmHg)。无肺动脉压测定时，需具有两项以上始可诊断。

6.4　排除其他心血管疾病，特别是慢性阻塞性肺疾患、肺心病。

6.5　转至海拔低处病情缓解，肺动脉高压及心脏病损逐渐恢复正常。

7　混合型慢性高原病诊断标准

7.1　发病一般在海拔 3 000 m 以上，发生于久居高原的平原移居者和少数高原世居者，曾经一度适应高原，其后逐渐发病，呈慢性经过。

7.2　无其他心肺疾患和尘肺。

7.3　临床表现为高原红细胞增多症(HAPC)和高原心脏病(HAHD)症状、体征的综合。

7.4　符合高原心脏病诊断中肺动脉高压的条件。

7.5　符合高原红细胞增多症诊断中血液学参数的条件。

7.6　转至海拔低处病情逐渐好转。

文件 16：

铁道部、卫生部文件

关于做好青藏铁路卫生保障工作的通知

铁劳卫〔2006〕90 号

各铁路局，青海省、西藏自治区卫生厅：

为保障青藏铁路运营期间广大旅客和铁路职工的身体健康，现对青藏铁路卫生保障工作提出如下要求，请遵照执行。

一、提高认识，明确青藏铁路卫生保障工作目标

青藏铁路运营期间，每天将有数千名旅客乘坐铁路旅客列车通过高原，并有数百名铁路职工坚守高原岗位工作。做好青藏铁路卫生保障工作，有效预防旅客和铁路职工发生高原病，及时救治患病人员和防止传染病借铁路运输传播，对于落实科学发展观和构建社会主义和谐社会的要求、保障人民群众身体健康、促进两省区经济社会发展，具有十分重要的意义。青海、西藏两省区各级人民政府及有关部门、单位要提高思想认识，加强组织领导，切实做好青藏铁路卫生保障工作。

要坚持"预防为主、防治结合、加强监护、及时救治"的原则，将高原病预防、救治和防止鼠疫等传染病借铁路运输传播作为工作重点，建立青藏铁路卫生保障管理体系，采取措施，有效防控，努力实现青藏铁路运输"高原病零死亡、人间鼠疫病零传染"的工作目标。

二、明确任务，认真落实青藏铁路卫生保障措施

加强青藏铁路旅行卫生知识宣传，提醒旅客做到健康出行。在青藏铁路运行的旅客列车宜配备制氧设备，提供供氧条件；储备相应的应急物品和个人防护用品；设置列车医疗点并由医务人员随车提供医疗服务，及时救治患病人员；对病情严重、列车难于处理的患病人员，应安排就近送往当地有救治能力的医疗机构。

对从事高原铁路工作的职工应安排岗前、岗间和适应性体检，进行高原从业健康知识培训，对沿线职工应开展习服适应。要严格执行高原作业劳动时间、定期轮换等劳动保护规定，配备必需的个人防护用品和防病药品，在生产、生活场所设置供氧条件。要与沿线医疗机构建立医疗服务关系，使患病职工及时得到医疗救治。对身体不适应高原环境的人员，要妥善安置。

搞好铁路站车、沿线工区环境卫生，断绝鼠粮、堵塞鼠洞，加强鼠情监测和灭鼠工作，禁止捕食旱獭。对发现不明原因群死动物等事件，要建立报告制度。对发现的鼠疫（疑似）病人，要按照国务院《国内交通卫生检疫条例》的有关规定，做好人员隔离、诊治和疫情报告、处理工作。做好食品卫生管理，防止食物中毒事件发生。

逐步建立和完善沿线医疗救治体系。当前，针对青藏铁路沿线卫生资源相对短缺的特殊情况，青藏铁路公司等用人单位要按照委托服务合同明确的工作范围安排一定经费，支持医疗机构设置列车医疗点、委派医生开展随车医疗服务和巡回医疗。要完善职工基本医疗保险制度，理顺医疗服务关系，解决沿线职工的就医问题。今后，各级政府要重点加强青藏铁路唐古拉山以北地区医疗机构建设，提高唐古拉山以南地区医疗机构的诊疗技术水平，为铁路运输安全提供后勤保障。

三、明确职责，切实履行卫生保障工作责任义务

卫生部、铁道部领导青藏铁路卫生保障工作，负责青藏铁路卫生保障工作的宏观管理、协调指挥

和监督指导，确定各有关部门和用人单位的防病职责，督导地方卫生行政部门、医疗机构、用人单位落实青藏铁路卫生保障措施。

青海省、西藏自治区卫生行政部门对青藏铁路卫生保障工作肩负重要责任，应当将青藏铁路沿线卫生保障工作纳入区域卫生规划，逐步建立和完善沿线卫生保障体系，加强沿线卫生保障工作的硬件建设，组织医疗卫生机构开展医疗救治和卫生防疫工作，做好青藏铁路旅客、沿线职工健康保障的组织工作。

按照地方政府要求和铁路部门的实际需要，各有关医疗机构应严格履行与铁路有关部门签订的服务委托合同，向铁路沿线和旅客列车委派医务人员，配置必需的医疗药品和器械。按照国家规定的医疗收费标准、服务范围，承担旅客、沿线职工医疗服务和紧急救护支援，保证沿线职工患病两小时内得到医疗救治。各级疾病预防控制机构应负责做好鼠疫等疾病的疫情处理工作。

青藏铁路公司等用人单位负责落实青藏铁路卫生保障措施，做好旅客运输组织工作，组织开展广大旅客和铁路职工高原病、鼠疫病的防病工作，会同青海省、西藏自治区卫生行政部门和医疗机构协调应急转送患者和医疗救治工作。

四、建立联动机制，切实搞好青藏铁路卫生保障工作

青海省、西藏自治区卫生行政部门和青藏铁路公司等用人单位应当结合本系统、本地区、本单位的实际情况，制订青藏铁路卫生保障工作实施细则和高原病等疾病应急救治处理预案。

青藏铁路公司要会同青海省、西藏自治区卫生行政部门建立卫生保障联防、联动制度，开展现场应急救治的模拟演练，建立信息通畅、指挥统一、行动协调的应急救治机制，确保青藏铁路旅客和职工身体健康。

从事青藏铁路医疗服务的医务人员，应当接受高原病急救、鼠疫防治和急救技能培训，了解铁路旅客运输常识，承担高原病防治宣传、咨询和救治患病人员的任务，为广大旅客和铁路职工的健康服务。

要加强青藏铁路卫生保障工作的监督检查，建立检查制度、制订工作标准、明确检查内容，委派专人负责，定期组织检查活动，及时发现问题和解决问题，把青藏铁路卫生保障工作真正落到实处。对违反青藏铁路卫生保障要求、造成重大损失的，要予以通报批评并追究领导责任。

各单位要充分认识做好青藏铁路卫生保障工作的重大意义，牢固树立以人为本的思想，以对广大旅客和铁路职工高度负责的精神，切实做好青藏铁路卫生保障工作，为建设和管理好世界一流的高原铁路作出新的贡献。

文件17：

关于进一步加强青藏铁路卫生保障工作的通知

办劳卫发〔2006〕49号

各铁路局，中铁快运：

青藏铁路是世界上海拔最高、营业里程最长的高原铁路，管好用好青藏铁路，实现青藏铁路运营管理创世界一流水平的目标，是历史赋予我们的责任，也是一项富有开创性、挑战性的工作。

为实现青藏铁路"职工高原病零死亡、鼠疫零传播、患病旅客得到及时救治"的卫生保障目标，进一步加强青藏铁路卫生保障工作，特别是今冬明春的有关工作，现提出以下要求。

一、提高思想认识，切实增强做好青藏铁路卫生保障工作的责任感

党和政府高度重视青藏铁路卫生保障工作。铁道部党组始终把青藏铁路卫生保障作为一项重要任务，把实现"职工高原病零死亡、鼠疫零传播、患病旅客得到及时救治"工作目标作为安全持续稳定的重要内容，作为青藏铁路运营管理创世界一流水平的重要标志。各单位要站在落实科学发展观、构建和谐社会和实现青藏铁路运营管理创一流水平的高度，充分认识做好青藏铁路卫生保障工作的重要性，加强领导，科学组织，扎扎实实做好卫生保障工作。

二、加强基础设施建设，提高职工生活条件

改善生活条件是做好卫生保障工作的基础。各单位应高度重视，切实改善职工生活条件，实现"六有"和"三要"标准。

"六有"是指在青藏铁路沿线有人车站集中生活区、领工区要达到的标准，即：一有员工宿舍。要达到居室整洁卫生，取暖、照明设施完好，不漏雨、不透风，通风良好。二有卫生设施。浴室有热水洗澡，使用水冲式厕所并保持整洁无垢，垃圾定点密闭存放。三有饮食供应。餐厅后厨地面硬化、四壁瓷砖围栏洁白，上下水设施完好，冷藏设备齐全洁净，做到餐具清毒、保证生熟隔离，饮食从业人员健康体检合格、保证营养供应。四有防护用品。配置供氧设备、保证安全供氧，配设防紫外线眼镜，冬季统一配发防寒衣服。五有医疗保障。站区设置红十字药箱，领工区设置医疗点，并达到配置要求。预防药品发放到每一位员工，员工参加了基本医疗保险，保证患病2小时内得到有效治疗。六有健康档案。铁路用人单位要掌握用工情况(包括劳务工)，设立用工人员名册和专项健康档案，人员动态管理有序，个人携带健康状况记录卡。

"三要"是指在沿线工区和流动作业的人员要达到的标准，即：一要达到夜晚休息有砖房，二要达到野外用餐有热饭，三要达到集体出工有医生随诊。

三、改善生活环境，提高劳务工的卫生生活保障水平

针对青藏铁路沿线劳务工(包括民工、临时工、短期合同工)居住条件、饮食质量、医疗保障等方面存在的一些问题，各有关单位要引起高度重视，切实改善沿线劳务工的卫生生活待遇，提高劳务工的医疗保障水平。

1. 加强资质管理，落实卫生生活保障工作。青藏铁路公司要加强委外服务项目的管理，对不能

提供基本生活条件、不落实高原病和鼠疫预防措施、未建立医疗保险制度的单位，不允许其承担青藏铁路运营服务项目。

2. 改善饮食居住条件，保障沿线员工健康过冬。承担铁路线路养护等任务的单位要保证作业人员住进砖房，并配备氧气和采暖设备，建立夜间唤醒或查铺制度，防止发生冻伤事故。要加强饮食卫生管理，对劳务工的每日膳食补助标准要等同于在职职工。

3. 规范卫生管理，保证劳务工身体健康。各单位要将劳务工纳入卫生保障工作范畴，对进入高海拔地区工作的劳务工要落实健康体检、习服适应、知识培训和个人防护等措施，建立和完善劳务工的医疗救治办法。

四、完善保障措施，进一步落实医疗救治工作

各单位要进一步完善卫生保障措施，加强管理、改善条件，并重点做好五项工作。

1. 进一步理顺卫生管理关系。青藏铁路公司要统筹管理，建立铁路内部医疗保障资源共享制度，对中铁十二局、地方医疗机构承担的医疗服务工作，要合理划分其职责和任务，避免重复建设，消除卫生保障盲点。

2. 研究解决职工医疗统一结算问题，改善沿线职工医疗待遇。要通过建立补充医疗保险等方式，提高沿线职工的医疗费报销比例，使小病能够得到及时救治。

3. 简化高原乘务工作人员的就医问题。对因高原病须停止乘务工作并在格尔木、拉萨就医的乘务人员，经随车医生签认转诊通知单，列车长签章同意，可到青藏铁路公司确定的建有绿色通道、实行记账管理的合同医院就医。有关费用列入运营成本的其他劳动保险费中，由青藏铁路公司与合同医院清算，铁道部在核定支出预算时考虑此因素。在格尔木、拉萨合同医院就医挂号费由乘务人员个人支付。

4. 加强患病人员低转下送管理工作。对患有危重疾病的旅客，沱沱河站可作为医疗支援点，那曲站可作为上行旅客列车中途下交站。特别情况由列车长、随车医生报告青藏铁路公司，并按有关规定执行。下送工作由青藏铁路公司统一组织、调度，各单位要预先做好信息通报和有关准备工作。

旅客列车格拉段运行中，随车医生要注意巡视，掌握重点旅客健康状况，及时救治患病旅客；对患有危重疾病的旅客，提出医学留观或低转下送等处理意见。对青藏铁路沿线工作人员也要建立低转下送制度，保证人员健康。

5. 注重提高医疗技术和服务水平。青藏铁路公司要协调委外医疗服务单位，开展沿线医务人员技术培训工作，使其掌握全科医生知识，不断提高医疗服务水平。要加强对沱沱河医疗点的监管力度，提高服务质量，充分发挥医疗点的卫生保障功能。

五、加大监管力度，切实提高卫生保障水平

加强监督管理是落实青藏铁路卫生保障工作的重要手段。青藏铁路公司应当建立监督管理制度，制订卫生保障工作规范，通过行政、经济手段，加大管理力度。

1. 建立卫生监督制度。青藏铁路公司等有关单位要建立卫生监督制度，设立卫生保障监督员，制定监督检查方法和工作质量要求，定期检查青藏铁路卫生保障工作。

2. 建立奖惩制度，实行一票否决。青藏铁路公司要发挥爱国卫生运动的优势，借助爱国卫生运动检查评比方式，对青藏铁路站区、工区的卫生状况进行考核，对优美、整洁的站区、工区要给予奖励；

对达不到卫生保障要求的，要予以通报批评、限期改正，并给予必要的处罚。

3. 加强信息通报制度。2006年10月份起，全路实行青藏铁路卫生保障工作月报制度。各有关单位要认真落实，掌握信息，分析情况，据实填报。青藏铁路公司要建立定期通报制度，激励先进，惩戒落后的典型。

做好卫生保障工作的关键是明确责任、抓好落实。各级领导要切实负起责任，深入现场，深入基层，督促落实卫生保障措施。各有关单位要制订计划、明确任务、落实责任、加强检查。劳卫部门要统筹管理青藏铁路卫生保障工作，落实高原病和鼠疫防治措施，建立信息报告制度，负责监督检查工作。客运部门要开展站车卫生知识宣传，落实站区、旅客列车的卫生保障措施，做好旅客列车突发疾病人员的应急救治和善后处理工作。

二〇〇六年十月十三日

文件18：

转发卫生部关于印发《青藏铁路鼠疫防控工作方案》和《青藏铁路鼠疫控制应急预案》的通知

办劳卫发〔2006〕37号

各铁路局、铁科院：

为加强青藏铁路鼠疫防治工作，卫生部下发了《卫生部关于印发<青藏铁路鼠疫防控工作方案>和<青藏铁路鼠疫控制应急预案>的通知》（卫应急发〔2006〕196号，以下简称“工作方案”和“应急预案”），现转发给你们，请认真组织贯彻实施，并提出以下要求：

一、认真贯彻“工作方案”和“应急预案”。鼠疫是国家严格管理的甲类传染病，青藏铁路全线处于鼠疫自然疫源地范围。各铁路局要认真贯彻“工作方案”和“应急预案”，结合实际，制定本局实施意见，确保各项鼠疫防治措施落到实处。

二、做好工作人员培训。北京、上海、广州、成都铁路局及青藏铁路公司要组织对本局参加青藏铁路客运工作的客运、车辆、公安以及卫生人员进行全员鼠疫防治知识的培训。要求熟悉鼠疫的危害、能够识别患者的常见症状、掌握预防及应急处理措施。

三、开展健康教育，做好面向旅客的卫生宣传工作。青藏铁路运营后，各铁路局要在青藏铁路沿线各车站及进藏旅客列车上开展鼠疫防治知识的宣传教育。要在车站设置告示牌.；张贴宣传画、放置宣传板报；在鼠疫高发季节，通过广播、电视、录像宣传鼠疫防治知识；列车在进入西宁、格尔木、那曲及拉萨市等主要车站前要通过广播对旅客进行鼠疫防治知识宣传，让旅客了解鼠疫危害，使其遵守鼠疫防治有关规定。

四、落实站车卫生检疫措施。各部门要严格执行国家和青海、西藏两省区颁布的关于鼠疫疫源动物管理的法律法规，在鼠疫高发季节，组织车站、列车的客运、公安与卫生防疫人员配合，严查非法携带、运输旱獭等疫源动物（包括其各种形式的制品）和未经动物检疫处理的动物皮张。一经发现立即根据规定进行查没、处置。

五、做好站车消杀灭工作。要严格落实灭鼠灭蟑措施，做好站车消毒、杀虫、灭鼠工作，并定期组织监测，使站车达到无虫害、无鼠害要求。

六、配备应急处理物品。在青藏铁路运行的旅客列车要按照应急处理疫情的要求，配备适量的个人防护用品、一次性消毒用品、直读式测温仪及鼠疫预防用药，并定期进行检查，及时补充、更新。

卫生部关于印发《青藏铁路鼠疫防控工作方案》及《青藏铁路鼠疫控制应急预案》的通知

卫应急发〔2006〕196号

国家发展改革委、公安部、财政部、铁道部、信息产业部、工商总局、国家林业局、国家旅游局,青海省、西藏自治区人民政府:

根据吴仪副总理关于"对青藏铁路通车后的鼠疫向人间扩散的可能性要早作预案。对沿线鼠疫的监测和防治工作要加强,要防患于未然"的批示以及曾培炎副总理在青藏铁路建设领导小组第七次会议上讲话的有关精神,为有效预防与及时控制青藏铁路沿线鼠疫的发生、流行和远距离传播,提高青藏铁路及沿线各地对鼠疫等突发公共卫生事件的处置能力,确保青藏铁路建成通车后的顺利运营,保护广大旅客、铁路员工及青藏铁路沿线和周边地区各族人民的身体健康和生命安全,维护我国社会稳定和经济繁荣,我部会同铁道部,并征求了国家发展改革委、公安部、财政部、信息产业部、工商总局、国家林业局、国家旅游局等部门和青海省、西藏自治区人民政府的意见,制定了《青藏铁路鼠疫防控工作方案》及《青藏铁路鼠疫控制应急预案》。现将两方案印发给你们,请结合实际情况执行。

附件:1. 青藏铁路鼠疫防控工作方案

2. 青藏铁路鼠疫控制应急预案

附件1: 青藏铁路鼠疫防控工作方案

青藏铁路全线均处于鼠疫自然疫源地内。为有效预防与控制铁路及沿线鼠疫的发生和流行,确保青藏铁路安全运行,保障旅客、铁路员工和沿线群众的身体健康和生命安全,并防止鼠疫的远距离传播,特制定本方案。

1 制定本方案依据

依据《中华人民共和国传染病防治法》、《国内交通卫生检疫条例》和《国家鼠疫控制应急预案》等法律、法规和预案的有关规定。

2 青藏铁路鼠疫防控领导小组组成及职责

青藏铁路鼠疫防控领导小组由卫生部、发展改革委、公安部、财政部、铁道部、信息产业部、工商总局、国家林业局、国家旅游局等部门和青海、西藏两省(区)人民政府的有关负责人组成,卫生部分管部长任领导小组组长,下设领导小组办公室和鼠疫专家咨询组。

2.1 青藏铁路鼠疫防控领导小组职责

制定青藏铁路鼠疫防控工作规划,统一领导和协调青藏铁路沿线鼠疫防控工作。青藏铁路沿线发生人间鼠疫流行或动物间鼠疫流行对人群构成严重威胁时,领导小组负责协调各部门,统一调动人员和物资,指挥开展防控工作,迅速控制疫情,严防疫情扩散蔓延。

领导小组各成员部门职责

卫生部:负责组织制定鼠疫防控策略和技术方案,指导各级卫生行政部门和疾病预防控制机构(包括鼠疫防治专业机构)、医疗机构、卫生监督机构贯彻落实鼠疫防控策略和措施,组织对鼠疫防治工作进行督导检查。

发展改革委:按照卫生部门提出的防治鼠疫所需具体要求和财政部的资金安排,做好国家医药储备工作。疫情发生时,按照疫区处理工作需要,根据国家医药储备动用原则,及时组织调运预防、控制和治疗鼠疫以及杀虫灭鼠、消毒等药品和器械；及时组织调运疫区人民生产、生活必要物资。

公安部：协助做好鼠疫疫区封锁，加强疫区治安管理和安全保卫工作。

财政部：根据鼠疫防控工作需要，对青藏铁路的重大鼠疫疫情防控工作给予补助。督导地方财政部门落实鼠疫防治机构鼠疫防治工作所需经费。

铁道部：负责列车及火车站站区的鼠疫防控工作，加强乘车人员的交通卫生检疫工作，严防疫源动物及染疫制品带上车，当在列车上发生疫情或可疑疫情时，协调铁路各有关部门参与处理，严防鼠疫疫情经铁路扩散和蔓延。

信息产业部：组织协调基础电信运营企业在疫情控制期间为疫区提供通信保障。

工商总局：负责鼠疫疫源相关产品经营活动的鼠疫防控工作。

国家林业局：负责野生动物鼠疫疫情监测督促和林鼠的防治工作，制定相应的法律法规和政策，禁止捕猎旱獭等野生动物。

国家旅游局：在鼠疫流行季节，根据有关主管部门的情况通报和疫情提示，及时发布旅游提示；引导旅行社避免组织到鼠疫流行地区进行旅游，认真做好旅游团队防范鼠疫知识的宣传工作。

青海、西藏两省（区）人民政府：根据属地化管理原则，组织开展鼠疫监测工作；建立疫情处理应急储备机制，做好疫情应急处理专业队伍建设、鼠疫病人救治、流行病学调查、实验室检测等工作；开展健康教育。

2.2　青藏铁路鼠疫防控领导小组办公室职责

领导小组办公室设在卫生部。在领导小组的领导下，负责掌握疫情动态；负责信息的收集、汇总和定期向领导小组以及各成员部门通报情况；贯彻执行领导小组的决议，办理日常工作；负责每年一次领导小组成员部门例会的会务；负责制订工作计划和进行工作总结；组织铁路沿线相关单位的技术培训。

2.3　鼠疫专家咨询组职责

负责青藏铁路沿线及周边地区鼠疫疫情资料评估，参与防控策略的研究制定，编撰鼠疫防治培训教材，检查和指导铁路沿线鼠防工作；在发生重大疫情时，及时向领导小组办公室提出疫情处理的意见和建议。

3　健康教育

3.1　宣传对象：铁路部门负责对青藏铁路职工及旅客的鼠疫防治知识宣传教育。青海、西藏两省（区）卫生部门负责对青藏铁路沿线地区群众以及外来人员鼠疫防治知识的宣传教育。

3.2　宣传内容：以"三不三报"为主要宣传内容，即：不私自捕猎疫源动物、不剥食疫源动物、不私自携带疫源动物及其产品出疫区，报告病死獭（鼠）、报告疑似鼠疫病人、报告不明原因的高热病人、急死病人，提高铁路沿线群众和旅客的鼠疫自我防护意识。

3.3　宣传形式：以宣传画、板报、广播、电视等多种形式开展健康教育活动。铁路部门要在青藏铁路沿线各旅客乘降及观光站点、进出站口设置明显的告示牌；候车室等显著位置张贴宣传画、制作宣传板报；在鼠疫高发季节，通过广播、电视宣传鼠疫防治知识。每列旅客列车应提供一定数量的宣传册，供旅客阅读；列车在驶入西宁、格尔木、那曲及拉萨等市主要车站前要通过广播或播放录像对旅客进行鼠疫防治知识的宣传。青海、西藏两省（区）卫生部门在青藏铁路沿线旅游区张贴鼠疫宣传画，设置明显的告示牌。

4　人员培训

4.1　卫生部委托中国疾病预防控制中心根据青藏铁路沿线鼠疫防治工作形势及时对沿线鼠疫

防治专业人员进行鼠疫监测、疫区处理、新技术及新方法等专业知识培训。

4.2　青海、西藏两省(区)卫生行政部门定期对沿线各级医疗卫生人员进行鼠疫诊断、治疗、隔离、取材和紧急疫情处理的基础知识培训。

4.3　铁道部或青藏铁路公司定期对青藏铁路沿线车站及旅客列车相关人员开展鼠疫防治知识的培训,中国疾病预防控制中心及青海、西藏两省(区)专业机构协助铁路部门开展培训。

4.4　林业局委托相关单位及时组织开展青藏铁路沿线野生动物鼠疫调查监测技术培训。

5　强化对疫源动物的管理

铁路沿线各级卫生行政部门、野生动物主管部门、卫生监督机构及铁路部门要严格执行国家和两省(区)颁布的关于鼠疫疫源动物管理的法律法规,严查非法运输、销售疫源动物.(包括其各种形式的制品)和未经动物检疫处理的动物皮张。铁路部门严禁旅客携带鼠疫疫源动物及制品上车,一经发现,应根据规定进行查没销毁。如在列车上发现,由列车长、乘警和医护人员及时扣留、封存,并向前方车站报告、下交,由车站进行无害化处理。必要时,铁路部门可与当地卫生部门联系,请求协助处理。当地疾病预防控制机构可对邮寄的动物皮张及其鼠疫疫源动物制品进行检疫,邮政部门要积极协助。

6　疫情监测

监测是鼠疫防控工作的基础,是主动发现、及时处理、防止疫情扩大蔓延的重要手段。青藏铁路沿线地方鼠疫防治专业机构,要认真开展鼠疫监测工作。

6.1　人间疫情监测

6.1.1　地方卫生部门

(1)青海、西藏两省(区)疾病预防控制机构要在铁路沿线地区建立鼠疫疫情监测网络,乡(镇)卫生医疗机构、诊所要设鼠疫监测员。在鼠疫好发季节,铁路沿线各级疾病预防控制机构均应设疫情电话,并应指定专人负责疫情报告。

(2)实行"首诊医生责任制"。铁路沿线各级各类医疗机构及诊所的接诊医生,发现疑似鼠疫病人时,应对病人及其密切接触者实施就地隔离,按照程序及时报告,并根据不同病型采集标本送检。在动物鼠疫流行猛烈,对人群威胁较大时,应组织医疗卫生人员对动物鼠疫流行区人群进行巡回检诊;必要时设立交通卫生检疫站。

(3)青海、西藏两省(区)加强对捕獭人员的宣传教育、正确引导和管理;对捕獭返回人员进行追踪调查,发现可疑病例就地隔离治疗。

6.1.2　铁路部门

(1)在青藏铁路沿线格尔木至拉萨段各旅客乘降站设置卫生检疫机构或卫生检疫员,负责本区域人间鼠疫的监控工作。每列旅客列车应至少配备1名卫生人员,负责对旅客的巡视、筛查和鼠疫防治知识的宣传教育。在6至10月,鼠疫流行高峰季节,铁路卫生检疫人员应随车开展人间鼠疫的监控工作,还应根据需要随时随车监控。

(2)在交通卫生检疫期间,拉萨至格尔木段铁路上行车旅客实行凭身份证购票制度,并填写健康卡。

(3)在发生人间鼠疫流行期间,西宁至拉萨下行车旅客实行登记制度(包括姓名、身份证号码及住址、始发站、目的站)。

(4)青藏铁路沿线各旅客乘降站点要安装安全检查设备、测温仪器。必要时对旅客所带可疑包裹开包检查,禁止旅客携带旱獭皮张、鼠疫疫源动物或其制品上车,禁止非法托运上述物品。

6.2　动物疫情监测

6.2.1 监测点的设置

(1)乌兰县、格尔木市、那曲地区、拉萨市疾病预防控制中心为国家级鼠疫监测点，在辖区内开展固定监测或流动监测；按《全国鼠疫监测方案》和《国家级鼠疫监测点考评办法》要求，结合青藏铁路动物鼠疫流行特点进行系统监测。

(2)沱沱河鼠疫监测点为青海省省级鼠疫监测点，按国家级鼠疫监测点管理，执行《全国鼠疾监测方案》进行系统监测，同时开展青海田鼠相关调查。

(3)西藏安多县、那曲县、当雄县、堆龙德庆县和拉萨市城关区疾病预防控制中心在所辖区域内开展以病死动物(主要为病死旱獭)和血清学为主要内容的动物鼠疫监测工作。

(4)青海、西藏林业主管部门在青藏铁路沿线，根据旱獭等鼠疫疫源动物的分布情况，布设监测点，开展疫源野生动物种群动态及鼠疫疫情等监测工作。

6.2.2　监测时间及范围：根据旱獭的活动规律，监测时间一般为每年的5至9月。以车站及其动物鼠疫流行频繁发生地区为重点监测区域，固定监测点，监测范围20 000～40 000公顷，收集可检材料外扩20公里；流动监测点10 000～20 000公顷，收集可检材料外扩10公里。

6.2.3　绘制地理生境图：以地貌、植被、旱獭数量三项指标划分生境，绘制1∶10 000比例尺生境分布图。

6.2.4　监测内容

(1)宿主动物监测

①旱獭数量：固定监测点5月和7月各监测一次；流动监测点每个点，5至7月监测一次。用路线法调查旱獭数量，步行、骑马、汽车直线或曲线行驶视野宽度一般以每侧50米为宜，路线长度步行1小时3公里，骑马1小时5公里，汽车则按里程表计算，最后换算出1公顷内旱獭密度。每次调查，固定监测点，不少于5条路线，每条路线距离不少于5公里，调查面积不少于250公顷；流动点监测点不少于2条路线，调查面积不少于100公顷。

②野外夜行鼠数量：固定监测点每月选择2～3种主要生境，以白面油饼为诱饵，用5米夹线法，每月布夹不少于600夹次；流动监测点每点选择2种主要生境，按5米夹线法，每点布夹不少于200夹次。

(2)媒介监测

①旱獭体蚤：固定监测点每月检獭不少于20只，全年检獭不少于100只；流动监测点每点检獭不少于10只；蚤分类鉴定，计算蚤指数和染蚤率。

②旱獭洞干蚤：固定监测点每月探洞干不少于50个，全年探洞干不少于200个；流动监测点每点探洞30个，蚤分类鉴定，计算蚤指数和染蚤率。

③其他动物体蚤：对捕获的小型鼠类和其他动物检蚤，分类定，计算蚤指数和染蚤率。

(3)病原学及血清学监测

①病原学：固定监测点检验旱獭数量不少于100只。流动测点检验旱獭不少于20只。对所收集到的动物体外寄生物，除量留做标本外，均做细菌学检验，按同一寄主、同一蚤种、同一地分组(10～20只/组)进行鼠疫菌分离培养和动物试验。

②血清学：用鼠疫间接血凝方法。固定监测点抽检旱獭血：100～200份，犬血清50～100份；流动监测点至少完成旱獭血：20份，犬血清30～50份。

7　疫情报告与信息交流

7.1　人间疫情的报告：各级各类医疗卫生机构及其执行任务的工作人员在发现鼠疫病人、疑似鼠疫病人后，应严格按照《中华人民共和国传染病防治法》、《国内交通卫生检疫条例》及其实施办法和《突发公共卫生事件与传染病疫情监测信息报告管理办法》的规定，及时进行网络直报，没有网络直报条件的；应以最快的方式向本级卫生行政部门和上级疾病预防控制机构报告。两省（区）卫生行政部门将人间疫情信息及时报送国家青藏铁路鼠疫防控领导小组办公室。

7.2　动物疫情的报告：各监测点发现动物鼠疫疫情及时报告当地卫生行政主管部门和野生动物主管部门，按要求通过鼠疫防治管理信息系统及时报送疫情；两省（区）卫生行政部门将动物疫情信息及时报送国家青藏铁路鼠疫防控领导小组办公室。

7.3　监测结果的报告：在监测期间，开展鼠疫监测的县市每月通过鼠疫防治管理信息系统及书面形式报送一次监测结果；两省（区）疾病预防控制机构每月汇总一次本辖区铁路沿线鼠疫监测结果，并于每月10日之前报送国家青藏铁路鼠疫防控领导小组办公室。

国家青藏铁路鼠疫防控领导小组办公室要及时向各成员部门通报疫情情况，加强疫情通报与信息交流工作。青海、西藏两省（区）与青藏铁路公司要及时沟通疫情信息和监测信息，使各部门全面掌握铁路沿线鼠疫疫情动态，以便采取相应控制措施。

8　应急反应能力建设

针对鼠疫对铁路安全运营可能产生的影响和危害，规范铁路沿线以及各铁路站点、列车上可能发生突发疫情的应急处置工作，制定《青藏铁路鼠疫控制应急预案》。

附件2：　青藏铁路鼠疫控制应急预案

1　总　　则

鼠疫是一种发病急、传播快、病死率高、传染性强的烈性传染病，对人类的危害极大，是《中华人民共和国传染病防治法》规定管理的甲类传染病。青藏铁路全线处于鼠疫自然疫源地范围内，一旦发生鼠疫，极有可能通过旅客列车在短时间内导致远距离传播。为加强青藏铁路（格尔木——拉萨段）沿线鼠疫预防与控制工作，确保青藏铁路通车后的安全运营，特制定本预案。

2　编制依据

依据《中华人民共和国传染病防治法》、《国内交通卫生检疫条例》、《国家突发公共卫生事件应急预案》、《国家鼠疫控制应急预案》、《鼠疫诊断标准》、《人间鼠疫疫区处理标准及原则》和《青藏铁路鼠疫防控工作方案》等法律、法规、预案、方案的有关规定。

3　应急组织

3.1　国家级鼠疫疫情处理应急组织

当发生重大鼠疫疫情时，青藏铁路鼠疫防控领导小组根据需要，建议国务院成立鼠疫疫情处置指挥部。

职责：负责组织协调处理跨省区的重大鼠疫疫情，统一调动人员和物资，指挥开展防控工作。

3.2　地方政府鼠疫疫情处理应急组织

组成：青海省、西藏自治区人民政府和青藏铁路沿线的地（市）、县级人民政府应组织卫生、财政、公安、武警、食药监局、工商、经贸、民政、信息产业、林业、旅游、交通、新闻、广电等有关部门成立应急组织，密切配合。

职责：负责组织协调和处理辖区内发生的鼠疫疫情，按照《国家鼠疫控制应急预案》开展鼠疫疫情控制工作。

青海省、西藏自治区人民政府要在格尔木南山口、沱沱河、安多、那曲、当雄和马乡（堆龙德庆）等车站设立临时鼠疫病人救治站，接收列车移交疑似病人，进行救治，控制传染源。

格尔木、那曲和拉萨市人民政府要指定当地相对独立、交通便利、能满足隔离需求的场所，接纳、隔离、观察密切接触者。

3.3 地方卫生部门鼠疫疫情处理应急组织

青海省、西藏自治区卫生行政部门和青藏铁路沿线的各级卫生行政部门应组织由卫生行政、疾控、医疗、卫生监督等方面人员组成的应急机动队。

职责：接到疫情报告后，立刻赶赴现场，处置疫情；对确定的鼠疫疑似病人，应立刻报告，并迅速对病人及其密切接触者开展流行病学调查、隔离病人和密切接触者、核实疫情报告内容并采集相关标本送检、实施医疗救治等防控措施。

3.4 青藏铁路公司及所属车站的鼠疫疫情处理应急组织

由青藏铁路公司总经理及公司相关部门的人员组成站、车疫情应急处理领导小组，负责组织铁路相关部门处理车站、列车上发生的鼠疫疫情。

车站、列车鼠疫疫情现场处理应急组由公司劳卫部、疾控人员组成。

沿线各站区鼠疫疫情处理应急组织由车站主管站长、站区专业培训的车站工作人员及车站公安派出所人员组成。

职责：

3.4.1 接到列车通报的疫情后，按照鼠疫应急预案，及时向上级铁路卫生、客运、公安部门报告，并与地方卫生部门联系。

3.4.2 与地方政府卫生部门配合，在办理客运业务的车站；设立交通卫生检疫站，观察、了解车站候车室旅客的健康状况，及时发现鼠疫病人、疑似鼠疫病人。

3.4.3 对发现的疑似鼠疫病人就地隔离，实施控制措施，及时通知地方疾病预防控制部门进行判定和卫生处理。对需要继续观察留验的染疫人、染疫嫌疑人，及时送当地政府设置的留验站。

3.4.4 对疑似鼠疫病人的排泄物、被污染的用具、行李及环境进行卫生处理。

3.4.5 配合当地卫生部门接收旅客列车移交的疑似鼠疫病人，并及时转送当地留验站。

3.5 列车应急小组

在青藏线运行的旅客列车，必须配备一名经过鼠疫防治知识培训的卫生人员，并储备相应的应急物资和个人防护用品。应急小组由列车长、乘警、检车长等相关人员及随车卫生人员组成。

职责：

3.5.1 负责巡视旅客列车，发现疑似鼠疫病人，及时采取隔离措施。

3.5.2 向前方车站进行通报。

3.5.3 对疑似鼠疫病人、密切接触者按规定进行处置；对病人的排泄物、被污染的用具、行李及环境进行卫生处理；病人移交后，立即对相关车厢进行彻底的卫生处理，并进行定时巡视，防止疑似鼠疫病人污染的物资遗留在车厢内。

3.5.4 做好宣传解释和旅客安置工作。

3.5.5 疫情处理完毕后，指导参加疫情处理的相关人员根据卫生防疫的要求进行自身卫生处理。

4 应急反应

4.1 在青藏铁路沿线地区暴发动物间鼠疫流行时，地方政府和铁路部门要做出相应的应急反应。

4.1.1 地方政府的应急反应

(1)对发生动物间鼠疫流行的地区进行疫区处理;根据实际情况可以采取保护性灭獭等措施。

(2)当地政府要逐级上报,并报青藏铁路鼠疫防控领导小组。

(3)地方卫生主管部门要及时将疫情通报铁路部门。

4.1.2 铁路部门的应急反应

(1)青藏铁路公司接到疫情通报后要及时将疫情通报铁路沿线各车站,并向铁道部卫生管理部门报告。

(2)根据疫情对铁路运输的威胁程度,决定在疫情发生地区及相邻车站实行车站交通卫生检疫。对旅客及随身携带物品进行检查,发现疑似病人或者可疑污染物品时,应当拒绝其乘车,扣留可疑物品,并立即报告,移交车站检疫站处理。

(3)运输物资卫生检疫。对旅客、货主托运的行包、货物应查验物资的品种、检疫合格证明和消毒证明。经检疫合格的物资,在外包装上应粘贴检疫合格标志。

4.2 在青藏铁路沿线地区发现鼠疫病人或在沿线车站发现疑似鼠疫病人,地方政府和铁路部门都应做出相应的应急反应。

4.2.1 地方政府的应急反应

(1)对人间鼠疫按照《人间鼠疫疫区处理标准及原则》进行疫区处理。

(2)对车站发现的疑似鼠疫病人,要迅速送往指定的鼠疫救治站进行救治。

(3)调查和处置密切接触者。

(4)协助铁路部门做好交通卫生检疫。

(5)上报青藏铁路鼠疫防控领导小组。

4.2.2 铁路部门的应急反应

(1)根据疫情程度,青藏铁路公司采取以下措施:

①青藏铁路公司接到疫情报告后要及时将疫情通报铁路沿线各车站和地方疾控部门,并向铁道部卫生管理部门报告。

②根据疫情对铁路运输的威胁程度,决定在疫情发生地区及相邻车站实行车站交通卫生检疫。

③派出应急处理小组,指导车站的疫情处理。

(2)车站按照上级指令,发布公告,分别采取以下措施:

①对进站旅客测试体温,实行交通卫生检疫措施。

②实行旅客凭身份证购票制度,并填写健康卡。

③根据上级指令,采取限制旅客乘降的措施。

④采取运输物资发送或到达的限制措施。

⑤对疑似鼠疫病人可能污染的区域进行封锁、消毒处理。

4.3 在列车上发现疑似鼠疫病人或鼠疫病人时,铁路部门及地方政府等都应做出相应的应急反应。

4.3.1 列车应急反应

列车应急小组发现旅客发病急剧,体温在38℃以上,病情在24小时内迅速恶化,咳嗽、血性痰、肺部罗音、淋巴结肿大等症状;并且旅客在发病10天内到过动物鼠疫流行区或接触过鼠疫疫区内的疫源动物、动物制品及鼠疫病人,则应为疑似鼠疫病人。

发现疑似鼠疫病人后,列车长应立刻报告前方车站,并按照以下程序启动应急反应。

(1)按规定做好个人防护,指定人员进行疫情处理。封闭车厢,锁闭两侧车门,禁止人员上下车以及车厢内人员流动，将病人隔离至乘务员室或其他相对独立空间，禁止病人向隔离区外排放污物。

(2)根据病人不同的临床表现，由随车卫生人员采集病人标本。

(3)对疑似鼠疫病人进行对症治疗。

(4)对疑似鼠疫病人所在车厢进行简单消毒处理。

(5)对疑似鼠疫病人的密切接触者进行初步调查；对同车厢旅客和接触病人的乘务人员进行登记。

(6)列车到达指定临时停靠地点后，将疑似鼠疫病人和与其切接触者以及可能被病原体污染的物资或者可能被染疫的动物及其制品，移交当地卫生部门进行处理。

(7)如遇鼠疫病人、疑似鼠疫病人在车上死亡，必须做好尸体消毒、包扎处理，在指定车站移交地方卫生部门处理。

(8)对旅客做好宣传解释工作。

4.3.2　铁路部门的应急反应

接到疫情报告后，青藏铁路公司采取以下措施：

(1)接到列车(车站)报告后应尽快与地方政府卫生行政部门沟通，确定列车前方停靠站。

(2)指示列车停靠站接受病人，并移交地方鼠疫应急处理组处理。

(3)指示列车继续运行，对可疑病人所在车厢继续进行封锁，限制旅客流动或乘降，等待进一步明确病人的诊断结果。

(4)接到鼠疫疫情处置指挥部排除疑似鼠疫病人的诊断通知后，立即指挥列车正常运行，并解除一切封锁隔离措施。

(5)接到鼠疫疫情处置指挥部疑似鼠疫病人的确诊报告后，指挥列车到达确定的隔离点所在的车站，将密切接触者移交地方，并迅速转运到指定的隔离点。

(6)当上行(拉萨—格尔木)列车发现疑似鼠疫病人，并已将病人移交到病人救治站。列车已行驶到格尔木站，还未接到鼠疫疫情处置指挥部排除疑似鼠疫病人的诊断通知时，应将密切接触者移交地方，送到指定隔离点。

(7)当完成病人和密切接触者的移交后，列车车厢要按规定进行消毒处理，待消毒合格后方能再次使用。

(8)通报沿线各车站并发布公告，按照《国内交通卫生检疫条例》，对沿线各站点实行交通卫生检疫。

(9)因进行疫情处理，延误旅客旅行，由车站按照上级要求，为旅客办理退票或延期乘车的手续。

4.3.3　当地政府的应急反应

(1)当地政府或卫生部门在接到铁路部门的支援请求后，应迅速派出应急机动队赶赴现场，完成对病人的初步诊断和病人的交接，铁路部门应给予积极配合。如确定为疑似鼠疫病人，立刻按规定报告疫情。当地人民政府接到报告后立即成立鼠疫疫情处置指挥部，决定实行隔离封锁等防控措施，并按疑似鼠疫处理程序进行处理。及时向铁路卫生主管部门通报疫情。铁路卫生主管部门接到疫情通报后，应当及时通知列车的运营单位。对疑似鼠疫病人所在列车的车厢，应视为染疫车厢。

(2)核实所采集的标本，立刻送实验室检测。

(3)调查、追踪鼠疫疑似病人的密切接触者。密切接触者的确定原则如为腺鼠疫，一般为病人的前后三排或卧铺的同一包厢的有关人员；肺鼠疫密切接触者的确定原则为病人所到过的车厢及场所的有关人员及接触过病人的有关人员。对密切接触者进行登记，预防性投药。

(4)出现疑似鼠疫病人死亡，其尸体应及时按照《鼠疫诊断标准》及《传染病病人和疑似传染病病人尸体解剖查验规定》的有关要求实施尸体解剖查验，并作好尸体就地焚烧、深埋及其污染场所的消毒处理。

(5)对鼠疫疑似病人进行流行病学调查，并及时向可能染疫地区的卫生部门通报疫情。

(6)救治病人、隔离密切接触者。

(7)指派卫生人员随该列车进行终末巡视至终到站。

(8)对救治的病人和隔离观察的密切接触者提供生活保障及妥善处置。

(9)由于疫情处理，对旅客造成的其他经济损失，按照国家有关规定进行处理。

5 相关部门的职责

5.1 卫生部门：组织应急机动队赶赴现场开展疫情防控工作；组织疾病预防控制人员对传染源所在地及可疑病人途经的车站，进行流行病学调查处理，并对病人乘车前的密切接触者进行调查处理，防止疫情扩散。

5.2 发展改革(经贸)部门：迅速组织调运生产、生活必要物资，向疫区提供预防、控制和治疗鼠疫以及杀虫灭鼠消毒等药品和器械。

5.3 林业部门：负责疫区野生动物分布区的前期隔离，防止人畜进入。

5.4 旅游部门：加强鼠疫防治知识的宣传，不组团进入疫区旅游。

5.5 公安、武警部门：协助作好鼠疫疫区封锁，加强疫区治安管理和安全保卫工作。

5.6 工商行政管理部门：对集贸市场上非法收购、出售和加工旱獭等鼠疫宿主动物及其产品的单位、个人进行稽查处理。

5.7 财政部门：做好鼠疫控制应急资金的安排并及时拨付。

文件19：

青藏铁路卫生保障办法

青藏铁劳卫〔2006〕266号

第一章　总　　则

第一条　为保障青藏铁路运营期间职工(含劳务工，下同)和旅客身体健康，根据铁道部、卫生部《关于做好青藏铁路卫生保障工作的通知》(铁劳卫〔2006〕90号)和铁道部办公厅《关于进一步加强青藏铁路卫生保障工作的通知》(办劳卫发〔2006〕49号)文件精神，制定本办法。

第二条　本办法适用于青藏铁路公司(以下简称公司)各部门及青藏铁路格尔木至拉萨区段(以下简称格拉段)承担运营、维护、后勤保障等工作的各基层单位及委外企业、医疗机构等。

第三条　青藏铁路卫生保障工作要牢固树立以人为本的科学发展观，坚持"预防为主、防治结合"和"谁用人、谁保障"的原则，认真吸取青藏铁路建设时期卫生保障工作经验，以降低高原病发病率和防控鼠疫传播为重点，加强卫生保障管理，改善劳动环境，提高生活水平，完善基础医疗设施建设，全面落实各项卫生保障措施，实现铁路职工高原病零死亡、鼠疫零传播、患病旅客得到及时救治的卫生保障目标。

第二章　组织机构和部门职责

第四条　公司成立由总经理、党委书记任组长，主管卫生保障工作的副总经理任副组长，劳卫、建管、营运、人事(组织)、计财、工会工作部，安监室、党委工作部、办公室(党委办公室)、公安局、辅业资产管理中心负责人为成员的青藏铁路卫生保障工作领导小组(以下简称领导小组)。领导小组全面领导青藏铁路卫生保障工作，负责落实国家和铁道部关于青藏铁路卫生保障工作的各项方针政策；研究制定青藏铁路卫生保障发展规划；会同青藏两省区卫生行政部门建立卫生保障联防、联动制度，构建信息畅通、指挥统一、行动协调的应急救治体系；组织、协调、监督青藏铁路各项卫生保障措施的全面落实。

第五条　领导小组下设办公室、办公室主任由主管副总经理兼任，副主任由劳卫、建管、计财、营运部、安监室、辅业资产管理中心等部门负责人兼任，办公室成员由领导小组成员单位主管负责人组成，办公室承担领导小组的日常工作，负责起草卫生保障办法、制定卫生保障措施；与地方政府行政部门协调，落实青藏铁路卫生保障相关事宜；牵头组织成员单位对格拉段卫生保障等工作情况进行定期考核；组织、协调、指挥重大突发事件的应急医疗救治；完成领导小组交办的卫生保障其他工作等。

领导小组办公室定期召开会议，及时总结卫生保障工作经验，研究卫生保障工作中存在的问题，提出解决问题的建议和措施并向领导小组汇报。

第六条　领导小组成员单位及相关部门职责。

劳卫部：统筹管理卫生保障工作。对用人单位落实劳动生产组织、职工休假、疗养、社会保险等相关政策进行指导和监督；组织疾病控制所(以下简称疾控所)、卫生监督所开展健康教育、疾病预防、职工健康监护、预防药物发放、信息报告及卫生监督等工作；对委外医疗机构医疗服务质量进行定期监督考核等。

营运部：承担卫生、生活保障工作涉及的运输组织任务；组织开展站车卫生防病知识宣传；全面落实站车各项卫生保障措施；组织协调旅客列车做好突发疾病人员的应急救治和善后处理工作。

建管部：负责职工生产生活用房建设、管理及维护；根据发展规划，对人员、工种相对集中的地区食堂进行统一布局和管理；对职工劳保用品实行集中采购、供应和配发；与营运部协商生活列车开行交路，保证职工生活所需物质及时供应；负责全面落实本系统职工各项卫生保障措施。

安监室：监督检查各用人单位落实各项劳动保护和安全防护措施，防止职工伤亡事故发生；负责劳动保护用品标准制定和质量监督；监督各单位对供氧设备进行定期检验和安全使用。

计财部：负责卫生保障工作所需设施设备的计划编制及各种费用的预算管理和拨付；负责监督检查格拉段各单位全面落实各项环境保护措施。

人事（组织）部：负责对基层领导班子及各级干部履行卫生保障工作职责情况的考核，并将考核情况纳入公司对基层领导班子及领导干部的年度考核内容。

党委工作部：负责卫生保障工作对外宣传报道的把关和审核，承担面向职工的卫生保障政策宣传工作。

办公室（党委办公室）：负责所有委外施工及服务合同的审定、规范、完善工作；负责突发事件的信息收集、传递、汇总、上报工作。

工会工作部：组织职工对卫生保障工作进行监督，切实维护职工的合法权益；加强生活线、文化线建设，改善职工生产生活环境；定期组织先进人物、劳动模范进行健康疗养。

辅业资产管理中心：负责监督本系统职工各项卫生保障措施的落实，保证劳务工住房、饮食供应、劳动保护等达到铁道部规定的标准。

其他部门、公安局：负责全面落实本系统职工的各项卫生保障措施。

第七条 各基层单位（含委外企业，下同）成立由主要领导任组长、主管副职任副组长、相关科（部）室负责人为成员的卫生保障领导小组。

主要职责：负责本单位的卫生保障工作，贯彻落实本办法制定的各项卫生保障政策及措施，结合实际制定本单位卫生保障工作制度及管理办法，及时研究并解决本单位卫生保障工作中出现的各种问题等。

第八条 各领工区（车间）、旅客列车车队及各站区、工区、警务区职工总数在10人以上的，成立红十字卫生小组，卫生小组设4~7名兼职卫生监督员；职工人数不足10人的，可不成立红十字卫生小组，但必须设2~3名兼职卫生监督员。

主要职责：红十字卫生小组或兼职卫生监督员负责设立本责任区职工健康管理台账、健康动态记录本、抗缺氧药物发放记录、劳保用品发放记录，落实职工健康早晚问询及报告、工区夜间查铺、职工突发疾病就医转送、红十字药箱管理及鼠疫防控等制度和措施，对责任区内的食品卫生、环境卫生及个人卫生进行日常监督管理。

建立红十字卫生小组互助互救制度。不同部门、不同工种、不同工区的红十字卫生小组遇到突发卫生事件时，就近的红十字卫生小组在接到救援请求后，有责任和义务在最短时间内赶到现场进行医疗增援和帮助。

第九条 旅客列车各车班成立由列车长、乘警长、随车医生（护士）组成的旅客列车卫生小组。

主要职责：负责旅客列车医学巡视、病人处置及下送、旅客列车突发卫生事件处理等工作。

第三章 医疗及工伤保险制度

第十条 完善职工医疗保险制度。公司职工享受基本医疗保险和工伤保险待遇。公司根据卫生保障工作实际情况,制定格拉段职工医疗保险补充规定,提高沿线职工门诊医疗费报销比例,减轻职工医疗费用负担。公司社保部门逐步与格拉段沿线医疗保险定点医院建立医保费用结算网络系统;方便参保职工就近就地持卡就医。

第十一条　简化高原乘务人员就医程序。对因高原病须停止乘务工作并在格尔木、拉萨就医的乘务人员,可持随车医生签认并经列车长签章同意的转诊通知书,到青藏公司确定的建有绿色通道的合同医院就医。在基本医疗保险三项目录范围内发生的费用,由合同医院实行记账式管理,青藏公司负责统一与合同医院结算,其他费用由乘务人员自理。

第十二条　落实劳务工医疗保险制度。各单位如临时或长期雇用劳务工,必须根据青海省办公厅《关于农民工参加医疗保险指导意见的通知》(青政办〔2006〕149号)规定,按照属地管理的原则,为劳务工办理基本医疗保险。

第十三条　落实劳务工工伤保险制度。各单位要根据青海省办公厅《关于进一步推进农民工参加工伤保险工作指导意见的通知》(青政办〔2006〕148号)规定,在注册地的工伤保险经办机构为劳务工办理工伤保险参保登记手续。

第十四条　如用人单位不按规定为劳务工办理医疗及工伤保险,由此产生的后果由用人单位承担。

第四章　职业健康监护

第十五条　建立健全从业人员职业健康监护制度,落实各项职业健康监护措施。职业健康监护主要内容包括:从业人员的岗前、岗后和岗间需要性体检;健康问询及报告;高原作业职业性健康评定;建立职业健康监护档案等。

第十六条　岗前、岗后和岗间需要性体检。进入高原工作的人员,应在进入高原前进行岗前体检。在高原连续工作时间超过半年以上的人员,要进行岗间需要性体检和岗后(高原工作结束后)体检。体检结果由用人单位负责存入职工健康监护档案。

岗前体检:目的是按照高原准入标准筛选不适应高原环境的人员。岗前体检包括基础体检和适应性体检。基础体检在进入高原前完成;旅客列车乘务人员适应性体检在进入高原乘务的第1~3趟期间进行,机车乘务员和沿线职工的适应性体检在习服期间进行。

岗间需要性体检:目的是尽早发现慢性高原病及存在职业危害因素早期损害征象的人员。高原连续工作4~6个月时进行一次岗间需要性体检,岗间需要性体检在换班或休班期间完成。

岗后体检:目的是发现慢性高原病患者。岗后体检在职工高原工作结束后一周内完成。

临时进入高原工作或高原工作时间不足半年的人员,进入高原前进行一次性体检。如岗间身体不适,可进行岗间需要性体检。

第十七条　体检的组织管理。体检时间和体检机构由疾控所统一安排,由各单位组织实施。体检在格尔木或西宁指定的医疗机构进行,岗间需要性体检也可在医疗巡诊时进行。岗前体检合格人员,由疾控所发放高原健康体检合格证明,职工持健康合格证明上岗。

对承担客运、餐饮工作的人员,高原作业体检合格证明可与从业健康合格证合并使用,由疾控所在健康合格证上加盖“高原作业体检合格”印章。

第十八条　健康问询及报告制度。

格拉段所有单位(站区、领工区、工区、警务区等),在每日出工前和收工后(含休息日),由红十字卫生员或兼职卫生监督员对本区职工进行全员健康问询。发现职工身体不适时,应建议其停止工作并督促就医，职工情绪出现异常时，要及时进行心理疏导，并做好思想工作。职工外出时，要向红十字卫生员或兼职卫生监督员报告去向和外出时间，并按时返回。红十字卫生员或兼职卫生监督员在每日十时和十七时向疾控所报告健康问询情况，特殊情况随时报告。

格拉段职工如患感冒（胸闷、心悸或体温在38 ℃以上），必须按照低转的原则由红十字卫生小组或兼职卫生监督员迅速组织下送就医。

旅客列车乘务人员和汽车司乘人员出乘前，各单位应进行健康问询，如身体不适、不宜出乘的，应停止其乘务工作。

第十九条 职业健康监护档案管理和职业健康评定。

公司建立“站段—疾控所—劳卫部”三级职工健康监护网络管理系统，对职工健康状况实行动态管理。

职业健康监护档案包括以下内容：职工疾病家族史、既往史、职业史和职业病危害接触史；岗前体检和适应性选拔体检结果；岗间体检结果（包括高原病和其他职业危害筛查情况，对轮换至低海拔地区工作的人员，进行的心血管、血液、呼吸、消化系统等指标的追踪检查情况）；职工进驻高原作业期间医疗及随访观察情况等。

各单位要指定专人负责，按照健康监护档案要求收集整理职工健康信息资料，及时输入健康监护网络管理系统。

疾控所负责对各单位上报的网络资料进行汇总、整理和统计分析，定期进行群体和个体高原作业职业健康评定，并向劳卫部报告职工健康动态变化情况。劳卫部根据职工健康动态变化情况及时调整或制定劳动用工及卫生保障措施。

第二十条 高原职工的调离。职工因健康原因不宜继续在高原作业的，由疾控所根据体检结果（或医院诊断证明）及《调离高高原作业岗位判定标准》向用人单位提出书面调离建议。用人单位据此填写职工调离审批表报公司劳卫或人事部门。劳卫或人事部门研究批准后，由用人单位负责收回高原作业健康合格证明，并办理调离手续。患病职工调离后，用人单位要及时安排治疗或休养，并妥善安排工作。疾控所负责对因病调离职工进行健康状况随访。

第二十一条 各单位要严格按照国家有关规定认真做好女职工（重点是妊娠期、哺乳期和经期）的健康监护和劳动保护工作。

第五章　生活保障和劳动保护

第二十二条 职工生产生活要素基本要求。

职工宿舍：职工宿舍要在朝阳、避风、地势平坦、交通方便的地点选址。宿舍统一为砖房或板房，人均居住面积在3 m^2 以上。宿舍要设有常年取暖设备，保证室温不低于16 ℃（必须采用燃煤取暖的，应注意排烟通风，预防一氧化碳中毒）。宿舍照明及采光充足，通风良好，防鼠设施齐全。有条件的地区，宿舍内设上下水设施和水冲式厕所，并符合环保要求。宿舍必须按需配置氧气瓶或其他富氧设备。

职工食堂：有专用食堂。食堂地面硬化，后厨四壁瓷砖围栏，有上下水设施及冷藏、消毒设备，并根据就餐人数配置相应数量的餐具及桌椅。食堂必须有防鼠板、粘鼠板等防鼠措施。

办公场所：有足够的采光、照明、保暖设施。有条件的地区，设上下水设施和水冲式厕所，并符合环保要求。各办公场所必须按需配置氧气瓶或其他富氧设备。

职工浴室：拉萨、那曲、安多、沱沱河等职工相对集中的站区建立地区淋浴澡堂供职工洗澡；具备条件的中间站及工区，可在职工宿舍内设淋浴间供职工洗澡。

饮水卫生：1. 饮用水源必须经防疫部门检验合格后使用，检验不合格的水源必须经过滤、净化、消毒等处理并达到标准后使用。2. 禁止饮用生水。3. 远距离取水的单位，使用的取水、储水器具必须符合卫生要求并定期消毒。

驻地环境：1. 保持驻地环境整洁，减少对环境植被的破坏。2. 生活区要相对集中，周围设置围栏，防止野生动物进入。3. 生活垃圾采用封闭式容器收集，并由各单位定期组织回收下送或运至附近城市指定垃圾处理场所集中处理，严禁随意丢弃造成环境污染。4. 如野生动物在垃圾堆放处觅食，必须对垃圾进行及时消毒和处理。

第二十三条　劳动防护用品配置。公司安全监察室负责制定高原劳动防护用品和个人防护用品配置、发放标准，并指导、督促高原作业人员正确使用。

一般防护用品和特种防护用品按照《青藏铁路公司物资设备采购招标投标管理办法》规定统一采购，各单位依据《青藏铁路公司劳动防护用品监督管理实施细则》和《青藏铁路公司劳动防护用品发放标准及管理办法》规定，按工种配发防护用品。

第二十四条　严格落实岗前习服制度。岗前习服由各单位负责组织，职工在进入高原或重返高原作业时，在格尔木地区习服3～5天。习服期间，由公司疾控所开展健康教育，并根据需要进行预防性服药。

第二十五条　开展健康教育和卫生知识培训工作。

劳卫部负责每年定期组织各单位红十字卫生员和兼职卫生监督员进行基本医疗技能培训，不断提高业务素质。

疾控所负责进驻高原职工的健康教育工作。通过健康教育让职工掌握高原卫生防病知识，了解高原地理、气候特点及高原环境对人体健康的影响，熟悉高原多发病、常见病和自然疫源性疾病的防治措施，掌握各种适应性锻炼及特殊伤病的自救互救方法，了解高原生产、生活注意事项，克服恐惧心理和麻痹思想。

各单位红十字卫生员要通过板报、宣传栏等形式开展站区、工区健康教育，并组织职工进行高原卫生知识考试。

旅客列车在运行过程中要通过列车广播定时向旅客进行高原旅行卫生知识宣传。

第二十六条　进入高原后的自我保健。职工进入高原后，要按照以下方法做好自我保健。

1. 进驻一周内，必须保证充分休息和睡眠，可从事少量轻体力劳动和文体活动，禁止开展激烈体育和训练活动，一周后可逐步提高劳动强度，但要防止疲劳。

2. 做好防寒保暖，注意预防感冒（可使用板蓝根、大青叶、野菊花、金银花等制作饮料定期服用）、腹泻、菌痢等常见疾病。

3. 进驻格拉段后，饮食要保证足够的热量，以高糖、适量蛋白质、脂肪食物为主，增加蔬菜、水果供应，保证自身营养需求，提高机体对缺氧的耐受力。食品加工要使用增压设备烹制，并做好保温，保证饮食可口。要提倡戒烟、禁止饮酒。要做好食品卫生工作，防止食物中毒发生。

4. 针对急性高原病发病特点，沿线站区、工区实行至少两名职工同宿一舍制度，要在宿舍明显位置标识提示语和相关人员联系电话，便于互相照顾和帮助。

第二十七条　各单位要严格遵守法定工作时间，保证职工充分休息和睡眠，严禁超时超劳。格拉段室外作业要参照劳动和社会保障部颁发的《青藏铁路工程施工工作日长度和构成》（劳社部发〔2003〕16号），合理安排职工作业时间。

第二十八条 各单位要严格按照公司《格拉段劳动生产组织方案》(青铁劳卫〔2005〕176号)执行职工定期轮换制度,严禁高原职工超期限劳动。

第二十九条 各单位要严格按照公司《格拉段职工高原休假制度》(青铁劳卫〔2005〕206号)安排高原职工休假。同时,每年由劳卫部制定职工疗养计划,合理安排职工进行劳动生产力恢复休养和高原疾病康复疗养。

第三十条 公司环保和疾控部门要定期对格拉段各工作职场进行环境质量指标监测和环境质量评价,指导有关单位不断改善劳动作业环境。

第六章 医疗服务体系

第三十一条 建立格拉段三级医疗服务体系。

一级医疗服务体系由承担线路维护的单位建立(按区段设置医疗点);二级医疗服务体系由公司以合同方式委托沿线地方医疗机构(沱沱河医疗救治站,安多、那曲、当雄医院)建立;三级医疗服务体系由公司以合同方式委托拉萨、格尔木两地医疗机构(格尔木市人民医院、解放军22医院、海西州第二人民医院、西藏军区总医院、西藏自治区人民医院)建立。

第三十二条 明确各级医疗服务体系职责。

一级医疗服务体系(沿线医疗点)职责:负责区域内职工的预防保健和疾病治疗,重点是高原病的早期诊断和初期抢救,并保证病人在一小时内得到有效救治。具体任务:健康教育和健康监护;岗间体检;常见病、多发病的诊断和治疗;急症、外伤的早期抢救和转送;管内医疗巡诊和流动跟班医疗服务。

二级医疗服务体系(沿线合同医院和沱沱河医疗救治站)职责:负责辖区内下送病人的抢救和危重病人的转院护送;承担铁路突发事件的现场医疗救治;对各医疗点进行业务指导和技术支援等。

三级医疗服务体系(拉萨、格尔木两市的合同医院)职责:承担伤病员急诊、住院治疗任务;接纳各医疗点、沿线医院的病人转院及重症救护;对各医疗点、沿线医院进行业务指导和技术支援;参与铁路突发事件的现场医疗救护等。

各合同医院要严格按照合同规定,建立健全医疗服务制度,加强医疗服务管理,开辟铁路病人就医绿色通道,为铁路职工及旅客提供优质高效的医疗服务。

第三十三条 建立格拉段医疗巡诊制度。公司与有关医院签订格拉段医疗巡诊服务合同,由合同医院定期选派医护人员携带相关医疗设备及药品,随公司疾控所专业人员从格尔木乘生活列车或汽车,对格拉段全线各站区开展医疗巡视、巡诊及职工岗间体检服务。

第三十四条 落实患病职工低转下送责任。唐南地区由安多、那曲、当雄、拉萨地区的合同医院及中铁十二局医院按区段承担病人下送任务;唐北地区由沱沱河救治站及格尔木市的合同医院承担病人下送任务。情况紧急时,用人单位可使用生产用车或征用就近单位生产用车下送病人,被征用车辆的单位不得以任何理由拒绝。如病人需要旅客列车下送时,由用人单位申请公司行车调度按有关规定办理。

第三十五条 危重病人下送必须有医务人员陪同。唐南地区危重病人应及时下送到最近的医院进行抢救,唐北地区下送到沱沱河医疗救治站进行抢救(沱沱河以下的危重病人直接送格尔木医院抢救),待病人病情稳定后再下送。下送途中,医务人员应密切观察病人病情变化,保证治疗的连续性,并随时做好抢救准备。

第三十六条 加强协调与配合,实现医疗卫生资源的综合利用。公司合理划分各医疗点和合同医院的服务范围，畅通信息渠道，保证各医疗点和医院在伤病人员紧急救治中及时支援、相互协作，确保伤病人员生命安全。

第七章　旅途疾病防治和医疗服务管理

第三十七条　严格实行进(出)藏旅客《健康申报卡》制度。各有关车站及旅客列车要根据铁道部规定认真做好《健康申报卡》的宣传及发放、回收、保存工作。

第三十八条　车站、旅客列车要定时进行高原卫生知识宣传，向广大旅客提供青藏铁路旅行安全注意事项和高原病预防常识等。

第三十九条　旅客列车在格拉段运行期间不得超员，要保证生活饮用水充足供应，保证车厢供氧设备正常运转和环境卫生。

第四十条　实行医护人员格拉段随车医疗服务制度。由合同医院为每趟进藏旅客列车选派医护人员各一名，从格尔木车站上车，与列车长、乘警共同组成列车卫生小组，开展格拉段旅客列车全程医疗服务工作。

第四十一条　旅客列车从格尔木或拉萨车站开车后，由车长向列车卫生小组通报本次列车的重点旅客情况(车厢号、坐席号、目的地等)及注意事项等。

第四十二条　列车卫生小组每隔三小时对全列旅客进行巡视，及时发现和处置身体状况异常旅客。各车厢乘务人员要随时掌握本车厢旅客的健康状况，发现旅客身体状况异常时(如头痛、呕吐、昏睡等)，应及时报告列车卫生小组。

第四十三条　旅客列车出现危重病人需要中途下交时，列车卫生小组要做好劝说解释工作，并经病人或随行人员签字确认后，由列车长按照《格拉段旅客列车发生急病医疗服务流程》(青铁劳卫电〔2006〕608号)规定处理。

第四十四条　旅客列车运行中发生人员死亡时，由随车医生对尸体进行消毒处理，客运部门按规定下交。

第四十五条　随车医生乘务结束后，填写《出乘医疗记录》并经车长签字确认，随用药处方一并交格尔木铁路疾控综合室存档备查。

第四十六条　合同医院要选派责任心强、具有急诊工作和高原病防治经验的医务人员进行随车医疗服务。在医疗服务过程中，随车医生对重点病人要加强监护，密切观察，及时掌握病程动态，做到早发现、早治疗，对病情不能控制或缓解的，要及时提出下交建议，并协助车长做好病人下交工作。

第八章　卫生防疫工作

第四十七条　加强食品卫生和生活饮用水卫生监督管理，杜绝食物中毒和介水传染病发生。

各单位要加强食品卫生管理，建立健全食品卫生管理制度、各站区、领工区、工区、警务区、列车班组红十字卫生小组或兼职卫生监督员要加强日常卫生管理，发现问题及时纠正。

各单位要加强生活饮用水卫生管理，做好水源消毒和定期检验工作，保证生活饮用水达到国家规定的标准。

卫生监督所要定期对各站区、工区、警务区、列车班组的食品卫生、饮水卫生及环境卫生进行巡回监督检查。

第四十八条　各单位要按照管辖范围划分卫生包保责任区，定期组织职工开展爱国卫生运动，保持责任区及线路的环境卫生，消除鼠、蟑、蚊、蝇等病媒生物滋生条件。各单位的生活垃圾要严格按规定处理，旅客列车垃圾必须装袋封口，并在指定车站下交，严禁向沿线排放垃圾和污水等。

第四十九条 各单位要按照卫生部制定的《青藏铁路鼠疫防控工作方案》有关规定，严格落实各项鼠疫防控措施。

1. 向职工及旅客做好“三不三报”宣传工作〔即：不私自捕猎疫源动物、不剥食疫源动物、不私自携带疫源动物及其产品出疫区，报告病死獭（鼠）、疑似鼠疫病人、急死病人〕，提高职工和旅客的自我防护意识。

2. 严查通过铁路站、车非法运输、携带的疫源动物（包括制品）和未经动物检疫处理的动物皮张。发现禁运物品，要严格按照规定处理。

3. 在交通卫生检疫期间，配合地方政府卫生部门做好铁路交通卫生检疫工作，严防疫情借铁路交通工具传播。

4. 疾控所要定期对旅客列车及沿线有人活动区域进行鼠密度监测，及时指导各单位开展灭鼠工作。

5. 所有进（出）藏旅客列车必须配备高效环保灭鼠、灭蟑药械，并定期更换，保证列车达到无鼠蟑要求。

第五十条 铁路发生鼠疫疫情时，各单位要在卫生保障领导小组的统一指挥下，按照卫生部制定的《青藏铁路鼠疫控制应急预案》规定的职责，配合地方政府开展防控工作。

第五十一条 铁路发生除鼠疫外的其他传染病疫情时，由卫生保障领导小组办公室依照《中华人民共和国传染病防治法》、《国家突发公共卫生事件应急预案》等法律法规及青藏两省区的相关规定处理。

第九章 突发事件医疗救治

第五十二条 领导小组办公室负责突发事件应急医疗救治的组织、协调、指导及善后处理工作。

第五十三条 各单位、各站区、领工区、工区、警务区及旅客列车发生重大人员伤亡、集体食物中毒、职业中毒、生活饮用水污染及群体性疾病时，要迅速向公司应急办和疾控所报告。应急办立即报告领导小组办公室，由领导小组办公室迅速启动相关预案，组织、协调、指导合同医院开展现场医疗救治工作。

第五十四条 合同医院在接到医疗救治请求后，要迅速组织医护人员及救护车辆、设备，在最短时间内赶到现场开展医疗救治和病人下送转院等工作，力争将人员伤亡控制在最小范围内。

第五十五条 传染病人的医疗救治按照《中华人民共和国传染病防治法》的规定处理。

第五十六条 突发事件发生后，公司疾控所、卫生监督所要在最短时间到达现场开展流行病学调查、环境消毒、预防投药、健康教育及参与病人救治等工作。

第五十七条 医疗救治工作结束后，由劳卫部负责向领导小组办公室提交突发事件医疗救治总结报告。

第十章 监督与责任追究

第五十八条 公司根据《青藏铁路格拉段卫生保障工作奖惩考评办法》（劳卫发〔2006〕288号），定期或不定期对格拉段卫生保障工作进行考评并兑现奖罚措施。

第五十九条 公司办公室（党委办公室）负责对外工程承包合同、劳动合同的审核和监督。工程承包合同中必须明确工程承包方要为劳务工办理医疗、工伤保险手续、具备相应卫生保障条件及措施等;用人单位在与职工签订的劳动合同中必须写明劳动过程中可能产生的高原病危害因素及后果、高原病防护措施和待遇等。

第六十条 对因玩忽职守造成卫生保障工作不落实,并导致严重后果的,公司将对责任者进行严肃处理;触犯刑律的,将移送司法机关追究刑事责任。

第六十一条 公司制定《合同医院医疗服务质量考核办法》,由劳卫部定期对合同医院的医疗服务质量进行考核。

第六十二条 合同医院在医疗服务过程中产生的医疗纠纷或医疗事故,由合同医院按照合同规定承担相应的法律责任。

第六十三条 公司设立卫生保障工作监督举报电话,24 小时受理职工有关卫生保障问题的举报和投诉。公司对举报人保密,对举报问题一经查实,将立即责成有关部门整改。举报电话为:075-95120。

第十一章 附 则

第六十四条 本办法自公布之日起执行,如公司以前发文与本办法有相抵触的,以本办法为准。

第六十五条 各单位应结合实际制定实施细则。

第六十六条 本办法由劳卫部负责解释。

附件:1. 高原健康监护及常见病救治有关技术标准(试行)

2. 青藏铁路格拉段氧气供应管理办法

3. 合同医院医疗服务考核规定

4. 格拉段职工突发疾病紧急医疗救治责任区段划分

附件 1: 高原健康监护及疾病救治有关技术标准(试行)

一、体检项目

体检内容包括一般项目、必检项目和参考项目。

(一)一般项目:身高、体重、体温、心率、呼吸、血压等。

(二)必检项目:血细胞分析,血型鉴定,尿液分析,大便常规,心电图,肺(通气)功能,胸部 X 线,动脉血氧饱和度,血液生化(肝功能、肾功能、血糖、血脂)等。

(三)参考项目:根据病史和体检中发现的问题,必要时增查腹部 B 超、心脏彩超、心脏负荷试验、动脉血气分析以及其他检验项目等。

二、高原作业职工健康准入条件

(一)年龄≤45 岁,体重指数≤30 kg/M^2,女性未妊娠,心率、呼吸、血压正常。

(二)血细胞分析、尿液分析、心电图、X 线胸透正常。

(三)既往无高原脑水肿、高原肺水肿、高原红细胞增多症以及高原心脏病等急/慢性高原病史;无急性脑血管病史;无癔病、癫痫及精神病史;无先天性心脏病、冠心病、风湿性心脏病、心肌病以及严重心律失常等循环系统疾病;无慢性阻塞性肺病,支气管哮喘发作期、支气管扩张、尘肺、活动性肺结核等呼吸系统疾病;无消化性溃疡和肝、胆、胰等消化系统疾病;无贫血、血小板减少性紫癜、凝血功能障碍、白细胞减少症以及白血病等血液系统疾病;无肾病综合征、急慢性肾小球肾炎、急慢性肾盂肾炎、急慢性肾功能不全等泌尿系统疾病;无糖尿病;无病毒性肝炎、性病等传染病。

(四)习服后,适应性体检应符合以下条件:

1. 急性轻症高原病评分≤6分。

2. 红细胞压积≤55%,血红蛋白≤180 g/L,白细胞≥4.0×10 g/L。

3. 在海拔3000~4000 m处血氧饱和度≥80%,海拔4000~5000 m处血氧饱和度≥75%(可用脉氧仪测得,为参考指标),心率不超过100次/min(参考指标),血压(收缩压≤160或≥90 mmHg,舒张压≤95或≥60 mmHg),心电图正常。

注:体重指数(BMI)=体重kg/[(身高m)×(身高m)]

按1998年WHO标准及1995年我国标准:正常22~24,轻度肥胖25~27,中度肥胖27~30,明显肥胖或肥胖30。

三、高原禁忌证

凡有下列疾患之一者,不宜进驻高原:

(一)心脑血管疾病:2级以上高血压及/或并发心、脑、肾等靶器官损害,冠心病,风湿性心脏病,心肌病、显著心律失常,既往有急性脑血管病史者。

(二)中度以上慢性阻塞性肺病,频繁发作的支气管哮喘,支气管扩张症,重症睡眠呼吸暂停综合征,活动性肺结核,尘肺。

(三)各种类型的贫血,血小板减少性紫癜或其他凝血功能障碍导致的出血性疾病。

(四)消化性溃疡病活动期,急性传染性肝炎,慢性肝炎活动期,其他慢性肝病、脾脏疾病。

(五)急、慢性肾脏疾病炎症活动期或伴有肾功能不全。

(六)癔病、癫痫、精神分裂症。

(七)糖尿病未获控制、肥胖症(体重指数≥27者)。

(八)妊娠期妇女。

(九)正在患重症感冒、上呼吸道感染,体温38℃以上;或体温在38℃以下,但全身及呼吸道症状明显者,在痊愈前,应暂缓进入高原。

(十)曾确诊患过急性高原肺水肿及/或急性高原脑水肿者以及血压增高达2级高血压标准的高原高血压、高原心脏病及高原红细胞增多症患者一般不宜再入高原。因工作需要,必须再进高原时,应采取严密的医疗监护措施。

四、调离高原作业岗位的判定标准

(一)符合高原高血压诊断,即在平原时血压正常,抵高原后血压持续增高,收缩压≥160 mmHg及/或舒张压≥95 mmHg,经治疗1个月以上仍无效者;

(二)符合高原肺动脉高压标准,即在平原健康,到高原后出现心血管征象,肺动脉平均压≥25 mmHg(经超声心动多普勒测定或右心导管术),心电图及超声心动图出现右心或全心明显肥大,经治疗1个月以上仍无效者;

(三)符合红细胞增多标准,即男性Hb>200 g/L、Hct>65%,女性Hb>180 g/L、Hct>60%,有头晕、气短、紫绀等征象,经治疗1个月以上仍无效者;

(四)到高原后,发生心血管、神经系、胃肠系、肝胆系、泌尿系等疾患而不适宜在高原工作者;

(五)因外伤而致机体、肢体功能或脏器功能障碍者;

（六）患有其他高原禁忌证者。

五、站区职工低转下送范围

（一）患重症感冒，体温38 ℃以上；或体温在38 ℃以下，但全身及呼吸道症状明显者；
（二）急性高原反应严重，经各种治疗，疗效不显著者；
（三）高原脑水肿、高原肺水肿经医生抢救治疗病情稳定者；
（四）急性脑血管病、高血压脑病、急性冠脉综合征、心功能不全经医生抢救病情稳定者；
（五）失血性休克经医生抢救病情稳定，但需对原发病进一步治疗；反复、小量消化道出血已停止，但需继续治疗者；
（六）空腔脏器穿孔、经医生保守治疗病情平稳，需进一步治疗者；
（七）骨折、严重创伤，经医生抢救病情稳定并经妥善包扎固定者；
（八）患有其他不适宜居留在高原的疾病的患者。

六、旅客列车下交病人范围

（一）高原肺水肿、高原脑水肿；
（二）支气管哮喘发作；
（三）急性心肌梗塞，各种原因导致的急性呼吸衰竭、急性心功能不全；
（四）急性脑血管病、高血压脑病；
（五）严重创伤、骨折，颅脑损伤，失血性休克；
（六）临产妇；
（七）其他危及生命的疾病。

七、急性高原病诊断及处理原则

（一）急性高原病诊断原则

1. 急性轻症高原病

诊断：头痛（必备症状），胃肠道症状（食欲减退、恶心、呕吐），疲乏及/或无力，头昏及/或头晕目眩，睡眠不佳。

自我分级判定：

头痛：0无，1轻，2中，3重（以致不能工作）；

胃肠道症状：0食欲好，1食欲减退或恶心，2中度恶心或呕吐，3严重恶心、呕吐（以致不能工作）；

疲乏及/或无力：0无，1轻，2中，3重（以致不能工作）；

头昏及/或头晕目眩：0无，1轻，2中，3重（以致不能工作）；

睡眠障碍：0经常良好入睡，1经常难以入睡，2难以入睡、长期清醒，3彻夜难眠；

判定：头痛为必须具备症状，再加至少有一项其他症状。量化诊断权重≥3诊断成立。

2. 高原肺水肿

现场诊断：近期进入高原，至少有以下两项征象。

静息时呼吸困难，咳嗽，无力或活动能力减低；胸部紧压或活动能力减弱有臃塞感。

体征：至少有以下两项。

至少在一个肺野可闻及喘鸣及罗音；出现中央性紫绀、心动过速、呼吸过速。

判定：至少两项症状加两项体征可诊断。

按0、1、2、3、4分判定轻重程度，为无、轻、中、重和严重。

临床诊断：应有X-胸片为依据。

3. 高原脑水肿

现场诊断：近期进入高原，出现下列两项征象。

神经、精神变化：0无，1冷漠/厌倦、嗜睡，2定向障碍/判别紊乱，3人事不省、半意识状态，4昏迷；

共济失调：0无，1动作失衡，2走直线出界，3易跌倒，4不能站立。

判定：按0、1、2、3、4分判定轻重程度，为无、轻、中、重和严重。

以上征象在伴有急性轻症高原病，有一项即可；不伴有急性轻症高原病时，必须具备以上两征象。

临床诊断：有条件时应有CT或MRI影像作为诊断依据。

（二）急性高原病处置原则

1. 急性轻症高原病处置原则

（1）减少氧耗：减少活动，适度休息，禁止升高，消除紧张、恐惧情绪；

（2）氧疗：保证呼吸道通畅，尽早采取氧疗，轻型患者可以2~3 L/min的流量吸氧。

（3）对症治疗：针对各种症状治疗。

2. 高原肺水肿

高原肺水肿起病急、发展快、变化迅速，如早期诊断，治疗得当，一般1~2日内可脱离危险，3~7日可痊愈，预后相对良好。

（1）基础治疗：绝对卧床休息，采取一切措施（特别应包括心理治疗，以消除紧张、恐惧情绪）降低氧耗。吸氧（重症以6~8 L/min的流量持续吸氧，有明显泡沫样痰者可用50%乙醇置入湿化瓶湿化吸入）肌注抗生素；莨菪类（654-2，10 mg静推，10~30 min一次，连用3~5次，然后延长间断时间或20~40 mg/日加入溶液内静点，一般使用1~3天）及大剂量维生素C（成人10~15 g/日）为主要治疗措施。

（2）补充治疗：重症或基础治疗效果不佳，可加用地塞米松、速尿、酚妥拉明、安茶碱、高渗葡萄糖等。

（3）对症治疗：针对各种并发症、合并症的治疗。

（4）支持治疗：急性高原病患者能量消耗大，尤以病情重，昏迷，呕吐，不能进食者更为突出。营养支持治疗是必需的，常用葡萄糖、脂肪乳、复方氨基酸、白蛋白钾镁高能合剂、维生素及微量元素混合制剂、脑活素等。亦可选用细胞代谢药物。

3. 高原脑水肿

高原脑水肿的治疗以下述四个环节为主：改善和脱离缺氧环境，解除病因；切实加强有效的氧疗；阻止、减轻和消除脑水肿，恢复脑功能；维护内环境和脏器稳定，防止并发症。

（1）氧疗和头部低温：高流量、高浓度、持续给氧（6~8 L/min的流量）；有条件的医院可采用高压氧治疗，并采取头部低温疗法。

（2）脱水剂：甘露醇应用一般原则是剂量先大后小，间隔先短后长，疗程适当，不可骤停；甘露醇2~4次/日，每次0.25~0.5 g/kg（体重），神志恢复，病情稳定后，改为每日1次，可适当延长疗程。速尿常用剂量每次为20~40 mg，静推30 min后颅内压显著降低，可持续7 h。

（3）皮质激素：常用地塞米松，首剂10~20 mg，1次静注，后改5~10 mg，6 h静注，48 h后酌情减量到最后停药。大剂量维生素C可以同皮质激素配合，有协同作用。

(4)补充治疗：抗感染治疗及并发症治疗，维持水、电解质、酸碱平衡。

(5)昏迷病人促醒剂的应用：常用药物有纳络酮、胞二磷胆碱、克脑迷、氯脂醒等。促醒剂的应用时机以病情稳定、昏迷程度有所减轻时为佳。

(4)专持治疗：同高原肺水肿。

八、格拉段旅客列车医疗设备和药品配置参照目录

(一)基本设备

血压计，听诊器，血氧饱和度仪，心电图机，氧气瓶，输液装置。综合急救箱，骨折夹板，全自动体外监护除颤仪(选配)，双水平无创正压呼吸机。

(二)基本药品

抗感染用药：阿莫西林胶囊、片，复方新诺明片，诺氟沙星胶囊、黄连素片，痢特灵。

心血管用药：硝酸甘油片，消心痛，心痛定，氨酰心安，利血平注射剂，复方降压片，降压0号，西地兰注射剂，肾上腺素注射剂，异丙肾上腺素注射剂，去甲肾上腺素注射剂，多巴胺注射剂，阿拉明注射剂，利多卡因注射剂。

呼吸系统用药：必嗽平片，复方甘草合剂、片，氨茶碱片、注射剂，尼可刹米注射剂，洛贝林注射剂，舒喘宁喷雾剂。

消化系统用药：胃舒平片，胃得乐片，颠茄片，654_{-2}注射剂、片，阿托品注射剂、片。

神经系统用药：去痛片，安乃近，安痛定注射剂、片。

精神系统用药：安定注射剂、片，舒乐安定。

皮肤病用药：赛庚啶片，苯海拉明注射剂、片。

五官科用药：扑尔敏片，乘晕宁片，华素片，复方甲硝唑片，氯霉素滴眼剂，红霉素眼膏。

解热镇痛药：速效伤风胶囊，感冒通片。

利尿药：速尿注射剂、片，双氢克尿塞片，氨苯喋啶片。

激素类药：地塞米松注射剂、片，泼尼松。

调节水及酸碱平衡用药：氯化钠(含林格)注射液，葡萄糖氯化钠注射液，葡萄糖(5%、10%、50%)注射液，氯化钾注射剂，注射用水。

外科用药：乙醇溶液，创可贴，碘酊。

九、格拉段各站区医疗设备和药品配置参照目录

(一)基本医疗设施配置

一级医疗机构(医疗点)：个体补氧器、氧气瓶、诊疗床、骨折夹板、折叠担架、综合(内、外)急救箱、出诊箱、药品专柜、显微镜、五官科检查仪、血压计、体温计、听诊器、心电图机、血氧饱和度测定仪、便携式无创呼吸机、高压消毒锅、清创缝合用品、静脉输液用品、喷雾消毒器、隔离衣、通讯电话。

二级医疗机构(沿线医院)：除具备医疗点基本医疗设施外，增加生化分析仪、高压氧舱、心电监护除颤起搏仪。

(二)基本药品

抗感染用药：青霉素钾(钠)注射剂，阿莫西林胶囊、片，头孢氨苄胶囊、片，头孢拉定注射剂，罗红霉素片，复方新诺明片，诺氟沙星胶囊、片，环丙沙星注射剂，黄连素，痢特灵。

心血管用药：硝酸甘油片，消心痛，心痛定，氨酰心安，利血平注射剂，复方降压片，降压0号，西地兰注射剂，肾上腺素注射剂，异丙肾上腺素注射剂，去甲肾上腺素注射剂，多巴胺注射剂，阿拉明注射剂，脂必妥胶囊、片，阿司匹林肠溶片，利多卡因注射剂，速效救心丸，复方丹参滴丸。

呼吸系统用药：必嗽平片，复方甘草合剂、片，氨茶碱片、注射剂，尼可刹米注射剂，洛贝林注射剂，舒喘宁喷雾剂。

消化系统用药：胃舒平片，胃得乐片，甲氰咪胍胶囊、片，颠茄片、阿托品注射剂、片，胃复安注射剂、片，吗叮啉片，肝太乐注射剂、片，乳酶生片，干酵母片。

神经系统用药：去痛片，安乃近，安痛定注射剂、片，20%甘露醇注射剂，低分子右旋糖酐注射液，复方丹参注射剂、片。

精神系统用药：安定注射剂、片，舒乐安定。

皮肤病用药：赛庚啶片，苯海拉明注射剂、片，皮炎平软膏。

五官科用药：扑尔敏片，乘晕宁片，华素片，复方甲硝唑片，氯霉素滴眼剂，红霉素眼膏。

解热镇痛药：速效伤风胶囊，感冒通片，感冒清热冲剂，百服宁，布洛芬片、缓释胶囊。

利尿药：速尿注射剂、片，双氢克尿塞片，氨苯喋啶片。

激素类药：地塞米松注射剂、片，泼尼松。

维生素类药：维生素B1片，维生素B2片，复合维生素B片，维生素B6片，维生素C片。

调节水及酸碱平衡用药：氯化钠（含林格）注射液，葡萄糖氯化钠注射液，葡萄糖（5%、10%、50%）注射液，氯化钾注射剂，注射用水。

外科用药：乙醇溶液，创可贴，云南白药，碘酊，扶他林乳胶剂。

高原特殊用药：诺迪康胶囊，防晒霜，防冻膏等。

附件2： 格拉段氧气供应管理办法

一、氧气供应范围

格拉段有人值守站区、专运列车、试验列车、公司生活供应车和赴格拉段工作人员乘坐的各种车辆，均配备不同型号氧气瓶，提供氧气供应。

二、氧气供应程序

各有关单位（部门）根据站区或赴格拉段人员数量，向疾控所提报氧气瓶计划。疾控所审核后，通知公司辅业资产管理中心所属劳动服务公司按计划统一配送。

列车到达拉萨站后，如需补充氧气，由拉萨站负责统计并通知劳动服务公司，由劳动服务公司及时按需补充氧气。列车返程至格尔木后，由列车长（或用氧单位负责人）将氧气瓶及附件如数移交劳动服务公司。

三、氧气配置数量及标准

1. 专运列车：原则上每台机车10 L 5瓶，每个包厢7 L 1瓶，并按氧气瓶数量配置吸氧管。另配7 L 60瓶、三通管100个、一次性吸氧管200个以备急用。

其中：7 L、10 L氧气要求配置减压表和流量表（下同），氧气管的出口管径和三通管要配套。公司或上级部门另有通知时按通知要求的标准配置。

2. 旅客列车:原则上每台机车配备10 L 5瓶,每趟列车配备4 L 4瓶,放置在木制或皮制的定型包装箱内,以备急用。

无氧列车每台机车配备10 L 5瓶,软、硬卧每个包间配置7 L 1瓶,另配40 L 2瓶备用,并按氧气瓶数量配置相应的三通管、吸氧管(下同)。当公司或上级部门另有通知时,按通知要求的标准配置。

3. 习服人员列车:氧气瓶数量根据习服人员数量而定,由用氧单位根据实际需求量确定数量和标准,原则上以4 L氧气瓶为主。

4. 生活供应车:由用氧单位根据实际需求量确定数量和标准,原则上以40 L氧气瓶为主。

5. 格拉段有关站区:由用氧单位根据实际需要确定数量和标准,原则上以40 L氧气瓶为主,另配4 L 2瓶备用。

四、氧气瓶定置管理

1. 专运列车、试验列车、生活供应车:由辅业资产管理中心劳服公司负责用军用行李带将氧气瓶固定在车厢茶几下方。

2. 行李车:由中铁快运西宁分公司负责用铁夹将氧气瓶固定在行李员工作间写字台右下方。

3. 机车:由西宁机务段负责用铁夹将氧气瓶固定在司机坐旁,备用氧气瓶放置在储备间内(配两辆推车)。

4. 运转车长值乘用氧:由格尔木车务段负责用铁夹将氧气瓶固定在运转车长工作间写字台右下方。

5. 格拉段有关站区:由各用氧单位按照"隐蔽存放、安全稳固、方便用氧"的原则,固定氧气瓶的摆放地点和位置,严禁将氧气瓶摆放在站台。

6. 供氧旅客列车:比照试验列车的有关规定办理。

五、用氧安全管理

1. 氧气瓶配送前,由制氧单位对氧气瓶及附件(包括瓶阀、瓶帽、防震圈、减压表、流量表、三通管、吸氧管、固定军用行李带等)进行出厂检查,确保氧气瓶的安全与完整。

2. 辅业资产管理中心劳动服务公司负责氧气瓶搬运和固定,并说明安全使用注意事项。专用列车、试验列车、习服专列、生活供应列车配置的氧气瓶,由随车医务人员负责统一管理并指导用氧;站区氧气由车站负责人统一管理,疾控所定期指导用氧方法及安全注意事项;旅客列车应氧气瓶由列车长负责管理,随车医务人员指导用氧。

3. 氧气使用单位要加氧气瓶的安全管理,单位负责人是氧气安全使用的第一责任人。各单位要建立氧气安全管理制度,专人负责,定期检查,保证规范操作,确保用氧安全。对因玩忽职守造成职责事故或事故隐患的,公司将追究相关部门领导和当事人的责任。

4. 公司安全监察室要按照国家《压力容器安全监察规程》和公司《格拉段氧气瓶安全管理措施》规定,加强对制氧、运输、用氧等各个环节的安全监管,发现问题及时处理。

五、费用结算

1. 管内各单位用氧数量报格尔木疾控综合科,旅客列车用氧数量由列车长(或用氧单位负责人)签认后报格尔木疾控综合科,格尔木疾控综合科汇总报公司劳卫部审核后,由公司计财部复核后列入各单位成本,各单位统一向辅业中心清算。

2. 外局习服人员列车用氧实际数量，由带队负责人签认，发生费用由外局向辅业资产管理中心直接清算。

附件3：　　合同医院医疗服务考核规定

为切实做好格拉段医疗服务工作，确保患病职工及旅客得到及时、有效、合理救治，现对《青藏线格拉段医疗及医疗保障服务合同书》提出如下考核规定，请各合同医院及玉峰公司、西宁客运段等单位遵照执行。

一、医护人员必须具体的条件。为格拉段提供医疗服务的医护人员必须具体以下条件：1. 全日制正规医学院校毕业、中专及以上学历；2. 具有医师（护师）及以上职称；3. 有急诊室工作经验（工作时间不少于1个月）；4. 由合同医院对医护人员进行高原病防治知识和全科医生知识培训（培训时间不少于40个学时，经考试合格后，由医院发放培训合格证书）。

二、医疗作风要求。所有医护人员上岗前，由医院进行医德医风教育，树立青藏铁路医疗服务工作无小事的观念，做到工作热情、耐心、细心，不得推诿病人。青藏公司将不定期在职工中进行医疗服务质量问卷调查，发现问题一经查实，将按合同进行处罚。

三、医护人员、药品、器械配备要求。合同医院要严格按照合同规定配备人员、药品和设备，并保证设备的正常运转。如人员、设备配备不齐全、设备不能正常使用，青藏公司将从合同金额中扣除相应费用。

四、收费规定。格拉段巡回医疗及沱沱河医疗救治站在服务中，不得收取除处方药品费用外的任何诊疗费用。药品收费要严格按照《青海省基本医疗保险药品目录》规定的标准进行收费，收费必须出示正规收据。旅客列车医疗服务不向服务对象收取任何费用。

五、沱沱河医疗救治站救护车使用规定。沱沱河医疗救治站配备的救护车专门负责唐北地区的医疗巡诊和病人下送工作。合同医院必须保证专车专用，同时要加强车辆和驾驶员的管理，保证车辆随时处于完好状态，遇有病人时能立即赶到现场进行处置并根据病情需要下送病人。如因救护车挪作他用，导致病人不能及时救治的，由合同医院承担全部后果。青藏公司将对救护车的使用情况进行抽查。

六、用药规定。合同医院必须按病人的用药指征进行用药（限处方药）。旅客列车医疗服务过程中，按一日剂量给病人投药；沿线职工用药，按3～7日剂量投药。预防高原病的药物（诺迪康胶囊、B族维生素、维生素C）等，由各单位统一配发给职工，医生对职工不得使用此类药品。

七、对格拉段下送病人，合同医院要开通绿色通道，抓紧对病人进行救治。对患高原病的铁路乘务人员，所发生医疗费用由合同医院实行记账管理，其他患病铁路职工，按医保程序办理，用药严格执行《基本医疗保险药品目录》，特殊用药必须征得患者及医保部门同意。患病旅客的治疗，由医院征得患者同意后按相关规定处理。

八、基础资料管理要求。格拉段医疗服务过程中，医生必须登记病人的详细情况（姓名、年龄、家庭地址、联系方式、所患疾病、工种或车票号）及采取的医疗措施，同时要开具用药处方备查。

九、铁路临时任务医疗保障要求。公司遇有临时任务需要医疗保障时，由公司疾病控制所提前一天通知合同医院准备人员及药品器械承担医疗保障工作。保障过程中所消耗药品必须有记载（使用人姓名、工作单位）和用药处方。

十、费用核算规定。由公司劳卫部组织人员每月上旬前到合同医院对上月医疗费用发生情况进行核查。合同医院要如实提供格拉段医护人员出勤表、就诊病人登记册、用药处方、住院病人病历、费用清单等资料，劳卫部根据医院提供的资料及日常掌握的情况，对实际发生费用进行逐项核查，并将核查情况通报公司财务部，由财务部确认后，按规定支付相应费用。

附件 4：

格拉段职工突发疾病紧急医疗救治责任区段划分

医疗服务点分布情况				服务范围	病人下送车辆	合同医院分布情况	
主办单位	所属医院	医疗点名称	医疗点办公电话			医院名称	总值班电话
玉峰公司	格尔木人民医院	纳赤台医疗点	87554102（GSM 卡）	纳赤台地区各工种	自行解决（自备、征用汽车或拨打 120）	格尔木人民医院	0979-7213977
		不冻泉医疗点	87554052（GSM 卡）	不冻泉地区各工种、玉珠峰车站			
		清水河医疗点	87554182（GSM 卡）	清水河地区各工种、楚玛尔车站			
		五道梁医疗点	87554022（GSM 卡）	五道梁地区各工种		海西州第二医院（原铁路医院）	0743-22117（路电） 0979-7222117
		秀水河医疗点	87554212（GSM 卡）	秀水河地区各工种	沱沱河救护车或自备车、旅客列车		
		雁石坪医疗点	87554052（GSM 卡）	雁古坪地区各工种，布强格车站			
青藏公司	海西州第二医院	沱沱河医疗	0979-7240436	沱沱河地区各工种（含工地巡诊）			
十二局	中铁十二局医院	扎加藏布医疗点	079-56871（路电）	扎加藏布至唐古拉车站各工种	十二局救护车、自备车、征用车辆或拨打 120	安多县医院	0896-3662114
		安多医疗点	0896-3663412	安多地区各工种			
		那曲医疗点	0896-3822715	那曲地区各工种，底吾玛站		那曲地区医院	0896-3828762
青藏公司	那曲地区医院	那曲站卫生所	待安装				
十二局	中铁十二局医院	当雄医疗点	0891-6112258	当雄地区各工种，古露车站		当雄县医院	0896-6112153
		马乡医疗点	0891-6703068	马乡地区各工种，羊八井车站	自行解决（自备、征用汽车或拨打 120）	西藏自治区医院	0891-120
		拉萨医疗点	0891-6756633	拉萨地区各工种、拉萨及拉萨西站		西藏军区总医院	0891-6280120
青藏公司	西藏军区总医院	拉萨站卫生所	0891-6756461				
青藏公司西宁疾控制所		0971-7195120（值班）		格尔木疾控综合室		0979-7224410（值班）	

文件20:

青藏铁路格拉段卫生保障工作奖惩考评办法

青藏铁劳卫〔2009〕166号

第一章　总　　则

第一条　为保障铁路职工(含劳务工)和广大旅客的身体健康,根据铁道部、卫生部《关于做好青藏铁路卫生保障工作的通知》(铁劳卫〔2006〕90号)和铁道部《关于进一步加强青藏铁路卫生保障工作的通知》(办劳卫发〔2006〕49号)文件精神,制定本办法。

第二条　本办法适用于青藏铁路格拉段各相关单位(含委外单位和铁路建设指挥部)卫生保障工作的考评。

第三条　考评工作坚持以人为本、保障先行;预防为主、防治结合;加强管理、健全机制;明确责任、奖惩并重的原则。

第二章　组织机构和部门职责

第四条　公司成立卫生保障工作考评领导小组,公司主管领导为组长,劳卫、建管、营运、安监、人事、财务、工会、公安、辅业资产管理中心等部门负责人为副组长,成员由劳卫、人事、建管、安监、营运、公安、财务及相关部门专业人员组成。考评领导小组下设办公室(挂靠在劳卫部),负责考评领导小组日常工作,办公室主任由劳卫部副部长兼任。

第五条　考评领导小组定期召开例会,布置考评检查工作,听取考评检查情况汇报,针对发现的问题提出整改要求和奖惩意见。

第六条　考评领导小组各成员单位除定期参加青藏铁路格拉段卫生保障工作考评检查外,还要加强对本系统各基层单位卫生保障工作的日常监督管理,指导和督促基层单位落实各项卫生保障措施。

第七条　领导小组成员单位及相关部门职责。

劳卫部:统筹管理卫生保障工作。对用人单位落实劳动生产组织、职工休假、疗养、社会保险等相关政策进行指导和监督;组织疾病控制所(以下简称疾控所)、卫生监督所开展健康教育、疾病预防、职工健康监护、预防药物发放、信息报告及卫生监督等工作;对委外医疗机构医疗服务质量进行定期监督考核等。

营运部:承担卫生、生活保障工作涉及的运输组织任务;组织开展站车卫生防病知识宣传;全面落实站车各项卫生保障措施;组织协调旅客列车做好突发疾病人员的应急救治和善后处理工作。

建管部:负责职工生产生活用房建设、管理及维护;根据发展规划,对人员、工种相对集中的地区食堂进行统一布局和管理;对职工劳保用品实行集中采购、供应和配发;与营运部协商生活列车开行交路,保证职工生活所需物质及时供应;负责全面落实本系统职工各项卫生保障措施。

安监室:监督检查各用人单位落实各项劳动保护和安全防护措施,防止职工伤亡事故发生;负责劳动保护用品标准制定和质量监督;监督各单位对供氧设备进行定期检验和安全使用。

计财部:负责卫生保障工作所需设施设备的计划编制及各种费用的预算管理和拨付;负责监督检查格拉段各单位全面落实各项环境保护措施。

人事(组织)部:负责对基层领导班子及各级干部履行卫生保障工作职责情况的考核,并将考核情况纳入公司对基层领导班子及领导干部的年度考核内容。

党委工作部:负责卫生保障工作对外宣传报道的把关和审核,承担面向职工的卫生保障政策宣传工作。

办公室(党委办公室):负责所有委外施工及服务合同的审定、规范、完善工作;负责突发事件的信息收集、传递、汇总、上报工作。

工会工作部:组织职工对卫生保障工作进行监督,切实维护职工的合法权益;加强生活线、文化线建设,改善职工生产生活环境;定期组织先进人物、劳动模范进行健康疗养。

辅业资产管理中心:负责监督本系统职工各项卫生保障措施的落实,保证劳务工住房、饮食供应、劳动保护等达到铁道部规定的标准。

其他部门、公安局:全面负责落实本系统职工的各项卫生保障措施,协助配合各站(区)车做好交通检疫工作。

第三章　考　　评

第八条　考评工作定期或不定期进行(原则上每季度一次),由考评领导小组办公室牵头组织实施,各成员单位参加,按考评标准对各单位的所有考评单元(含格拉段沿线各站区、车间、警务区及旅客列车班组)卫生保障工作进行全面检查考评。

公司疾控所、监督所组织疾控和监督专业人员,每月对格拉段各考评单元的卫生保障工作进行一次监督检查,检查结果纳入季度检查考评。

各单位要根据公司制定的考评标准,每半月对本单位所有考评单元的卫生保障工作进行自查,自查情况上报公司劳卫部,同时将原始资料入档,自查情况纳入公司考评项目。

第九条　考评实行百分制,考评内容分为重点项目、基础项目和应急项目,重点项不赋分,基础项满分为100分。考评成绩95分为优秀(指该单位所有考评单元均达到95分),85分为合格(指该单位所有考评单元均达到85分),低于85分者为不合格(指该单位只要有一个考评单元成绩低于85分者,该单位的总考评成绩即为不合格)。重点项不达标者,每项从考评总分中扣除20分。

第十条　考评采取检查相关基础台账、实地查看现场、清点物品数量、模拟演练、实际操作、现场考试及询问职工的方式进行。

第十一条　考评结束后,考评领导小组办公室对考评结果进行通报,向各单位公布考评结果,兑现奖惩。

第四章　奖　　惩

第十二条　考核。为突出卫生保障考评工作的实效,公司将卫生保障工作纳入安全运输生产考核;纳入各级党委(支部)的考核;纳入年度经营责任制考核;纳入年度各级党委“四好班子”验收考核。

第十三条　奖励。考评结果为优秀的单位,给予2万元奖励。年度考评均达到优秀的单位,年终考核给予5万元奖励。中铁十二局集团铁路养护工程有限公司、铁通公司及各铁路建设指挥部奖金自筹。

第十四条　处罚。考评结果为不合格的单位,由公司视情节轻重给予单位5～10万元罚款。连续两次考评不合格的单位，由公司对责任单位的主要领导和主管领导视情节轻重给予警告、记过、记大过处分；对连续一年考评不达标的单位，由公司视情节轻重给予责任单位主要领导和主管领导严肃处理。中铁十二局集团铁路养护工程有限公司、铁通公司和各铁路建设指挥部考评不合格的，由公司视情节轻重给予5～10万元罚款，罚款从委外合同金额中直接扣除，同时，建议其上级主管部门对相关责任人给予行政处分。

第五章　附　　则

第十五条　本办法自公布之日起施行。同时废止《青藏铁路格拉段卫生保障工作奖惩考评办法（暂行）》（劳卫发〔2006〕288号）文件。

第十六条　本办法由公司劳动和卫生部负责解释。

附件：1. 青藏铁路格拉段（站区、领工区、警务区）卫生保障工作考评表

2. 青藏铁路格拉段旅客列车卫生保障工作考评表

3. 青藏铁路格拉段卫生保障检查整改通知书

4. 青藏铁路格拉段卫生保障考评奖罚通知书

附件1：

青藏铁路格拉段（站区、领工区、警务区）卫生保障工作考评表

被检查单位：　　　　　　　　站区（领工区、警务区）：　　　　　　　　考评分：

项目		分数	检查内容	扣分标准	扣分原因
重点项目			1. 发生职工（含劳务工，下同）高原病死亡	否决项	
			2. 发生3人及以上职工集体食物中毒或一氧化碳中毒		
			3. 职工宿舍无砖房（板房）、无取暖设施		
			4. 患病职工（劳务工）没有按规定低转下送		
			5. 劳务工签订的劳务合同中未包含卫生保障有关事项		
			6. 单位未成立卫生保障领导小组，无逐级负责、责任包保制度		
			7. 职工（劳务工）剥食旱獭		
基础项目	基础管理	20	1. 单位卫生保障工作每半月自查，各站区每月自查	每半月自查上报不及时每次扣1分，无自查情况记录，对存在问题没有整改意见和措施，每处扣1分。站区每月自查不及时每次扣3分	
			2. 格拉段人员动态管理及各项制度执行情况	格拉段人员花名册、分布情况（动态变化）填写不及时每人次扣0.2分；职工没有及时按规定转岗、调离、轮换每人次扣5分	
			3. 建立职工（劳务工）工伤、医疗保险	职工（劳务工）工伤、医疗保险未签订，每人次扣1分	
			4. 劳动时间、劳动强度、作业方式、劳保用品配置发放符合规定	劳动时间、劳动强度、作业方式、劳保用品配置发放不符合规定每人次扣0.5分	
			5. 新上岗人员高原卫生知识有培训考核记录，现场抽查三人高原卫生防治知识	培训时间不足（28小时），培训记录不全每人次扣1分，现场抽考不合格每人次扣2分	
			6. 格拉段氧气使用及管理制度	氧气供应不充足，扣3分	

续上表

项目		分数	检查内容	扣分标准	扣分原因
基础项目	食品卫生	15	1. 高原补贴、膳食补助	没有按照铁道部规定膳食补助扣5分	
			2. 健康证、卫生许可证管理	从业人员未持有效健康证上岗每人次扣5分，食堂(伙食团)未办理卫生许可证扣10分	
			3. 食品、饮用水供应	制度不健全，供应不充足、不符合卫生要求每项扣5分	
			4. 食堂基础设施，环境卫生	食堂地面硬化、四壁瓷砖、上下水设施不全扣2分，冷藏、消毒、防蝇、防鼠设施不全每处扣1分	
			5. 餐饮服务严格按照食品卫生要求	生熟混用(放)、标志不全(清)、餐具消毒不到位每处扣3分	
			6. 现场作业用餐有热饭	现场作业用餐没有热饭措施扣5分	
	医疗保障	15	1. 严格格拉段人员体检制度	不按规定进行岗前、岗间和岗后体检，每人次扣0.5分	
			2. 格拉段人员坚持上岗前习服	上岗前没有在拉萨或格尔木进行习报(3~7天)每人次扣0.5分	
			3. 健康问讯	公司疾控每日早、晚两次健康问讯上报情况与实际不符每次扣5分；各站区夜间查铺制度不落实每人次扣0.2分	
			4. 按规定发放高原病预防药物	高原病预防药物没有定期定量发放，发放记录不全，每次扣2分	
			5. 患病职工处置	职工患病后没有按规定程序及时上报扣5分	
			6. 集体流动作业有医生随诊	集体流动作业没有医生随诊扣1分	
	生活环境	10	1. 有办公、住宿用房	职工办公、住宿场所空气流通、照明良好、人均面积达到3平方米及以上的砖房或板房，达不到每处扣10分；办公区、宿舍室温低于16℃每处扣2分	
			2. 办公区环境卫生	办公区环境卫生不好，扣2分	
			3. 职工(劳务工)宿舍环境卫生	职工(劳务工)宿舍环境整洁，被褥清洁、叠放整齐，达不到每室扣2分	
			4. 厕所卫生	厕所卫生不清洁扣2分	
			5. 生活垃圾处理	生活垃圾没有做到集中处理、定点投放，扣5分	
应急项目	红十字救护	20	1. 各站点设立红十字卫生小组及兼职卫生监督员	红十字卫生小组及兼职卫生监督员不健全，不能按规定履行职责扣5分	
			2. 配备红十字药箱	专人管理、定位存放、药品齐全、无过期药品、记录齐全，不到位每处扣2分	
			3. 医疗齐全有效	配备的医疗器械齐全，能正常使用，不能正常使用每处扣4分	
			4. 掌握红十字救护知识	红十字卫生员经过培训，会使用基本医疗器械，掌握红十字救护知识，知道转诊协议医院及联系方式，否则每处扣2分	
	应急处置及鼠疫防治	20	1. 制定适用于本站区、工区的鼠疫防控预案和突发公共卫生事件预案	没有预案扣5分，预案不健全每处扣2分	
			2. 按规定配备鼠防应急箱，防鼠设施齐全	鼠防应急箱无专人定位管理扣2分，箱内设备不全或不能正常使用扣5分，办公区、宿舍周围及室内防鼠设施不全每处扣1分	
			3. 鼠防应急防护知识	应急小组人员不会使用鼠防应急箱，每人次扣2分；不掌握鼠疫发现、上报和处置程序扣10分	
			4. 新上岗人员鼠疫防治知识培训	新上岗人员没有鼠防知识培训，或培训记录不全，每次扣0.2分；现场抽考3人鼠防知识知识，不合格每人次扣1分	

考评组成员(签名)：　　　　被考评单位负责人(签名)；　　　　考评时间：

附件 2：

青藏铁路格拉段旅客列车卫生保障工作考评表

车次：　　　　　　　　　　　　班组：　　　　　　　　　　　　考评分：

项目		分数	检查内容	扣分标准	扣分原因
重点项目			1. 发生职工高原病死亡	否决项	
			2. 发生 3 人及以上职工集体食物中毒		
			3. 患病旅客未按规定处置		
			4. 单位未成立卫生保障领导小组，无逐级负责、责任包保制度		
			5. 餐车从业人员未持健康证上岗，未办理卫生许可证		
			6.《旅客健康登记卡》填写规范不漏项，收集及时、齐全		
			7. 职工携带旱獭		
基础项目	基础管理	25	1. 单位卫生保障工作每半月自查，列车每组次自查	单位卫生保障工作每半月自查上报不及时每次扣 1 分，无自查情况记录，对存在问题没有整改意见和措施，每处扣 0.5 分；列车每组次自查不及时扣 3 分	
			2. 车队人员动态管理及各项制度执行情况	车队人员名册、分布情况（动态变化）填写不及时每人次扣 0.2 分；班组人员名册，乘务报告资料不完整，扣 2 分；职工轮换、轮休及休假制度落实不到位，没有及时按规定转岗、调离、轮换每人次扣 0.5 分	
			3. 劳动时间、劳动强度、作业方式、劳保用品配置发放符合规定	劳动时间、劳动强度、作业方式、劳保用品配置发放不符合规定每人次扣 0.4 分	
			4. 新上岗人员高原卫生知识有培训考核记录，现场抽查三人高原卫生防治知识	培训时间不足（28 小时），培训记录不全，每人次扣 0.2 分；现场抽考不合格每人次扣 1 分	
	医疗保障	15	1. 严格格拉段乘务人员体检制度	不按规定进行岗前、岗中和岗后体检，无高原体检项目记录，每人次扣 1 分	
			2. 班组制定卫生保障制度	没有制度扣 5 分，不健全扣 2 分	
			3. 出乘前健康问讯	出乘前健康问讯不到位，记录不及时，每人次扣 0.5 分；职工患病后没有按规定程序及时上报扣 5 分	
			4. 格拉段医学巡视制度	卫生小组未坚持格拉段每 3 小时医学巡视，扣 5 分；没有高原旅行卫生常识宣传资料及广播计划扣 5 分	
			5. 重点旅客及提前下车旅客登记本	重点旅客情况掌握不全面，记录不及时，扣 5 分	
			6. 安全用氧	一次性吸氧管发放不到位，宣传讲解使用方法不及时扣 10 分	
	食品卫生	10	1. 餐车卫生	按铁道部旅客列车餐车卫生 50 项评价标准评分折算	
	列车卫生	10	1. 列车卫生	按铁道部旅客列车卫生 50 项评价标准评分后折算	
应急项目	红十字救护	20	1. 各班组设立红十字卫生小组及兼职卫生监督员	红十字卫生小组及兼职卫生监督员不健全，不能按规定履行职责扣 5 分	
			2. 配备红十字药箱	红十字药箱不按部颁标准配备，做不到专人管理、定位存放、药品齐全、无过期药品、记录齐全，每处扣 2 分	
			3. 医疗齐全有效	配备的医疗器械齐全，能正常使用，不能正常使用每处扣 4 分	
			4. 掌握红十字救护知识	红十字卫生员经过培训，会使用基本医疗器械，掌握红十字救护知识，列车长知道转诊协议医院及联系方式，否则每处扣 2 分	

续上表

项目		分数	检查内容	扣分标准	扣分原因
应急项目	应急处置及鼠疫防治	20	1. 制定适用于列车的鼠疫防控预案和突发公共卫生事件预案	没有预案扣5分，预案不健全每处扣2分	
			2. 按规定配备鼠防应急箱，防鼠设施齐全	鼠防应急箱无专人定位管理扣2分，箱内设备不全或不能正常使用扣5分，防鼠设施不全每处扣1分	
			3. 鼠防应急防护知识	应急小组人员不会使用鼠防应急箱，每人次扣2分；不掌握鼠疫发现、上报和处置程序扣10分	
			4. 新上岗人员鼠疫防治知识培训	新上岗人员没有鼠防知识培训，或培训记录不全，每次扣0.2分；现场抽考3人鼠防知识知识，不合格每人次扣1分	

考评组成员（签名）：　　　　被考评单位负责人（签名）；　　　　考评时间：

青藏铁路格拉段疾控、监督所卫生保障工作考评表

车次：　　　　班组：　　　　考评分：

项目	分数	检查内容	扣分标准	扣分原因
重点项目		1. 发生职工高原病死亡	否决项	
		2. 格拉段患病职工未按规定处置		
		3. 单位未成立卫生保障领导小组，无逐级负责、责任包保制度		
		4. 未按规定及时进行每月一次格拉段巡检		
		5. 交通检疫点开展交通检疫期间无人值守或查堵染疫物品及携带者处理程序不规范		
基础项目	60	1. 格拉段巡查	巡查记录不全每次扣2分；巡查报告没有针对性，没有指导整改措施扣2分	
		2. 劳保用品配置发放符合规定	格拉段人员劳保用品配置发放不符合规定，每人次扣1分	
		3. 高原知识、健康教育有培训考核记录	培训记录不全每人次扣0.2分	
		4. 格拉段人员体检	及时组织格拉段人员进行岗前、岗中和岗后体检，体检资料收集不全，每人次扣1分	
		5. 每日健康问讯	格拉段各站区每日健康问讯不及时、不全扣5分，对患病人员病情跟踪落实不彻底每人次扣2分；格拉段监督检查人员无健康问讯记录每人次扣1分	
		6. 协议医院定期联系制度	每周与协议医院联系一次，没缺1院次扣1分	
		7. 安全用氧	组织、协调、监管格拉段安全用氧不到位，每处扣2分	
应急项目	40	1. 制定适用于列车的鼠疫防控预案和突发公共卫生事件预案	没有预案扣5分，预案不健全每处扣2分	
		2. 健康证、卫生许可证管理	健康证发放不及时每人次扣1分，监管的伙食团无卫生许可证或存在的问题无监督整改意见每处扣2分	
		3. 饮用水供应	饮用水监督频次不够、对存在的问题无追究整改措施扣2分	

续上表

项目	分数	检查内容	扣分标准	扣分原因
应急项目	40	4. 配备红十字药箱(鼠防应急箱)	没有按规定配备红十字药箱(鼠防应急箱)每处扣4分	
		5. 医疗齐全	配备的医疗器械不到位每处扣4分,台账记录不全扣1分	
		6. 鼠防应急防护知识	疾控、监督专业人员不会使用鼠防应急箱,每人次扣2分,不掌鼠防应急处置程序扣10分	
		7. 应急演练	每半年组织一次应急演练,每缺一次扣3分,资料不全扣1分。参加公司组织的应急演练,人员、应急备品、程序不到位扣2分	
		8. 突发应急任务完成情况	应急小组人员、交通工具未按规定时间及时到位,应急备品不能及时到位,突发公共卫生事件未按规定程序进行处置每项扣15分	

考评组成员(签名): 被考评单位负责人(签名); 考评时间:

附件3:

青藏铁路格拉段卫生保障检查整改通知书

卫保检第　　号

被检单位		检查处所		检查时间	
存在的问题及处理意见:			整改措施及处理结果:		
检查人员签名: 年　月　日			被检查单位公章: 负责人签名: 年　月　日		

本表一式两份,由检查人员填写,检查组和被检查单位各一份。被检单位在十日内将整改情况上报考评领导小组办公室(劳卫部)。

附件4:

青藏铁路格拉段卫生保障考评奖罚通知书

__________单位:

青藏铁路格拉段卫生保障工作检查考评小组于____月____日对你单位进行了综合考评,得分____。根据《青藏铁路格拉段卫生保障工作考评办法(暂行)》的相关规定,对你单位给予____元的奖励(处罚)。

奖励(处罚)款将从你单位的____________中发放(扣除)。

文件21：

青藏铁路格拉段劳动生产组织方案（试行）

青藏铁劳卫〔2005〕176号

一、设置原则

认真贯彻落实"以人为本、统筹兼顾、人与自然和谐发展"的指导思想，管好、用好世界一流高原铁路，以符合铁路跨越式发展的要求，在考虑格拉段特殊地理环境和运营条件的前提下，格拉段劳动生产组织按以下原则设置：

1. 根据《关于核定青藏线格拉段定员的通知》（铁劳卫函〔2003〕334号）核定的基本定编，优化配置生产人员；

2. 打破现行各工种、部门传统的劳动生产组织，根据工作量大小，广泛实行一职多能；

3. 改变现行的乘务组织方式，实行轮乘制；

4. 按照主辅分离界定的范围，能独立经营的辅助作业或能委托管理的作业项目尽量采用发包的方式委托经营。

二、制度工作时间

根据《劳动法》、《国务院关于职工工作时间的规定》（国务院第174号令）和《国家铁路劳动者实行综合计算工时工作制办法》（铁劳〔1995〕23号），格拉段实行日勤制的职工按每日工作时间不超过8小时，平均每周工作时间不超过40小时执行。实行轮班工作制的职工，分别以周、月、季、年为周期综合计算工作时间，全年月平均工作时间为167.4小时。其中：

1. 对实行乘务制人员和以室内作业为主的职工，由于机车、车辆和室内配备通风、供氧设施，制度工作时间按以全年月平均工作时间不超过167.4小时；

2. 对室外作业为主的职工，参照劳动和社会保障部以劳社部发〔2003〕16号颁布的《青藏高原铁路工程施工工作日长度和构成》行业标准（LD/T 121—2003），按照不同海拔高度，考虑高原降效因素，在法定工作时间标准内合理确定完成相应工作量的劳动定额时间。

三、劳动班制

根据《国家铁路劳动者实行综合计算工时工作制办法》（铁劳〔1995〕23号），结合格拉段特殊的自然环境和条件，对工作人员分别实行不同的班制。

1. 机车乘务员实行轮乘制；

2. 沱沱河、安多、那曲、当雄工作的人员实行四班二上岗，按1个月为周期进行轮班；

3. 拉萨站（不含客运）、拉萨西站（不含货运）、机辆整备检修车间（救援列车）、专用调车机乘务员、拉萨电务值班工区、拉萨电务集中修工区、拉萨机车信号工区、拉萨西综合列检所的生产人员实行三班二上岗；

4. 拉萨站客运人员、拉萨西站货运人员实行二班半制；

5. 管理人员原则上实行日勤制。

四、人员选拔

1. 选拔范围

为适应格拉段新技术、新设备的需要，第一批参加格拉段运营工作的职工，全部在公司既有线相关站段按选拔条件产生。

2. 选拔标准和程序详见《关于下发〈青藏铁路公司格拉段职工培训方案〉的通知》(青藏铁劳卫函〔2005〕414 号)附件 3。

3. 选拔方式

(1)工务、供电、房屋维修人员，公寓、水电管理人员，通信维护人员，装卸作业人员等通过委托维修管理的方式，由委托维修单位按选拔条件选拔。

(2)其他各工种人员按选拔条件产生后，经培训考试、考核合格进入格拉段工作。

五、人员管理

1. 建立集中管理制度

为防止职工发生高原性职业病或其他意外情况，有人站站区内的其他各系统人员在生活区域内实行集中管理，由车站站长或运输值班员负责；如遇生产任务外出，须向车站站长或运输值班员报告，并随时保持联系。

2. 健全信息管理系统

为加强格拉段岗上人员的管理，公司将利用现代科学手段，对在岗人员建立相关信息库(包括人员自然情况、工资报酬和身体状况等)，及时掌握岗上人员的基本情况，为领导决策、合理调整劳动组织提供第一手资料。

3. 规范人员管理程序

实行定期轮换制：为维护格拉段职工身体健康，根据工种特点，对岗上人员实行定期轮换制：对工作地相对固定，且处于海拔 4 000 米以上的职工，实行一年期轮换；对机车乘务人员，考虑工作环境和技术特点，实行两年期轮换；对从异地派往拉萨地区工作的职工，考虑到以老带新以及居住地的问题，原则上实行两年期轮换。日常医学检查发现患有高原禁忌症者及时调换。

六、人员预备率

在格拉段工作的 424 名岗上人员，符合各类休假条件时，按照属地化原则，享受地方政策规定的劳动休假制度。因休各种有薪假，病、事假时，则由既有线培训合格的在岗职工调剂解决。格拉段预备人员按岗上人员的 40% 核定，安排在格尔木地区工作。

同时公司将对各岗位(工种)预备人员建立长期的培训制度，随时保证格拉段职工休假时的调剂所需。

七、人员设置

拉萨办事处、公安部门岗位设置、人员配置表

部门	岗位	职名	定员	备注
医务人员	由格尔木疾控综合科负责管理			对站区人员进行巡回医疗检查：对站区人员执行、落实医疗保障、卫生防疫情况进行监督检查；对有偿服务单位执行协议的情况进行监督检查

续上表

部门	岗位	职名	定员	备　　注
公安人员	拉萨公安处		38	
拉萨办事处		主　任	1	负责与当地政府以及各单位之间的协调工作
拉萨办事处		副主任	1	负责与当地政府以及各单位之间的协调工作
拉萨办事处		秘　书	2	兼汽车司机，外事接待等工作
拉萨办事处		会　计	1	负责财务管理工作(兼秘书)
拉萨办事处		值　班	2	同时负责信息管理、出纳等工作
合　　计			45	

车辆部门岗位设置、人员配置表

岗位	工种或职名	在岗人员	工作班制	轮班人员	定员合计	职工休假	备　　注
拉萨西综合列检车间	主　任	1	日勤制		1	享受劳动休假制度	日常作业管理
拉萨西综合列检车间	支部书记	1	日勤制		1	享受劳动休假制度	支部建设
拉萨西综合列检车间	副主任	1	日勤制		1	享受劳动休假制度	日常作业及事务管理
拉萨西综合列检车间	技术员	1	日勤制		1	享受劳动休假制度	红外、监测及系统技术、日常事务等
拉萨西综合列检车间	列　检	15	三班二上岗		15	享受劳动休假制度	货车检查、临修及沿线故障车处理等
拉萨西综合列检车间	红外线	10	三班二上岗		10	享受劳动休假制度	红外设备维护、保养等工作
拉萨西综合列检车间	值班员	3	三班二上岗		3	享受劳动休假制度	负责值班、红外线、车号识别、安全监测、HMIS 等具体工作
合计		32			32		

机车乘务人员岗位设置、人员配置表

岗位	工种或职名	在岗人员	工作班制	预备人员	定员合计	职工休假	备　　注
机车乘务员	司机	125	轮乘	3 人，设在格尔木机务段运用车间	125	享受劳动休假制度	含拉萨折返待班及预备人员 4 人
专用调车机	司　机	3	三班二上岗	3 人，设在格尔木机务段运用车间	3	享受劳动休假制度	担当拉萨地区调车作业
专用调车机	副司机	3	三班二上岗	3 人，设在格尔木机务段运用车间	3	享受劳动休假制度	担当拉萨地区调车作业
合计		131		3 人，设在格尔木机务段运用车间	131	享受劳动休假制度	

机辆、水电、救援等部门岗位设置、人员配置表

岗　位	工种或职名	在岗人员	工作班制	轮班人员	定员合计	职工休假	备　　注
机辆整备检修车间(救援列车)(59 人)	主　任	1	日勤制		1	享受劳动休假制度	兼救援列车主任，负责检修车间总体管理工作
机辆整备检修车间(救援列车)(59 人)	支部书记	1	日勤制		1	享受劳动休假制度	支部建设
机辆整备检修车间(救援列车)(59 人)	副主任	1	日勤制		1	享受劳动休假制度	负责救援列车技术、检修车间总体管理等工作
机辆整备检修车间(救援列车)(59 人)	技术员	1	日勤制		1	享受劳动休假制度	负责机车、客车技术管理，油品计量等工作
机辆整备检修车间(救援列车)(59 人)	值班员	6	三班二上岗		6	享受劳动休假制度	负责机辆运用派班、计划安排、KMIS、TCDS 等工作
机辆整备检修车间(救援列车)(59 人)	救援司机	3	三班二上岗		3	享受劳动休假制度	负责外勤(同时负责库内调车作业)、扳道、发电司机、机车和客车整备、临修、上水、上油、上砂、打风等整备工作
机辆整备检修车间(救援列车)(59 人)	救援副司机	3	三班二上岗		3	享受劳动休假制度	负责外勤(同时负责库内调车作业)、扳道、发电司机、机车和客车整备、临修、上水、上油、上砂、打风等整备工作
机辆整备检修车间(救援列车)(59 人)	司索起重工	3	三班二上岗		3	享受劳动休假制度	负责外勤(同时负责库内调车作业)、扳道、发电司机、机车和客车整备、临修、上水、上油、上砂、打风等整备工作
机辆整备检修车间(救援列车)(59 人)	电焊工	6	三班二上岗		6	享受劳动休假制度	负责外勤(同时负责库内调车作业)、扳道、发电司机、机车和客车整备、临修、上水、上油、上砂、打风等整备工作
机辆整备检修车间(救援列车)(59 人)	电力给水工	10	三班二上岗		10	享受劳动休假制度	负责外勤(同时负责库内调车作业)、扳道、发电司机、机车和客车整备、临修、上水、上油、上砂、打风等整备工作
机辆整备检修车间(救援列车)(59 人)	机辆钳工	24	三班二上岗		24	享受劳动休假制度	须取得特种作业人员合格证，兼救援时期的整备工作
合计		59			59		

车务部门岗位设置、人员配置表

车站	工种或职名	在岗人员	工作班制	轮班人员	定员合计	职工休假	备注
当雄(8人)	运输值班员	2	四班二上岗	2	4	享受劳动休假制度	负责站区人员管理客货业务组织以及应急等工作(下同)
	站务员	2		2	4		负责车站客运业务和18点统计以及应急等工作(下同)
安多(8人)	运输值班员	2		2	4		负责站区人员管理、客货业务组织
	站务员	2		2	4		负责车站客运业务和18点统计工作
那曲(16人)	站长	1	日勤制		1		负责站区人员管理、客货业务组织
	支部书记	1			1		负责当雄安多那曲3站支部建设
	副站长	1		1	2		负责技术、业务管理工作
	运输值班员	2	四班二上岗	2	4		负责车站18点统计工作
	站务员	4		4	8		负责客货运组织及客车上水等工作
拉萨西站(30人)	站长	1	日勤制		1		负责车站行政和党支部管理工
	副站长	1			1		负责技术、业务等工作
	技术员	1			1		负责货运业务、安全、定额等工作
	车站值班员	3	三班二上岗		3		负责车站调度、18点统计等工作
	调车组人员	9			9		负责列尾检测、备品管理及调车工作
	货运人员	15	二班半制		15		含货运值班员,负责安全,门卫、巡守、货运检查、值班等货运全部工作
拉萨站(40人)	站长	1	日勤制		1		负责车站技术、业务管理等工作
	支部书记	1			1		负责拉萨和拉萨西支部管理工作
	技术员	1			1		负责客运业务、安全、定额等工作
	车站值班员	3	三班二上岗		3		负责车站调度、18点统计等工作
	调车组人员	6			6		负责列尾检测、备品管理及调车工作
	客运人员	28	二班半制		28		含客运值班员,负责广播、售票、计划、进款、三品检查等相关客运工作
合计		87		15	102		

电务部门岗位设置、人员配置表

岗位	职名	在岗人员	工作班制	轮班人员	定员合计	职工休假	职责	备注
拉萨电务综合领工区	支部书记	1	日勤制		1	享受劳动休假制度	负责各工区日常管理,轨道车管理、监测信息的分析,组织完成各类大型施工和工务施工配合	支部建设
	主任	1			1			负责机车信号、技术等管理工作
	副主任	1			1			
	技术员	1			1			
	安多值班工区	4	四班二上岗	4	8		管辖209.47公里,负责唐古拉、扎加藏布、托居、安多、错那湖五个车站的电务设备的监护管理	同时负责汽车或轨道车司机、非正常情况下的接发列车作业、道岔除雪等工作
	那曲值班工区	4		4	8		管辖225.1公里,负责底吾玛、岗秀、那曲、妥加、古露、乌玛塘六个车站的电务设备的监护管理	
	拉萨值班工区	6	三班二上岗		6		管辖156.69公里,负责当雄、达琼果、羊八井、马乡、拉萨西、拉萨六个车站的电务设备的监护管理	
	拉萨集中修工区	15			15		负责拉萨至唐古拉17站电务(含信息)设备、道岔融雪装置的集中装修及联锁设备车站(安多、那曲、拉萨西、拉萨)电务和信息设备的日常检修,施工配合及集中整修等工作,承担无联锁设备车站临时出现的电务检修工区人员无力承担的其他工作	
	拉萨机车信号工区	6			6		负责拉萨出入库机车ITCS车载设备的检测以及故障处理	
	沱沱河值班工区	4	四班二上岗	4	8		管辖329.64公里,负责五道梁、秀水河、江克栋、日阿尺曲、沱沱河、通天河、雁石坪、布强格八个车站电务设备的监护管理	同时负责汽车司机、非正常情况下的接发列车作业、道岔除雪等工作
合计		43		12	55			

各部门人员配置汇总如下：

<table>
<tr><th>顺号</th><th>部门</th><th>拟配人员</th><th>备　　注</th></tr>
<tr><td>1</td><td>车务部门</td><td>102</td><td></td></tr>
<tr><td>2</td><td>机车乘务员</td><td>131</td><td>含专用调车机人员 6 人</td></tr>
<tr><td>3</td><td>机务部门</td><td rowspan="3">59</td><td rowspan="3">机辆整备检修车间 59 人</td></tr>
<tr><td>4</td><td>水电部门</td></tr>
<tr><td>5</td><td>救援人员</td></tr>
<tr><td>6</td><td>车辆部门</td><td>32</td><td></td></tr>
<tr><td>7</td><td>电务部门</td><td>55</td><td></td></tr>
<tr><td>8</td><td>公安人员</td><td>38</td><td></td></tr>
<tr><td>9</td><td>拉萨办事处</td><td>7</td><td></td></tr>
<tr><td colspan="2">合计</td><td>424</td><td></td></tr>
</table>

八、说　　明

本方案为试行方案，待试运营取得经验和成果的基础上，再行修改完善。

文件22:

关于印发《青藏铁路公司补充医疗保险格拉段医疗补助暂行办法》的通知

青藏铁劳卫函〔2006〕323号

各单位:

为确保公司格拉段职工的身体健康,进一步做好职工医疗保险工作,降低格拉段职工医疗费用的个人负担,在公司职工基本医疗保险的基础上,充分发挥公司补充医疗保险的医疗保障作用。根据《财政部劳动保障部关于企业补充医疗保险有关问题的通知》(财社〔2002〕18号)、《铁道部关于贯彻国务院关于建立城镇职工基本医疗保险制度的决定的实施意见》(铁劳卫〔1999〕66号)和青藏铁路公司《关于下发青藏铁路公司职工基本医疗保险实施办法(暂行)的通知》(青藏铁劳卫〔2004〕86号)等文件,结合格拉段的实际,经2006年9月14日公司党政联席会议研究,2006年9月24日提报公司第一届职代会第三次代表团长和专门委员会负责人、部分职工代表联席会议讨论通过,特制定本暂行办法。

一、门诊补助标准及报销

1. 享受门诊补助人员范围:

(1)凡参加了公司职工基本医疗保险的格尔木(不含格尔木市及南山口)至拉萨段工作的有人事命令的在岗职工。

(2)在格拉段助勤、设备监控、临时工作或出差等连续工作满三十天以上的公司各类在职人员。

2. 门诊补助标准。每人每月可由职工补充医疗保险基金报销符合青海省、西藏自治区基本医疗保险三项目录规定范围内的门诊就医及药店购药费用。具体报销标准为:

(1)那曲、安多、沱沱河、楚玛尔河、秀水河、布强格、底吾玛、不冻泉、雁石坪、古露每月为100元。

(2)当雄、羊八井、玉珠峰每月为70元。

(3)拉萨、拉萨西、纳赤台、每月为50元。

(4)旅客列车乘务制人员补助标准:按图定乘务时间每超(往返)补助10元。其他乘务制人员按旅客列车图定乘务时间推算。

(5)公司助勤、设备监控、临时工作或出差等各类人员以每30天为一个计算月,每月补助50元,超出一个月的,超出部分按每天1.7元补助。

3. 补助办法:实行报销制度。门诊医疗补助年内可按月、季、最长半年凭有效发票、处方报销一次,当年费用应在本年度报销完毕(12月的费用可在次年1月底前报销)。因特殊原因未及时报销,应由单位领导签认后方可报销。

根据《财政部劳动保障部关于企业补充医疗保险有关问题的通知》(财社〔2002〕18号)规定,社保部门不得直接将职工补充医疗保险划入个人账户或发放现金。

二、住院费补助及报销

凡参加了公司职工基本医疗保险的公司所有在职职工,在格拉段工作期间,因患符合《中华人民共和国国家职业性高原病诊断标准》(GBZ 92—2002)的急性高原病(急性高原性肺水肿、急性高原性脑水肿）住院的，其住院医疗费用，对符合青海省、西藏自治区基本医疗保险三项目录规定范围内，属职工个人承担的费用（含起付线、乙类药品及诊疗个人按比例自付部分、住院费用自付比例部分，不含三项目录以外的全自费药品和诊疗项目），由补充医疗保险基金给予全额补助。

三、门诊及住院费补助由职工补充医疗保险基金列支，单独建账、单独管理。

四、医疗补助管理

1. 凡有格拉段派遣通知或人事命令（通知）的职工，由各单位统一造册，单独建立人员基本信息库，报公司社会保险管理部审核后，由社会保险管理部统一管理。

2. 单位人劳部门每月应核对此类参保人员的基本信息，如发生人事变动，人事命令（通知）要及时抄报公司社保部，并于每月二十日前向公司社会保险管理部报人员变动信息表。

3. 单位每月未及时上报此类人员变动信息产生的后果由单位负责。

4. 门诊就医及购药补助费用的报销，由单位医管员或本人任有效发票、用药处方、本人医疗保险IC卡，在规定的门诊报销时间到公司社保部核报。门诊就医和购药费用按门诊月补助标准计算，超出部分由个人账户或现金支付。

5. 乘务制人员及公司出差派遣格拉段工作人员的门诊补助，凭所在单位人劳部门负责人及单位负责人签字并加盖公章的《乘务情况证明书》（见附表）或出差派遣通知书、处方发票等有效报销凭证按规定到公司社保部核报。

6. 住院费补助报销，凭职工格拉段派遣人事命令（通知）复印件或出差派遣通知书，本人医疗保险IC卡、住院发票、住院费用清单、出院证、出院小结由单位医管员或本人到公司社保部进行核报。

7. 职工因离岗或调离格拉段后次月起不再享受格拉段医疗补助待遇。

五、本办法由青藏铁路公司社会保险管理部负责解释。

六、本暂行办法自2006年7月1日起实施。

附件：1. 乘务情况证明书

2. 出差派遣通知书

附件1：

年　　月乘务情况证明书

单位：　　　　　　　　　　　　　　　　填报日期：　年　　月　　日

姓名	性别	职务或工种	人事命令（通知）号及生效日期	月乘务趟次（往返）	月值乘时间（小时）	备注

单位负责人：　　　　人事负责人：　　　　车间负责人：　　　　经办人：

附件2：

出差派遣通知书

单位：　　　　　　　　　　　　　　　　　　　　　　　　填报日期：　　年　　月　　日

姓名	性别	职务或工种	出差派遣起止时间	地点	天数	备注

单位负责人：　　　　人事负责人：　　　　车间负责人：　　　　经办人：

文件23：

青藏铁路突发公共卫生事件应急预案

青藏铁劳卫〔2009〕198号

1 总 则

1.1 编制目的

有效预防、及时控制和消除发生在青藏铁路沿线地区、车站(包括临时停靠点)、旅客列车突发公共卫生事件及其危害,指导和规范青藏铁路突发公共卫生事件的应急处理工作,最大限度地减少突发公共卫生事件对青藏铁路及公众健康造成的危害,保障青藏铁路安全畅通,保障公众身心健康与生命安全。

1.2 编制依据

依据《中华人民共和国传染病防治法》、《中华人民共和国食品卫生法》、《中华人民共和国国境卫生检疫法》、《中华人民共和国职业病防治法》、《突发公共卫生事件应急条例》、《重大动物疫情应急条例》、《国内交通卫生检疫条例》、《国家突发公共卫生事件应急预案》、《青藏铁路鼠疫控制应急预案》、《青海省鼠疫交通检疫条例》和《青海省人民政府突发公共事件总体应急预案》、《青海省突发公共卫生事件应急预案》、《西藏自治区突发卫生事件应急预案》,制定本预案。

1.3 突发公共卫生事件的分级

根据发生在青藏铁路沿线地区、站车突发公共卫生事件的性质、危害程度、涉及范围,突发公共卫生事件划分为特别重大(Ⅰ级)、重大(Ⅱ级)、较大(Ⅲ级)和一般(Ⅳ级)四级。

1.3.1 特别重大突发公共卫生事件(Ⅰ级)

有下列情形之一的为特别重大突发公共卫生事件(Ⅰ级):

(1)甲类传染病如肺鼠疫、肺炭疽在某一区域发生并有扩散趋势,或周边省份肺鼠疫、肺炭疽疫情传入青藏两省区,并有进一步扩散趋势。

(2)发生乙类传染性如非典型肺炎、人感染高致病性禽流感病例,甲型H1N1流感病毒在人群中持续快速传播,发生流感大流行。

(3)出现与其他省份类似的群体性不明原因疾病,并有扩散趋势。

(4)发生新传染病或青藏两省区尚未发现的传染病发生或传入,并有扩散趋势,或发现青藏两省区已消灭的传染病重新流行。

(5)发生烈性病菌株、毒株、致病因子等丢失事件。

(6)周边以及与青藏两省区通航的省份和地区发生特大传染病疫情,并出现输入性病例,严重危及青藏两省区公共卫生安全的事件。

(7)其他危害特别严重的突发公共卫生事件。

1.3.2 重大突发公共卫生事件(Ⅱ级)

有下列情形之一的为重大突发公共卫生事件(Ⅱ级):

(1)在一个县(市、区)行政区域内,一个平均潜伏期内(6天)发生5例以上肺鼠疫、肺炭疽病例,或者相关联的疫情波及2个以上的县(市)。

(2)发生传染性非典型肺炎、人感染高致病性禽流感、甲型H1N1病毒在人与人之间传播,但传播范围相对局限。

(3)腺鼠疫发生流行,在一个州(地、市)行政区域内,一个平均潜伏期内多点连续发病20例以上,或流行范围波及2个以上州(地、市)。

(4)霍乱在一个州(地、市)行政区域内流行,1周内发病30例以上,或波及2个以上州(地、市),有扩散趋势。

(5)乙类、丙类传染病波及2个以上县(市、区),1周内发病水平超过前5年同期平均发病水平2倍以上。

(6)青藏两省区尚未发现的传染病发生或传入,尚未造成扩散。

(7)发生群体性不明原因疾病,扩散到县(市、区)以外的地区。

(8)发生重大医源性感染事件。

(9)预防接种或群体预防性服药出现人员死亡。

(10)一次食物中毒人数超过100人并出现死亡病例,或出现10例以上死亡病例。

(11)一次发生急性职业中毒50人以上,或死亡5人以上。

(12)青藏两省区境内外隐匿运输、邮寄烈性生物病原体、生物毒素造成铁路沿线群众感染或死亡的。

(13)省(自治区)级以上人民政府卫生行政部门认定的其他重大突发公共卫生事件。

1.3.3 较大突发公共卫生事件(Ⅲ级)

有下列情形之一的为较大突发公共卫生事件(Ⅲ级):

(1)发生肺鼠疫、肺炭疽病例,一个平均潜伏期内病例数未超过5例,流行范围在一个县(市、区)行政区域以内。

(2)腺鼠疫发生流行,在一个县(市、区)行政区域内,一个平均潜伏期内连续发病10例以上,或波及2个以上县(市、区)。

(3)霍乱在一个县(市、区)行政区域内发生,1周内发病10~29例,或波及2个以上县(市、区),或州(地、市)级以上城市的市区首次发生。

(4)乙类传染病如非典型肺炎、人感染高致病性禽流感、甲型H1N1病毒已发现确诊病例,但未发生人与人传播。

(5)一周内在一个县(市、区)行政区域内,乙、丙类传染病发病水平超过前5年同期平均发病水平1倍以上。

(6)在一个县(市、区)行政区域内发现群体性不明原因疾病。

(7)一次食物中毒人数超过100人,或出现死亡病例。

(8)预防接种或群体预防性服药出现群体心因性反应或不良反应。

(9)一次发生急性职业中毒10~49人或死亡4人以下。

(10)铁路沿线州(地、市)级以上人民政府卫生行政部门认定的其他较大突发公共卫生事件。

1.3.4 一般突发公共卫生事件(Ⅳ级)

有下列情形之一的为一般突发公共卫生事件(Ⅳ级):

(1)腺鼠疫在一个县(市、区)行政区域内发生,一个平均潜伏期内病例数未超过10例。

(2)霍乱在一个县(市、区)行政区域内发生,1周内发病9例以下。

(3)乙类传染病如非典型肺炎、人感染高致病性禽流感、甲型H1N1病毒或检测到抗体,但未出现临床症状。

(4)一次食物中毒人数30～99人,未出现死亡病例。

(5)一次发生急性职业中毒9人以下,未出现死亡病例。

(6)铁路沿线县级以上人民政府卫生行政部门认定的其他一般突发公共卫生事件。

1.4　适用范围

本预案适用于发生在青藏铁路沿线地区、车站、列车突发公共卫生事件的应急处理工作。

本预案所称突发公共卫生事件是指在青藏铁路公司管辖区域内的沿线地区、车站、列车突然发生,造成或者可能造成公众身心健康严重损害的重大传染病、群体性不明原因疾病、重大食物和职业中毒以及其他严重影响公众身心健康,并危及青藏铁路安全运营的公共卫生事件。

1.5　工作原则

1.5.1　依靠科学、加强合作、反应及时、措施果断。

1.5.2　领导负责、分级负责、系统负责、岗位负责。

1.5.3　防治结合、专群结合、路地联控。

2　应急组织体系及职责

2.1　应急指挥领导小组统一领导、组织、协调公司突发公共卫生事件应急处理工作。

组　长:公司总经理　党委书记

副组长:总会计师

主管应急副总经理

主管运输副总经理

成　员:劳卫部、营运部、办公室(应急办)、安监室、公安局、计财部、党委工作部、辅业资产管理中心、疾控所、卫生监督所等有关单位人员。

2.2　成员单位

指挥部成员单位根据突发公共卫生事件的性质和应急处理的需要确定,主要由营运部、计财部、公司办公室、安监室、建管部、党委工作部、公安局、辅业资产管理中心和相关业务部、室等。

2.3　职责

劳卫部:承担突发公共卫生事件应急指挥部应急办公室工作职能;协助地方卫生行政部门制订突发公共卫生事件防控技术方案;根据领导小组的要求,统一组织协调,实施公司范围内应急医疗救治工作和各项预防控制措施,并进行检查、督导。

营运部:确保青藏两省区突发公共卫生事件处置人员以及防治药品、器械等急用物资和有关标本的运送工作;调度指挥公司范围内各客运站管理等方面的协调工作,协调跨局列车的运输组织工作;做好旅客列车可疑突发公共卫生事件的巡视、登记、报告移交工作和染疫列车指定地点的停靠;做好各营运站旅客进出站的病人、疑似病人的查堵巡查工作;做好各站区职工自身防护和健康教育宣传等工作。

计财部:负责安排与划拨突发公共卫生事件应急处理所需经费,并做好经费使用的监督管理工作;负责组织、协调地方进行环境质量监测与环境保护监督执法,维护环境安全。

党委工作部:负责对突发公共卫生事件信息的对口管理,要及时掌握突发公共卫生事件发展动态,适时适度地做好信息的沟通与传递,为领导决策提供可靠依据。以国家省级人民政府发布的突发公共卫生事件通报,技术防控措施为准,有组织、有秩序、按统一口径、适度进行信息发布。加强突发公共卫生事件应急处理的宣传报道、危机心理干预和防病知识普及。

公安局:依法、及时、妥善地处置与突发公共卫生事件有关、危害社会稳定和公共安全的突发事件,负责铁路旅客列车的治安管理工作,维护站车秩序,做好旅客的稳定工作。各车站、列车上发生突发公共卫生事件时,要协助有关人员做好隔离控制、移交工作,保证突发公共卫生事件控制正常进行。

安监室:依照法律、法规对各单位贯彻落实防控措施情况进行日常的监督检查。

卫生监督所:负责组织对进出火车站和乘坐火车的人员进行检疫、查验工作;组织落实突发公共卫生事件控制期间的站区、旅客列车巡查工作,并提出旅客列车及站区设立检疫点实施方案。

疾控所:负责储备突发公共卫生事件的预防药品、消毒药品、防护用品和宣传资料的印发以及其他防疫物资的配发;负责24小时应急值守;配合地方疾控部门做好突发公共卫生事件的调查、报告、处理和预防性消毒工作;及时掌握突发公共卫生事件动态,提出预警和防控建议和方案;负责突发公共卫生事件信息的收集、统计、上报工作;组织重点岗位人员进行培训;开展针对突发公共卫生事件预防知识的健康教育工作。

2.4 日常管理机构

青藏铁路公司突发公共卫生事件应急领导小组设立应急办公室,应急办公室设在公司劳卫部,负责全公司突发公共卫生事件应急处理的日常管理工作。

2.5 应急领导小组办公室

主　任:劳卫部部长　营运部部长

副主任:劳卫部主管卫生副部长　营运部副部长

成　员:办公室(应急办)、疾控所、卫生监督所、业务部、室相关人员。

办公室主要职能是:依法组织协调有关公司管内突发公共卫生事件应急处理工作;制订有关青藏铁路突发公共卫生事件应急处理的方案和预案,组织预案演练;组建与完善青藏铁路突发公共卫生事件监测和预警体系;组织对公共卫生和站段红十字卫生人员进行有关突发公共卫生事件应急知识和处理技术的培训,指导各站段实施突发公共卫生事件应急预案,帮助和指导应急处置工作。

2.6 专家咨询委员会

依托两省区卫生行政部门组建的突发公共卫生事件专家咨询委员会,专家咨询委员会。

主要职责:

(1)对确定青藏铁路突发公共卫生事件级别以及采取相应的重要措施提出建议。

(2)对青藏铁路突发公共卫生事件应急准备提出咨询建议。

(3)参与制订、修订青藏铁路突发公共卫生事件应急预案和技术方案。

(4)对青藏铁路突发公共卫生事件应急处理进行技术指导。

(5)对青藏铁路突发公共卫生事件应急反应的终止、后期评估提出咨询意见。

2.7 应急处理专业技术机构的职责

青藏铁路公司所属医疗卫生机构是青藏铁路突发公共卫生事件应急处理的专业技术机构,发生突发公共卫生事件后,医疗卫生机构要服从青藏铁路应急指挥领导小组的统一指挥和安排,开展应急处理工作。

2.7.1 青藏铁路公司所属医疗卫生机构:包括公司疾控机构和卫生监督机构。主要负责青藏铁路车站、列车突发公共卫生事件报告,现场应急处理和流行病学调查,病人转运;车站、列车传染病防治、食品卫生、环境卫生等执法监督,依法实施站区、列车检疫等。

2.7.2 地方医疗卫生机构:包括医疗机构、疾控机构、卫生监督机构。

医疗机构主要负责病人的现场抢救、运送、诊断、治疗、医院内感染控制,检测样本采集,配合进行病人的流行病学调查。

疾病预防控制机构主要负责青藏铁路突发公共卫生事件报告，现场流行病学调查处理，开展病因现场快速检测和实验室检测，加强疾病和健康监测。

卫生监督机构主要负责对青藏铁路突发公共卫生事件发生地区的食品卫生、环境卫生以及医疗卫生机构的疫情报告、医疗救治、传染病防治等进行卫生监督和执法稽查。

2.8　站段职责

各站段对辖区内突发公共卫生事件应急工作负总责。根据本预案内容制定本辖区内突发公共卫生事件防控工作应急预案；建立突发公共卫生事件应急指挥体系及日常办事机构，负责本区域内突发公共卫生事件应急的协调、管理工作和应急处置工作。

3　青藏铁路突发公共卫生事件的监测、预警与报告

3.1　监测

青藏铁路公司会同省卫生行政部门建立青藏铁路突发公共卫生事件监测、预警与报告体系，按照国家统一规定和要求，组织开展重点传染病和突发公共卫生事件的主动监测，包括：自然疫源性疾病疫情监测、青藏两省内重点传染病和卫生事件监测、主要症状和重点疾病的医院哨点监测、车站及列车的重点传染病和卫生事件监测等。

3.2　预警

青藏铁路疾控部门根据地方各级卫生行政部门、医疗机构、疾病预防控制机构、卫生监督机构通报的监测信息，按照突发公共卫生事件的发生、发展规律和特点，及时分析其对铁路职工健康的危害程度、可能的发展趋势，并向上级主管部门报告。青藏铁路公司劳卫部根据车站、列车卫生部门的监测信息，及时做出预警，并向公司领导和铁道部相关部门报告。

3.3　报告

任何单位和个人都有权向青藏铁路公司报突发公共卫生事件及其隐患，也有权向上级主管部门举报不履行或者不按照规定履行突发公共卫生事件应急处理职责的部门、单位及个人。

3.3.1　责任报告单位和责任报告人

(1)责任报告单位

a. 指定的突发公共卫生事件监测机构。

b. 各站段突发公共卫生事件组织机构。

c. 所属各部门、沿线车站和列车等。

(2)责任报告人。

医疗卫生机构的医疗卫生人员，专兼职红十字卫生人员。

3.3.2　报告时限和程序

在铁路沿线发现突发公共卫生事件时，应当在2小时内尽快向所在地区县级以上人民政府卫生行政部门报告，同时向铁路疾控部门报告。接到突发公共卫生事件信息报告的铁路疾控部门应当在1小时内尽快向公司劳卫部报告，同时向省(市、自治区)疾控部门报告，并应立即组织专业人员进行现场调查确认，及时采取措施，随时报告事态进展情况。公司劳卫部应在接到报告后1小时内尽快向铁道部劳卫司和所属地区省(自治区)卫生行政部门。同时向当地人民政府通报信息。

对严重影响青藏铁路运行的突发公共卫生事件，沿线各站段直接上报公司主管部门，公司立即上报铁道部和省(自治区)人民政府。

3.3.3　报告内容

突发公共卫生事件报告分为首次报告、进程报告和结案报告，要根据事件的严重程度、事态发展

和控制情况及时报告事件进程。

首次报告未经调查确认的突发公共卫生事件或存在隐患的相关信息，应说明信息来源、危害范围、事件性质的初步判定和拟采取的措施。经调查确认的突发公共卫生事件报告应包括事件性质、波及范围、危害程度、流行病学分布、事态评估、控制措施等内容。

4　突发公共卫生事件的应急反应和终止

4.1　应急反应原则

青藏铁路沿线地区、站车发生突发公共卫生事件时，以属地化管理为原则，按照事发地各级人民政府应急预案和青藏铁路公司及其各部门相关专项预案分级响应，做出相应级别应急反应。

青藏铁路突发公共卫生事件的应急反应始终遵循地方各有关部门和铁路有关部门共同响应、分类处置的原则，以及时控制事态的发展。

青藏铁路突发公共卫生事件应急处理要采取边调查、边处理、边抢救、边核实的方式，以有效措施控制事态发展。

4.2　应急反应措施

公司所属有关部门按职责范围

(1)组织协调站区、列车突发公共卫生事件的处理。

(2)调集公司所属各类人员、物资和相关设施、设备参加应急处理工作。

(3)根据突发公共卫生事件的发生情况，对列车的停靠点提出实施建议。

(4)实施应急控制措施，按要求落实交通检疫、旅客监测、流行病学调查、消毒等措施。

(5)维护站区、列车内的治安稳定。

4.3　突发公共卫生事件的分级反应

4.3.1　特别重大突发公共卫生事件(Ⅰ级)的应急反应

青藏铁路公司接到青藏铁路沿线地区、车站、列车特别重大突发公共卫生事件报告后，应立即请求青藏两省区委派专家组织调查确认，对重大突发公共卫生事件进行综合评估，根据突发公共卫生事件的性质、类别和处理需要，成立青藏铁路突发公共卫生事件应急指挥中心，在相应地区成立指挥部，在两省区、铁道部有关青藏铁路突发公共卫生事件应急指挥机构的统一领导和指挥下，协调有关部门共同做好突发公共卫生事件的应急处理，开展突发公共卫生事件的医疗卫生应急、应急物资与设备的调集、后勤保障以及督导检查等工作。

4.3.2　重大突发公共卫生事件(Ⅱ级)的应急反应

(1)公司应急反应

成立青藏铁路突发公共卫生事件应急指挥中心，负责突发公共卫生事件应急处理的统一领导和指挥；紧急调集和征集有关人员、物资、交通工具以及相关设施、设备；进行现场隔离、疫区的确定与封锁；保证应急处理所需的物资、经费；组织相关部门协助地方部门、进行病人及密切接触者的隔离、伤员救治和人员疏散；及时做好舆论宣传与引导工作。必要时，请求铁道部予以支持，保证突发公共卫生事件应急处理工作的顺利进行。

(2)应急部门应急反应

接到青藏铁路沿线地区、车站、列车重大突发公共卫生事件报告后，应立即组织相关专家调查确认，并对重大突发公共卫生事件进行综合评估。同时，迅速组织应急卫生救治队伍和有关人员到达突发公共卫生事件现场，进行采样与检测、流行病学调查与分析，组织开展医疗救治、病人隔离、人员疏散等疫情控制措施，同时分析突发公共卫生事件的发展趋势，提出应急处理工作建议，按照规定报告有关情况；及时向青藏两省区人民政府、铁道部通报有关情况。

(3)疾控、业务部门等应急反应

接到青藏铁路沿线车站、列车重大突发公共卫生事件报告后，迅速组织应急队伍和有关人员到达突发公共卫生事件现场，进行采样与检测、流行病学调查与分析，组织开展医疗救护、病人隔离、人员疏散、维护车站列车治安等疫情控制措施，同时分析突发公共卫生事件的发展趋势，提出应急处理工作建议，按照规定报告有关情况；同时，及时向公司应急指挥中心、青藏两省区人民政府通报有关情况。

(4)站段应急反应

青藏铁路沿线地区、车站、列车突发公共卫生事件发生地的站段及有关部门在公司应急指挥中心的统一指挥下，按照要求认真履行职责，落实有关控制措施。

4.3.3　较大突发公共卫生事件(Ⅲ级)的应急反应

(1)站段应急反应

站段负责组织有关部门协助卫生行政部门做好疫情信息收集，组织人员的疏散安置、封锁、隔离和舆论宣传工作；保证突发公共卫生事件应急处理工作顺畅进行。

(2)应急部门应急反应

立即组织专家调查确认，并对疫情进行综合评估。同时，迅速组织开展现场流行病学调查，致病致残人员的隔离救治、密切接触者的隔离、环境生物样品采集和消毒处理等紧急控制措施，并按照规定向公司指挥中心、当地人民政府报告调查处理情况。

(3)疾控和相关部门的应急反应

迅速开展车站、列车的应急处置工作，并配合沿线地方卫生部门做好人员救治、隔离转运及调查工作。

(4)公司应急反应

公司接到较大突发公共卫生事件报告后，要加强对事件发生地区突发公共卫生事件应急处理的督导，及时组织专家对沿线各地卫生行政部门突发公共卫生事件应急处理工作提供技术指导和支持，并适时向铁道部和有关地区发出通报，及时采取预防控制措施，防止事件进一步发展。

4.3.4　一般突发公共卫生事件(Ⅳ级)的应急反应

一般突发公共卫生事件发生后，应急部门负责组织有关部门开展突发公共卫生事件的应急处置工作。

立即组织专家进行调查确认，并对疫情进行综合评估。同时，协调地方，迅速组织医疗、疾病预防控制和卫生监督机构开展突发公共卫生事件的现场处理工作，并按照规定向公司和事发地人民政府卫生行政部门报告。

组织相关部门，迅速开展车站、列车的应急处置工作，并配合沿线地方卫生部门做好人员救治、隔离转运及调查工作。

4.4　青藏铁路突发公共卫生事件应急反应的终止

突发公共卫生事件应急反应的终止需符合以下条件：突发公共卫生事件隐患或相关危险因素消除，或末例传染病病例发生后经过最长潜伏期无新的病例出现。

特别重大突发公共卫生事件由国务院卫生行政部门提出终止应急反应的建议后实施。

重大突发公共卫生事件由青藏两省区级卫生行政部门或铁道部组织专家进行分析论证，提出终止应急反应的建议，报青藏两省区级人民政府或铁道部批准后实施。

较大突发公共卫生事件提报至州(地、市)级人民政府卫生行政部门和青藏铁路公司组织专家进行分析论证,提出终止应急反应的建议,并会同州(地、市)级人民政府或青藏铁路公司突发公共卫生事件应急指挥中心报批后实施,并向铁道部和地方上一级人民政府卫生行政部门报告。

一般突发公共卫生事件,由公司指定相关部门组织专家进行分析论证,提出终止应急反应的建议,并报公司应急指挥中心批准后实施。

5 善后处理

5.1 后期评估

突发公共卫生事件结束后,应急部门应在公司相关部门的配合下,组织有关人员对突发公共卫生事件的处理情况进行评估。评估内容主要包括事件概况、现场调查处理概况、病人救治情况、所采取措施的效果评价、应急处理过程中存在的问题和取得的经验及改进建议。评估报告上报公司应急指挥中心和铁道部相关部门。

5.2 奖励

公司劳卫和人事部门对参加突发公共卫生事件应急处理作出突出贡献的先进集体和个人进行表彰奖励。

5.3 责任

对在突发公共卫生事件的预防、报告、调查、控制和处理过程中,有玩忽职守、失职、渎职等行为的,依据《突发公共卫生事件应急条例》及有关法律法规追究当事人的责任。

5.4 补助和抚恤

青藏铁路公司有关部门对参加应急处理一线工作的专业技术人员应根据工作需要制订合理的补助标准,给予补助;对因参与应急处理工作致病、致残、死亡的人员,按照国家有关规定,给予相应的补助和抚恤。

5.5 征用物资、劳务的补偿

突发公共卫生事件应急工作结束后,青藏铁路公司组织有关部门对应急处理期间紧急调集、征用有关单位、个人的物资和劳务进行合理评估,给予补偿。

6 突发公共卫生事件应急处置的保障

青藏铁路突发公共卫生事件应急处理坚持预防为主,平战结合,公司各单位、部门应加强突发公共卫生事件的组织建设,加强突发公共卫生事件应急处理应对队伍建设和技术研究,有关部门积极开展突发公共卫生事件的监测和预警工作,建立健全青藏铁路突发公共卫生事件预防控制体系,保证青藏铁路突发公共卫生事件应急处理工作的顺利开展。

6.1 技术保障

6.1.1 应急卫生救治队伍

按照“平战结合、因地制宜,分类管理、分级负责,统一管理、协调运转”的原则,青藏铁路公司组建三支突发公共事件卫生应急小组,24小时待命。主要应急救援包括传染病(各类法定传染病、群体性不明原因疾病)和公共卫生(食物中毒、职业中毒)两大类应急卫生救援工作。

6.1.2 演练

青藏铁路公司和县级以上人民政府卫生行政部门按照“统一规划、分类实施、分级负责、突出重点、适应需求”的原则,采取定期和不定期相结合的形式,组织开展突发公共卫生事件的应急演练。

6.2 物资、经费保障

6.2.1 物资储备

公司疾控部门要积极做好处理突发公共卫生事件的物资储备。物资储备种类包括:药品、疫苗、快速检验检测技术和试剂、卫生防护用品和应急设施。

6.2.2　经费保障

计财部门积极通过多种渠道筹集资金,确保突发公共卫生事件应急处理工作。

6.3　通信与交通保障

铁通和各单位要根据实际工作需要配备通信设备和交通专用工具。

6.4　宣传教育

各单位利用多种形式对职工、家属广泛开展突发公共卫生事件应急知识的普及教育,宣传卫生科普知识,指导职工以科学的行为和方式对待突发公共卫生事件。

7　预案的制定

本预案由青藏铁路突发公共卫生事件应急领导小组应急办公室牵头组织制定,报铁道部审批下发,并定期进行评审,根据青藏铁路突发公共卫生事件的形势变化和实施中发现的问题及时进行更新、修订和补充。

8　附　　则

8.1　有专项应急预案的,按专项应急预案组织实施。

8.2　预案解释部门

本预案由青藏铁路突发公共卫生事件应急领导小组应急办公室负责解释。

8.3　预案实施时间

本预案自印发之日起实施。

参 考 文 献

[1] 李天麟,等.高原与健康[M].北京:北京科学技术出版社,2001.

[2] 张彦博,汪源,刘学良,等.人与高原[M].西宁:青海人民出版社,1996.

[3] 齐凯一,叶新贵,孙宝成.初上青藏铁路施工人群心理健康状况调查[J]人类工效学,2001.52 ~54.

[4] 高永利,杨来启,张红兵,等.高原外训军人心理行为变化的研究[J].中国行为医学科学,2001.258.

[5] 宋长平,张世杰,李建国.高原负荷运动时人体生理变化的自身对照研究[J].高原医学杂志,1996.40 ~42.

[6] 吕永达,李开兴,尹昭云.高原医学与生理学[M].天津:天津科技翻译出版公司,1995.

[7] 《飞机设计手册·生命保障和环控系统设计》总编委会编.飞机设计手册·生命保障和环控系统设计[M].北京:航空工业出版社,1999.

[8] National Fire Protection Association (1999). Standard for Hypobaric Facilities, 1999 ed[S]. National Fire protection Association, NFPA 99B, Quincy, MA.

[9] 李素芝.高原病学[M].西藏:西藏军区出版社,2001.

[10] 高钰琪主编.高原病理生理学[M].北京:人民卫生出版社,2006.

[11] 格日力.高原与高原病(供内部使用).青海医学院高原医学研究中心.

[12] 胡泓勤.高原卫生保健与疾病防治[M].青海:青海人民出版社,1997.

青藏阅历最珍惜

——写在《青藏铁路》付梓之际

中国铁路总公司党组成员、副总经理　卢春房

5年建设,10年运营,评说有谁堪记? 作为青藏铁路建设和运营全过程的亲历者,我为《青藏铁路》的问世感到由衷高兴,并对参与编撰的有关单位和全体人员表示诚挚感谢!

这部《青藏铁路》,为五卷八册600余万字的鸿篇巨制,热情赞颂了党中央、国务院的伟大决策和对青藏铁路建设者的亲切关怀,全面展示了几代铁路人半个世纪多建设青藏铁路的曲折历程和取得的辉煌成就,系统升华了青藏铁路的技术管理创新成果,生动体现了青藏两省区各级政府、沿线各族人民群众和国家各有关部门对青藏铁路建设的大力支持,集中概括了青藏铁路通车运营管理的成功实践,热情讴歌了"挑战极限、勇创一流"的青藏铁路精神,为社会各界深入了解青藏铁路提供了翔实文献,也为创新冻土铁路修建技术和高原基础设施建造技术积累了宝贵经验。今日列车飞驰过,青藏阅历最珍惜,我们为有幸参建这项宏伟工程和参与青藏铁路运营管理,感到十分骄傲和自豪。

透过这部《青藏铁路》,恍若穿行在一座时光隧道。这条凝聚党中央、国务院伟大决策和各族群众百年期盼的钢铁大动脉,经过广大铁路建设者连续五年的艰苦奋战和顽强拼搏,攻克重重险阻,穿越亘古高原,跃上世界屋脊,在地球之巅横空出世,向世人彰显出强大的综合国力和科技实力。广大建设者依靠自力更生和自主创新,在条件异常艰苦的雪域高原上顽强奋战,打破了外国人"只要昆仑山在,铁路就不可能修到拉萨"的预言,用汗水和心血创造了建成世界一流高原铁路的非凡业绩,谱写了人类铁路建设史上的辉煌篇章,展现了中华民族屹立于世界先进民族之林的能力和气魄。

透过这部《青藏铁路》,如同驻足在一座历史丰碑。从2006年7月1日青藏铁路通车至今,历经10个寒暑。全体运营管理者按照党中央、国务院关于"管好用好青藏铁路"、"青藏铁路运营管理要创世界一流水平"和"最大限度地挖掘青藏铁路的巨大发展潜力,最大限度地发挥青藏铁路的强大辐射作用"的要求,大力弘扬挑战极限、勇创一流的青藏铁路精神,克服高寒缺氧等困难,采取一系列有力措施,积极探索高原铁路运营规律,大胆创新青藏铁路运营管理工作,不断加强安全管理基础,积极建立应急救援体系,实现了调度指挥集中统一、运输组织管理先进、设备设施运行稳定、行车方案不断优化,确保了全线运

输生产的安全平稳有序。10年的运营实践充分表明，青藏铁路线桥隧涵设计科学、技术可靠，工程坚固、质量优良，多年冻土路基沉降变形可控，线路、设备、人员和管理经受住了四季变化的考验。列车运行一直保持冻土区100公里、非冻土区120公里的设计时速，做到了安全持续稳定、运量不断增加，进出西藏的列车四通八达，旅游季节趟趟爆满，一票难求，货运已达设计能力。青藏铁路已成为青藏两省区名符其实的经济发展线、百姓致富线、民族团结线和巩固边防线，得到了中央领导的高度肯定，受到了社会各界和国内外乘客的广泛赞誉。青藏铁路通车运营取得的显著成绩，充分验证了青藏铁路工程质量优良、运营安全可靠、卫生保障先进、环保持续达标、作用意义深远，有力证明了建设青藏铁路的决策伟大、工程伟大、实践伟大和精神伟大！正如中央电视台2005年度《感动中国》授予青藏铁路工程的颁奖词那样：每当汽笛声穿过唐古拉山口的时候，高原上的雪山、冻土、冰河，成群的藏羚羊，都会想念他们，想念那些有力的大手和坚强的笑容。他们能驱动钢铁，也会呵护生命。他们，是地球之巅的勇者，他们，缔造了世界上最伟大的铁路！

透过这部《青藏铁路》，恰似徜徉在一座精神宝库。"丹心一片报祖国，微命三尺献高原"的峥嵘岁月虽然渐行渐远，但"一日四季阴转晴，轻步线桥如爬山"和"长卧难入梦，久思转成空"的难忘日夜仍历历在目。"英雄筑天路，敢为天下先"的豪情，始终无法割舍，让人难以释怀。遥想当年，大家用"缺氧不缺精神，海拔高斗志更高、风暴强意志更强"的情怀相互鼓舞激励，用"白天劳累扯块白云擦把汗——爽，夜晚孤寂摘颗星星点盏灯——酷"的乐观态度搏击各种艰险，用挑战极限、勇创一流的精神兑现忠诚誓言，用尊重客观规律、依靠科技创新的务实作风攻克冻土难题，用以人为本、保障健康的有力举措战胜高寒缺氧，用珍惜高原一山一水、一草一木的执着追求保护生态环境。做到了工程优质、干部优秀，高原病"零死亡"、鼠疫疫情"零传播"，江河湖泊未受污染，野生动物自由觅食、迁徙、繁衍，路基植被如茵，形成一道道"绿色长廊"，再造出高原新景观，涌现出拉有玉、李金城、余绍水、丁太环等一大批奋战高原、奉献高原、立功高原的先进典型和劳动模范，一批又一批工程技术专家和优秀人才锻炼成长，继续在各自岗位上发挥着骨干中坚作用。

潮平两岸阔，风正一帆悬。"出国容易进藏难"的历史一去永不复返，便捷、舒适、安全的高原列车满载着人流、物流、资金流和信息流，为青藏铁路沿线经济社会发展带来了勃勃生机，注入了强劲活力，雪域天路正在使青藏高原发生翻天覆地的巨变。展望未来，寄托着几代中国人梦想与期待的青藏铁路，在实现中华民族伟大复兴"中国梦"的征程上，更加蓄势待发，更加大有可为。青藏铁路的重要延伸线拉萨至日喀则铁路通车运营，格尔木至敦煌铁路开通了货物列车，以青藏铁路为主骨架的一批涉及国计民生的铁路正在不断延展，拉萨至林芝、库尔勒至格尔木等铁路工程进展顺利。按照国家"十三五"规划，还将建设川藏铁路等重点工程，随着"东接成昆、南连西藏、西达新疆、北上敦煌"的铁路发展蓝图逐步变为现实，沿线各族群众必将依托四通八达的高原铁路网，进一步加快改革开放步伐，促进经济社会发展，为全面建成小康社会，实现中华民族伟大复兴的"中国梦"的宏伟目标作出新贡献！

2016年6月

后 记

《青藏铁路·科学技术卷·卫生保障篇》全篇内容分为概述、卫生保障管理、职业卫生与劳动保护、高原病预防与救治、卫生防疫工作、生活后勤保障、运营时期卫生保障管理共七章，另有附录23个文件汇编。

《卫生保障篇》是在总结青藏铁路建设和运营期间卫生保障工作实践的基础上，由铁道部劳卫司负责并组织有关专家编写的。它凝聚了参加青藏铁路建设一千多位一线医务人员拼搏奉献的智慧和成果，为今后青藏高原铁路建设和运营提供了宝贵的经验。

本书由劳卫司牵头负责，负责人为韩树荣、伍世平。主要撰写人员分工如下：第一章概述由施红生、梁渤洲负责，第二章卫生保障管理由梁渤洲、施红生、戴瑞臣负责，第三章职业卫生与劳动保护由施红生、刘应书、丁守全、贾建厚负责，第四章高原病预防与救治由张雪峰、彭全升、段晋庆、袁振才、刘宏斌负责，第五章卫生防疫工作由于国书、刘宏斌、王智勇、孙宝成负责，第六章生活卫生保障由戴瑞臣、于国书、孙宝成、王智勇负责，第七章运营时期卫生保障由伍世平、朱卫兵、梁渤洲负责，附录卫生保障文件汇编由刘宏斌、梁渤洲负责。全篇由梁渤洲负责统稿，韩树荣、伍世平负责编审。

书稿编纂过程中，孙永福同志为全篇编纂政策方向和技术层面的把握，提出了许多宝贵意见；铁道部青藏办胡书凯多次参加研讨，复读文稿，并提出修改意见；初稿形成后，张西洲、吕永达、尹昭云、范明、李宝玉、潘磊等医学专家，以及阮志刚、潘早忠、张明瑞、徐晓梅、沙森、单学伦等铁路卫生管理专家又进行技术审校，确保了全篇的科学技术性，提高了本书的实用价值。中国工程院院士、青海省高原病研究所原所长吴天一教授，青海大学医学院格日力教授，西藏军区总医院李素芝教授在百忙中也给予了指导；丁旺、路文德提供了有关建国后青藏铁路建设卫生工作的历史资料；《人民铁道》报和参加青藏铁路建设的医务人员向本书提供了有关卫生保障工作照片，在此一并表示感谢。

这部《青藏铁路》总结，于2007年完成初稿，于2009年完成第一次送审稿。之后，增加了《运营管理卷》，并于2011年完成了第二次送审稿。2016年3月，为了确保出版质量，又再次组织了一次审核，该《科学技术卷》之《卫生保障篇》的再审核负责人为韩树荣、梁渤洲。

编者

2016年6月

国家出版基金资助项目《青藏铁路》(五卷八册)
项目负责人:田京芬
项目联系人:赵　静

《青藏铁路》(五卷八册)编辑出版小组

组　　长　田京芬　钟加栋

副 组 长　薛　淳　杨新阳　王俊法

组　　员　(按姓氏笔画)

王　亮　王风雨　叶　娟　江新锡　许士杰

吴　军　武亚雯　金洪泽　孟　萧　赵　静

洪学英　黄　燕　崔　欣　崔忠文　傅希刚

熊安春　魏京燕

图书在版编目(CIP)数据

青藏铁路·科学技术卷·卫生保障篇/《青藏铁路》编写委员会编著.—北京:中国铁道出版社,2012.8
ISBN 978-7-113-11527-2

Ⅰ.①青…　Ⅱ.①青…　Ⅲ.①青藏高原—铁路工程—建设—概况②青藏高原—铁路工程—劳动卫生—概况
Ⅳ.①U21

中国版本图书馆CIP数据核字(2010)第102909号

书　　名:**青藏铁路·科学技术卷·卫生保障篇**
作　　者:《青藏铁路》编写委员会

策划编辑:田京芬　赵　静
文字编辑:杨新阳　赵　静　刘　静　**电话**:010-51873181　**电子信箱**:td51873181@sina.com
封面设计:崔　欣
责任校对:王　杰
责任印制:郭向伟

出版发行:中国铁道出版社(100054,北京市西城区右安门西街8号)
网　　址:http://www.tdpress.com
印　　刷:北京盛通印刷股份有限公司
版　　次:2012年8月第1版　2016年6月第2次印刷
开　　本:889 mm×1 194 mm　1/16　印张:20.5　字数:482千
书　　号:ISBN 978-7-113-11527-2
定　　价:98.00元
